册府掇英

福建省图书馆藏珍品集萃

郑智明　主编

海峡出版发行集团 THE STRAITS PUBLISHING & DISTRIBUTING GROUP | 福建人民出版社 FUJIAN PEOPLE'S PUBLISHING HOUSE

前　言

2011年对于福建省图书馆来说，注定会是不平凡的一个年份：清宣统三年(1911)2月，为葆国粹、惠士林，省垣创建了独立的全省性公共图书馆——福建图书馆，后又历由福建公立第一图书馆、福建省立图书馆和福建省人民图书馆等变迁，至1953年正式定名为福建省图书馆。经百年递嬗，省图人始终本着传承文明、服务社会的职责，勤勉工作，实现了福建省图书馆事业百年的跨越。

《册府撷英——福建省图书馆藏珍品集萃》就是在这样的背景下催生的。同时，我们在选择结集出版的时机方面，也有自己的考量。首先是“中华古籍保护计划”的启动与《国家珍贵古籍名录》的推出，这就要求我们也相应地有这样一部专辑来向社会大众宣介古籍保护的重要意义。同时也是借此向社会尤其是福建省各界汇报我馆古籍保护工作的阶段性成果。第三，省图书馆作为省级文献典藏的一个重要机构，有义务向关心我馆建设和发展的热心人士汇报并展示馆藏文献的保存状况和文献建设的基本情形。有鉴及此，我们策划、出版了这部集子，祈盼能够圆满达到以上诉求。

福建省图书馆藏书，自创办以来，经过近百年的汇入，现已成为福建省藏书规模最大的公共图书馆。馆藏历代版籍最早来源于福州的正谊、致用、鳌峰、凤池这四大书院，后来又融入了福建省(其中主要是福州地区)民间藏书家、藏书楼的藏书，以及原乌山图书馆藏书。这之间，较负声名的藏书家就有福州陈宝琛藏书、郭氏藏书、龚氏大通楼藏书，左海林石庐金石版本，沈氏耑斋藏书，还有其他私家藏书如陈文涛、陈绍宽等。省内其他藏家则有崇安潘氏藏书、惠安陈念庭(陈金城)和孙经世藏书、莆田康爵耕冰寄庐藏书，以及后来的石景宜、郑效洵等及美国俄勒冈州的赠书，等等。这些历代汇入的图籍，其中就有不少是较为珍贵的善本古籍。可以说，经过闽中历代先贤的捐藏而逐渐汇入的这些图籍，加上我馆长期坚持不懈地搜购、征集，这些珍贵典籍构成了福建省图书馆文献典藏的重要基石。而其中不少闽省地方文献可谓为铭心绝品，并由此形成了自己的馆藏风貌，独具特色。

这部集子应该说是较为系统和客观地展示了我馆古籍和地方文献典藏的概貌。全书主要由入选《国家珍贵古籍名录》的善本古籍、稿抄本、福建方志、闽人家族谱、稀见书刊资料、福建地方戏曲谱本、档案史料、福建老商标广告单、金融证券和民间文书等几个主题构成。入选第一至第三批《国家珍贵古籍名录》的馆藏珍本，共计77部，其中最早的为元刻本《山堂先生群书考索》、《揭曼硕诗集》、《新编方舆胜览》等，这批入选《国家珍贵古籍名录》的古籍，是我馆典藏的精善之作，堪称镇馆之宝。

稿抄本则是在此前入选《国家珍贵古籍名录》的本子外，特别选取了具有一定代表意义的馆藏明、清稿抄本而独立列作一个主题。这些本子有许多是我馆所独有的，如：明天启四年(1624)徐氏抄本《下雉纂》，明末祁氏淡生堂抄本《瀛涯胜览》，等等，书法精妙，文史价值也比较高，可谓楮墨芸香。

福建方志专题则集中推出了一档馆藏方志史料，主要展示明清时期的部分地方史志，举如明万历版《建宁府志》、清康熙版《台湾府志》等诸志，其中有一些还是以稿本形式存在，譬如：清道光稿本《晋江县志》和《屏南县志》等志书，弥足珍贵。

关于稀见书刊资料这一主题，需要在此说明的是，该主题是以清末民国间的福建地方出版物为主，它可以分为两个专题：其一就是书，即福建出版的图书，除了闽刻古籍以外，闽版的平装本基本上都纳入到了这一范畴中来；其二就是报刊资料，集中展示了馆藏的历代闽版报刊(个别为闽籍华人华侨的出版物)，且尤为着力推介其中的创刊号，这对于许多有意于闽版报刊的收藏研究者而言，亦堪称其为有价值的图鉴。

民间文书是近年来各文化收藏研究机构予以重点关注与纳藏的文献资料，其独特的魅力就在于这“民间”二字，它们保存着鲜活的民间文化属性和特质。我馆珍藏的闽省民间文书，地方特色浓郁，无论是其内容还是载体形式都十分丰富。在此基础上，本辑分别选取了地方戏曲谱本、档案史料、老商标广告单和金融证券等特色主题，予以独立阐述。而其他繁复藻丽的民间文书则丛集于民间文书这一专题中，并大体依照不同的主题予以相应地分类编述，计有土地契据、历代租税、簿记、证照、婚书(帖)、人身书契、书院课卷、会券(簿)和侨批等几方面内容，亦足以从不同角度鉴证文史。

这部图书可以说是福建省图书馆第一次面向社会展示百年历程中形成的特色馆藏。百年之间，福建省图书馆人栉风沐雨，本着传承文化、开拓进取的精神，不断强化馆藏文献建设和社会服务意识，取得了有目共睹的成绩。而结集出版该书，可以说是最大限度地展现和揭示了馆藏珍贵文献的面貌及其价值，使得广大读者能够通过这种窥豹一斑的检索阅读来体察那些深藏中的珍贵文献。同时，这也是我馆实践“传承文明、服务社会”理念的一个探索、一种努力，特呈此专辑来回馈社会各界对我们的支持与厚爱。

心香一瓣，谨以此书向福建省图书馆百年华诞献礼！

编　者

2011.4.29

目录

山堂先生群書考索卷之一

山堂章如愚俊卿編

六經門

易類

易學傳授之圖

田何

王同　周王孫　丁寬　服生

田王孫

施讎　孟喜　梁丘賀

賀先事京房[illegible]田王孫

魯伯　張禹　趙賓

焦延壽

京房

殷嘉　姚平　乘弘

高相

[illegible]子康　毋將永

費直

王璜

韓嬰

韓生

蓋寬饒

[illegible]

第一辑

入选《国家珍贵古籍名录》的善本古籍

我国古代文献典籍是人类文明的瑰宝。根据《国务院办公厅关于进一步加强古籍保护工作的意见》(国办发[二〇〇七]六号)的要求，从二〇〇七年开始，在全国范围内组织开展古籍普查登记工作，以了解我国现存古籍保护的现状，加强对古籍的保护与管理。

作为全国古籍普查的一项重要成果，根据《中华人民共和国宪法》、《中华人民共和国文物保护法》及其他相关法律、法规的规定，建立《国家珍贵古籍名录》制度。

《国家珍贵古籍名录》的主要收录范围是一九一二年以前书写或印刷的，以中国古典装帧形式存在，具有重要历史、思想和文化价值的珍贵古籍。《国家珍贵古籍名录》由国务院公布。

福建省图书馆自二〇〇七年以来，积极参加全国古籍普查工作，并努力申报《国家珍贵古籍名录》。截至二〇一〇年底，共三次申报《国家珍贵古籍名录》，已有七十七部馆藏古籍入选《国家珍贵古籍名录》。

本辑展示的就是入选《国家珍贵古籍名录》的七十七部馆藏善本书影，同时也是福建省图书馆参加全国古籍普查工作以来所取得的阶段性成果之一。

入选第一批《国家珍贵古籍名录》的善本古籍

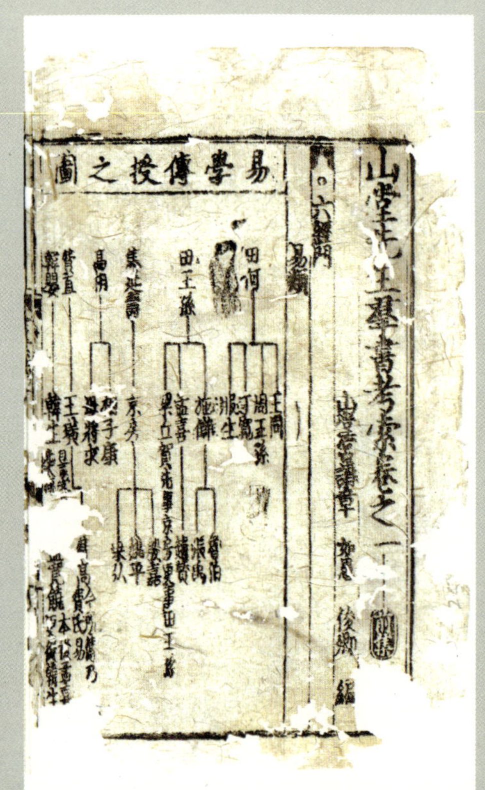

卷端

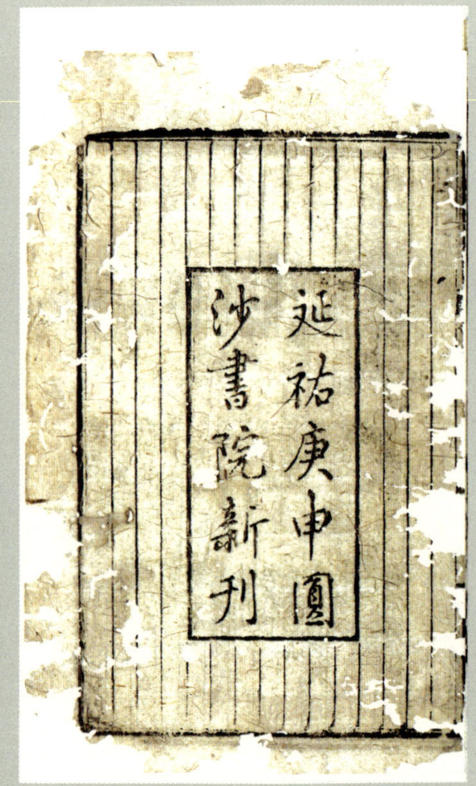

牌记

山堂先生群书考索前集六十六卷后集六十五卷续集五十六卷别集二十五卷

(宋)章如愚辑　元延祐七年(1320)圆沙书院刻本(存116卷，前集：1-3，9-53，55-66；后集：1-20，23-46，54-65)

版框：16.1×10.1厘米；半叶15行，行24字；上下黑口，四周双边。有“昌英珍秘”印。

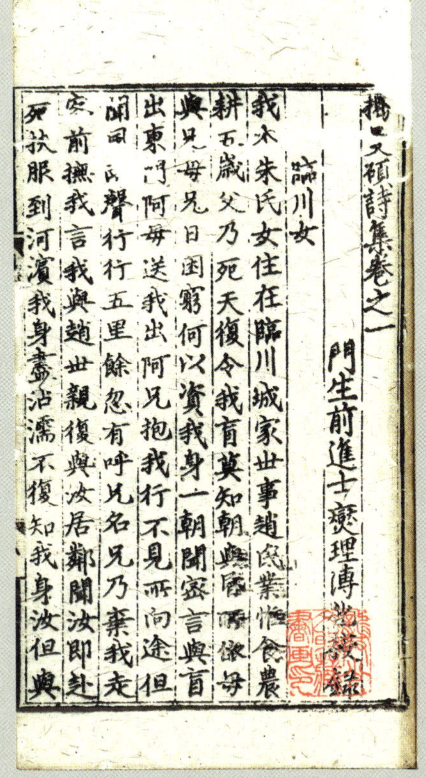

卷端

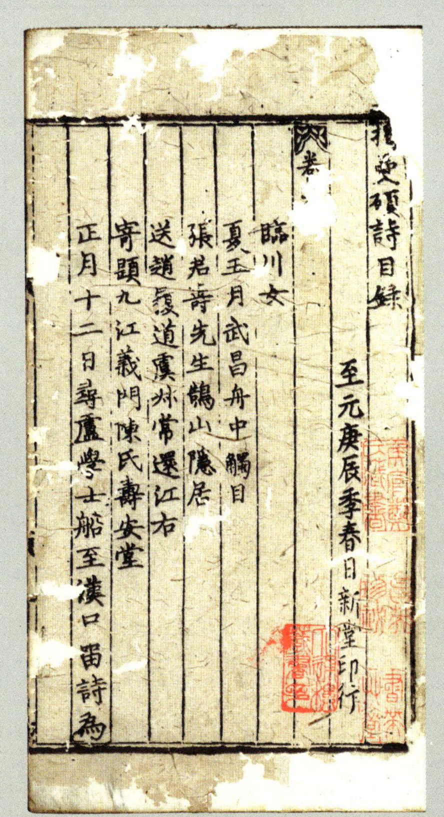

目录

揭曼硕诗集三卷

(元)揭傒斯撰 元后至元六年(1340)日新堂刻本

版框：20.5×13.3厘米；半叶10行，行19字；上下黑口，四周双边。有“书带草堂”、“昌英珍秘”、“侯官郑氏藏书”、“大通楼藏书印”、“龚少文收藏书画印”等印。

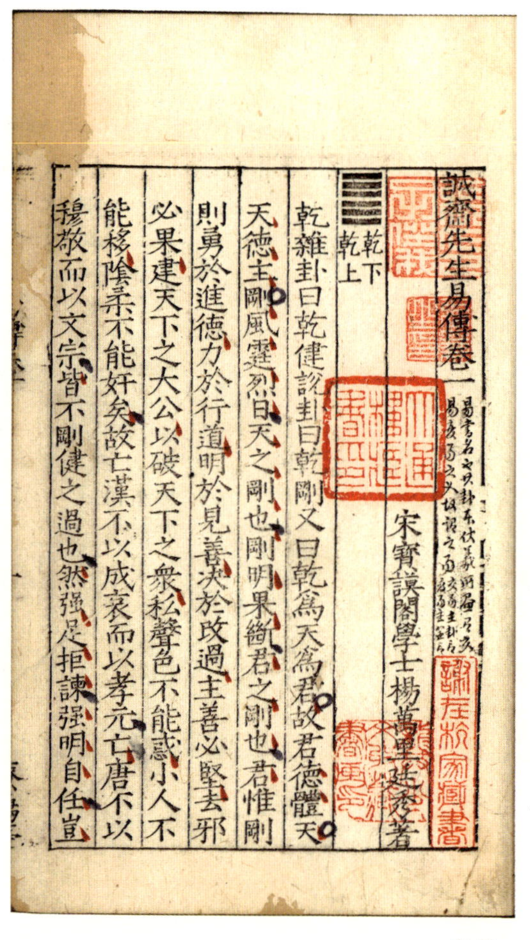

誠齋先生易傳卷一

宋寶謨閣學士楊萬里廷秀著

☰ 乾下乾上

乾雜卦曰乾健說卦曰乾剛又曰乾爲天爲君故君德體天天德主剛風霆烈日天之剛也剛明果斷君之剛也君惟剛則勇於進德力於行道明於見善決於改過主善必堅去邪必果建天下之大公以破天下之衆私聲色不能惑小人不能移陰柔不能奸矣故亡漢不以成哀而以孝元亡唐不以穆敬而以文宗皆不剛健之過也然强足拒諫强明自任豈

卷端

诚斋先生易传二十卷

(宋)杨万里撰 明嘉靖二十一年(1542)尹耕疗鹤亭刻本

版框：19×12.5厘米；半叶9行，行24字；白口，四周单边。朱水松批点，有“郑氏注韩居珍藏印”、“注韩居士”、“大通楼藏书印”等印。

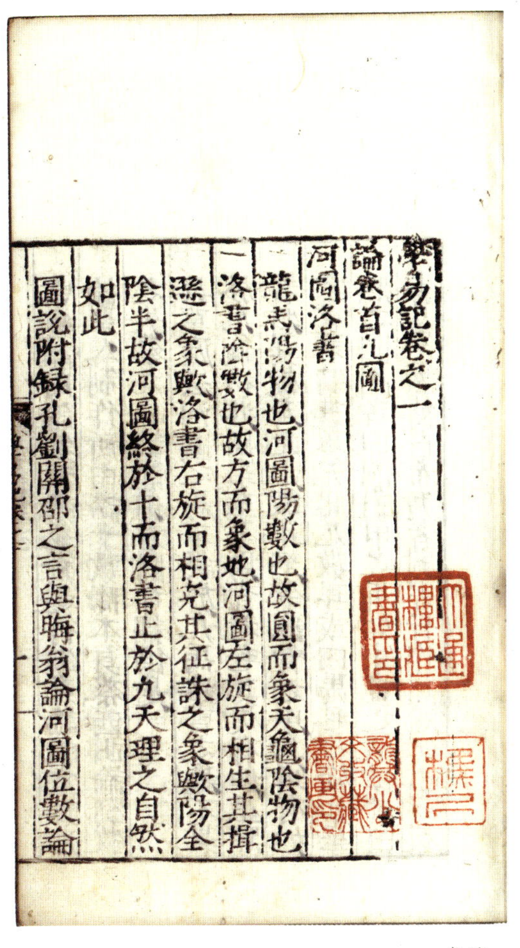

學易記卷之一

論卷首九圖

河圖洛書

一龍馬陽物也河圖陽數也故圓而象天龜陰物也
一洛書陰數也故方而象地河圖左旋而相生其揖
遜之象歟洛書右旋而相克其征誅之象歟陽全
陰半故河圖終於十而洛書止於九天理之自然
如此

圖說附錄孔劉關邵之言與晦翁論河圖位數論

卷端

学易记五卷

(明)金贲亨撰　明嘉靖刻本

版框：18.7×14.3厘米；半叶9行，行20字；白口，四周双边。有“大通楼藏书印”、“龚少文收藏书画印”等印。

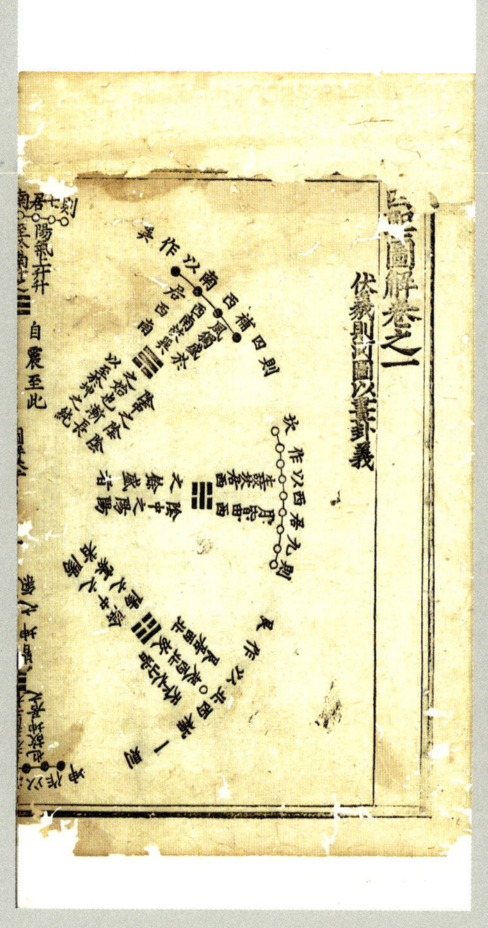
圖解卷之一
伏羲則河圖以畫卦義

四圣图解卷端

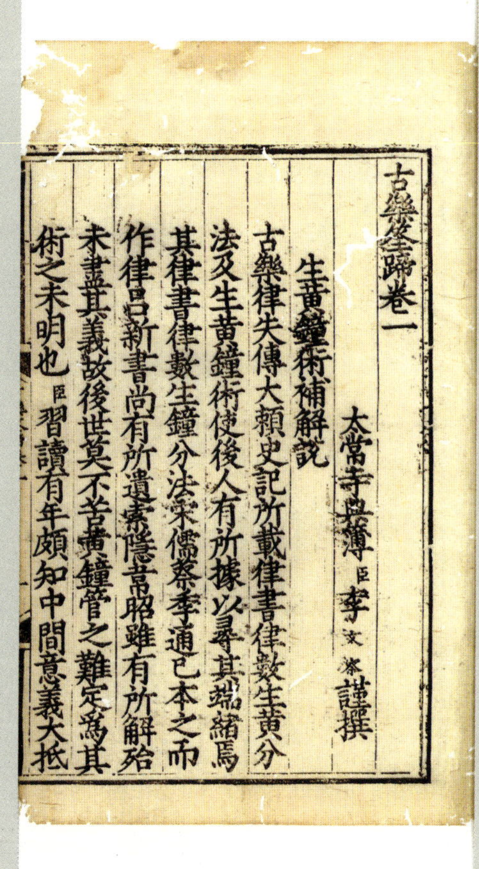
古樂筌蹄卷一
太常寺典簿臣李文察謹撰
生黄鐘術補解說
古樂律失傳大類史記所載律書律數生黄分
法及生黄鐘術使後人有所據以尋其端緒焉
其律書律數生鐘分法宋儒蔡季通已本之而
作律呂新書尚有所遺索隱韋昭雖有所解殆
未盡其義故後世莫不苦黄鐘管之難定為其
術之未明也臣習讀有年頗知中間意義大抵

古乐筌蹄卷端

李氏乐书六种二十卷

(明)李文察撰　明嘉靖刻本

版框：26.8×17.5厘米；半叶9行，行20字；上下黑口，四周双边。有“大通楼藏书印”、“龚少文收藏书画印”等印。

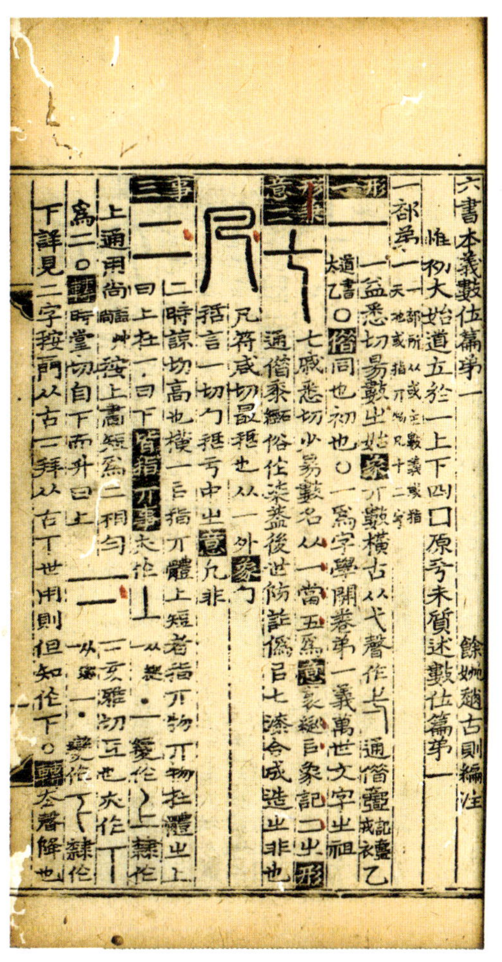

卷端

六书本义十二卷图一卷

(明)赵撝谦撰　明正德十四年(1519)刻本

版框：21.7×14.5厘米；半叶14行，行28字；白口，四周双边。有“大通楼藏书印”、“龚少文收藏书画印”等印。

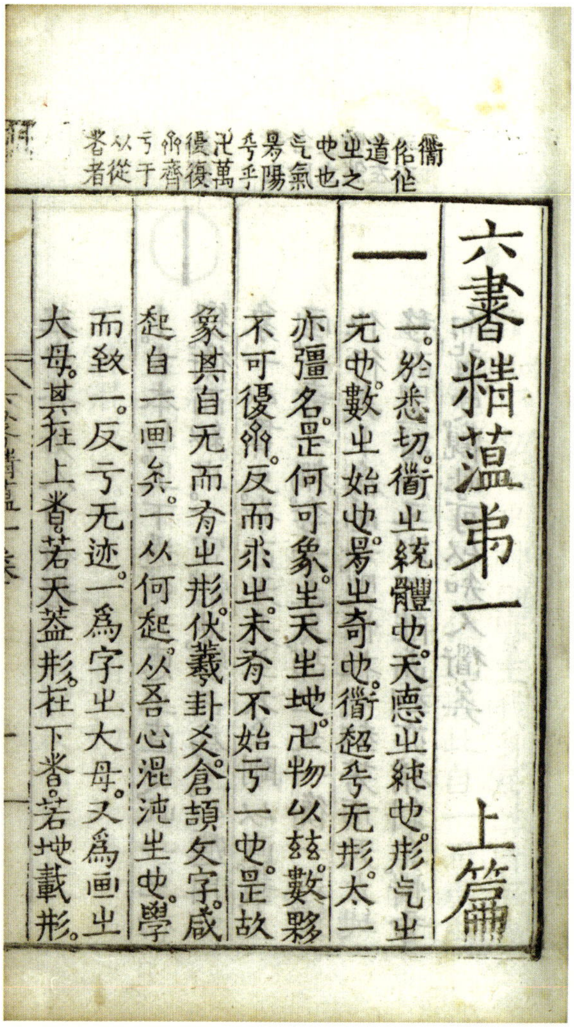

卷端

六书精蕴六卷(明)魏校撰　**音释举要一卷**(明)徐官撰

明嘉靖十九年(1540)魏希明刻本

版框：18.6×14.5厘米；半叶5行，每行字数不等，小字双行字数不等；白口，左右双边。有“侯官郑氏藏书”、“注韩居士”、“大通楼藏书印”、“龚少文收藏书画印”等印。

入选第二批《国家珍贵古籍名录》的善本古籍

卷端

新编方舆胜览七十卷

(宋)祝穆辑　元刻本(存48卷：1－2，19－25，32－70；卷69－卷70由其他版本补配)

版框：17.3×11.7厘米；半叶14行，行23字；上下黑口，四周单边。

春秋存俟

明閩中余光颺仝治　弟余亮颺仝讀

隱公惠公子名息姑姬姓侯爵自周公子伯禽始受封傳世二十三而至隱公在位十一年

胡安國曰、春秋不作於孝公惠公者。東遷之始。流風遺俗。猶有存者。鄭武公入爲司徒。善於其職。則猶用賢也。晉侯捍王于艱。錫之秬鬯。則猶有誥命也。王曰其歸視爾師。則諸侯猶來朝也。義和之亹。謚爲文侯。則列國猶有請也。及平王在位日久。不

春秋存俟　隱元年　卷一　文來閣

卷端

春秋存俟十二卷

(明)余光、余飏撰　南明弘光元年(1645)文来阁刻本

版框：20.8×14.4厘米；半叶9行，行20字，小字双行20字；白口，四周单边。

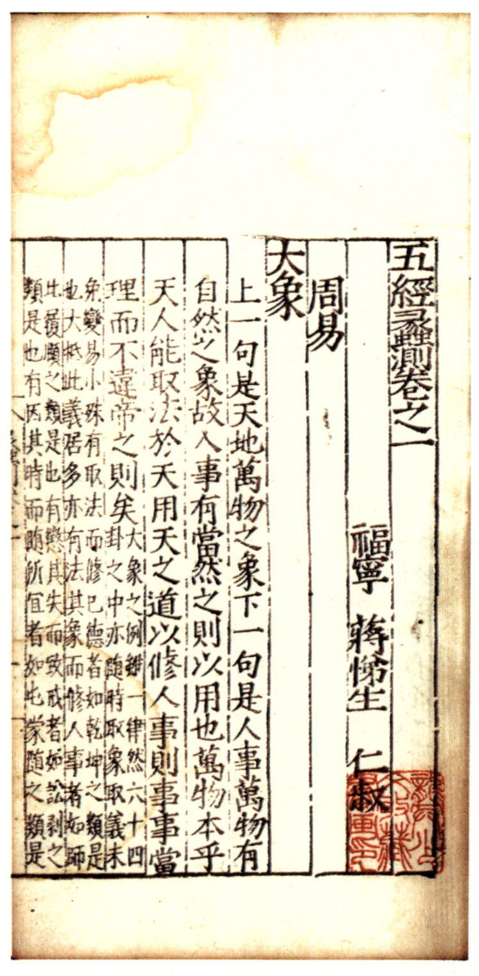

五經蠡測卷之一

福寧　蔣悌生　仁叔

周易

大象

上一句是天地萬物之象下一句是人事萬物有自然之象故人事有當然之則以用也萬物本乎天人能取法於天用天之道以修人事則事事當理而不違帝之則矣大象之例雖一律然六十四卦之中亦隨時取象取義未象變易小殊有取法而修己德者如乾坤之類是也大抵此義居多亦有法其象而修人事者如師比蠱頤之類是也有懲其失而致戒者如訟剝之類是也有因其時而順所宜者如屯家隨之類是

卷端

五经蠡测六卷

(明)蒋悌生撰　明嘉靖十七年(1538)蒋宗雨刻本

版框：17.7×12.4厘米；半叶10行，行20字；白口，四周双边。有“郑氏注韩居珍藏印”、“龚少文收藏书画印”等印。

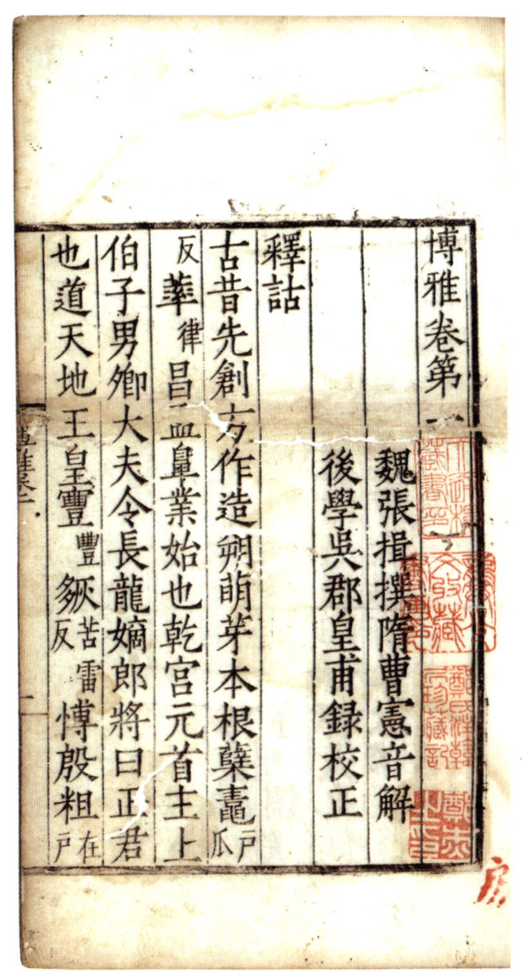

博雅卷第一
魏張揖撰隋曹憲音解
後學吳郡皇甫録校正
釋詁
古昔先創方作造朔萌芽本根櫱䵒戶瓜反
華律昌皇業始也乾宮元首主上
伯子男卿大夫令長龍嫡郎將日正君
也道天地王皇㝁豐苦雷反䬠博殷粗在戶

卷端

博雅十卷

(魏)张揖撰(隋)曹宪音解　明正德十五年(1520)皇甫录世业堂刻本

版框：18.3×13.5厘米；半叶8行，行15字，小字双行15字；上黑口，左右双边。有“大通楼藏书印”、“龚少文收藏书画印”等印。

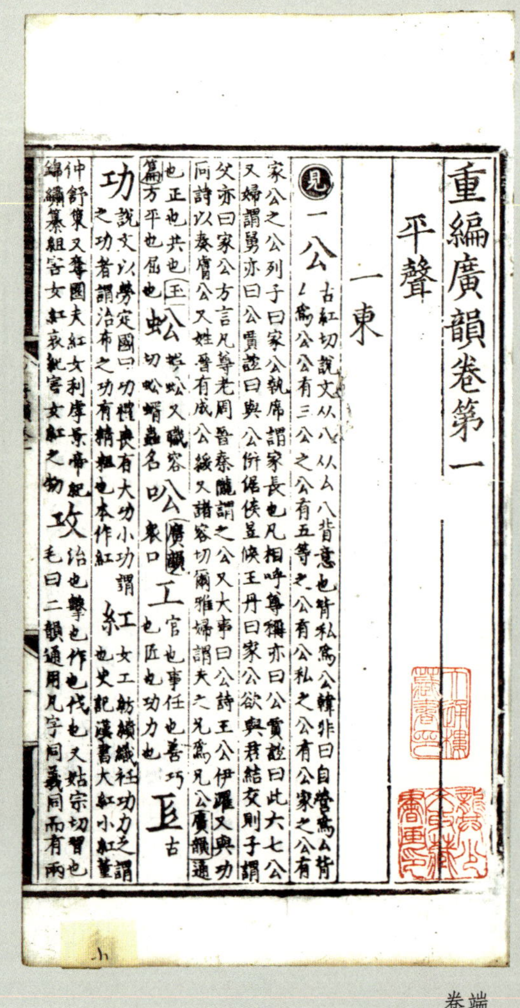
重編廣韻卷第一
平聲
一東
見 一公 古紅切說文从八从厶八背意也背私爲公韓非曰自營爲厶背
厶爲公公有三公之公有五等之公有公私之公有公家之公有
家公之公列子曰家公執席謂家長也凡相呼尊稱亦曰公貫謚曰此六七公
又婦謂舅亦曰公貫謚曰與公併倨佚昰倏王丹曰家公欲與君結交則子謂
父亦曰家公方言凡尊老周晉秦隴謂之公又大事曰公詩王公伊濯又與功
同詩以奏膚公又姓晉有成公綏又諸容切爾雅婦謂夫之兄爲兄公〔廣韻〕通
也正也共也〔玉 公 蚣 蜙蚣又職容切 吆 〔廣韻〕 工 官也事任也善巧
〔篇〕方平也屈也 蚣 切蚣蝑蟲名 衆口 也匠也功力也 㠭 古
功 說文以勞定國曰功禮有大功小功謂 紅 女工紡績織紝功力之謂
之功者謂治布之功有精粗也本作紅 也史記漢書大紅小紅董
仲舒策又尊國夫紅女利摩景帝紀 攻 治也擊也作也伐也又姑宗切習也
錦繡纂組害女紅哀紀害女紅之物 毛曰二韻通用凡字同義同而有兩

卷端

重编广韵五卷

(宋)陈彭年等撰(明)朱祐槟重编　明嘉靖二十八年(1549)益藩刻本

版框：23.6×15.4厘米；半叶9行，每行字数不等，小字双行30字；上下黑口，四周双边。有“大通楼藏书印”、“龚少文收藏书画印”等印。

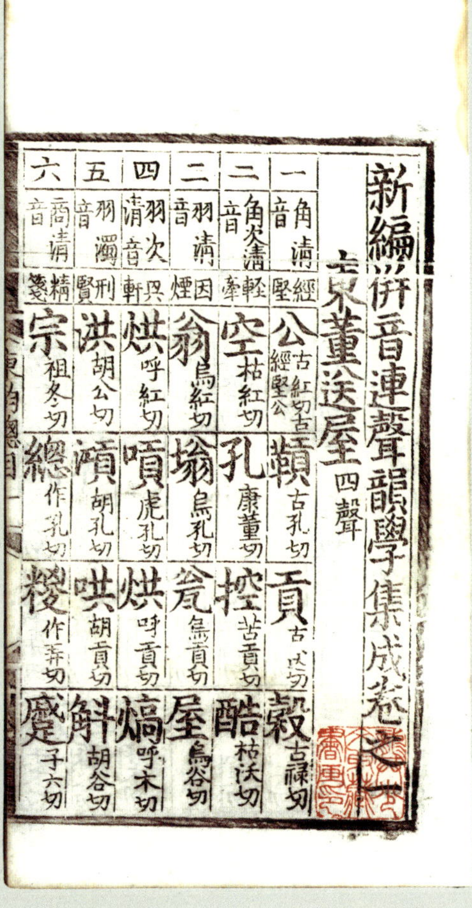

新編併音連聲韻學集成卷之一

東董送屋 四聲

一	二	二	四	五	六
角清音	角次清音	羽清音	羽次清音	羽濁音	商清音
經堅	輕牽	因煙	興軒	刑賢	精箋
公 古紅切 古經堅公	空 枯紅切	翁 烏紅切	烘 呼紅切	洪 胡公切	宗 祖冬切
顜 古孔切	孔 康董切	蓊 烏孔切	嗊 虎孔切	澒 胡孔切	總 作孔切
貢 古[illegible]切	控 苦貢切	瓮 烏貢切	烘 呼貢切	哄 胡貢切	糉 作弄切
穀 古祿切	酷 枯沃切	屋 烏谷切	熇 呼木切	斛 胡谷切	蹙 子六切

卷端

新编并音连声韵学集成十三卷

(明)章黼撰　明成化十七年(1481)刻本

版框：21.5×13.8厘米；半叶8行，每行字数不等，小字双行24字；上下黑口，四周双边。有“大通楼藏书印”、“龚少文收藏书画印”等印。

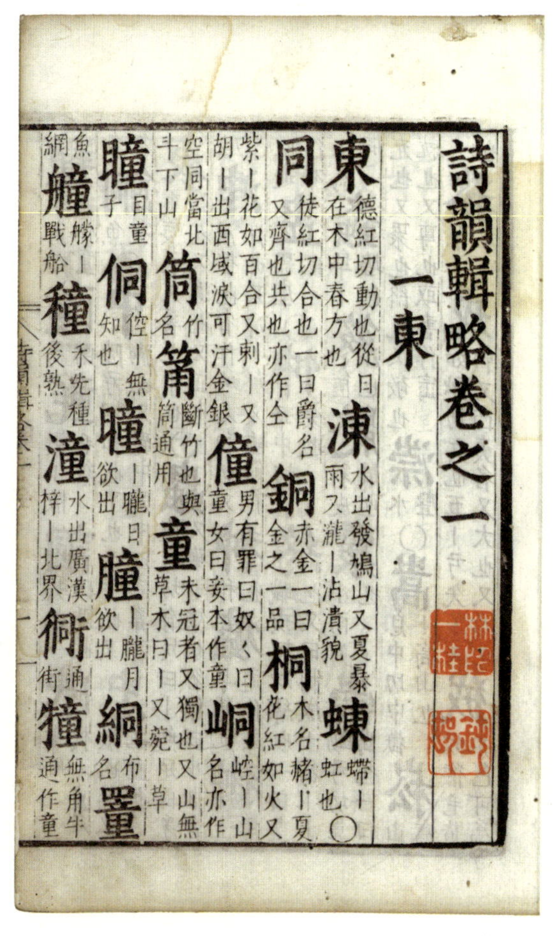
詩韻輯略卷之一

一東

東德紅切動也從日在木中春方也 涷水出發鳩山又夏暴雨又瀧丨沾漬貌 蝀螮丨虹也 ○

同徒紅切合也一曰爵名又齊也共也亦作仝 銅赤金一曰金之一品 桐木名楮丨夏花紅如火又

紫丨花如百合又刺丨又胡丨出西域淚可汗金銀 僮男有罪曰奴〻曰童女曰妾本作童 峒崆丨山名亦作

空同當北斗下山 筒竹名 筩斷竹也與筒通用 童未冠者又獨也又山無草木曰丨又菀丨草

瞳目童子 侗倥丨無知也 曈丨曨日欲出 朣丨朧月欲出 絧布名 罿

魚網 艟艨丨戰船 穜禾先種後熟 潼水出廣漢梓丨北界 衕通街 犝無角牛通作童

卷端

诗韵辑略五卷

(明)潘恩撰　明隆庆三年(1569)刻本

版框：19.9×14.9厘米；半叶8行，行12字，小字双行24字；上下黑口，四周单边。有“钝邨”、“林印一桂”、“大通楼藏书印”、“龚少文收藏书画印”等印。

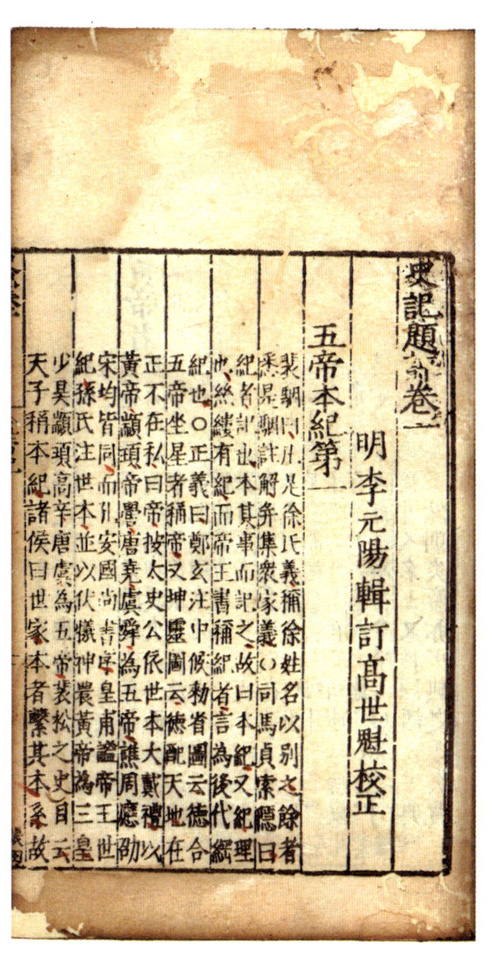
卷端

史记题评一百三十卷

(明)杨慎、李元阳辑(明)高世魁校正　明嘉靖十六年(1537)胡友恒、胡瑞敦刻本(存119卷：1－12，15－22，26－39，43－130)

版框：17.6×12.5厘米；半叶9行，行20字，小字双行20字；白口，左右双边。有“允昌何氏宝藏”等印。

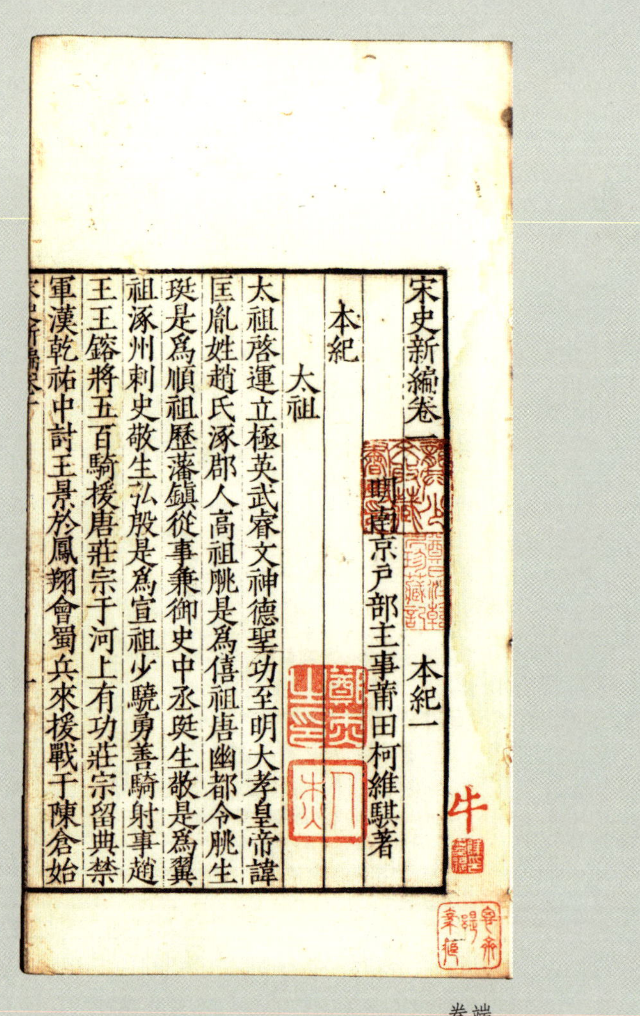
宋史新編卷一　本紀一
明南京戶部主事莆田柯維騏著
本紀
太祖
太祖啓運立極英武睿文神德聖功至明大孝皇帝諱
匡胤姓趙氏涿郡人高祖朓是爲僖祖唐幽都令朓生
珽是爲順祖歷藩鎮從事兼御史中丞珽生敬是爲翼
祖涿州刺史敬生弘殷是爲宣祖少驍勇善騎射事趙
王王鎔將五百騎援唐莊宗于河上有功莊宗留典禁
軍漢乾祐中討王景於鳳翔會蜀兵來援戰于陳倉始

卷端

宋史新编二百卷

(明)柯维骐撰　明嘉靖刻本

版框：18.9×13.3厘米；半叶10行，行21字；白口，四周单边。有“圣諟”、“陈印圣諟”、“一名人杰字昌英”、“郑杰之印”、“郑氏注韩居珍藏印”、“龚少文收藏书画印”等印。

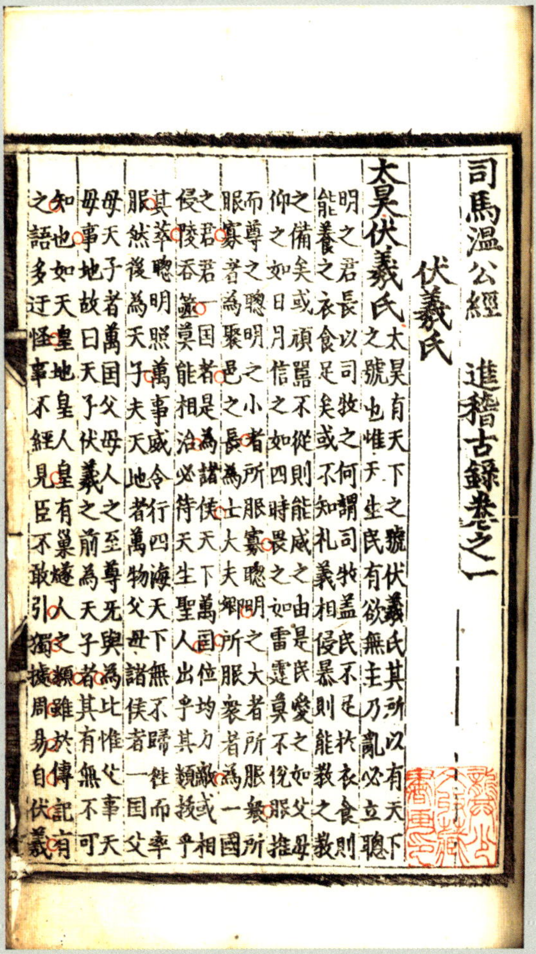

卷端

司马温公经进稽古录二十卷

(宋)司马光撰　明弘治十四年(1501)杨璋刻本

版框：18.7×13.5厘米；半叶10行，行21字，小字双行20字；上下黑口，四周双边。有“龚少文收藏书画印”等印。

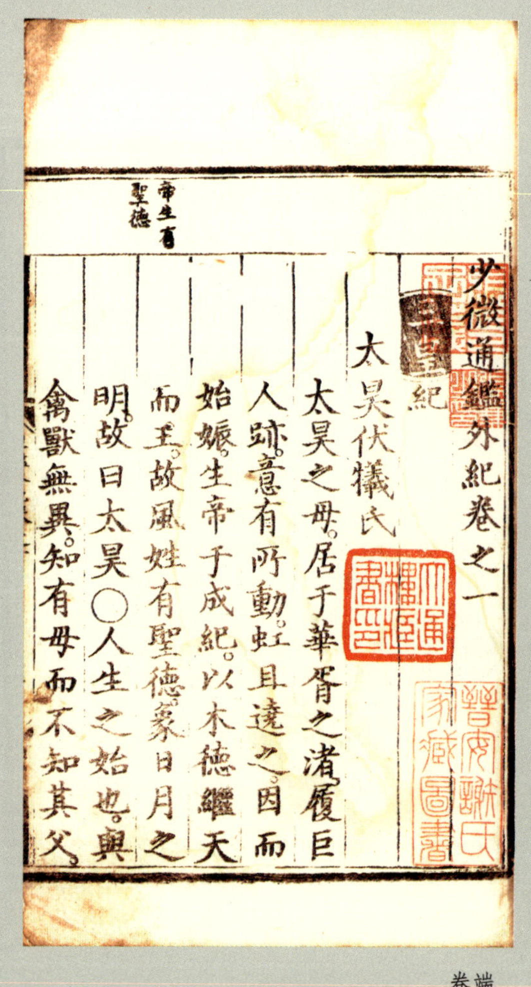

帝生有聖德

少微通鑑外紀卷之一

太昊紀

太昊伏犧氏

太昊之母居于華胥之渚履巨人跡意有所動虹且遶之因而始娠生帝于成紀以木德繼天而王故風姓有聖德象日月之明故曰太昊〇人生之始也與禽獸無異知有母而不知其父

卷端

少微通鉴节要五十卷外纪四卷(宋)江贽撰　**资治通鉴节要续编三十卷**(明)张光启撰

明正德九年(1514)司礼监刻本

版框：22.4×15.9厘米；半叶9行，行15字；黑口，四周双边。有“大通楼藏书印”、“龚少文收藏书画印”等印。

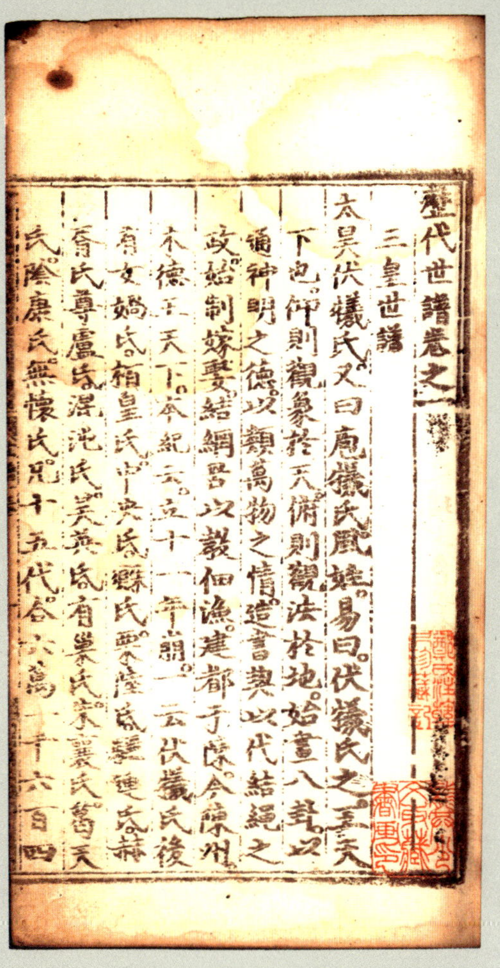

卷端

历代世谱十卷

□□撰　明弘治十六年(1503)陈璘刻本

版框：20.8×14.4厘米；半叶10行，行20字；黑口，四周双边。有“郑氏注韩居珍藏印”、“大通楼藏书印”、“龚少文收藏书画印”等印。

周敏仲批校

卷端

逸周书十卷

(晋)孔晁注　明嘉靖刻本

版框：20.5×14厘米；半叶10行，行22字；上下黑口，四周单边。周敏仲批校。

宋紀受終考卷上
眉山李氏燾續通鑑長編
開寶九年冬十月初有神降于盩厔縣民張守真自言我天之尊神號黑煞將軍玉帝之輔也守真每齋戒祈請神必降室中風肅然聲若嬰兒獨守真能曉之所言禍福多驗守真遂爲道士上不豫驛召守真至闕下壬子命內侍王繼恩就建隆觀設黃籙醮令守真降神神言天上宮闕已成玉鑰開晉王有仁心言訖不復降此據國史符瑞志稍增以楊億談苑上聞其言即夜召晉王屬以後事左右皆不得聞但

卷端

宋纪受终考三卷

(明)程敏政撰　明弘治四年(1491)戴铣刻本

版框：19.1×12.9厘米；半叶10行，行19字；上下黑口，四周双边。有“吴趋蒋砚溪图书记”、“吴翌凤家藏文苑”、“枚庵流览所及”、“大通楼藏书印”等印。

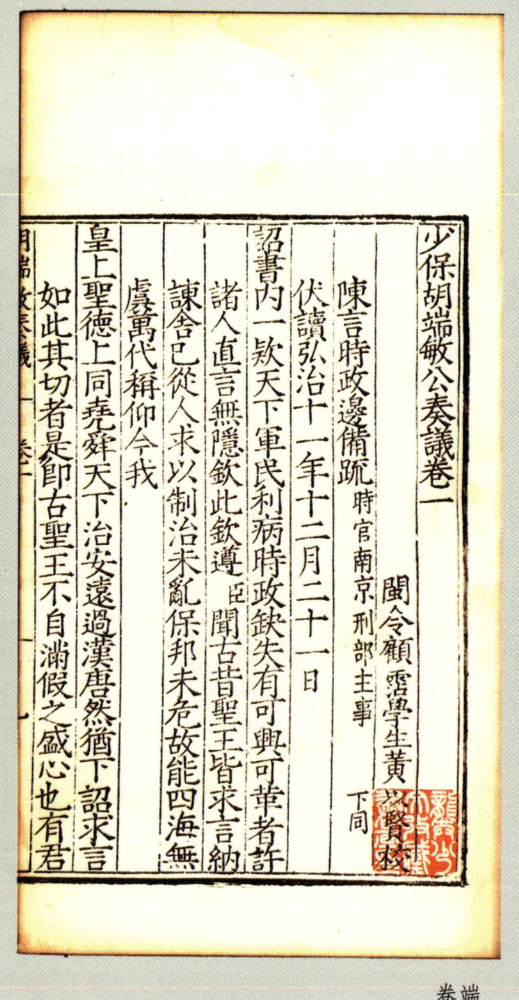
少保胡端敏公奏議卷一

閩令顧霑學生黃以賢校

陳言時政邊備疏 時官南京刑部主事 下同

伏讀弘治十一年十二月二十一日

詔書內一欵天下軍民利病時政缺失有可興可革者許

諸人直言無隱欽此欽遵臣聞古昔聖王皆求言納

諫舍己從人求以制治未亂保邦未危故能四海無

虞萬代稱仰今我

皇上聖德上同堯舜天下治安遠過漢唐然猶下詔求言

如此其切者是卽古聖王不自滿假之盛心也有君

卷端

少保胡端敏公奏议十卷

(明)胡世宁撰(明)黄以贤校　明嘉靖十九年(1540)余锓刻本

版框：19.3×13.4厘米；半叶10行，行22字；白口，四周双边。有“湛雪堂珍藏书画印”、“大通楼藏书印”、“龚少文收藏书画印”等印。

道南源委録卷之一

龜山楊先生　子廸

墓誌略

公諱時字中立南劔州之將樂人資禀異甚八歲能
屬文熈寧九年中進士第調汀州司戶叅軍不赴杜
門種學渟滀涵浸人莫能測者幾十年久之乃調徐
州司法丁繼母憂服闋授虔州司法公燭理深精曉
習律令有疑獄衆所不決者皆立斷與郡將議事守
正不傾罹外艱除喪遷瀛州防禦推官知潭州瀏陽

道南源委録　卷之一　一

卷端

道南源委录十二卷

(明)朱衡撰　明嘉靖四十二年(1563)杨一鹗建宁大儒书院刻本

版框：19.1×13.8厘米；半叶9行，行20字；白口，左右双边。有“闇塘藏书”等印。

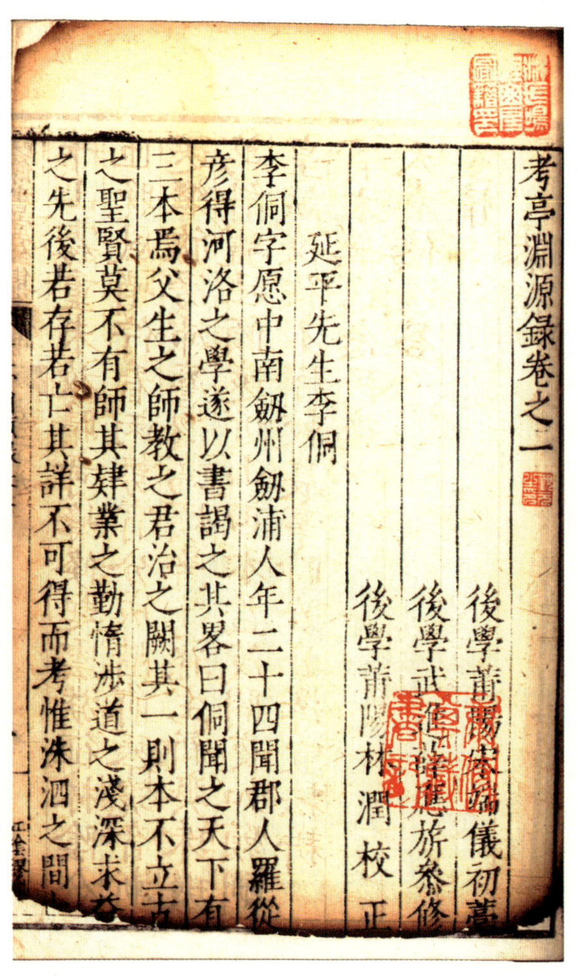

考亭淵源錄卷之一

後學莆田宋端儀初稾

後學武進薛應旂參修

後學莆陽林潤校正

延平先生李侗

李侗字愿中南劍州劍浦人年二十四聞郡人羅從彥得河洛之學遂以書謁之其畧曰侗聞之天下有三本焉父生之師教之君治之闕其一則本不立古之聖賢莫不有師其肄業之勤惰涉道之淺深求益之先後若存若亡其詳不可得而考惟洙泗之間

卷端

考亭渊源录二十四卷

(明)宋端仪撰(明)薛应旂重辑　明隆庆三年(1569)刻本

版框：19.5×14.3厘米；半叶 10行，行20字；白口，单边。有“康修其藏书印”等印。

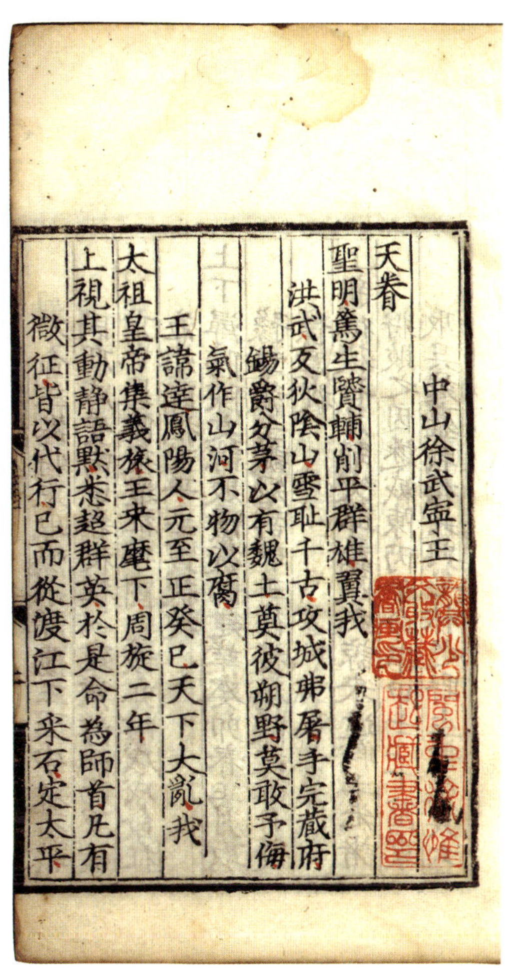

中山徐武寧王

天眷
聖明篤生賢輔削平群雄翼我
洪武攵狄陰山雪耻千古攻城弗屠手完藏府
錫爵分茅以有魏土莫彼朔野莫敢予侮
氣作山河不物以腐
王諱達鳳陽人元至正癸巳天下大亂我
太祖皇帝集義旅王來麾下周旋二年
上視其動静語默迥超群英於是命為師首凡有
徵征皆以代行已而從渡江下采石定太平

卷端

皇明名臣录赞一卷

(明)彭韶撰　明成化十四年(1478)刻本

版框：18.7×13.5厘米；半叶10行，行19字；上下黑口，四周双边。有“大通楼藏书印”、“龚少文收藏书画印”等印。

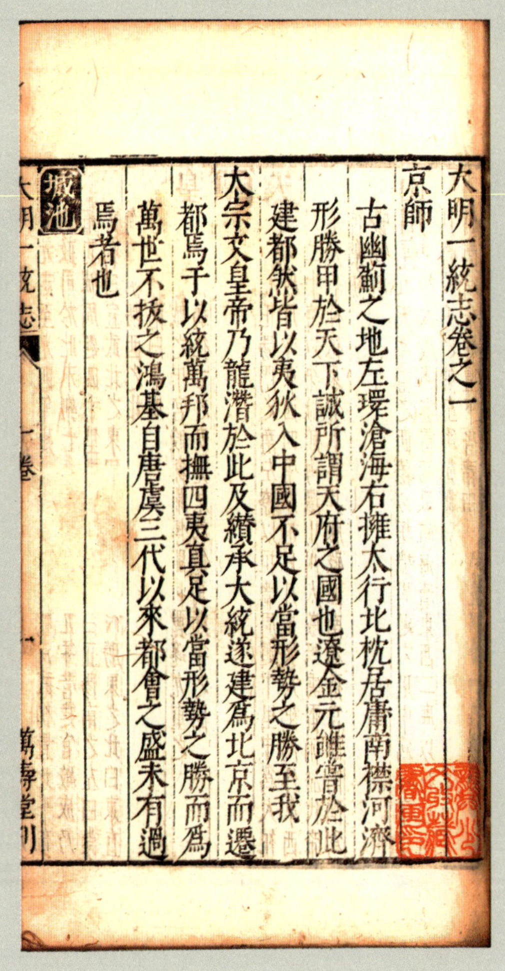

大明一統志卷之一

京師

古幽薊之地左環滄海右擁太行北枕居庸南襟河濟形勝甲於天下誠所謂天府之國也遼金元雖嘗於此建都然皆以夷狄入中國不足以當形勢之勝至我太宗文皇帝乃龍潛於此及續承大統遂建爲北京而遷都焉于以統萬邦而撫四夷眞足以當形勢之勝而爲萬世不拔之鴻基自唐虞三代以來都會之盛未有過焉者也

城池

大明一統志　一卷　萬壽堂刊

卷端

大明一统志九十卷

(明)李贤、万安等纂修　明嘉靖三十八年(1559)书林杨氏归仁斋刻本

版框：19.3×13厘米；半叶10行，行22字，小字双行20字；黑口，四周单边。有“福建鳌峰书院藏书”等印。

增刊石鍾山集卷之一

北朝

水經　酈道元

彭蠡之口有石鍾山焉下臨深潭微風鼓浪水石相搏響若洪鐘因受其稱

唐

石鐘山記　李渤

水經云彭蠡之口有石鐘山焉酈元以爲下臨深潭微風鼓浪水石相搏響若洪鐘因受其稱有幽棲者尋綸東湖沿澗窮此遂躋崖穿洞訪其遺蹤次子南

卷端

增刊石钟山集九卷湖口县八景一卷

(明)王恕撰(明)王元佐增　明正德十三年(1518)刻本

版框：20×12.3厘米；半叶10行，行21字；黑口，四周双边。有“龚少文收藏书画印”等印。

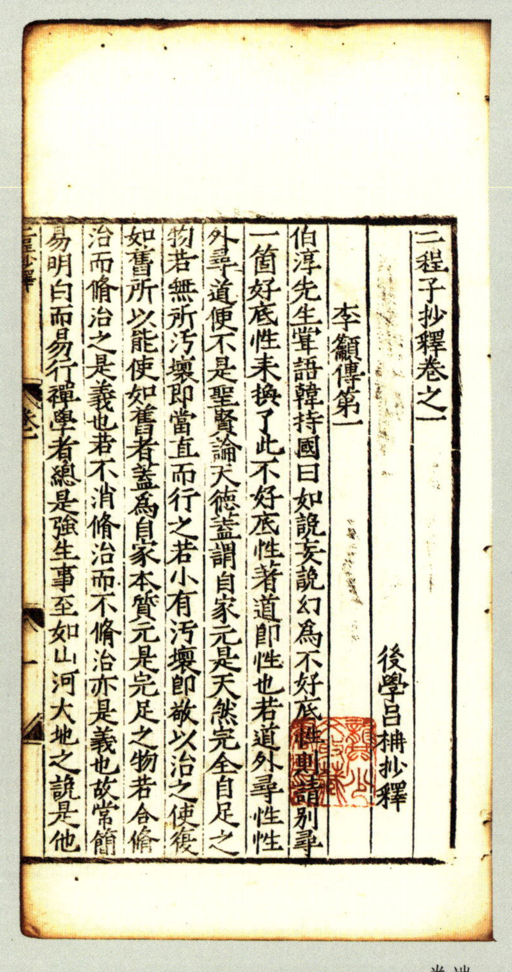
二程子抄釋卷之一
後學呂柟抄釋
李籲傳第一
伯淳先生嘗語韓持國曰如說妄說幻爲不好底性則請别尋一箇好底性来換了此不好底性著道即性也若道外尋性性外尋道便不是聖賢論天德蓋謂自家元是天然完全自足之物若無所汚壞即當直而行之若小有汚壞即敬以治之使復如舊所以能使如舊者蓋爲自家本質元是完足之物若合脩治而脩治之是義也若不消脩治而不脩治亦是義也故常簡易明白而易行禪學者總是強生事至如山河大地之說是他

卷端

二程子抄释十卷

(明)吕柟撰　明嘉靖二十七年(1548)周璞刻本

版框：20.7×14.6厘米；半叶10行，行24字；小字双行24字，白口，四周单边。有“郑氏注韩居珍藏记”、“大通楼藏书印”、“龚少文收藏书画印”等印。

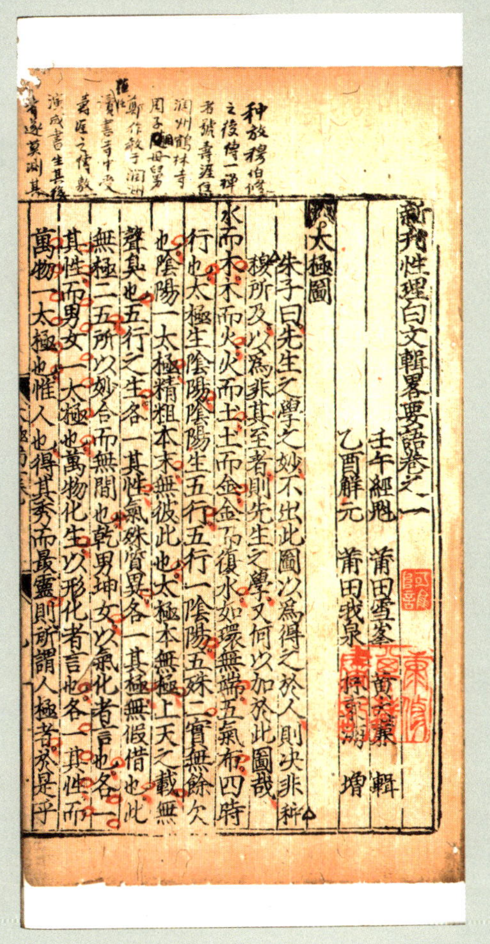

卷端

新刊性理白文辑略要语四卷

(明)黄大廉辑(明)林东海增　明嘉靖十年(1531)三槐堂刻本

版框：19.2×13厘米；半叶13行，行25字；上下黑口，四周双边。有“康修其藏书记”等印。

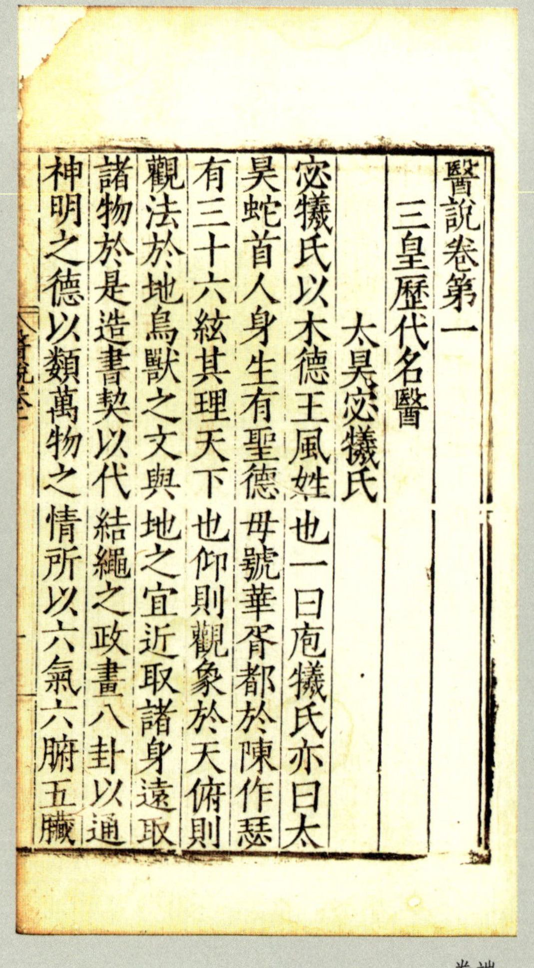
醫説卷第一
三皇歷代名醫
太昊宓犧氏
宓犧氏以木德王風姓也一曰庖犧氏亦曰太
昊蛇首人身生有聖德母號華胥都於陳作瑟
有三十六絃其理天下也仰則觀象於天俯則
觀法於地鳥獸之文與地之宜近取諸身遠取
諸物於是造書契以代結繩之政畫八卦以通
神明之德以類萬物之情所以六氣六腑五臟

卷端

医说十卷

(宋)张杲撰　明嘉靖二十三年(1544)顾定芳刻本

版框：21.4×14.8厘米；半叶9行，行18字；白口，左右双边。

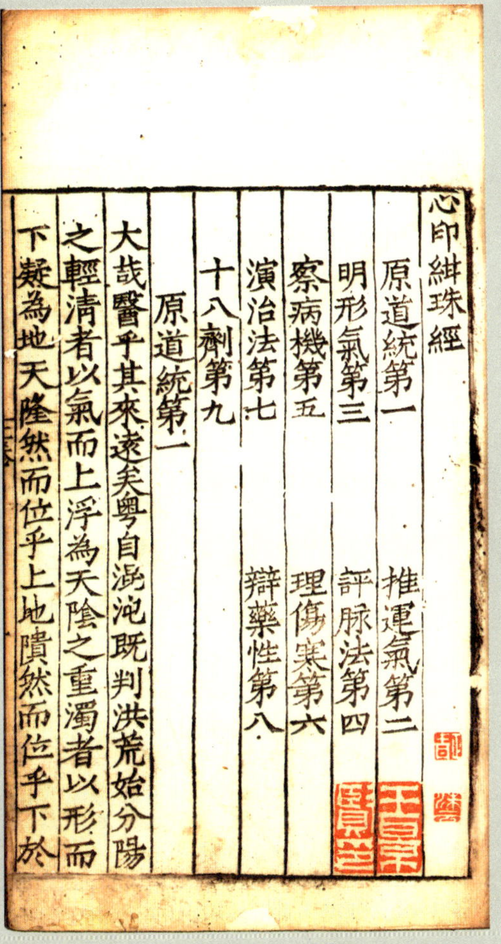
卷端

心印绀珠经二卷

(明)李汤卿撰　明嘉靖二十六年(1547)赵瀛刻本

版框：20厘米×16.6厘米；半叶10行，行20字；白口，四周单边。(清)林正青跋，有“闽中徐惟起藏书印”、“洙云”、“正青”、“王景贤印”等印。

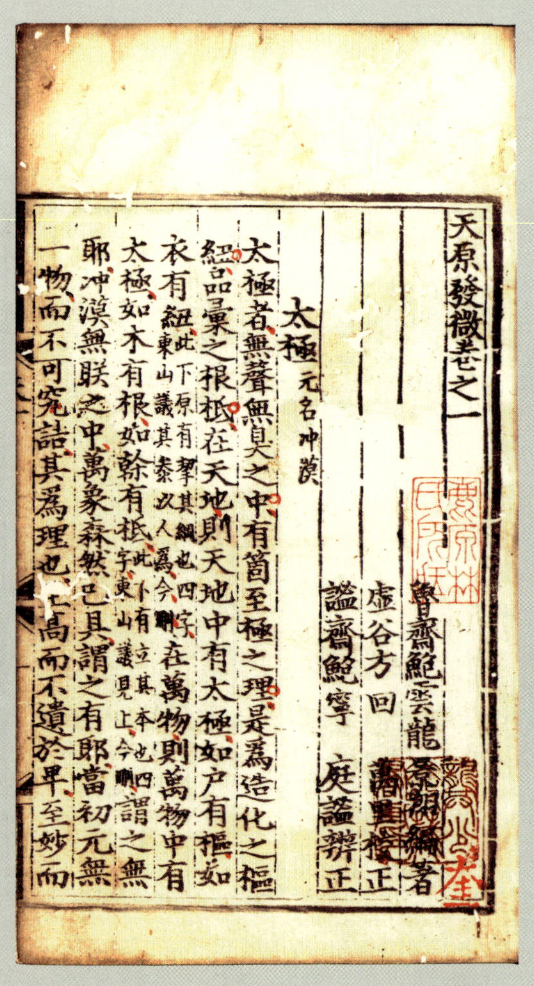

卷端

天原发微五卷图一卷篇目名义一卷(宋)鲍云龙撰(明)鲍宁辨正　**问答节要一卷**(明)鲍宁辑

明天顺五年(1461)鲍氏耕读书堂刻本

版框：19.2×13.4厘米；半叶11行，行22字；上下黑口，四周双边。有“长林”、“鹿原林氏所藏”、“大通楼藏书印”、“龚少文收藏书画印”等印。

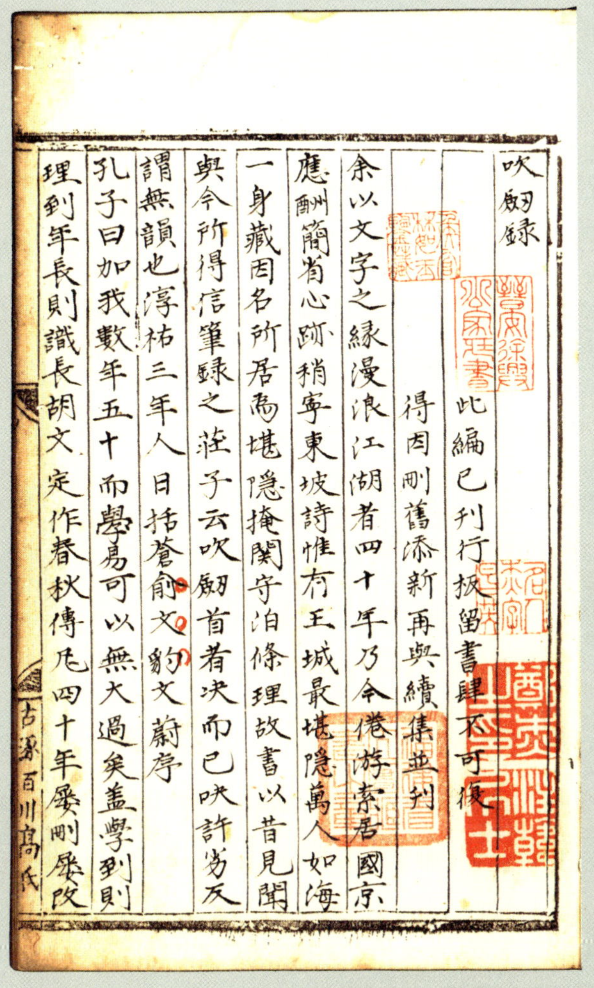

卷端

吹剑录一卷

(宋)俞文豹撰　明嘉靖二十六年(1547)古涿百川高氏抄本

版框：20.3×14.4厘米；半叶10行，行22字；白口，四周双边。有“晋安徐兴公家藏书”、“郑杰之印”、“注韩居士”等印。

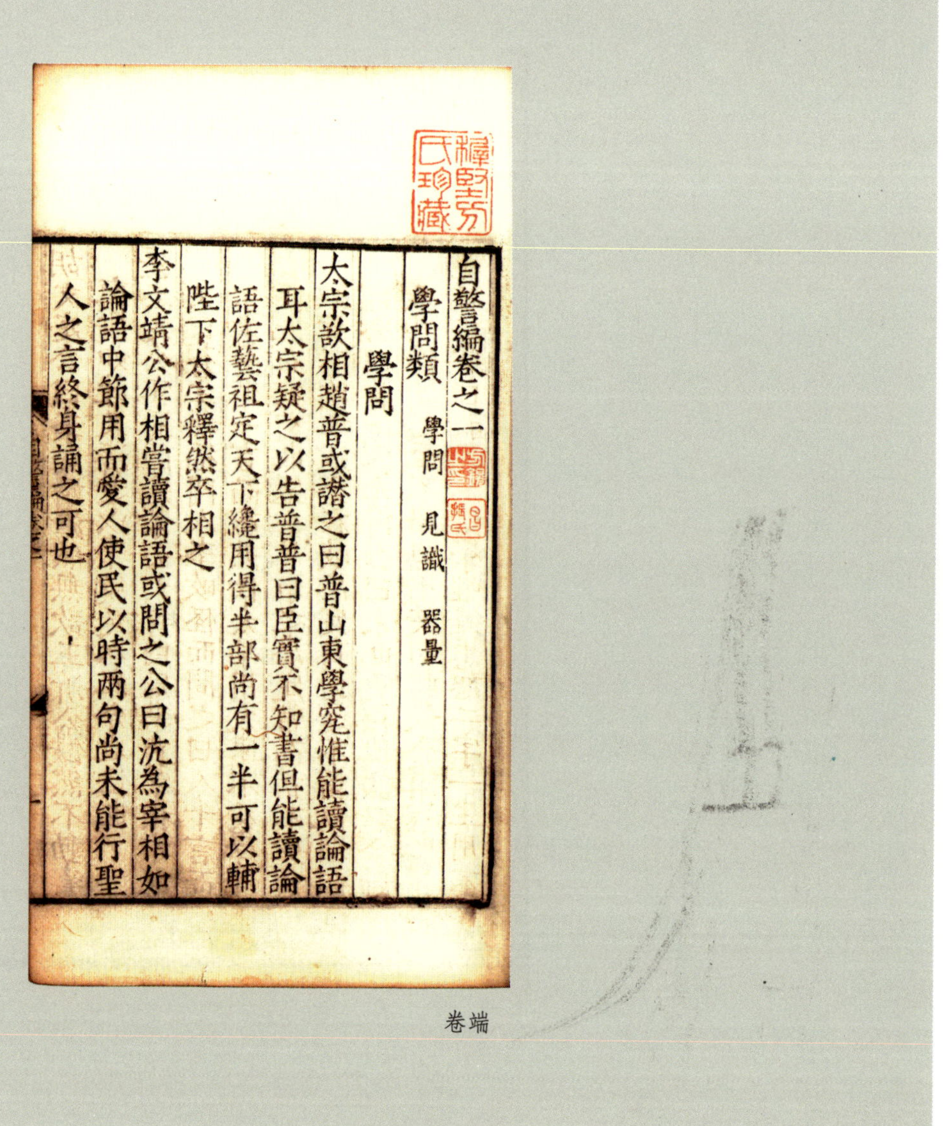
自警編卷之一
學問類　學問　見識　器量
學問
太宗欲相趙普或譖之曰普山東學究惟能讀論語
耳太宗疑之以告普普曰臣實不知書但能讀論
語佐藝祖定天下纔用得半部尚有一半可以輔
陛下太宗釋然卒相之
李文靖公作相嘗讀論語或問之公曰沆為宰相如
論語中節用而愛人使民以時兩句尚未能行聖
人之言終身誦之可也

卷端

自警编九卷

(宋)赵善璙辑　明嘉靖十九年(1540)陈光哲刻本

版框：19.1×13.9厘米；半叶10行，行20字，小字双行20字；白口，左右双边。有“子瞻”、“晋安徐兴公家藏书”、“南州高士儒子之家”、“郑氏注韩居珍藏记”、“郑杰之印”、“大通楼藏书印”、“龚少文收藏书画印”等印。

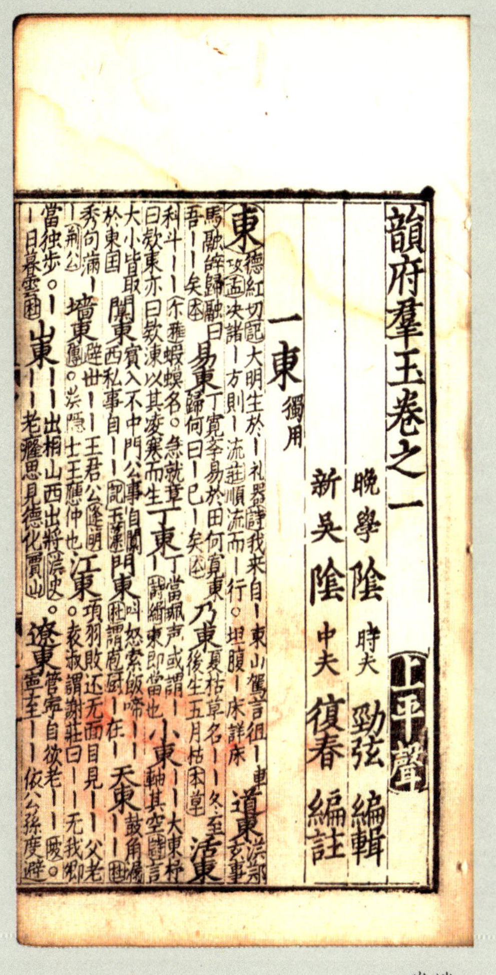

卷端

韵府群玉二十卷

(元)阴时夫辑(元)阴中夫注(明)荆聚校补　明嘉靖三十一年(1552)荆聚刻本

版框：21.1×13.1厘米；半叶10行，每行字数不等，小字双行29字；上下黑口，四周双边。梅谷居士跋，有“大通楼藏书印”、“龚少文收藏书画印”等印。

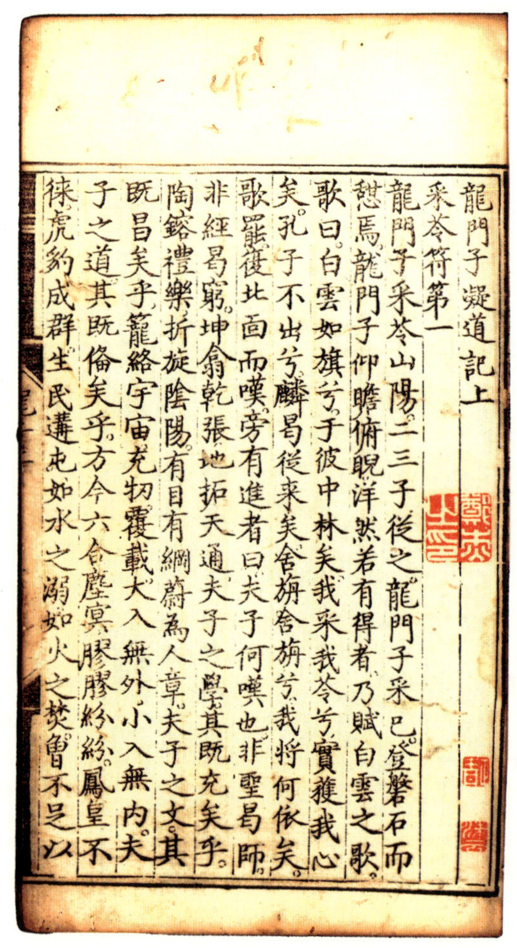
龍門子凝道記上
采苓符第一
龍門子采苓山陽二三子從之龍門子采已登磐石而
憩焉龍門子仰瞻俯睨洋然若有得者乃賦白雲之歌
歌曰白雲如旗兮于彼中林矣我采我苓兮實獲我心
矣孔子不出兮麟曷從來矣舍旃舍旃兮我將何依矣
歌罷復北面而嘆旁有進者曰夫子何嘆也非聖曷師
非經曷窮坤翕乾張地拓天通夫子之學其既充矣乎
陶鎔禮樂折旋陰陽有目有綱蔚為人章夫子之文其
既昌矣乎籠絡宇宙充牣覆載大入無外小入無內夫
子之道其既倫矣乎方今六合塵冥膠膠紛紛鳳皇不
徠虎豹成群生民遘屯如水之溺如火之焚曾不足以

卷端

龙门子凝道记三卷

(明)宋濂撰　明成化十年(1474)周寅刻本

版框：20.7×14.2厘米；半叶12行，行21字；上下黑口，四周双边。(清)林正青题识、(清)郑杰跋，有“芳润阁”、“洙云”、“正青”、“林洙云氏”、“印岗居士”、“郑氏注韩居珍藏记”、“注韩居士”、“郑杰之印”、“大通楼藏书印”、“龚少文收藏书画印”等印。

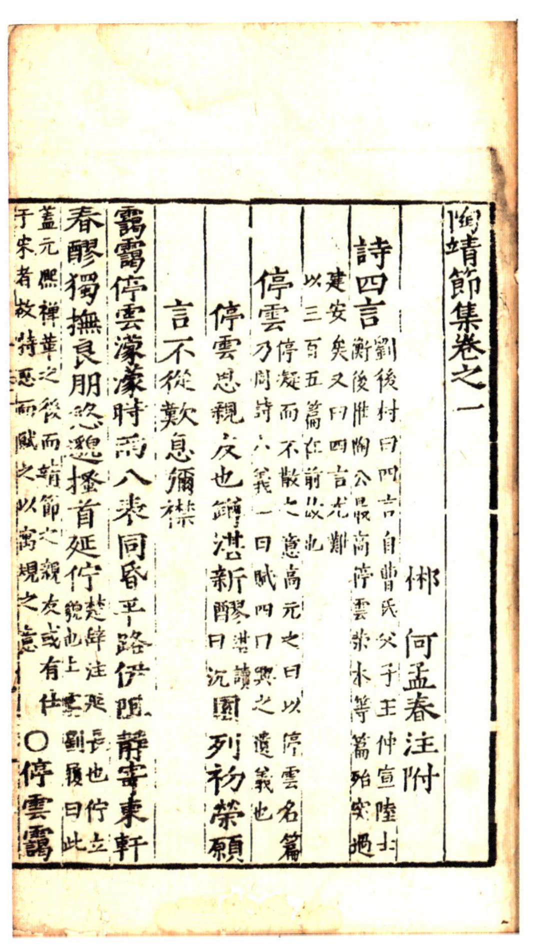
陶靖節集卷之一

郴　何孟春注附

詩四言　劉後村曰四言自曹氏父子王仲宣陸士衡後惟陶公最高停雲榮木等篇殆突過建安矣又曰四言尤難以三百五篇在前故也

停雲　停凝而不散之意高元之曰以停雲名篇乃周詩六義一曰賦四曰興之遺義也

停雲思親友也罇湛新醪湛讀曰沉園列初榮願言不從歎息彌襟

靄靄停雲濛濛時雨八表同昏平路伊阻靜寄東軒春醪獨撫良朋悠邈搔首延佇楚辭注延長也佇立貌也上靄劉履曰此蓋元熙禪革之後而靖節之親友或有仕于宋者故特感而賦之以寓規之意○停雲靄

卷端

陶靖节集十卷

(晋)陶潜撰(明)何孟春注　明正德刻本

版框：18.7×14.2厘米；半叶10行，行20字，小字双行20字；白口，四周单边，单黑鱼尾。有“曾在李鹿山处”、“晋安何氏珍存”、“郑氏注韩居珍藏记”、“注韩居士”、“郑杰之印”等印。

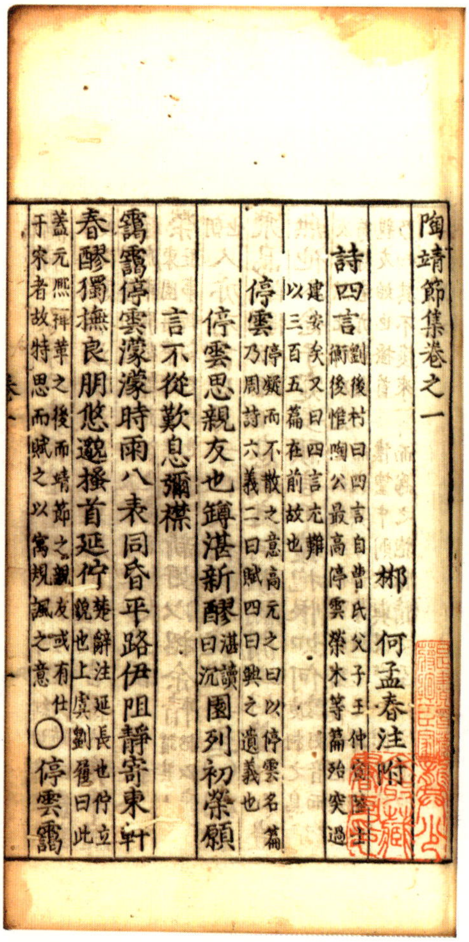

陶靖節集卷之一

郴　何孟春注附

詩四言

劉後村曰四言自曹氏父子王仲宣陸士衡後惟陶公最高停雲榮木等篇殆突過建安矣又曰四言尤難以三百五篇在前故也

停雲

停凝而不散之意高元之曰以停雲名篇乃周詩六義二曰賦四曰興之遺義也

停雲思親友也罇湛新醪湛讀曰沉園列初榮願言不從歎息彌襟

靄靄停雲濛濛時雨八表同昏平路伊阻靜寄東軒春醪獨撫良朋悠邈搔首延佇楚辭注延長也佇立貌也上虞劉履曰此蓋元熙禪革之後而靖節之親友或有仕于宋者故特思而賦之以寓規諷之意〇停雲靄

卷端

陶淵明字元亮及至宋則改名潜義熈中祭程氏稱淵明
元嘉中對檀道濟則稱潜可証也意以在晉當顯明在宋
當潜遁耳梁昭明作傳或云潜字淵明晉史謂潜字元
亮皆非也
陶靖節先生晉書本傳及昭明序文陶南村為作年譜
俱只述其仕彭澤已後事按新昌胡夢說方伯墨池浪語
序曰新昌古宜豐也漢時與彭澤俱屬豫章永興後始
分廬江之潯陽武昌之柴桑置潯陽郡屬江州則宜
豐與彭澤寔鄰邑也靖節史稱侃之曾孫而不知父曰

蒋玢跋(一)

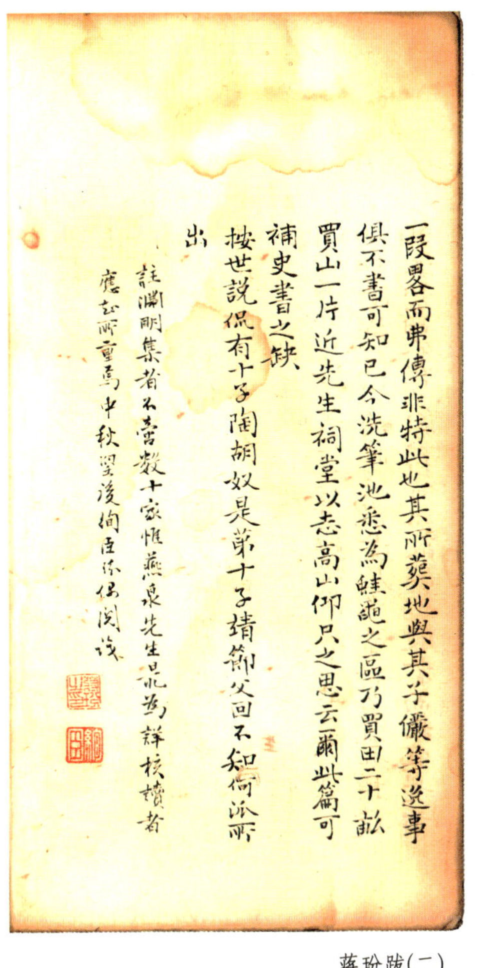

一段略而弗傳非特此也其所葬地與其子儼等逸事
俱不書可知已今洗筆池悉為鮭鼃之區乃買田二十畝
買山一片近先生祠堂以志高山仰止之思云爾此篇可
補史書之缺
按世說侃有十子陶胡奴是第十子靖節父曰不知何所
出
註淵明集者不啻數十家惟燕泉先生最爲詳核讀者
應知所重焉 中秋望後絢臣氏識

蒋玢跋(二)

陶靖节集十卷

(晋)陶潜撰(明)何孟春注　明嘉靖二年(1523)范永銮刻本

版框：17.6×12.5厘米；半叶10行，行20字，小字双行20字；白口，四周单边。(清)蒋玢跋，有“闽中蒋氏藏书”、“蒋玢之印”、“绚臣”、“臣玢”、“是书曾藏蒋绚臣家”、“蒋绚臣曾经校藏”、“郑杰之印”、“注韩居士”、“龚少文收藏书画印”、“礼逸之印”等印。

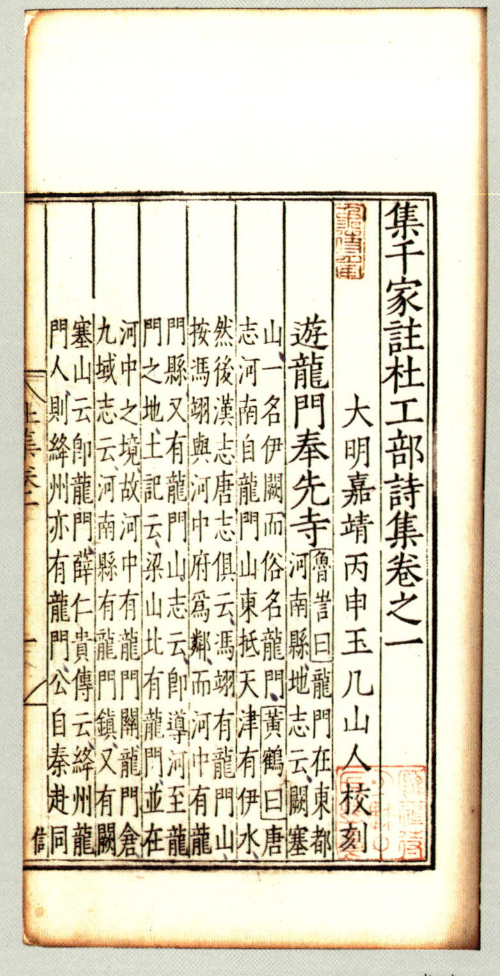
集千家註杜工部詩集卷之一

大明嘉靖丙申玉几山人校刻

遊龍門奉先寺 魯訔曰龍門在東都河南縣地志云闕塞山一名伊闕而俗名龍門黃鶴曰唐志河南自龍門山東抵天津有伊水然後漢志唐志俱云馮翊有龍門山按馮翊與河中府爲鄰而河中有龍門縣又有龍門山志云即導河至龍門之地土記云梁山北有龍門並在河中之境故河中有龍門闕龍門倉九域志云河南縣有龍門鎮又有闕塞山云即龍門薛仁貴傳云絳州龍門人則絳州亦有龍門公自秦赴同

卷端

集千家注杜工部诗集二十卷文集二卷(唐)杜甫撰(宋)黄鹤补注 **附录一卷**

明嘉靖十五年(1536)玉几山人刻本

版框：22.8×14.1厘米；半叶8行，行17字，小字双行17字；白口，四周双边。

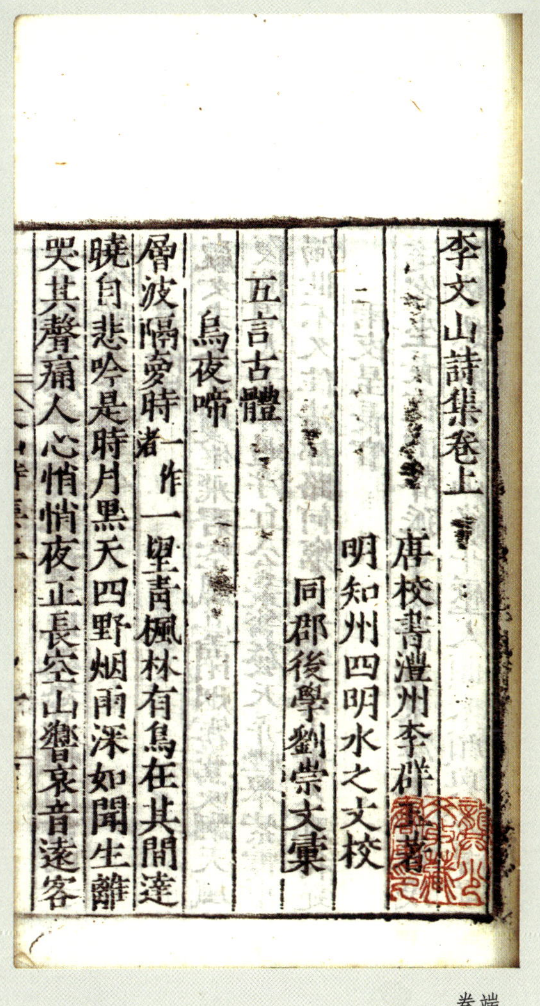
李文山詩集卷上
唐校書澧州李群玉著
明知州四明水之文校
同郡後學劉崇文彙
五言古體
烏夜啼
層波隔夢時一作渚一望青楓林有烏在其間達
曉自悲吟是時月黑天四野烟雨深如聞生離
哭其聲痛人心悄悄夜正長空山響哀音遠客

卷端

李文山诗集三卷

(唐)李群玉撰　明嘉靖四十二年(1563)水之文刻本

版框：18.7×13.6厘米；半叶9行，行18字，小字双行18字；白口，左右双边。有“郑氏注韩居珍藏记”、“郑杰之印”、“大通楼藏书印”、“龚少文收藏书画印”等印。

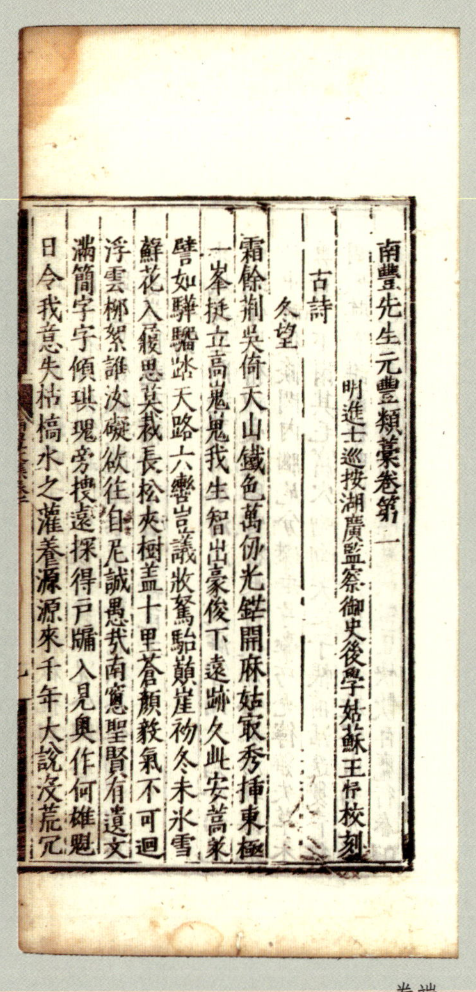
南豐先生元豐類藁卷第一
明進士巡按湖廣監察御史後學姑蘇王忬校刻
古詩
冬望
霜餘荆吳倚天山鐵色萬仞光鋩開麻姑最秀插東極
一峯挺立高嵬嵬我生智出豪俊下遠跡久此安蒿萊
譬如驊騮踏天路六轡豈議收駑駘巔崖初冬未氷雪
蘚花入履思莫栽長松夾樹蓋十里蒼顏毅氣不可迴
浮雲柳絮誰汝礙欲往自尼誠愚哉南窻聖賢有遺文
滿簡字字傾琪瑰旁搜遠探得戶牖入見奥作何雄魁
日令我意失枯槁水之灌養源源來千年大說沒荒宂

卷端

南丰先生元丰类稿五十一卷

(宋)曾巩撰　明嘉靖王忬刻本

版框：22.4×13.5厘米；半叶11行，行21字；上下黑口，四周双边。有“注韩居士”、“郑杰之印”、“郑氏注韩居珍藏记”、“闽县陈氏赐书楼藏善本图书”等印。

卷端

南丰曾先生文粹□卷

(宋)曾巩撰(明)卜大有辑　明嘉靖黄希宪、刘士瑗刻本(存4卷：1－4)

版框：19.9×13.8厘米；半叶10行，行21字；白口，左右双边。有“黄氏余圃藏书”等印。

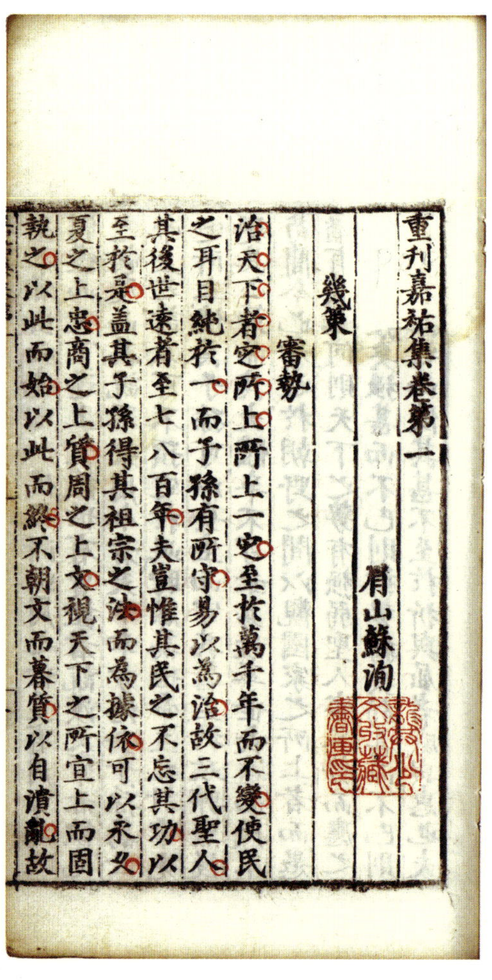
重刊嘉祐集卷第一　眉山蘇洵

幾策

審勢

治天下者定所上所上一定至於萬千年而不變使民之耳目純於一而子孫有所守易以為治故三代聖人其後世遠者至七八百年夫豈惟其民之不忘其功以至於是蓋其子孫得其祖宗之法而為據依可以永久夏之上忠商之上質周之上文視天下之所宜上而固執之以此而始以此而終不朝文而暮質以自瀆亂故

卷端

重刊嘉祐集十五卷

(宋)苏洵撰　明嘉靖十一年(1532)太原府刻本

版框：19.7×13.4厘米；半叶10行，行21字；白口，四周单边。有“郑氏注韩居珍藏记”、“大通楼藏书印”、“龚少文收藏书画印”等印。

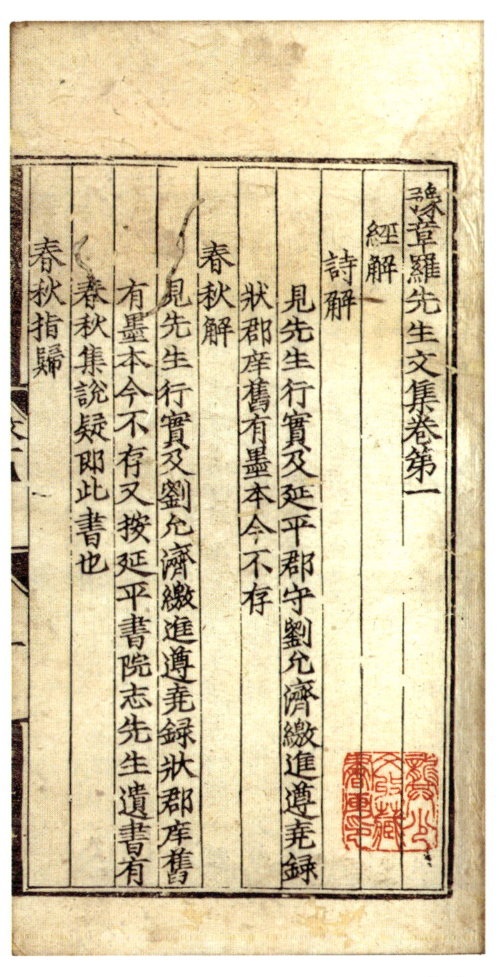

豫章羅先生文集卷第一

經解

詩解

見先生行實及延平郡守劉允濟繳進遵尭録

狀郡庠舊有墨本今不存

春秋解

見先生行實及劉允濟繳進遵尭録狀郡庠舊

有墨本今不存又按延平書院志先生遺書有

春秋集說疑即此書也

春秋指歸

卷端

豫章罗先生文集十七卷(宋)罗从彦撰　**年谱一卷**(元)曹道振撰

明正德十二年(1517)姜文魁刻隆庆五年(1571)罗文明重修本

版框：21.3×13.3厘米；半叶10行，行20字；上下黑口，四周双边。有“郑氏注韩居珍藏记”、“大通楼藏书印”、“龚少文收藏书画印”等印。

象山先生全集卷之一
書
與邵叔誼
前日竊聞嘗以夫子所論齊景公伯夷叔齊之說斷
命以祛俗惑至今嘆服不能弭忘笑談之間度越如
此輔之切磋何可當也充其所見推其所為勿怠勿
畫益著益察日躋於純一之地是所望於君子夷齊
未足言也此天之所以予我者非由外鑠我也思則
得之得此者也先立乎其大者立此者也積善者積
此者也集義者集此者也知德者知此者也進德者

卷端

象山先生全集三十六卷

(宋)陆九渊撰　明嘉靖四十年(1561)何迁刻本

版框：20.1×12.8厘米；半叶10行，行20字；白口，四周双边。有“郑杰之印”、“郑氏注韩居珍藏印”、“大通楼藏书印”、“龚少文收藏书画印”等印。

毅齋詩集別録
雲山歌
雲山窈兮風微山徑絛兮雲依蘭馨兮長晗檮兮
夕暉有禽消搖其間兮不去　萩薇卭吟兮綠
筠枝春與飛騰兮秋鸞與啼希駕鴿兮志亦幾絶樊
弋兮隨所棲空碧臨兮山四圍泉咽咽兮流以時
寧易地兮頴若箕與世相忘兮幽人期山雖高兮安
坦夷雲雖深兮光陸離胸洞洞兮陶然以怡祇天命
兮安厥宜
行行歌
行行兮何之郊之嚀兮山之徑晰熱兮雨晴樵枝兮

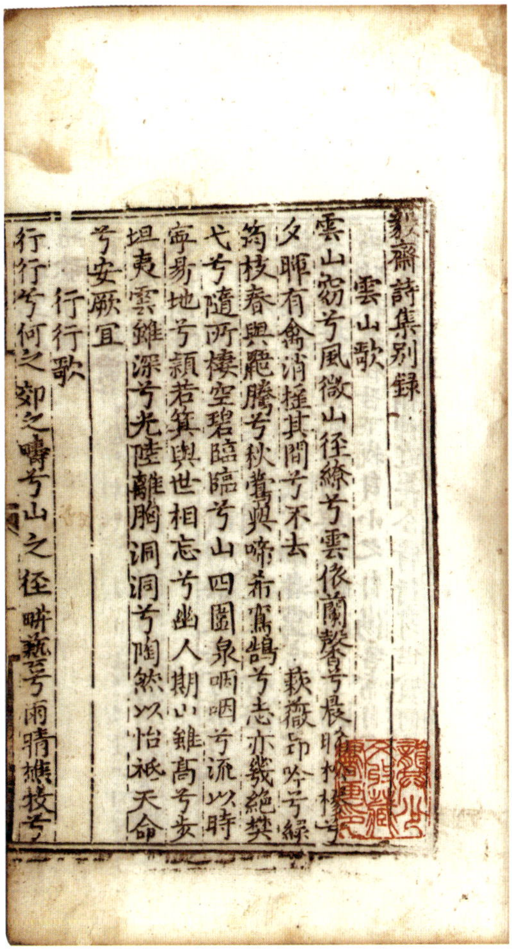

卷端

毅斋诗集别录一卷(宋)徐侨撰　家传一卷(宋)□□撰

明正德六年(1511)徐兴刻本

版框：18.9×12.9厘米；半叶11行，行20字；上下黑口，四周双边。有“晋安何氏珍存”、“郑杰之印”、“注韩居士”、“大通楼藏书印”、“龚少文收藏书画印”等印。

西山先生真文忠公文集卷第一
後學莆陽黃鞏校正
後學常熟張文麟同校
古詩
登南嶽山
煙霞本成癖況復遊名山舉手招白雲欲納懐
袖間咄哉亦癡絶有著即名貪振衣遇長風浩
浩天地寬
題金山
江來朱方注之東海潮怒飛日夕相撞舂天將
古來義士骨化作狂瀾中央屹立之青峯孤根
直下二千尺動影裊窕沖融中黃金側布蘭若

卷端

西山先生真文忠公文集五十一卷目录二卷

(宋)真德秀撰　明嘉靖三年(1524)书林精舍刻本

版框：17.4×12.2厘米；半叶10行，行18字，小字双行18字；上下黑口，四周双边。

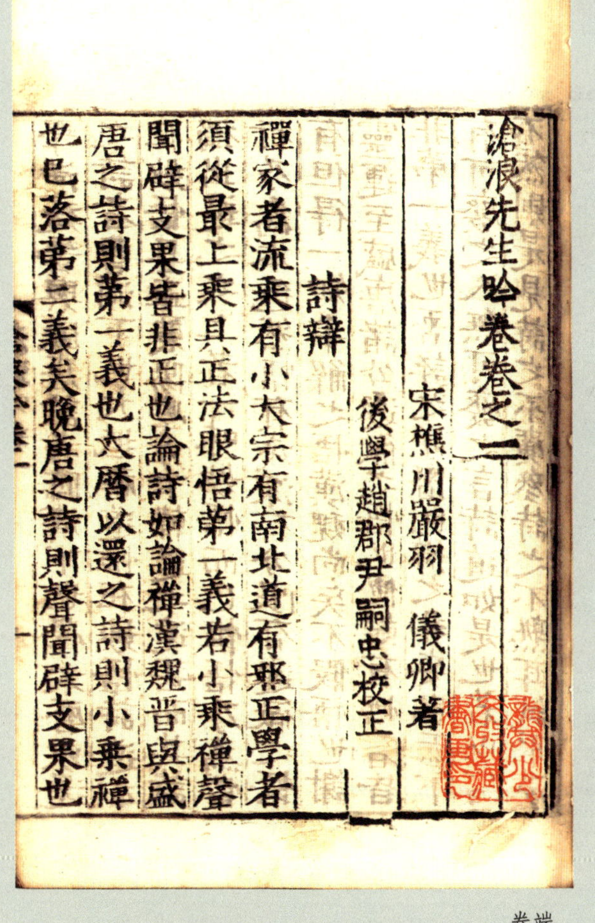

卷端

沧浪先生吟卷二卷

(宋)严羽撰　明正德十五年(1520)尹嗣忠刻本

版框：19.4×15.5厘米；半叶10行，行18字；白口，左右双边。有"皇明四世书香"、"凤池郑澄私印"、"宝思堂"、"后山藏书"、"郑氏注韩居珍藏记"、"郑杰之印"、"大通楼藏书印"、"龚少文收藏书画印"等印。

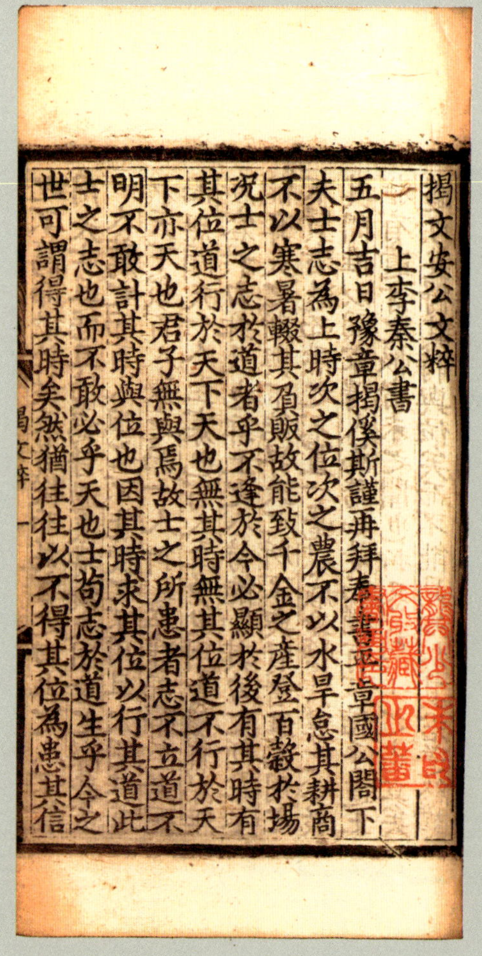

揭文安公文粹

上李秦公書

五月吉日豫章揭傒斯謹再拜奉書[illegible]章國公閣下

夫士志爲上時次之位次之農不以水旱怠其耕商不以寒暑輟其負販故能致千金之産登百穀於場况士之志於道者乎不逢於今必顯於後有其時有其位道行於天下天也無其時無其位道不行於天下亦天也君子無與焉故士之所患者志不立道不明不敢計其時與位也因其時求其位以行其道此士之志也而不敢必乎天也士苟志於道生乎今之世可謂得其時矣然猶往往以不得其位爲患甚[illegible]

卷端

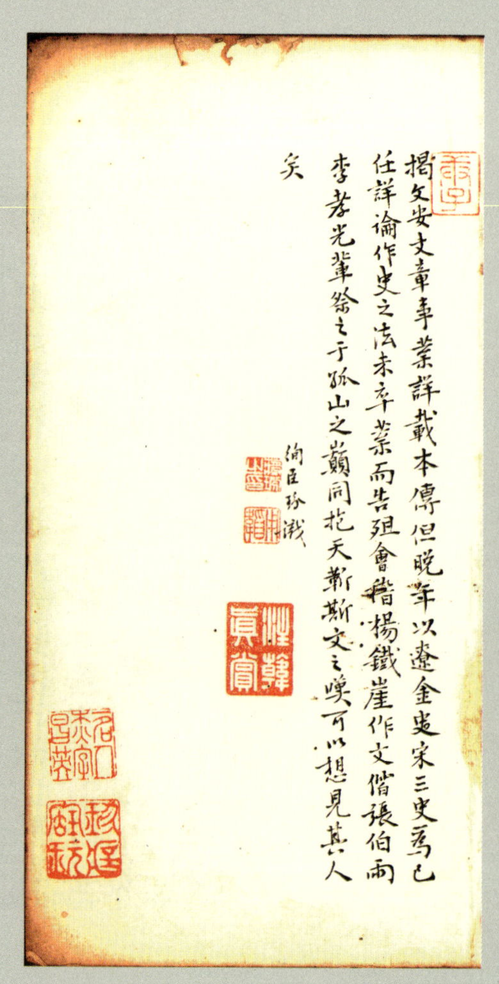

揭文安文章事業詳載本傳但晚年以遼金宋三史爲己任詳論作史之法未卒業而告殂會稽楊鐵崖作文偕張伯雨李孝光輩祭之于孤山之巔同抱天喪斯文之嘆可以想見其人矣

絢臣珍識

蒋玢跋

揭文安公文粹一卷

(元)揭傒斯撰　明天顺五年(1461)沈琮广州府学刻本

版框：19.5×13.2厘米；半叶11行，行20字；上下黑口，四周双边。(清)蒋玢跋，有“朱印之藩”、“徐印惟起”、“晋安蒋绚臣家藏书”、“鹿原林氏藏书”、“郑杰之印”、“注韩居士”、“郑氏注韩居珍藏记”、“注韩真赏”、“昌英珍秘”、“大通楼藏书印”、“龚少文收藏书画印”等印。

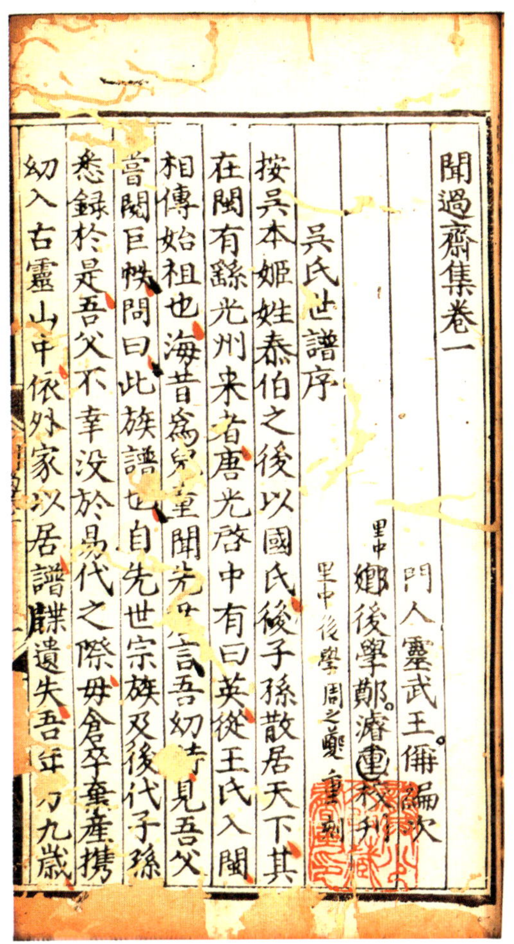

卷端

闻过斋集八卷

(元)吴海撰　明成化三年(1467)邵铜刻本

版框：20.7×13厘米；半叶10行，行20字；上下黑口，四周双边。佚名批校，有“龟须鬼角”、“昌英珍秘”、“郑杰之印”、“郑氏注韩居珍藏记”、“侯官郑氏藏书”、“大通楼藏书印”、“龚少文收藏书画印”等印。

書林外集卷之一

四言古詩

仁政堂爲鄞尹許具瞻作

維明有邑其冠曰鄞文物攸萃民俗斯淳昔王文公
寔宰斯邑鳴琴而治世莫之及後乎千載德音孰嗣
周翰氏阮彼善於此化絃荐更民生失寧庸者畏急
貪者肆刑天運昭回弊極斯理文林許侯奉命戾止
傳騶未還政化大行飧和沐潤咸適其情迺脩庠序
迺實常平一善不遺百廢具興睠茲公庭舊扁惟正
儆于有位猶懼弗稱筆以大篆易曰仁政煦之休之

卷端

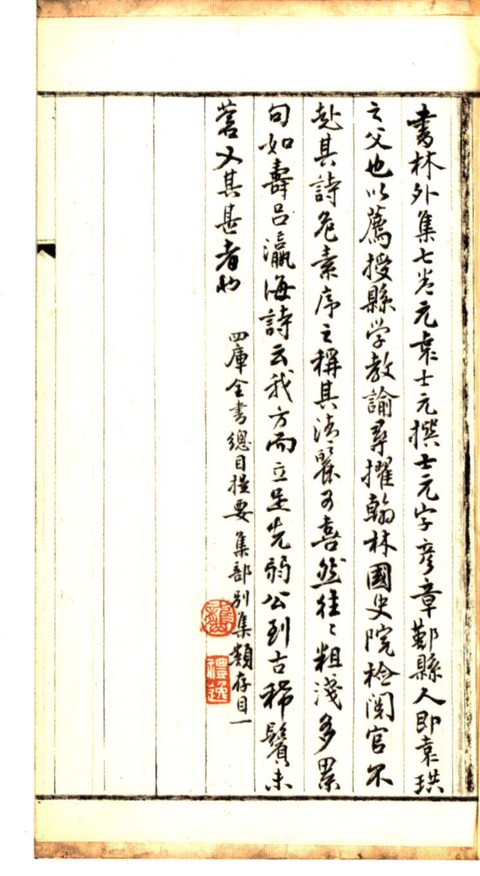

書林外集七卷元袁士元撰士元字彥章鄞縣人即袁珙
之父也以薦授縣学教諭尋擢翰林國史院檢閱官不
赴其詩危素序之稱其法聯可喜然往往粗淺多累
句如壽呂瀛海詩云我方而立足先翁公到古稀鬢未
蒼又其甚者也

四庫全書總目提要 集部別集類存目一

龚纶跋

袁士元字彥章鄞人宋忠臣鏞之孫自幼嗜學講誦至廢寢食父母憐而禁止之迺端坐默記不少輟長益旁蒐遠輯務為淵博時守禮致郡庠為五經師學者翕然宗之監察御史與林以茂才異等薦授鄞學教諭調西湖書院山長改鄮山書院未幾中書參政危素薦為平江路儒學教授道梗未上又用薦陞授文林郎翰林國史院檢閱官引年弗就士元性至孝父澤民嘗患背疽士

徐延寿识(一)

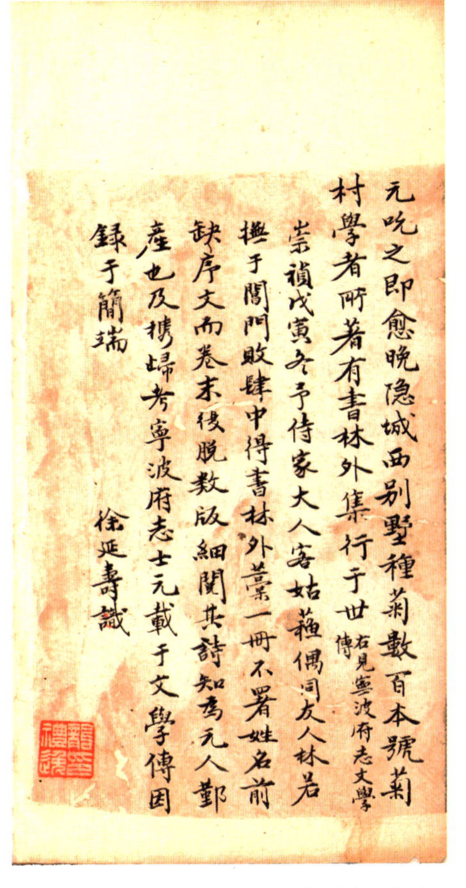

元吮之即愈晚隱城西別墅種菊數百本號菊村學者所著有書林外集行于世右見寧波府志文學傳崇禎戊寅冬予侍家大人客姑蘇偶同友人林君撫于閶門敗肆中得書林外集一冊不署姓名前缺序文而卷末復脫數版細閱其詩知為元人鄞產也及携歸考寧波府志士元載于文學傳因錄于簡端

徐延壽識

徐延寿识(二)

书林外集七卷

(元)袁士元撰　明正统年间刻本

版框：18.7×13.4厘米；半叶10行，行20字；上下黑口，四周双边。(清)徐延寿题识，龚纶跋。有“兴公氏”、“大通楼藏书印”、“龚少文收藏书画印”、“龚礼逸印”、“礼逸之印”等印。

潛溪集卷一　　金華宋濂著

國朝名臣序頌

帝王之興必有不世出之人豪以自赴雲龍風虎之會易所謂聖人作而萬物覩者是已我皇元受天明命撫安方夏天戈所指萬方畢從是故一鼓而諸部服再鼓而夏人納欵三鼓而完顏氏請降四鼓而南宋平東西止日之出入罔不洽被聲教共惟帝臣雖廟謀雄斷動無不勝亦賴熊羆之士不二心之臣有以誕宣天威故功成治定若是之神速也自今觀之陷陣攻城無戰弗克則有若魯國忠武王之倫面折

卷端

潜溪集八卷(明)宋濂撰　附录一卷

明嘉靖十五年(1536)徐嵩、温秀刻本

版框：18.9×14.2厘米；半叶10行，行20字；白口，四周单边。有“三山陈氏居敬堂图书”等印。

王忠文公文集卷之一

鄱陽三臺劉傑編輯

廬陵銅溪劉同校正

賦

思親賦

天台陳君敬初幼孤事母盡孝壯歲遠遊所寓之室因名曰白雲著思親也吾内翰黃先生旣爲作白雲之辭同門友王褘復造斯賦焉賦曰　仰蒼旻之冥漠運玄化之渾淪何賦授之殊致或偏頗而不均撫予身之薄祜慨此生之多屯豈造物之見靳將受命

王忠文公文集卷一　一　[illegible]

卷端

王忠文公文集二十四卷

(明)王祎撰(明)刘杰辑　明嘉靖元年(1522)张齐刻本

版框：19×12.3厘米；半叶10行，行20字；白口，左右双边。

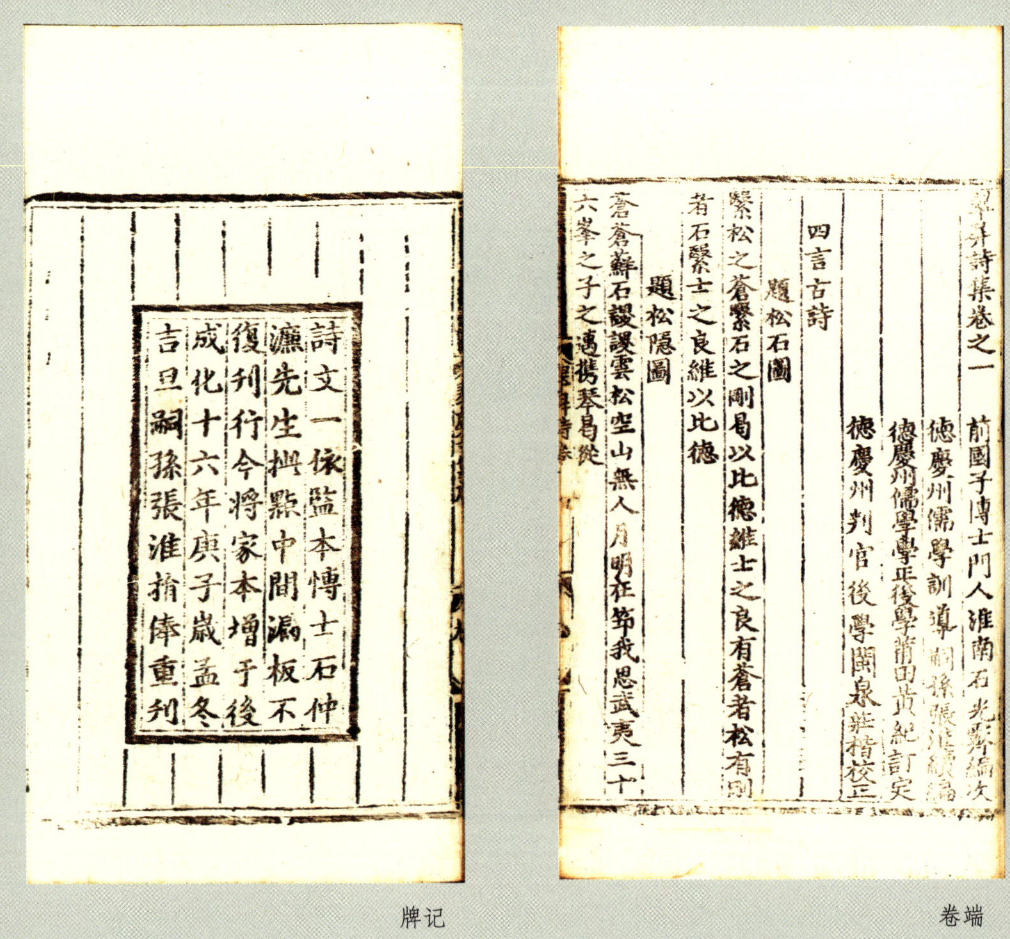
詩文一依監本博士石仲
濂先生批點中間漏板不
復刊行今將家本增于後
成化十六年庚子歲孟冬
吉旦嗣孫張淮捐俸重刊

牌记

翠屏詩集卷之一
前國子博士門人淮南石光霽編次
德慶州儒學訓導嗣孫張淮續編
德慶州儒學學正後學莆田黄紀訂定
德慶州判官後學閩泉莊楷校正
四言古詩
題松石圖
繫松之蒼繫石之剛曷以比德維士之良有蒼者松有剛
者石繫士之良維以比德
題松隱圖
蒼蒼蘚石靉靉雲松空山無人月明在節我思武夷三十
六峯之子之邁携琴曷從

卷端

翠屏集四卷

(明)张以宁撰　明成化十六年(1480)张淮刻明清递修本

版框：19.9×15.1厘米；半叶11行，行22字；上下黑口，四周双边。

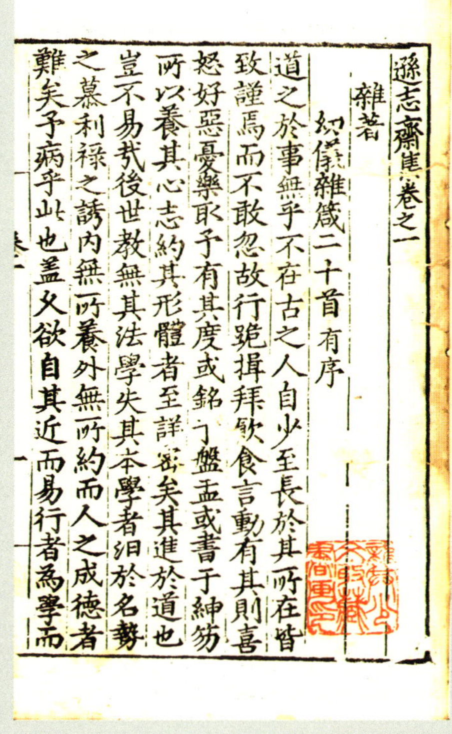
遜志齋集卷之一
雜著
幼儀雜箴二十首有序
道之於事無乎不在古之人自少至長於其所在皆致謹焉而不敢忽故行跪揖拜飲食言動有其則喜怒好惡憂樂取予有其度或銘于盤盂或書于紳笏所以養其心志約其形體者至詳密矣其進於道也豈不易哉後世教無其法學失其本學者汩於名勢之慕利祿之誘內無所養外無所約而人之成德者難矣予病乎此也蓋久欲自其近而易行者為學而

卷端

逊志斋集二十四卷(明)方孝孺撰　附录一卷

明正德十五年(1520)顾璘刻本

版框：18.8×13.3厘米；半叶10行，行20字；白口，四周单边。有“郑杰之印”、“郑氏注韩居珍藏记”、“大通楼藏书印”、“龚少文收藏书画印”等印。

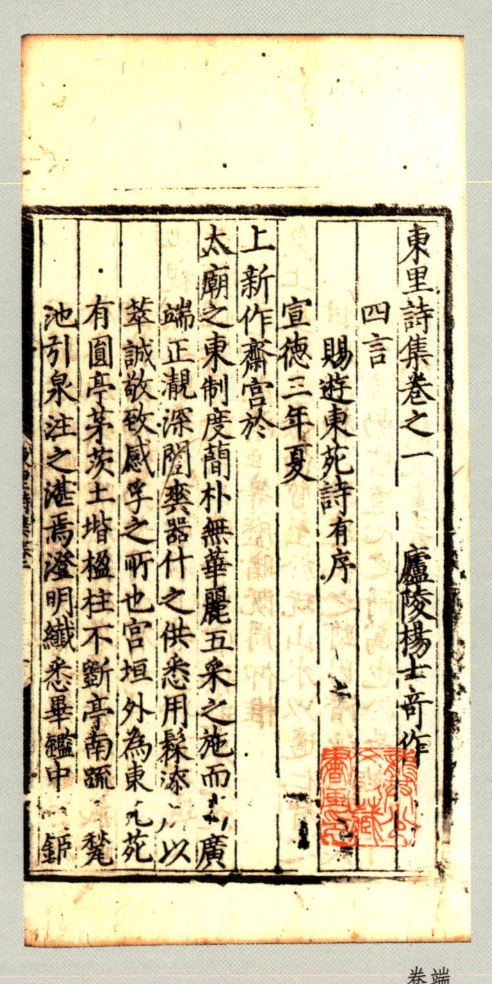

東里詩集卷之一　　廬陵楊士奇作
四言
賜遊東苑詩有序
宣德三年夏
上新作齋宮於
太廟之東制度簡朴無華麗五釆之施而[illegible]廣
端正靚深閟奕器什之供悉用髹漆[illegible]以
華誠敬致感孚之所也宮垣外為東[illegible]苑
有圓亭茅茨土堦楹柱不斲亭南疏[illegible]甃
池引泉注之潴焉澄明纖悉畢鑑中[illegible]

卷端

东里诗集三卷

(明)杨士奇撰　明正统刻重修本

版框：19.5×12.8厘米；半叶10行，行20字；黑口，四周双边。有“郑氏注韩居珍藏记”、“大通楼藏书印”、“龚少文收藏书画印”等印。

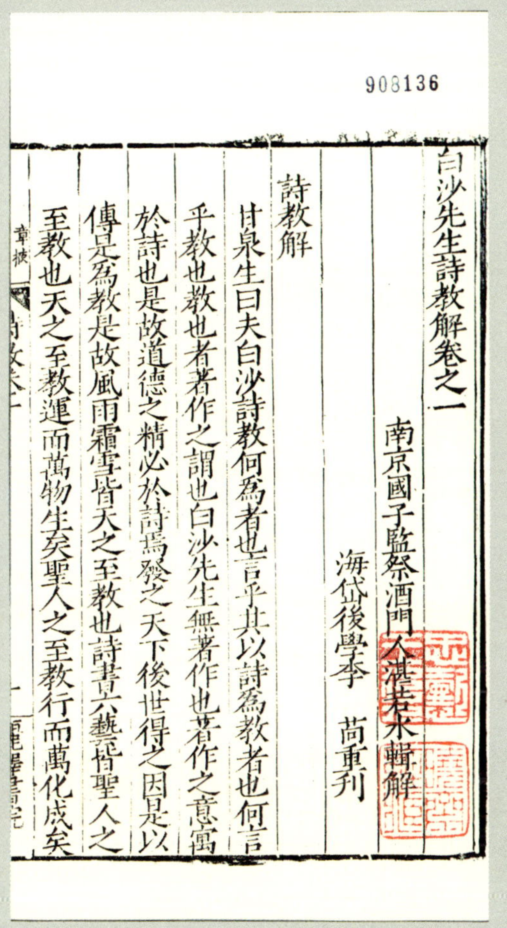

白沙先生詩教解卷之一
南京國子監祭酒門人湛若水輯解
海岱後學李　茼重刊
詩教解
甘泉生曰夫白沙詩教何爲者也言乎其以詩爲教者也何言
乎教也教也者著作之謂也白沙先生無著作也著作之意寓
於詩也是故道德之精必於詩焉發之天下後世得之因是以
傳是爲教是故風雨霜雪皆天之至教也詩書六藝皆聖人之
至教也天之至教運而萬物生矣聖人之至教行而萬化成矣

卷端

白沙先生诗教解十卷

(明)陈献章撰(明)湛若水辑解　明隆庆元年(1567)李茼刻本

版框：20×13.6厘米；半叶9行，行26字；白口，左右双边。

愧齋先生文粹卷之一
同里晚生後峯黄華編選
講章 賦 論 碑銘 行狀
今天下車同軌書同文行同倫
這是中庸第二十八章承上章爲下不倍而言亦人道也今是子思自說當時軌是轍迹之度文是書之點畫形象行是日用常行的事倫是次序之體子思說道古之有天下者必有制作以新民之耳目而一其心志惟我有周之先王有德有位制作盡善故歷數百年以至于今其制作之在於天下者無一人之

卷端

愧斋先生文粹十卷(明)陈音撰　**附录一卷**

明嘉靖刻本

版框：19.1×14厘米；半叶10行，行20字；上下黑口，左右双边。有“抱经堂藏书印”、“求诸逸斋”等印。

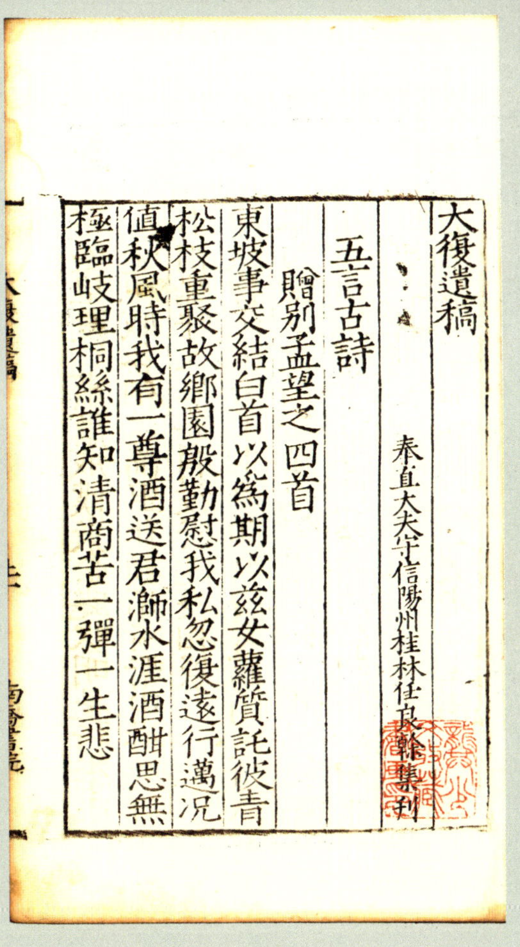

大復遺稿

奉直大夫守信陽州桂林任良幹集刊

五言古詩

贈別孟望之四首

東坡事交結白首以爲期以兹女蘿質託彼青松枝重聚故鄉園殷勤慰我私忽復遠行邁况值秋風時我有一尊酒送君㴚水涯酒酣思無極臨岐理桐絲誰知清商苦一彈一生悲

卷端

大复遗稿一卷新论一卷(明)何景明撰　**附录一卷**

明嘉靖任良榦刻本

版框：18.3×12.7厘米；半叶8行，行18字；白口，四周单边。有“郑杰之印”、“郑氏注韩居珍藏记”、“大通楼藏书印”、“龚少文收藏书画印”等印。

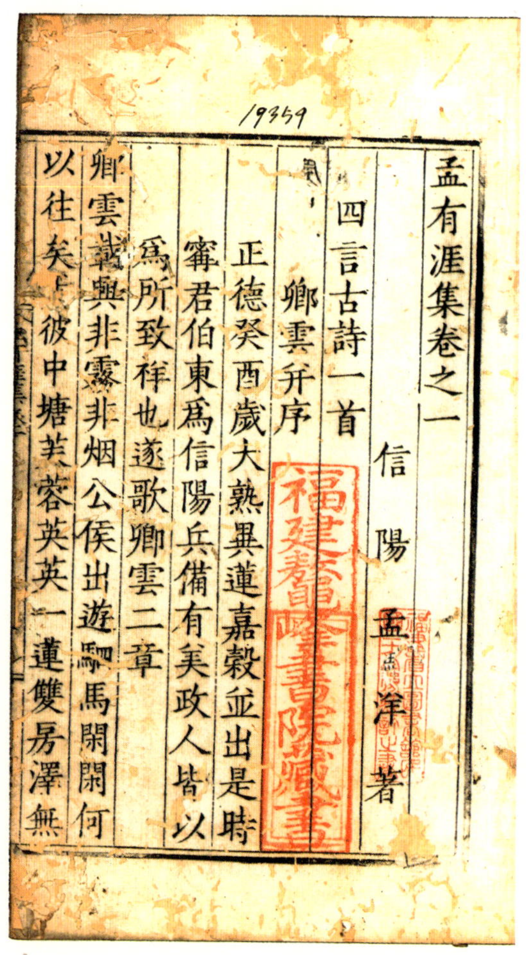

孟有涯集卷之一
信陽　孟洋　著
四言古詩一首
卿雲并序
正德癸酉歲大熟異蓮嘉穀並出是時
寗君伯東爲信陽兵備有美政人皆以
爲所致祥也遂歌卿雲二章
卿雲載興非靄非烟公侯出遊駟馬閑閑何
以往矣[illegible]彼中塘芙蓉英英一蓮雙房澤無

卷端

孟有涯集十七卷

(明)孟洋撰　明嘉靖十七年(1538)王廷相、徐九皋刻本

版框：20×13.2厘米；半叶9行，行17字；白口，四周双边。有“福建鳌峰书院藏书”等印。

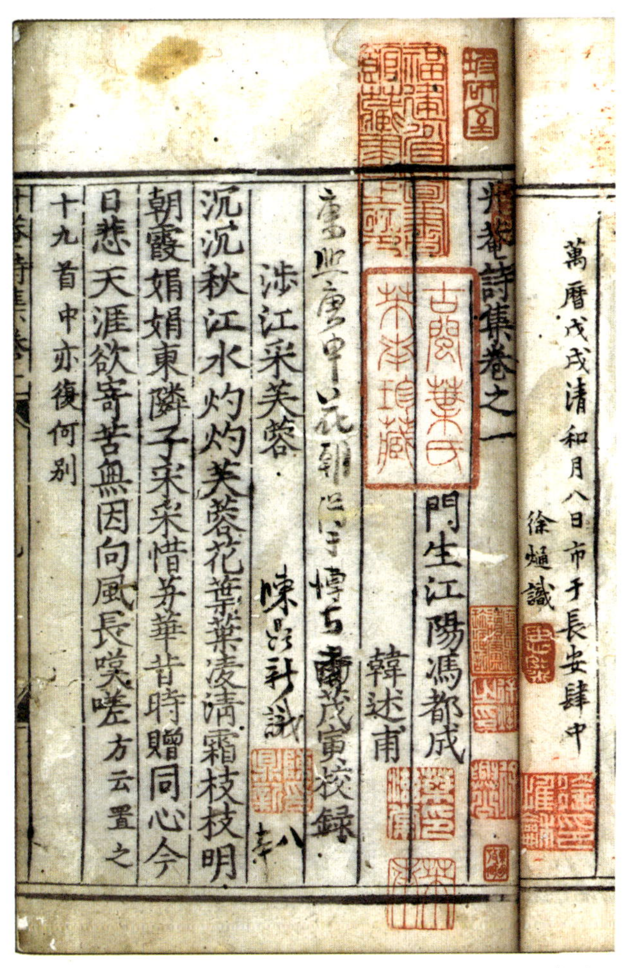
萬曆戊戌清和月八日市于長安肆中
徐𤊹識
升菴詩集卷之一
門生江陽馮都成
韓述甫
涉江采芙蓉
沉沉秋江水灼灼芙蓉花葉葉凌清霜枝枝明
朝霞娟娟東鄰子采采惜芬華昔時贈同心今
日悲天涯欲寄苦無因向風長嘆嗟　方云置之
十九首中亦復何別

卷端

升庵诗集九卷文集十二卷

(明)杨慎撰　明嘉靖三十六年(1557)刻本(存17卷：诗集1－5；文集全)

版框：19.5×14厘米；半叶9行，行18字；白口，四周双边。(明)徐𤊹、(明)徐𤊸题识，(清)陈鼎新批，有“古闽叶氏刊本珍藏”等印。

浚谷趙先生文粹卷之一
泰和胡直選　門生安福鄒善校
序類
送王僉事序
西蜀王士延自刑部郎遷湖廣憲司僉事僚友崔懋言
偕其儕追而餞之酌酒而祝之曰凡憲司之患弗戢者
予知其所以然乎患莫大於相疑何耶天子不能獨理
人故畀之守令顓天下之民者守令是已守令顓斯民
生殺與奪之權則將以其意行生殺予奪之權可乎不
可乎天子亦知其不可則設憲司以防之故憲司之設
始於疑守令憲司顓守令進退榮辱之權設又以其意

卷端

浚谷赵先生文粹五卷

(明)赵时春撰(明)胡直辑　明隆庆五年(1571)刻本

版框：20.3×14.3厘米；半叶10行，行21字；白口，四周单边。有“郑氏注韩居珍藏记”、“大通楼藏书印”、“龚少文收藏书画印”等印。

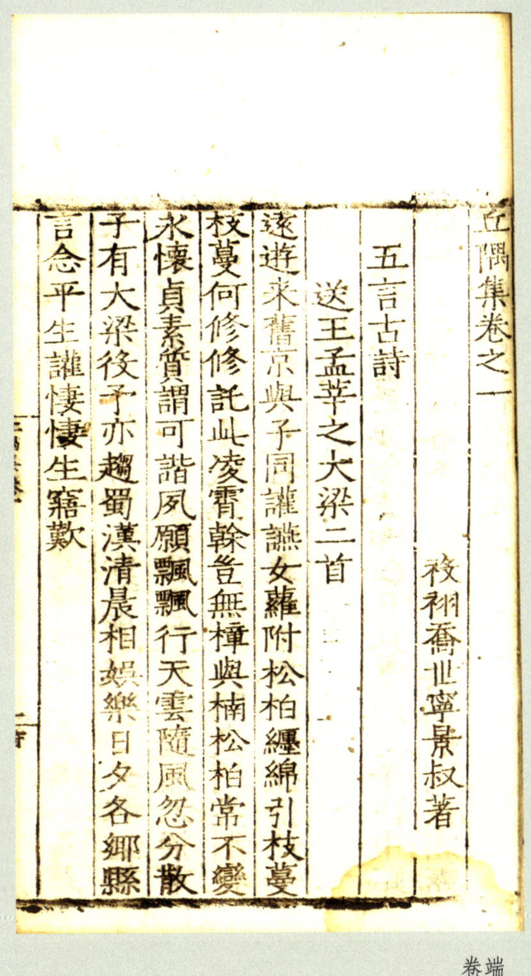
丘隅集卷之一
校刊喬世寧景叔著
五言古詩
送王孟莘之大梁二首
遂遊來舊京與子同讌讌女蘿附松柏纏綿引枝蔓
枝蔓何修修託此凌霄榦豈無楩與楠松柏常不變
永懷貞素質謂可諧夙願飄飄行天雲隨風忽分散
子有大梁役予亦趨蜀漢清晨相娛樂日夕各鄉縣
言念平生讌悽悽生寤歎

卷端

丘隅集十九卷

(明)乔世宁撰　明嘉靖刻本

版框：18.8×14.2厘米；半叶9行，行20字；白口，四周单边。有“福建鳌峰书院藏书”等印。

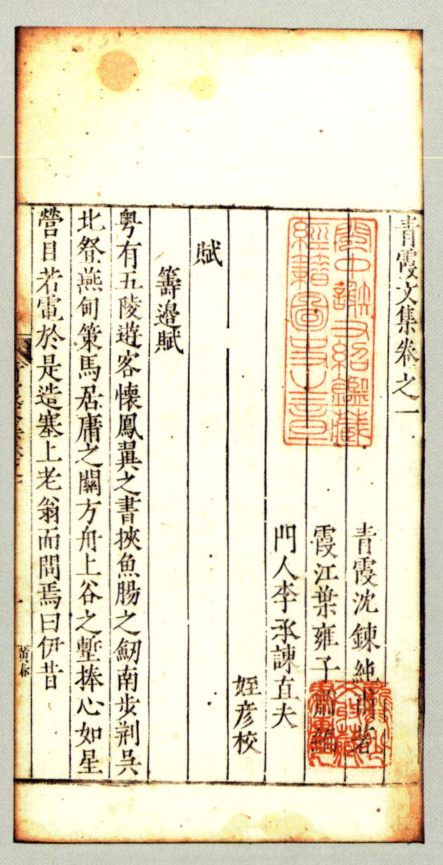
青霞文集卷之一
青霞沈鍊純甫著
霞江葉雍子
門人李承謙直夫
姪彦校
賦
籌邊賦
粤有五陵遊客懷鳳翼之書挾魚腸之劍南步荆吳
北祭燕甸策馬居庸之關方舟上谷之壍捧心如星
營目若電於是造塞上老翁而問焉曰伊昔

卷端

青霞文集六卷

(明)沈鍊撰　明嘉靖四十五年(1566)俞咨益刻本

版框：18.9×14厘米；半叶10行，行20字；白口，四周单边。有“闽中谢又绍鉴藏图史之章”、“大通楼藏书印”、“龚少文收藏书画印”等印。

卷端

婺贤文轨四卷

(明)戚雄辑　明嘉靖三十八年(1559)戚宪刻本

版框：20×14厘米；半叶11行，行22字；白口，左右双边。有“郑杰之印”、“注韩居士”、“郑氏注韩居珍藏记”、“大通楼藏书印”、“龚少文收藏书画印”等印。

入选第三批《国家珍贵古籍名录》的善本古籍

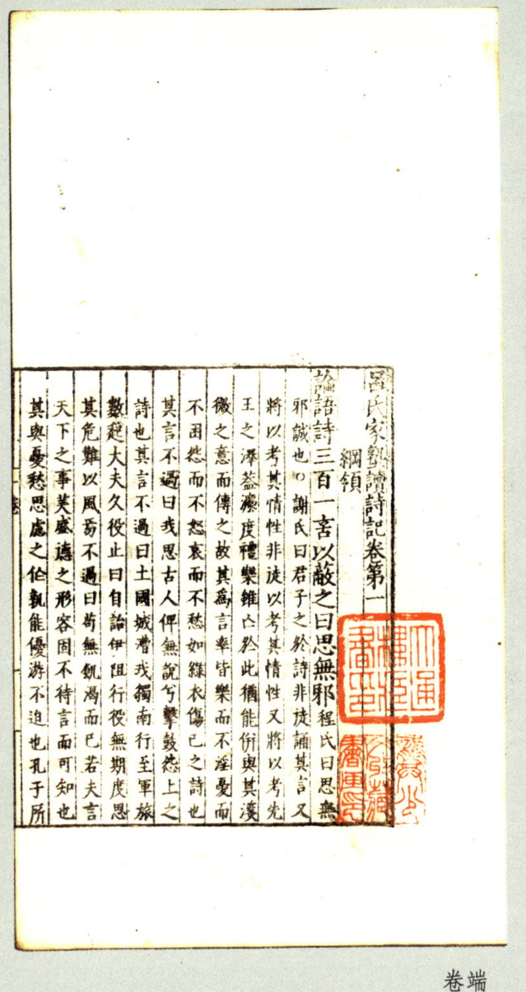

卷端

吕氏家塾读诗记三十二卷

(宋)吕祖谦撰　明嘉靖十年(1531)傅凤翱刻本

版框：14.6×12.4厘米；半叶14行，行19字；上下黑口，左右双边。有“郑杰之印”、“郑氏注韩居珍藏记”、“注韩真赏”、“大通楼藏书印”、“龚少文收藏书画印”等印。

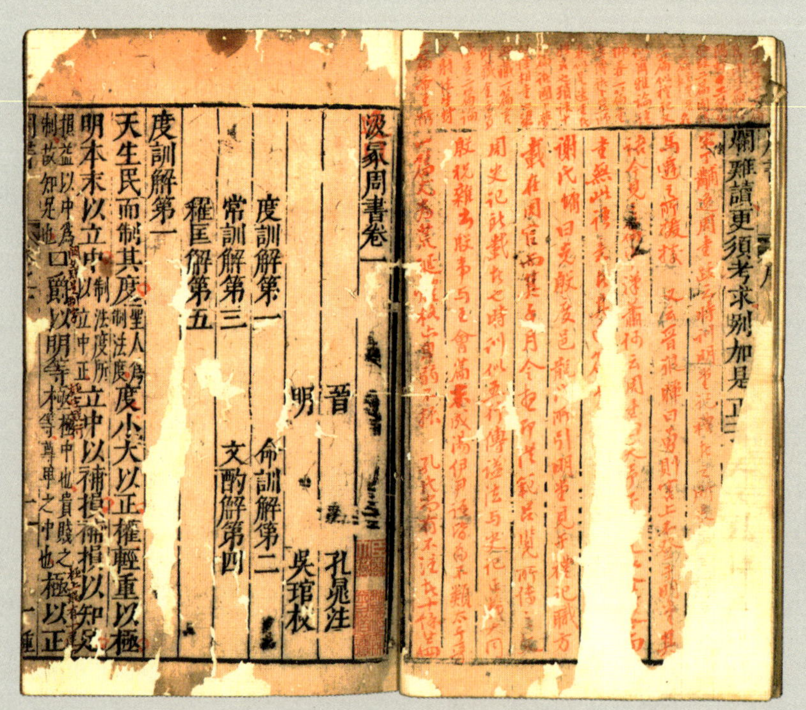
汲冢周書卷一
晉　孔晁注
明　吴琯校
度訓解第一　命訓解第二
常訓解第三　文酌解第四
糴匡解第五
度訓解第一
天生民而制其度

卷端及跋文

杨用霖跋

汲冢周书十卷

(晋)孔晁注(明)吴琯校　明吴琯刻古今逸史本

版框：20×13.6厘米；半叶10行，行20字，小字双行20字；白口，左右双边。(清)杨用霖题跋，有“郑汝霖曾借读”、“臣郑大谟”等印。

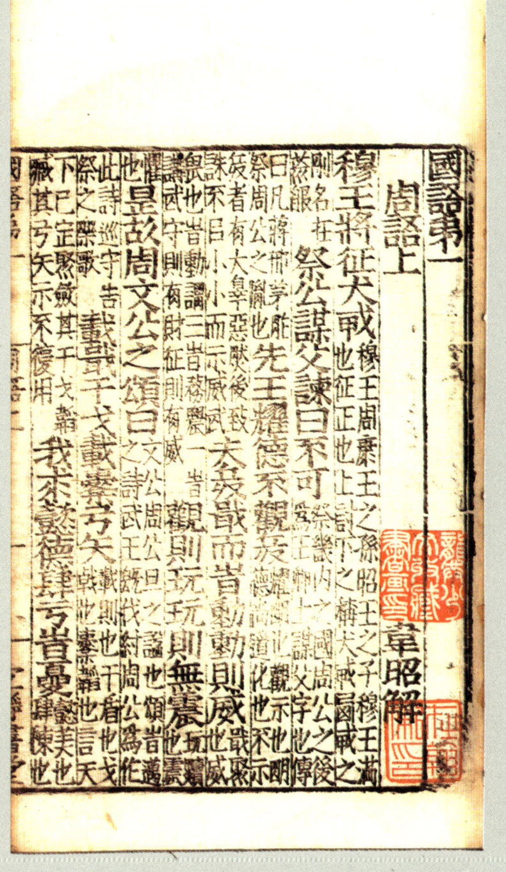

卷端

国语二十一卷(三国吴)韦昭注　**古文音释一卷**(明)王鏊撰

明嘉靖四年(1525)许宗鲁宜静书堂刻本

版框：17.8×13.3厘米；半叶10行，行20字，小字双行20字；白口，左右双边。有“小积石山房艺文之章”、“赵印在翰”、“在翰私印”、“习静山斋”、“柱史之章”、“大通楼藏书印”、“龚少文收藏书画印”等印。

視草餘録
鄭僖王薨世絶東垣繁昌二郡王爭襲繁昌以
兄終弟及為辭東垣謂其父與繁昌俱僖王之
弟其父行四繁昌第九奏上
召府部臺諫集議　東角門衆相顧莫先發予
曰是當如武官襲廕例衆皆以為然於是會奏
請以東垣進封然親王世絶進封之例
祖訓亦未之及也
寘鐇作亂時副總兵楊英遊擊將軍仇鉞俱領

視草餘録　一　小草齋鈔本

卷端

视草余录一卷

(明)杨廷和撰　明谢肇淛小草斋抄本

版框：19.1×13.2厘米；半叶9行，行18字；白口，四周单边。有“是书曾藏蒋绚臣家”、“沈氏祖牟藏书”等印。

卷二卷端　　卷一卷端

历代史纂左编一百四十二卷

(明)唐顺之辑　明嘉靖四十年(1561)胡宗宪刻本(卷38抄配)

版框：20.7×14.5厘米；半叶10行，行20字；白口，四周单边。

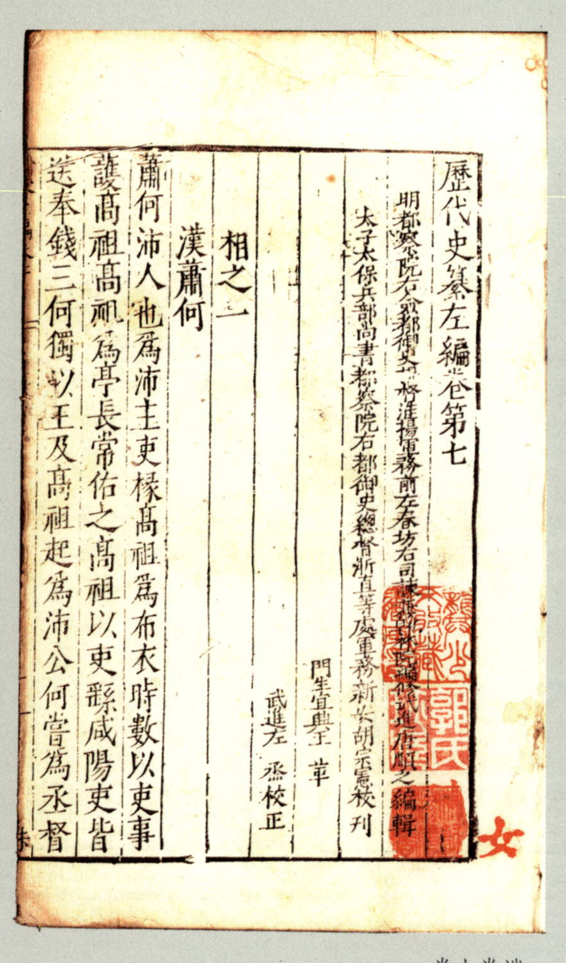

卷七卷端

历代史纂左编一百四十二卷

(明)唐顺之辑　明嘉靖四十年(1561)胡宗宪刻本(存136卷：7－142)

版框：21.3×14.1厘米；半叶10行，行20字；白口，四周单边。有“郭氏珍藏”、“龚少文收藏书画印”等印。

孔叢子卷第一
嘉言第一
夫子適周見萇弘言終退萇弘語劉文公曰吾觀孔仲尼有聖人之表河目而隆顙黃帝之形貌也脩肱而龜背長九尺有六寸成湯之容體也然言稱先王躬履廉讓洽聞強記博物而不窮抑亦聖人之興者乎劉子曰方今周室衰微而諸侯力爭孔丘布衣聖將安施萇弘曰堯舜文武之道或弛而墜禮樂崩喪其亦正其統紀而已矣既而夫子聞之曰吾豈敢哉亦好禮樂

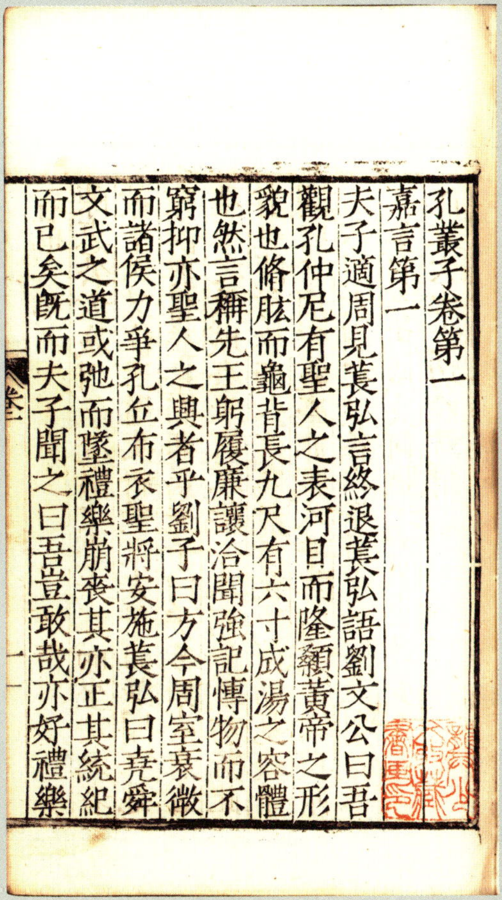

卷端

孔丛子七卷

题(汉)孔鲋撰　明嘉靖二十九年(1550)蔡宗尧刻本

版框：18.5×14厘米；半叶10行，行18字；白口，左右双边。有“黄世发印”、“注韩居士”、“郑杰之印”、“郑氏注韩居珍藏记”、“大通楼藏书印”、“龚少文收藏书画印”等印。

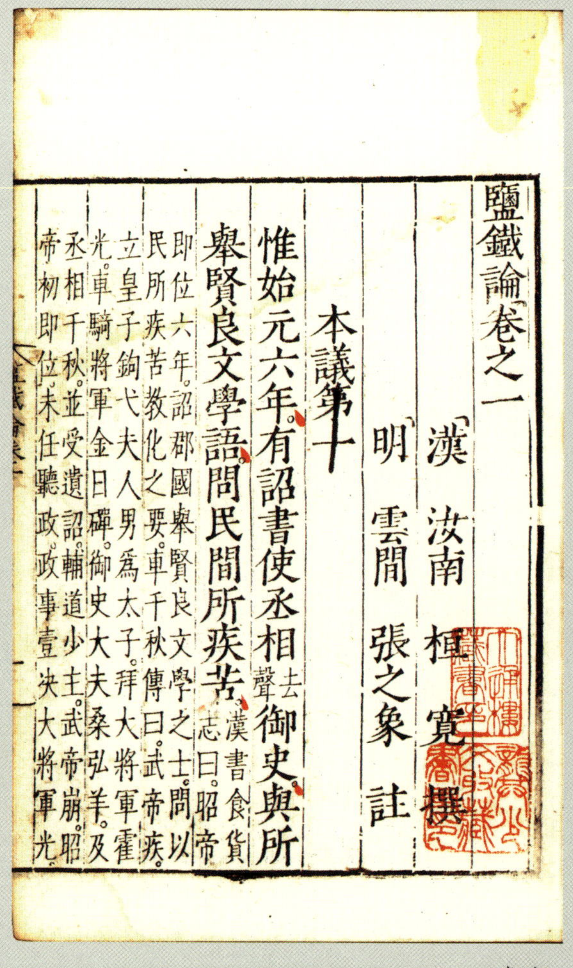
鹽鐵論卷之一
漢 汝南 桓寬 撰
明 雲間 張之象 註
本議第一
惟始元六年有詔書使丞相去聲御史與所
舉賢良文學語問民間所疾苦漢書食貨志曰昭帝
即位六年詔郡國舉賢良文學之士問以
民所疾苦教化之要車千秋傳曰武帝疾
立皇子鉤弋夫人男爲太子拜大將軍霍
光車騎將軍金日磾御史大夫桑弘羊及
丞相千秋並受遺詔輔道少主武帝崩昭
帝初即位未任聽政政事壹決大將軍光

卷端

盐铁论十二卷

(汉)恒宽撰(明)张之象注　明嘉靖三十三年(1554)张氏猗兰堂刻本

版框：18.3×14.4厘米；半叶9行，行17字；上下黑口，左右双边。有“赵在田”、“小积石山房艺文之章”、“在翰私印”、“大通楼藏书印”、“龚少文收藏书画印”等印。

劉向新序卷第一
雜事第一
昔者舜自耕稼陶漁而躬孝友父瞽瞍頑母嚚
及弟象傲皆下愚不移舜盡孝道以供養瞽瞍
瞽瞍與象爲浚井塗廩之謀欲以殺舜舜孝益
篤出田則號泣年五十猶嬰兒慕可謂至孝矣
故耕於歷山歷山之耕者讓畔陶於河濵河濵
之陶者器不苦窳漁於雷澤雷澤之漁者分均
及立爲天子天下化之蠻夷率服北發渠搜南
撫交阯莫不慕義麟鳳在郊故孔子曰孝弟之
至通於神明光于四海舜之謂也孔子在州里

卷端

刘向新序十卷

(汉)刘向撰　明刻本

版框：20.4×15.8厘米；半叶11行，行18字；上下黑口，四周双边。有“郑氏注韩居珍藏记”、“求德堂图书”、“大通楼藏书印”、“龚少文收藏书画印”等印。

群書集事淵海卷之一

君門

聖德　聖人君天下有大德者

帝嚳普施利物史記

帝嚳高辛氏黄帝之曽孫也生而神靈自言其名普施利物不於其身聰以知遠明以察微順天之義知民之急仁而威惠而信修身而天下服

帝堯克明俊德史記

帝堯其仁如天其知如神就之如日望之如雲克明俊德以親

卷端

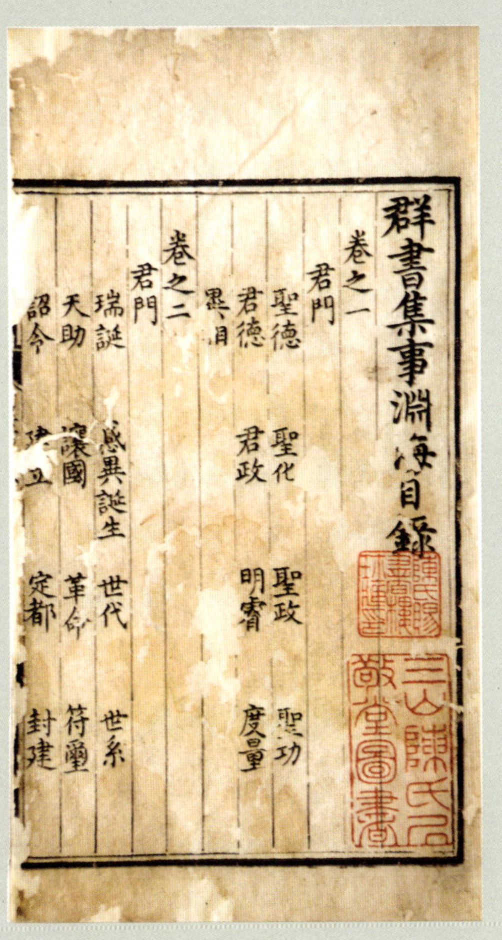

目录叶

群书集事渊海四十七卷

(明)□□撰　明弘治十八年(1505)贾性刻本

版框：19.9×13.7厘米；半叶12行，行24字；上下黑口，四周双边。有“三山陈氏居敬堂图书”、“陈氏赐书楼珍藏印”等印。

歐陽文忠公全集卷一

譜二

族譜圖序

譜圖

年譜

族譜圖序 石本

歐陽氏之先本出於夏禹之苗裔自帝少康封其庶子於會稽使守禹祀歷夏商周以世相傳至于允常子曰句踐是爲越王越王句踐傳五世至王無疆爲楚威王所滅其諸族子分散爭立皆受封於楚而無

卷端

欧阳文忠公全集一百三十五卷

(宋)欧阳修撰　明嘉靖三十四年(1555)陈珊刻本

版框：20.4×14.5厘米；半叶10行，行20字；白口，左右双边。有“叔平之印”、“侯官刘筠川藏书印”、“陈印延寿”、“味青斋藏书”、“静学斋”等印。

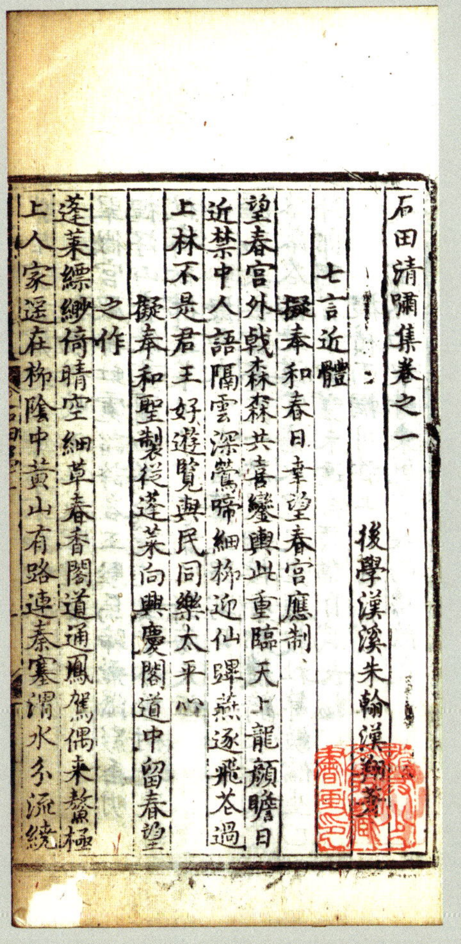

卷端

石田清啸集□卷

(明)朱翰撰　明成化十七年(1481)周瑾刻本(存6卷：1—6)

版框：18.9×12厘米；半叶11行，行20字；上下黑口，四周双边。有“子京”、“徐印惟起”、“注韩居士”、“珍藏宝玩”、“郑杰之印”、“大通楼藏书印”、“龚少文收藏书画印”等印。

全椒公薛荔園詩集

古詩

玄姪孫鵬程翼仲抄錄

合浦產明珠。澧澤茁芳草。褰裳欲採之。將以遺所好。所好隔天涯。戚戚傷懷抱。歲寒雨雪多。遊子悲遠道。思君重躊躇。一夜令人老。

盈盈三五月。流輝入我帷。中夜起徬徨。憂心當告誰。白露塗中庭。蛩夕鳴悲。豈無心所歡。千里邈音徽。仰視鴈南翔。俯盼庭柯飛。茲長夜。涕淚沾裳衣。

百年何奄忽。燕樂當及時。斗酒娛心意。厚薄非所知。羨人朝握手笑生光輝。風波一失所。嘉會安可期。逝者日以遠。存者日以稀。营而惜費。無乃賢達嗤。

第二辑 稿抄本

明、清稿抄本是福建省图书馆古籍收藏的一个重要特色，其间多有罕见史料，或为历代名家手迹，书法醇雅俊逸，纸墨俱佳，无不浸透着楮墨芸香。且经前人所递藏，丹铅满纸，堪称是不可多得的艺术珍品，举如明徐𤊹、祁氏淡生堂及清海宁查昇等抄本，洵为可宝。

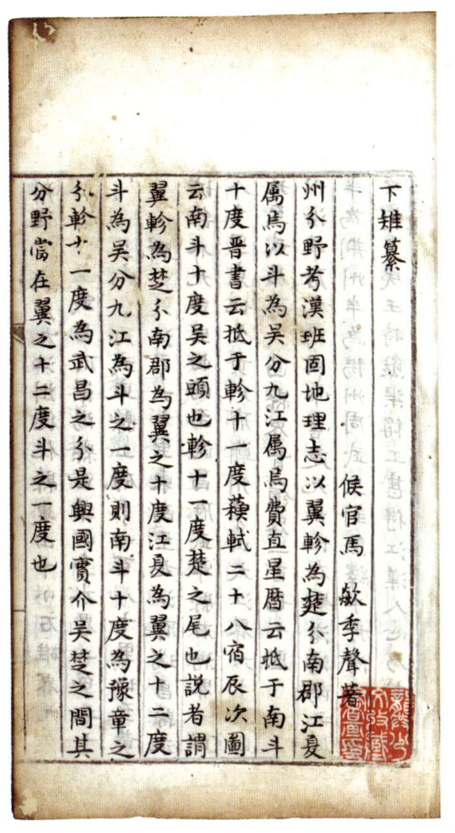

卷端

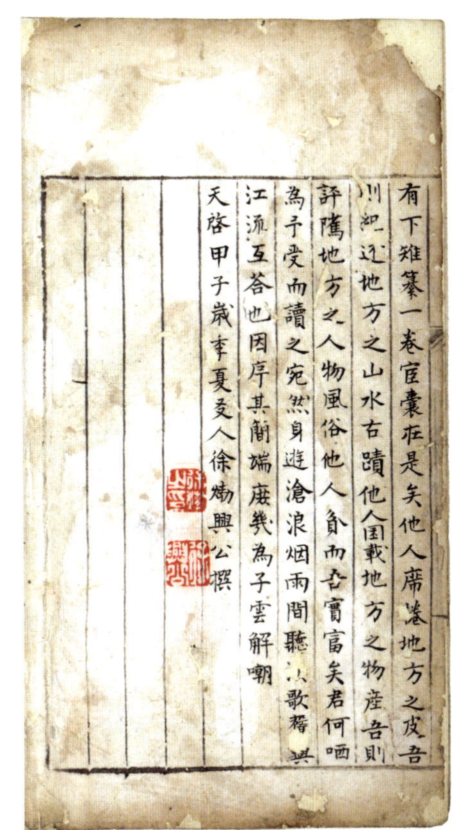

徐㶿题跋

下雉纂一卷

(明)马欻撰　明天启四年(1624)徐㶿抄本

版框：20×14厘米；半叶10行，行20字；白口，四周单边。有“徐兴公”、“闽中徐惟起藏书印”、“郑氏注韩居珍藏记”、“大通楼藏书印”、“龚少文收藏书画印”等印。

占城國 一統誌有
其國即釋典所言城池在廣海南大海
之南自福建福州長樂縣五虎開舡往西南行好風
十日可到其國南連真臘國西接交趾界北東俱臨
大海國之東北百里有一海口名新州港上岸有一
石塔為記諸處舡隻到此艤船登岸上有一寨設北
崇二頭目為主番人五六十家為居以守港口去西
北至百里到王居之城番名曰占其城以石壘門西
門令人守把國王係鎖里人崇信釋教頭帶金鈸三
山玲瓏花冠如中國副淨帶者之樣身穿五色如錦

卷端

瀛涯勝覽序
余昔觀島夷誌載天時氣候之外地里人物之異慨
然嘆普天之下何若是之不同也永樂十一年癸巳
太宗文皇帝勅使正使太監鄭和統領寶船往西洋
諸番開讀賞賜余以通譯番書忝備使末隨其所至
鯨波浩渺不知其幾千萬里歷涉諸邦其天時地里
人物目擊而身履之然後知島夷誌之所著者不誣
而尤有可大奇詫者焉於是採摭諸國人物之妍媸
壤俗之異同與夫土產之別疆域之制編次成帙名
曰瀛涯勝覽俾屬目者一顧之頃諸番事悉得其要

序

瀛涯胜览一卷

(明)马欢撰　明末祁氏淡生堂抄本

版框：22.3×15.8厘米；半叶10行，行20字；白口，四周单边。有“山阴祁氏藏书之章”、“子孙永珍”、“旷翁手识”、“澹生堂藏书记”、“大通楼藏书印”、“龚少文收藏书画印”等印。

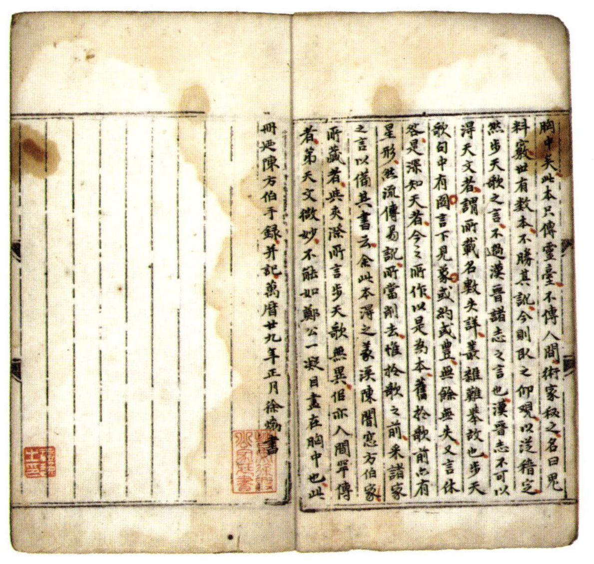

徐𤊹跋

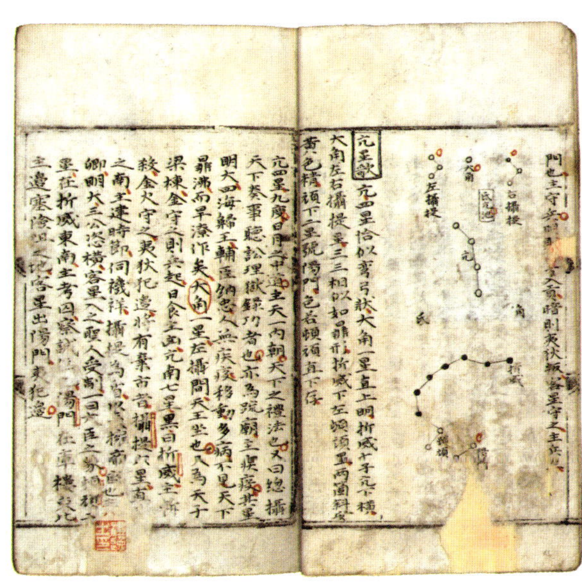

“亢星歌”叶

步天歌一卷

□□撰　明陈闓𢖟抄本

版框：18.6×13.2厘米；半叶10行，行23-25字；白口，四周双边。(明)徐𤊹批跋，有“闽中徐惟起藏书印”、“晋安徐兴公家藏书”、“郑氏注韩居珍藏记”、“郑杰之印”、“昌英珍秘”、“注韩居”、“大通楼藏书印”、“龚少文收藏书画印”、“礼逸之印”、“礼逸”等印。

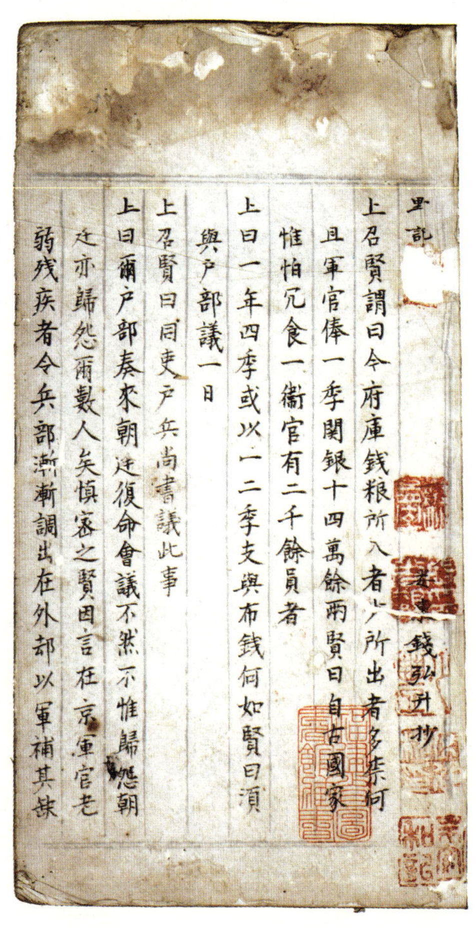
野記 錢弘升抄
上召賢謂曰今府庫錢粮所入者少所出者多奈何
且軍官俸一季閑銀十四萬餘兩賢曰自古國家
惟怕冗食一衛官有二千餘員者
上曰一年四季或以一二季支與布錢何如賢曰須
與戶部議一日
上召賢曰同吏戶兵尚書議此事
上曰爾戶部奏來朝廷復命會議不然不惟歸怨朝
廷亦歸怨爾數人矣慎密之賢因言在京軍官老
弱殘疾者令兵部漸漸調出在外部以軍補其缺

卷端

野记不分卷

□□撰　明钱弘升抄本

版框：21.9×14.7厘米；半叶10行，行20-21字；白口，四周双边。有“少丰”等印。

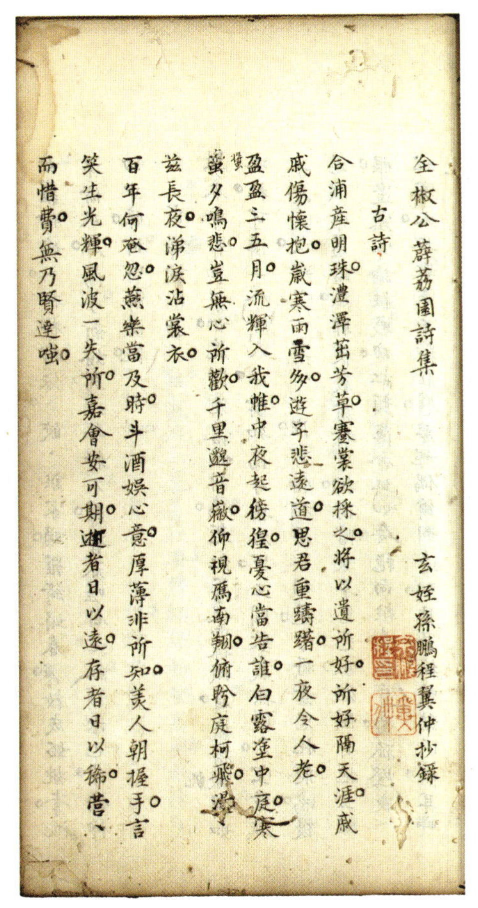

全椒公薛荔園詩集　　玄姪孫鵬程翼仲抄録

古詩

合浦産明珠。澧澤茁芳草。搴裳欲採之。將以遺所好。所好隔天涯。感
感傷懷抱。歲寒雨雪多。遊子悲遠道。思君重躊躇。一夜令人老。
盈盈三五月。流輝入我帷。中夜起彷徨。憂心當告誰。白露塗中庭。寒
蛩夕鳴悲。豈無心所歡。千里邈音徽。仰視鴈南翔。俯盻庭柯飛。[illegible]
茲長夜。涕淚沾裳衣。
百年何奄忽。燕樂當及時。斗酒娛心意。厚薄非所知。美人朝握手言
笑生光輝。風波一失所。嘉會安可期。逝者日以遠。存者日以稀。營營
而惜費。無乃賢達嗤。

卷端

薜荔园诗集四卷

(明)佘翔撰　明抄本

开本：23.6×13厘米；半叶10行，行20—26字，无格。佚名批校，有“爱材”等印。

鄭敷文景望書説

日中星

二十八宿環列于四方隨天而西轉自角至箕東方之宿也是謂星火房心為大火舉中星以見其余它皆倣此自斗至壁北方之宿也是為星虛自奎至參西方之宿也是為星昴自井至軫南方之宿也是謂星鳥四方雖有定星而星无定居各以時見於南方天形北傾故北極居天之中而常在人北二十八宿常半隱半見日東行歷二十八宿故隱見各有時必於南方考之惟仲春之月四方之星各居其位故星火在東星鳥

卷端

郑敷文景望书说一卷

(宋)郑伯熊撰　清海宁查昇抄本

开本：26.3×16.5厘米；半叶9行，行20字，小字双行同，无格。有“黄氏善书之印”、“郑氏注韩居珍藏记”、“宛平查氏藏书印”、“龚少文收藏书画印”、“大通楼藏书印”、“声山”等印。

續夷堅志後集　太原元好問裕之纂

楊洞微

道士楊谷字洞微代州人隱居華山爲人儀觀秀偉道行卓絶平生未嘗與物忤通莊易世以莊子楊先生目之明昌間詔徵高道隷天長觀未幾還山其將歸也與知觀侯生食于市書數火字于食案又囑侯言昨過沃州聞君母病可速歸侯以假去及至沃州而母不病侯生誶語曰渠紿我邪及北還天長已被

續夷堅志　卷下　一　芸暉書屋

后集

續夷堅志前卷

鎭庫寶

趙王鎔煉丹成不及餌藏之鎭　庫藏中者餘三百年貞祐初眞定元帥三喜棄城取之以行行及平陽爲胥莘公所劾　之丹入汴京下豐衍庫收名色謂之鎭庫寶京城變後[illegible]同戶部[illegible]劉彥卿往觀之

續夷堅志　卷上　一　芸暉書屋

前卷

续夷坚志前集一卷后集一卷

题(金)元好问撰　清芸晖书屋抄本

开本：23.4×14.6厘米；半叶9行，行20字；白口，无格。有“晋安何氏珍存”、“述善珍赏”、“述善珍藏”、“郑杰之印”、“郑氏注韩居珍藏记”、“大通楼藏书印”、“龚少文收藏书画印”等印。

前集

续夷坚志前集一卷后集一卷

题(金)元好问撰　清乾隆三十六年(1771)福州郑杰注韩居抄本

开本：27.3×17.9厘米；半叶9行，行19字；白口，无格。(清)郑杰批跋，有“郑氏万华楼秘藏本”、“侯官郑氏藏书”、“昌英珍秘”、“人杰之印”、“昌英”、“大通楼藏书印”、“龚少文收藏书画印”等印。

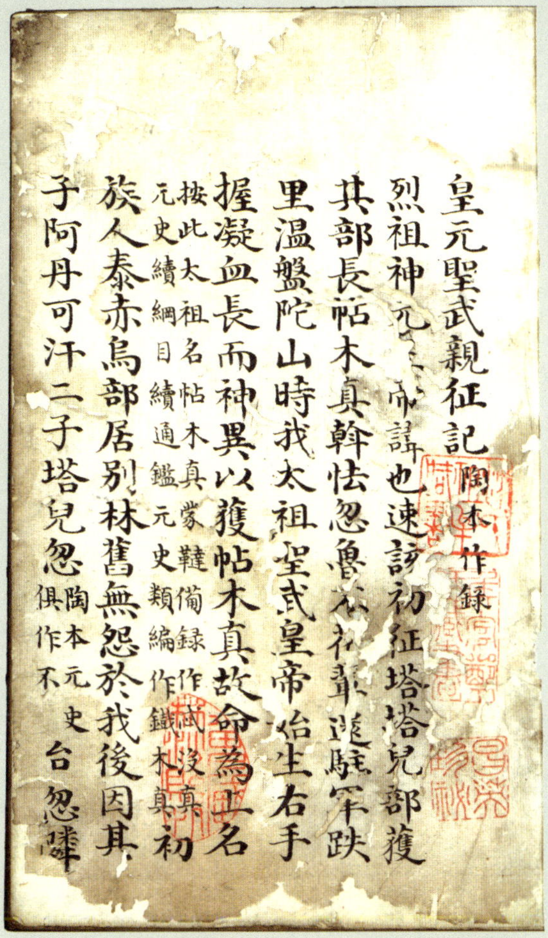

卷端

皇元圣武亲征记一卷

□□撰　清乾隆间郑杰校抄本

开本：20.7×13.9厘米；半叶8行，行17字，小字双行17字；白口，无格。(清)郑杰批校、题识，林家溱题记，有“昌英珍秘”、“侯官郑氏藏书”、“曾藏林汾贻处”、“沈氏祖牟藏书”等印。

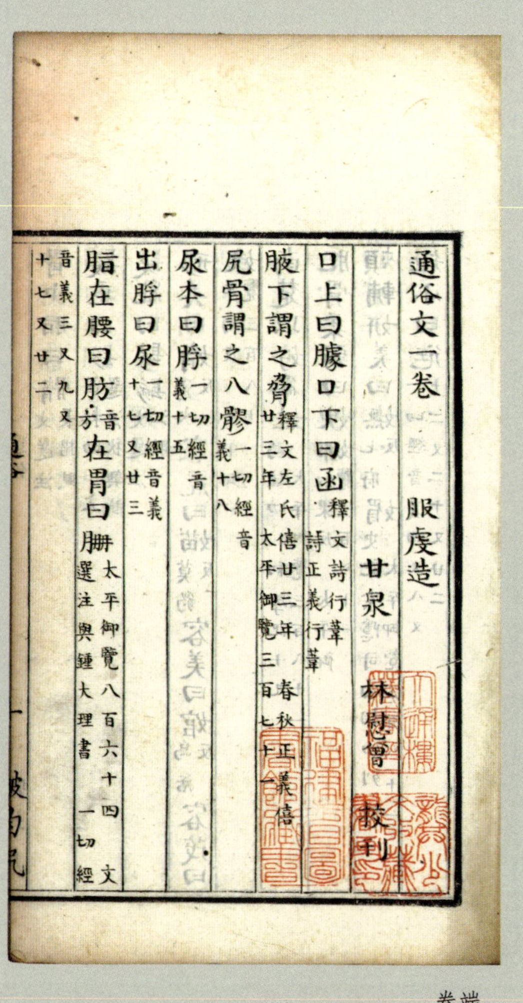

卷端

通俗文一卷

(汉)服虔撰　清嘉庆道光间(1796－1844)刘氏皴均尻抄本

版框：18.7×12.9厘米；半叶9行，行21字，小字双行同；白口，四周双边。有“大通楼藏书印”、“龚少文收藏书画印”等印。

榕城要纂

封爵

漢

閩越王騶無諸及越東海王揺者皆勾踐之後也姓騶氏秦已并天下皆廢爲君長及諸侯畔秦無諸與揺從諸侯滅秦佐漢擊楚有功漢五年無諸復立爲閩越王都東冶揺亦立爲東海王都東甌無諸卒郢繼立

閩越王郢建元六年擊南越擅發兵其弟餘善殺之乃立丑以奉閩越先祭祀

越繇王丑無諸孫別封繇君建元六年郢誅乃立爲王

東越王餘善餘善已殺郢威行於國國民多屬自立爲王繇王不能制上因立餘善爲東越王與繇王并處後反繇王居股殺之降閩越國除

越繇王居股以故東越繇王斬餘善降元封元年改封東城侯萬戶封二十年

封爵

卷端

榕城要纂不分卷

(清)林春溥撰　清道光稿本

开本：23.6×13.2厘米；半叶11行，行29字；白口，无格。有“竹柏山房藏本”、“春溥号立源”等印。

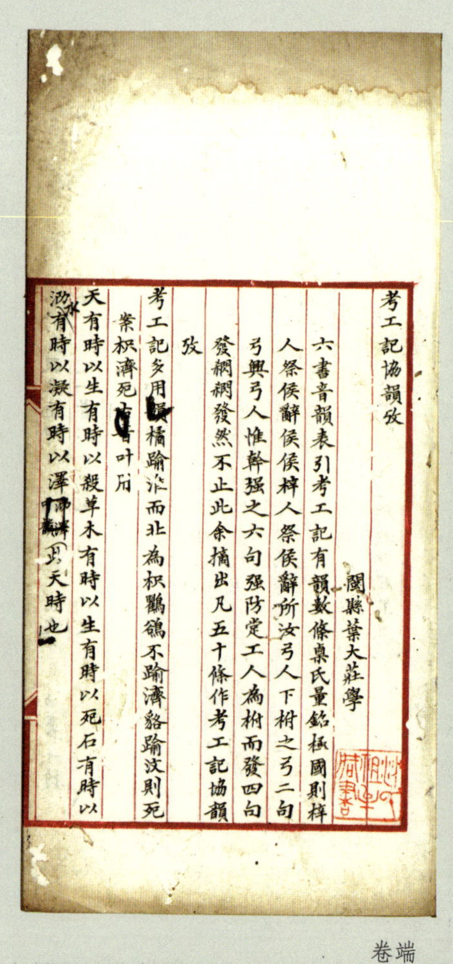

卷端

考工记协韵考一卷退学录一卷

(清)叶大庄撰　稿本

版框：17.1×12.5厘米；半叶11行，行23字；红口，四周单边，红格。(清)叶大庄批校，有“沈氏祖牟藏书”等印。

臺灣雜記

梁谿季麒光蓉洲著

雜記

金山在雞籠山三朝溪後山主產金有大如拳者有長如尺者有圓扁如石子者番人拾金在手則雷鳴於上棄之即止小者亦間有取出山下水中沙金碎如屑其水甚冷番人從高望之見有金捧沙疾行稍遲寒凍欲死矣

火山在北路野番中晝則見烟夜則見火有大鳥自火中往來番人見之多死

奇冷山即奇嶺社之山也其山高百丈臺灣從無水霜山上三月中尚有未化者

雜记卷端

臺灣紀畧 附澎湖

長樂林謙光芝嵋著

形勢

臺灣為海中孤島地在東隅形似彎弓中為臺灣市市以外皆海由上而北至淡水雞籠城界與福建相近其東則大琉球也雞籠稍遠由下而南至加洛堂郎嶠止其西則小琉球也與東港相對由中而入一望平原三十餘里層巒聳翠樹木蓊茂即臺灣澳之所也而澳外復有沙堤名為崑身自大崑身至七崑身止起伏相生狀如龍蛇復有北線尾鹿耳門為臺灣之門户大線頭海翁窟為臺城之外障舡之往來由鹿耳今設官盤驗

纪略卷端

台湾纪略不分卷(清)林谦光撰　**台湾杂记不分卷**(清)季麒光著

清补不足斋抄本

版框：18.6×13.4厘米；半叶11行，行22字；白口，左右双边，单黑鱼尾。有“沈氏祖牟藏书”等印。

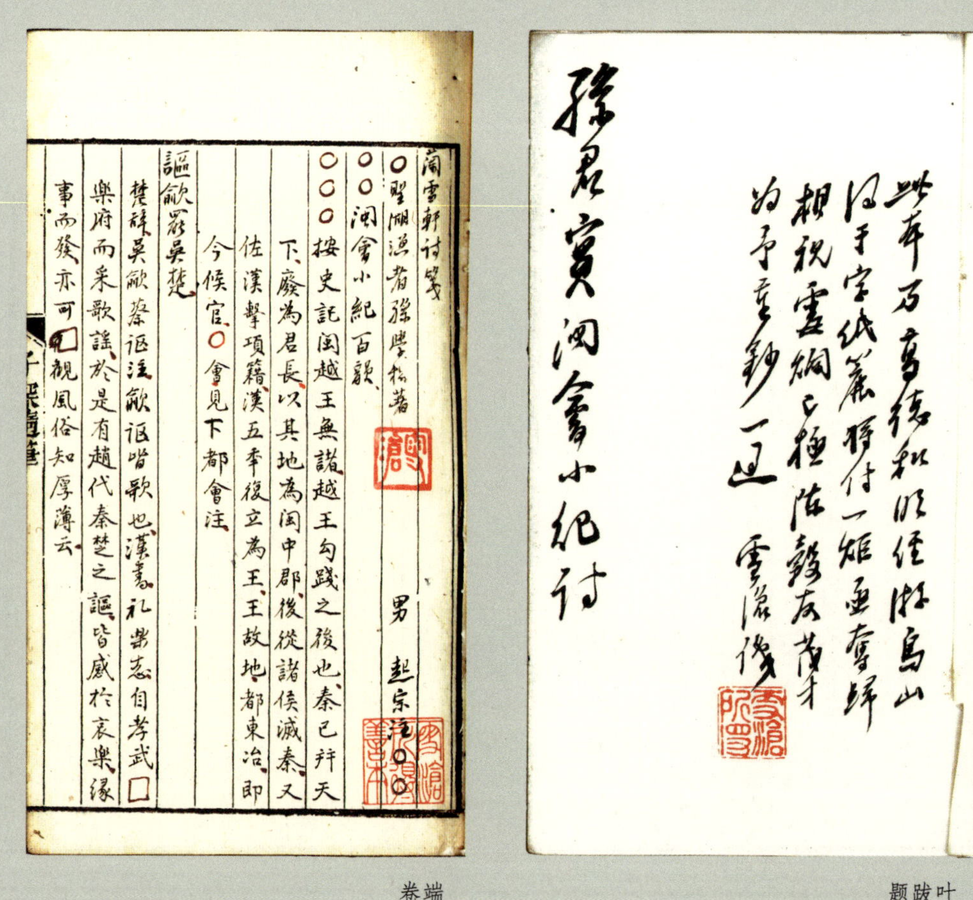
澗雪軒詩箋
○聖湖漁者孫學稼著
○○閩會小紀百韻　男 起宗注○○
○○○按史記閩越王無諸越王勾踐之後也秦已并天
下廢為君長以其地為閩中郡後從諸侯滅秦又
佐漢擊項籍漢五年復立為王王故地都東冶即
今侯官○會見下都會注
謳歈吳楚
楚辭吳歈蔡謳注歈謳皆歌也漢書禮樂志自孝武□
樂府而采歌謠於是有趙代秦楚之謳皆感於哀樂緣
事而發亦可□觀風俗知厚薄云

卷端

孫君實閩會小紀付

题跋叶

闽会小纪百韵不分卷

(清)孙学稼撰　清抄本

版框：19.5×13.4厘米；半叶11行，行22−24字；白口，左右双边。(清)杨浚题识，有“雪沧所得善本”、“雪沧”、“雪沧所得”等印。

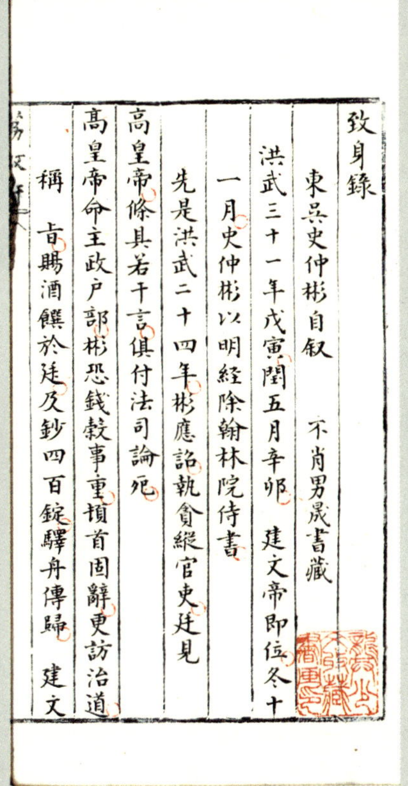
致身錄

東吳史仲彬自叙　不肖男晟書藏

洪武三十一年戊寅閏五月辛卯　建文帝即位冬十

一月史仲彬以明經除翰林院侍書

先是洪武二十四年彬應詔執貪縱官吏廷見

高皇帝條具若干言俱付法司論死

高皇帝命主政戶部彬恐錢穀事重頓首固辭吏訪治道

稱　旨賜酒饌於廷及鈔四百錠驛舟傳歸　建文

卷端

貴州五亭阿江小箐倒樹六寨而達咸清山稍覺類崎漚夾路多

野橙以春冬之交華城中有崇寧寺中有滿空遺像

滿空僧名自號白雲菴主馬場白雲菴是也其詩有百

官此日知何處只有禽鳥早晚朝又遥想禁城今夜月

六宮猶望翠華臨文新蒲野柳年年綠野老吞

聲哭未休以此識者知其非恒僧也滇程記

庚午秋月讀致身録竟憶楊升菴滇程記曾載

此節亦可參證乃知建文遜國懸為疑案非無因也

批跋叶

致身录一卷

(明)史仲彬撰　清抄本

版框：20.8×12.9厘米；半叶8行，行22字；白口，四周单边。龚纶题识，有“大通楼藏书印”、“龚少文收藏书画印”等印。

洗海近事卷之上

呈總督軍門張　條議三事隆慶二年正月十七日　俞大猷

鎮守廣西地方總兵官征蠻將軍前軍都督府署都督同知俞大猷爲廣東〻各進剿海寇事賊至廣東省城與巡撫李　會議近奉　總督軍門案驗前事內開賊有五長兵有七短此可謂灼盡其情今欲使長者短短者長有三策焉一曰使過職竊見叅將魏宗瀚王如澄勇畧素著戰功久懋大江以南屈指名將宜水宜陸無踰二人一戰不利罪之可也棄之則不可必遂棄此二人而他求莫若用之立功以自

卷端

洗海近事二卷

(明)俞大猷撰　清抄本

开本：25.6×17厘米；半叶10行，行20字，无格。有“龚少文收藏书画印”、“大通楼藏书印”等印。

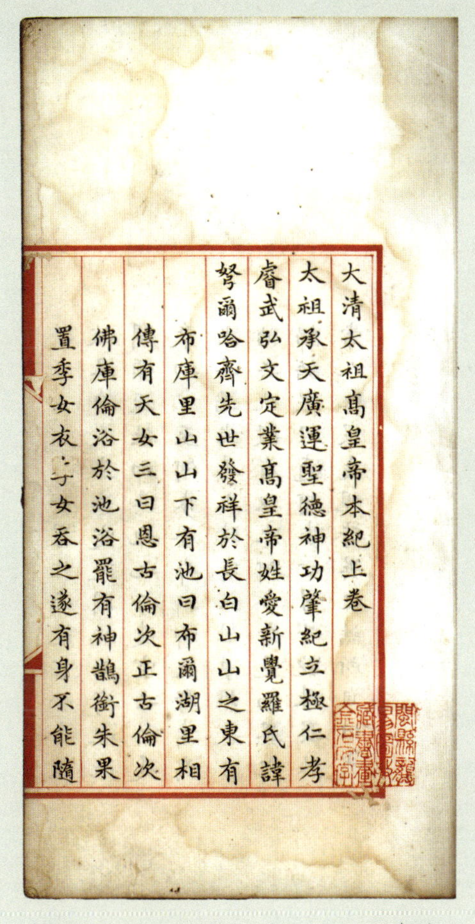

卷端

大清太祖高皇帝本纪二卷

(清)国史馆纂修　清抄本

版框：23.3×15.8厘米；半叶8行，行16字；红格，四周双边。有“大通楼藏书印”、“闽县龚易图收藏书画金石文字”等印。

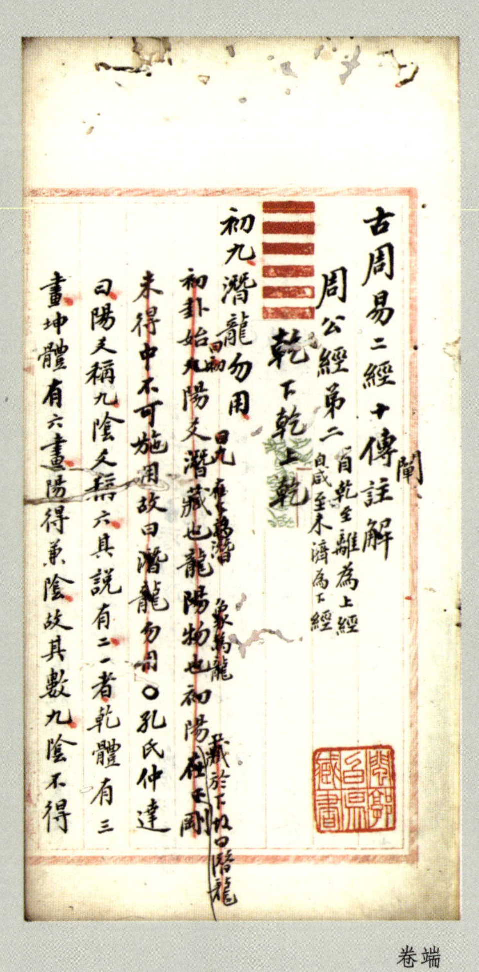

卷端

古周易二经十传阐注解一卷

(清)陈懋侯撰　清闽县陈氏修改稿本

版框：18.8×11.4厘米；半叶8行，行20-24字；白口，四周双边，红格。(清)陈懋侯朱笔批校，有“闽郭白阳藏书”印。

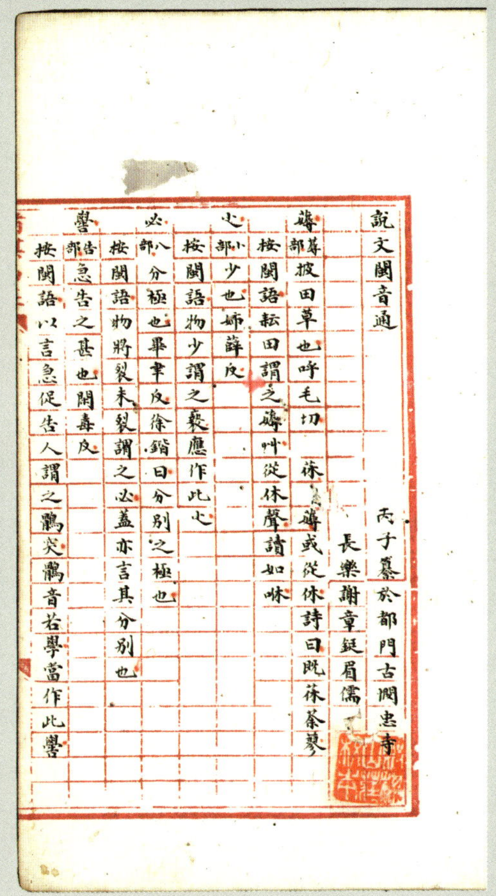

說文閩音通　丙子纂於都門古憫忠寺

長樂謝章鋌眉儒

薅　蓐部　披田草也呼毛切　茠薅或從休詩曰既茠荼蓼

按閩語耘田謂之薅艸從休聲讀如咻

尐　小部　少也姊薛反

按閩語物少謂之褻應作此尐

必　八部　分極也畢聿反徐鍇曰分別之極也

按閩語物將裂未裂謂之必蓋亦言其分別也

嚳　告部　急告之甚也閒毒反

按閩語以言急促告人謂之鶻突鶻音若學當作此嚳

卷端

說文閩音通正附二卷

光緒壬寅致用維半室寫定本凡二萬二千一百餘字

長至日退叟記

内封

说文闽音通一卷附录一卷

(清)谢章铤撰　清光绪二十八年(1902)稿本

版框：20.1×13.3厘米；半叶10行，行24字；四周双边，白口，红格。有“赌棋山庄校本”等印。

閩部疏

吳郡王世懋敬美著

天下堪輿易辨者莫如福州府登行省三重樓北視諸山羅抱龍從西北稍衍處過行省小山坐其中烏石九仙二山東西峙作雙闕其外托則東山高大蔽虧日月大海在其外是謂鼓山福州府布政司前多甃甘泉土人初名曰第一泉第二泉每大比五魁為泉人所占以為泉讖也改顏曰一福井二福井文理

卷端

闽部疏不分卷

(明)王世懋著　抄本

版框：17.9×12.2厘米；半叶8行，行20字；白口，四周双边，红格。

文字蒙求卷一 以下二卷列字率以類聚

象形 易曰百官以治萬民以察知文字爲記事而作如今之帳簿而已有實字無虛字後世之虛字皆借實字爲之也字因事造而事由物起牛羊物也牟芈則事也艸木物也出乇𠂢卤皆事也故班書蓺文志曰六書謂象形象事象意象聲轉注假借其次第最允說文及周禮鄭注皆不及也鐘鼎象形字皆畫成其物隨體詰屈李斯變爲小篆欲其大小齊同不能無所伸縮遂有不象者矣茲兼采古文以便初學

卷端

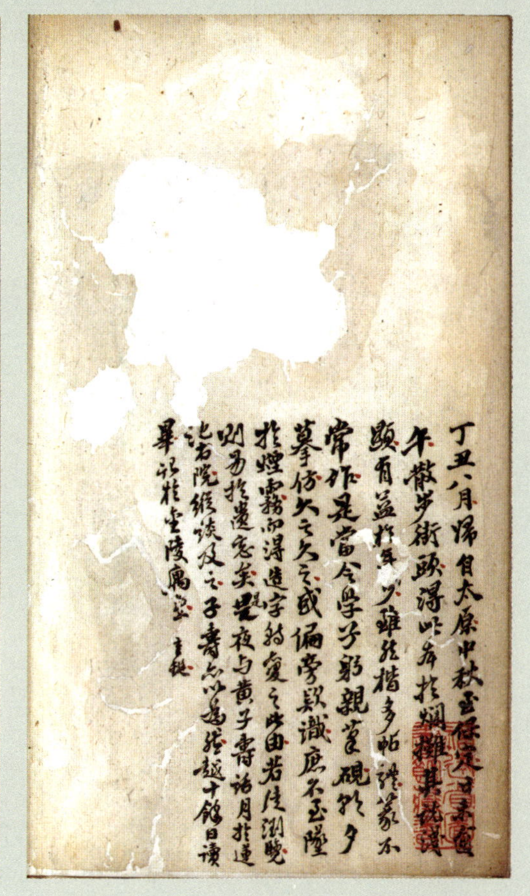

谢章铤题识

文字蒙求四卷

(清)王筠撰　稿本

开本：26.3×17.1厘米；半叶6行，行11字，双行小字22字，白口，无格。(清)谢章铤批校、题识。

東北至雲霄鎮八十里

東至金門所八十里至金石司六十里至

洪淡司八十里俱海與與外俱大海

陳平墩

所港

大屋山

東灣墩

南山墩

銅山所

康美社

千歲山

金石司

洪淡司

南澳山

南至灣州柘林寨三十里

第三辑

福建方志

地方文献中的方志、家谱，与正史一起构成中国史学三大支柱，方志则更被赋予资政、存史、育人的功用。

方志是研究地方史的珍贵资料，它集中反映了特定区域的自然与社会发展的总体状况。举凡一地的建置、沿革、山川、疆域、资源、人物、艺文、教育和科举风俗等，无不汇编于一志之内，因此被誉为地方的百科全书。

方志也是福建省图书馆的收藏重点，本辑特别开辟了「福建方志」这一主题，将部分馆藏方志列此展示。囿于篇幅，这里仅仅举列了其中的十七部方志，且都是从古籍善本中精选出来的本子，其版本既有椠刻本，也有部分抄本、稿本，弥足珍贵。

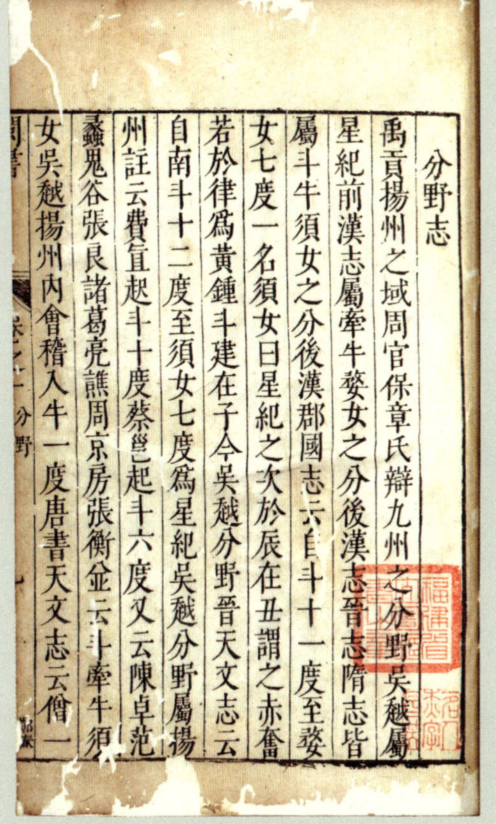

分野志

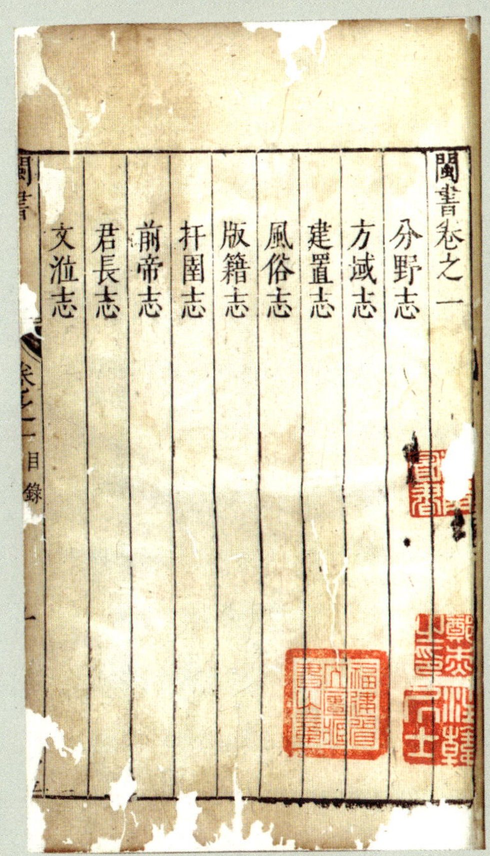

卷端

闽书一百五十四卷

(明)何乔远撰　明崇祯刻本(缺11卷：98－108)

版框：20.7×14.8厘米；半叶10行，行20字；白口，四周单边。有“一名人杰字昌英”、“郑氏注韩居珍藏记”、“郑杰之印”、“图史富书生”等印。

者惟福州陳氏小嫏嬛館藏書目史部有明
刻淳熙三山志十冊，下注：元二字，殆即當時
書傭。余竊疑陸存齋所稱楊雪滄藏明
萬曆刻本，即左海舊物，以左海身後藏
書盡歸楊氏，所得必多，證以余所藏明刻
風[illegible]筆記上有陳恭甫藏、楊雪滄得朱
文長印可知已
清嘉道間，鄉前輩[illegible]軒擬重刊三山志
梨棗已具，以無力而輟，惜哉

沈祖牟跋(三)

今此書刻本已不可見，此抱山堂鈔本四
二冊，每半葉九行，行廿一字，余得之於里中林
氏。平治慶林氏曾預纂修福建新通志之役，
訪書大江南北，以鈔胥自隨，疑當時依據諸
家寫本鈔藏，惜未得據舊本斠校一
過。今歲省立圖書館曾假去錄副，納諸
書庫。戊寅七月沈祖牟識于倉山之
寶相樓

沈祖牟跋(四)

三山志卷第一
地里類一
敘州
周禮職方、掌天下之圖、與其地、七閩與焉、七者所服國
數也、初、夏少康封庶子於會稽、二十世至勾踐、又六世
無疆、為楚所滅、通鑑、周顯王三十五年、子孫播越海上、七世至亡
諸、搖、姓騶氏、一曰駱氏、秦始皇二十六年、既并天下、置三十
六郡、乃使尉屠睢、平百越、廢為君長、以其地為閩中郡、
按史記、始皇帝紀、二十六年、分三十六郡、三十二年、使蒙恬破胡、三十三年、置桂林南海象郡、東越傳、秦已并
三山志 卷一 地里 一 抱山堂

卷端

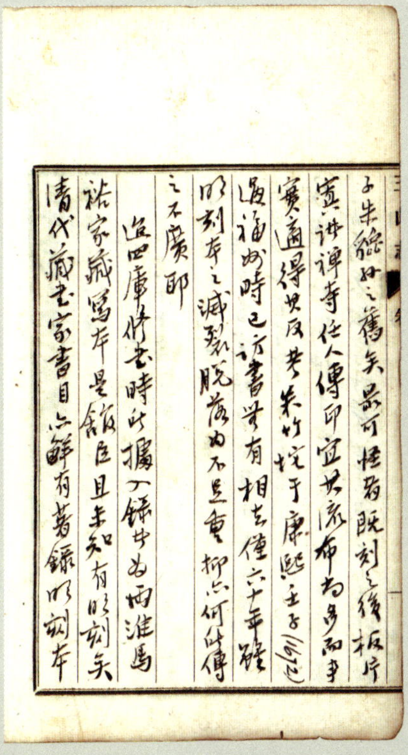

沈祖牟跋(二) 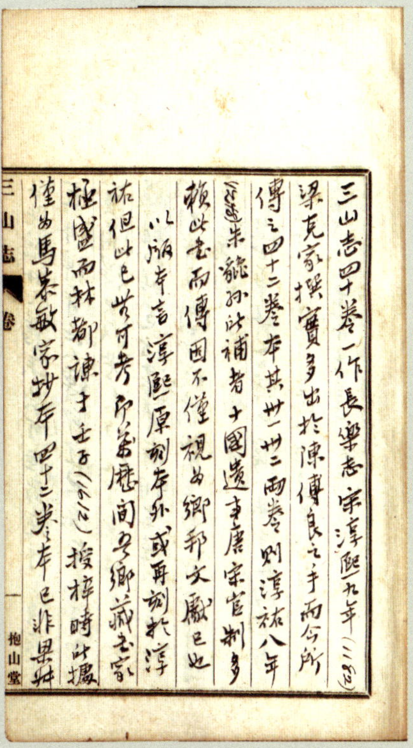　　沈祖牟跋(一)

[淳熙]三山志四十二卷

(宋)梁克家纂修　清抱山堂抄本

版框：19.8×14.7厘米；半叶9行，行21字；白口，四周双边。沈祖牟跋，有“耑斋写记”、“福州沈氏耑斋藏书记”等印。

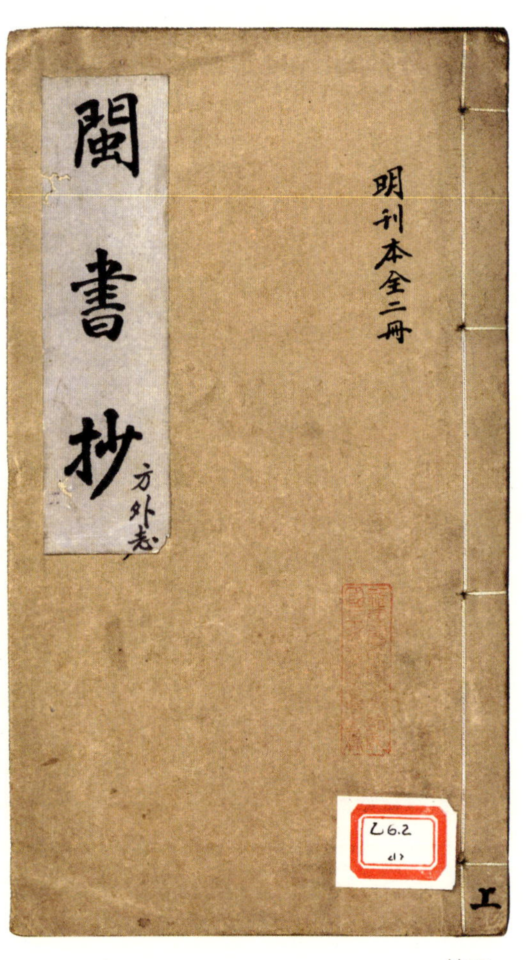

封面

闽书抄□卷

□□撰　明刻本(残存方外志2卷)

版框：20.2×11.4厘米；半叶8行，行20字，小字双行同；白口，四周双边。有“晋安徐兴公家藏书”等印。

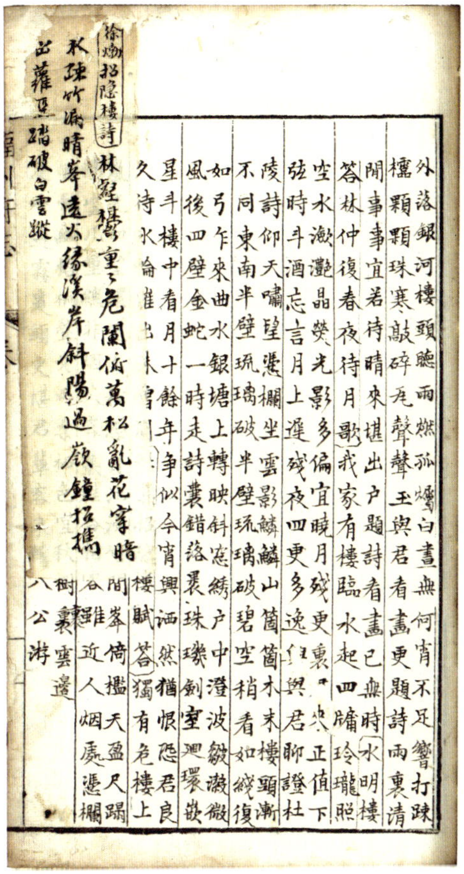

批校叶

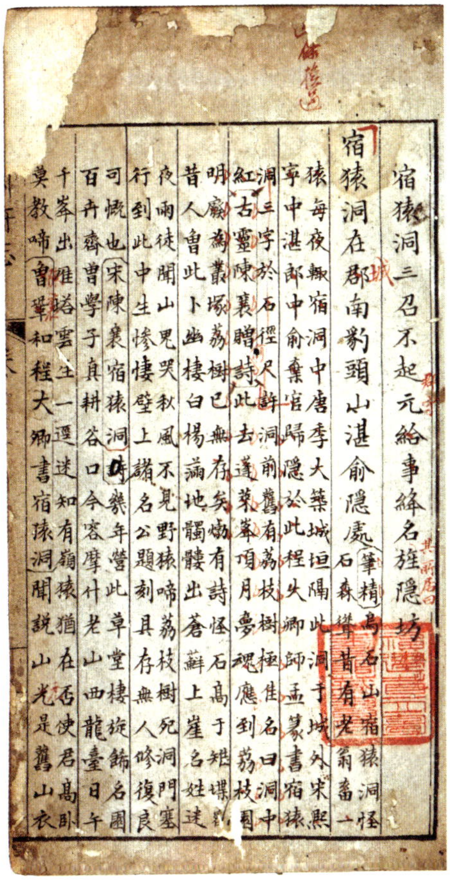

首叶

[乾隆]福州府志七十六卷首一卷

(清)徐景熹修(清)鲁曾煜等纂　清乾隆稿本(存1卷)

版框：21.5×13.6厘米；半叶8行，行22字，小字双行同；白口，左右双边。佚名批校。

建寧府志卷之一

輿地志

沿革　疆域　分野　形勝　氣候　山川附水利

風俗　物產

按建據閩上游當周時雖入職方而朝聘弗通志
無可考迨秦罷侯置守立閩中郡建寧隸焉漢
初郡廢武帝時徙其民而墟之久乃逃亡漸集
生齒寖繁復立為冶縣屬會稽南部尋置都尉
三國吳始領縣晉唐五季及宋或稱州或稱軍

建寧府志　卷之一　沿革　一　劉俊刻

卷端

[万历]建宁府志五十二卷首一卷

(明)丁继嗣修(明)陈儒、朱东光等纂　明天启刻本(存49卷：1－34，38－52)

版框：23.7×15.4厘米；半叶9行，行20字，小字双行同；白口，四周双边。

建寧府志卷之一

圖紀 附武夷山圖

古天府之藏左圖右書蓋書以紀事圖以表形二者兼該而史名焉我

朝聲教旁敷蟠天際地獻圖而貢琛者踵相錯建固南服之襟喉也恪修郡乘竊取史裁凡諸建設方隅山川關隘以及宮署壇壝疆里之屬星羅棊布悉繪簡端一披卷而瞭然指掌豈僅紀碧水丹山之勝覽已哉志圖紀

卷端

[康熙]建宁府志四十八卷

(清)张琦、邹山等纂修　清康熙三十二年(1693)刻重修本

版框：22.2×15.3厘米；半叶9行，行20字，小字双行同；白口，四周双边。有“谢浙逵印”等印。

惠安縣志卷之一

邑人淨峰張岳維喬

閩越之墟。實維星紀。井絡支分。南循海澨。爰考圖經。參差形勢。剖割晉江。縣道攸制。履至都圖。山川險易。翼翼戢戢。式相承比。匯維地征。維民作乂。志建置、形勢、封域、圖里、險塞、目凡五、

建置

閩自漢武遷其民於江淮之間、其遺民亡不從遷者、聚為治縣、建安初始置侯官建安南平漢興等五縣吳永安三年以建安為郡、始置建平東平將樂昭武東安并舊縣凡九、晉大康二年、又以侯

卷端

[嘉靖]惠安县志十三卷

(明)莫尚简、张岳纂修　清抄本

开本：24×13.5厘米；半叶9行，行25字；白口，无版框。佚名校点。

圖里續纂

惠安縣距郡五十里蓋其北鄙左支也自仙遊及晉江至于吳洋又西于盧田廼訖保界山川錯焉盧田北析林坪東下菱溪溪左之岡負海回薄夾于峰崎是爲左紀其都有十自五之十四盧田而合鷄籠抵洛陽江沙溪沿之出于峰口達以江潮是爲右紀其都僅二十五十六鷄籠而東菱溪之陰沙溪之陽大冒爲宮盤龍西馳瞰于洛陽城山南轉抱于峰崎江

首叶

[康熙]惠安县志续补不分卷

(清)彭翼宸修(清)黄贞吉纂　抄本

开本：23.1×13厘米；半叶8行，行20字，小字双行不等；白口，无版框。佚名校点。

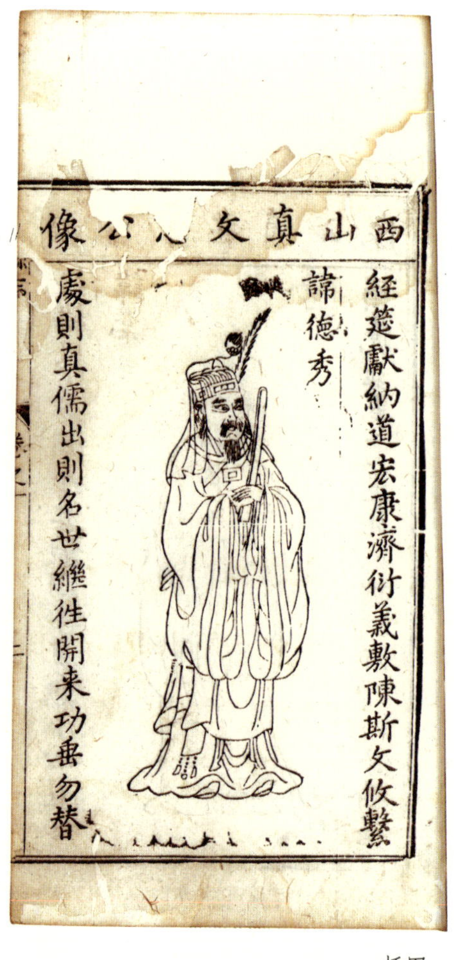

插图

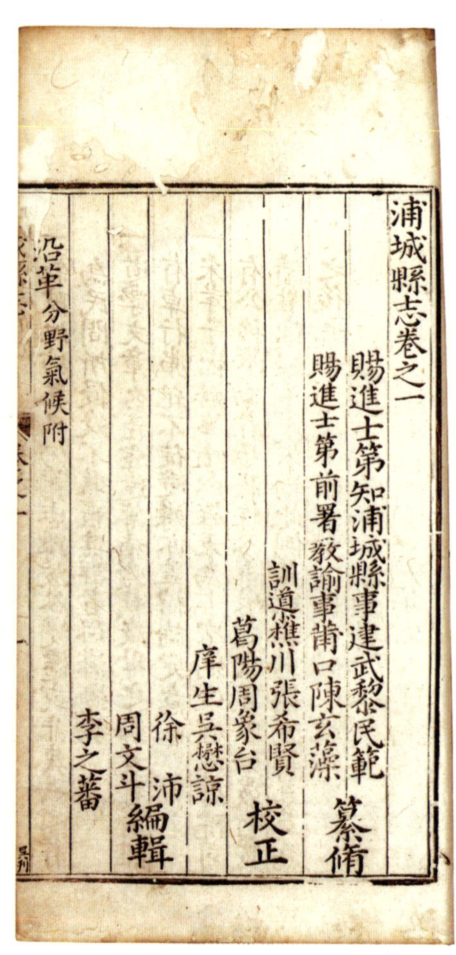

卷端

[万历]浦城县志十六卷

(明)黎民范、陈玄藻纂修　明万历刻本(存13卷：1－8，12－16)

版框：22.3×13.8厘米；半叶10行，行22字，小字双行同；白口，四周双边。

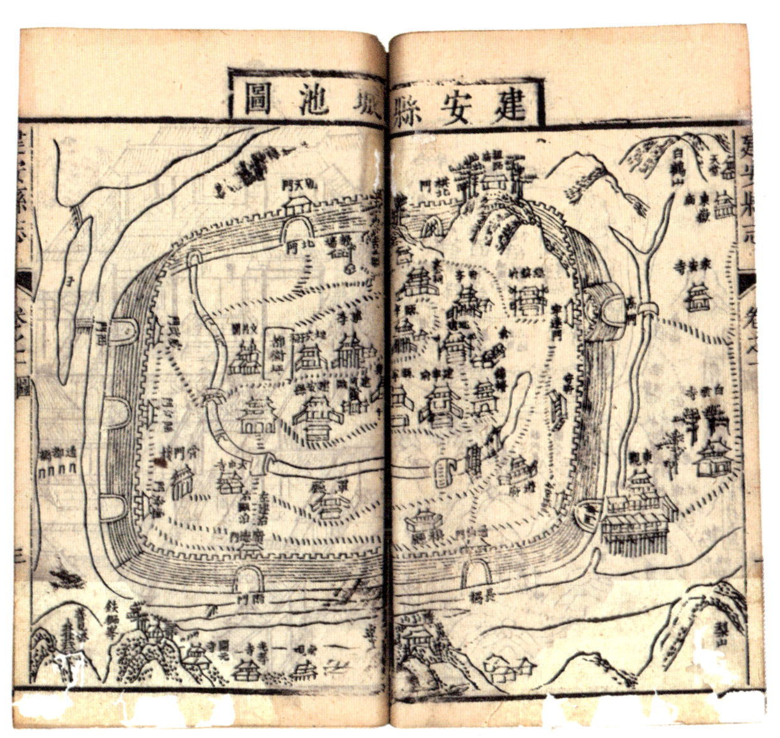

建安县城池图

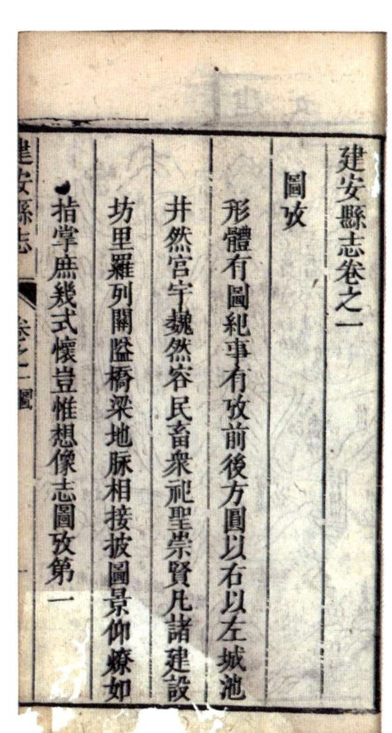

建安縣志卷之一

圖攷

形體有圖紀事有攷前後方圓以右以左城池
井然宮宇巍然容民畜衆祀聖崇賢凡諸建設
坊里羅列關隘橋梁地脉相接披圖景仰瞭如
指掌庶幾式懷豈惟想像志圖攷第一

卷端

[康熙]建安县志十卷

(清)崔铣修(清)陆登选等纂　清康熙五十二年(1713)刻本

版框：19.3×13.1厘米；半叶9行，行20字，小字双行同；白口，四周单边。

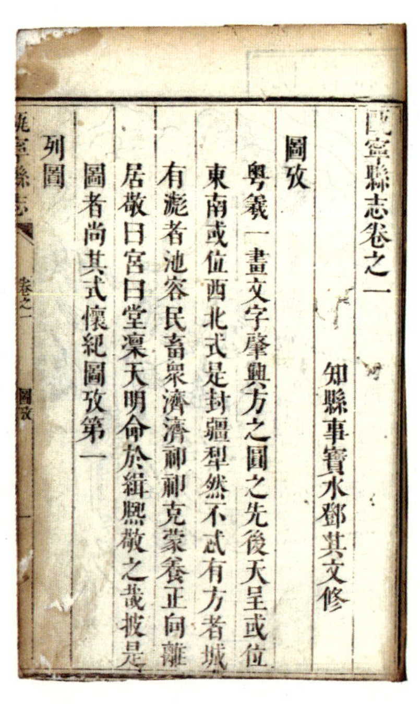

甌寧縣志卷之一

知縣事寶水鄧其文修

圖攷

粤羲一畫文字肇興方之圓之先後天呈式位東南式位西北式是封疆犁然不忒有方者城有淢者池容民畜衆濟濟祁祁克蒙養正向離居敬曰宮曰堂稟天明命於緝熙敬之哉披是圖者尚其式儼紀圖攷第一

列圖

甌寧縣志　卷之一　圖攷

卷端

[康熙]瓯宁县志十三卷

(清)邓其文纂修　清康熙刻本

版框：22×15.2厘米；半叶9行，行20字，小字双行同；白口，四周双边。

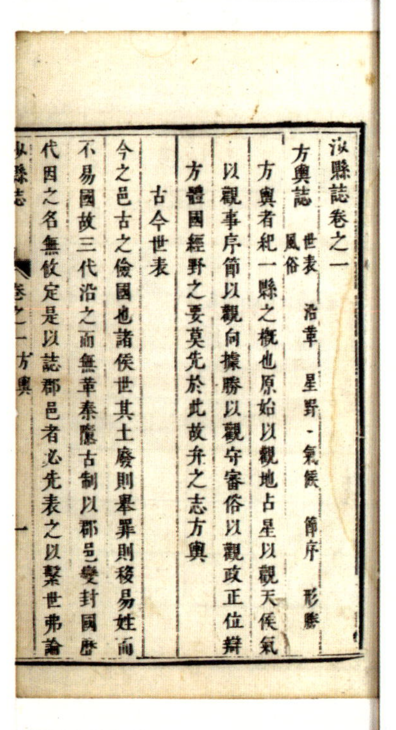

沙縣誌卷之一

方輿誌　世表　沿革　星野　氣候　節序　形勝　風俗

方輿者紀一縣之概也原始以觀地占星以觀天候氣以觀事序節以觀向據勝以觀守審俗以觀政正位辨方體國經野之要莫先於此故弁之志方輿

古今世表

今之邑古之儉國也諸侯世其土廢則舉罪則移易姓而不易國故三代沿之而無革秦隳古制以郡邑變封國歷代因之名無攸定是以誌郡邑者必先表之以繫世弗論

沙縣志　卷之一　方輿　一

卷端

[康熙]沙县志十二卷

(清)林采修(清)乐成等纂　清康熙四十年(1701)刻本

版框：20.1×13.6厘米；半叶9行，行22字；白口，四周双边。

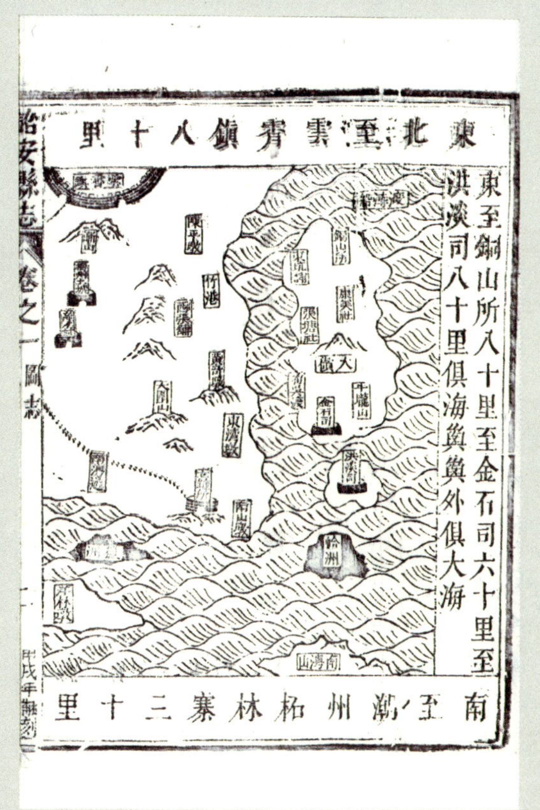

图志

詔安縣志卷之一

邑令四明秦炯纂修

圖志

鄭侯入秦首收圖籍阨塞險要稽考無遺溫公經略西夏將棄河湟以問成都守孫路路挾輿圖示公熙北已接夏境若捐以予敵一道危矣溫公愕然曰微君言幾悞國事夫以司馬之賢而不閱地圖猶昧機宜圖之所係顧不重歟丹詔負山而海控粵引汀分野有星疆域有界城池有制廟廨有規至于覽勝標奇則又山川之靈秀也繪之篇首一覽瞭然作圖志

卷端

[康熙]诏安县志十二卷

(清)秦炯纂修　清康熙刻重修本

版框：21.9×16.6厘米；半叶10行，行20字；白口，四周双边。

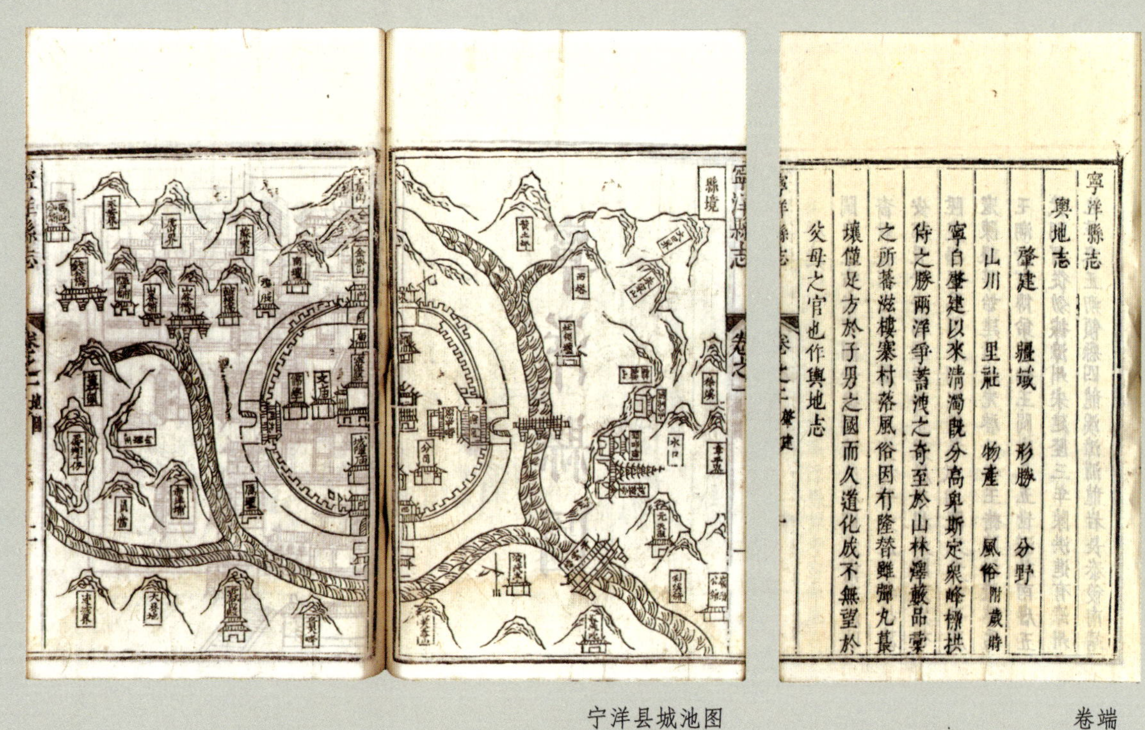

寧洋縣志

輿地志

肇建　疆域　形勝　分野

山川　里社　物產　風俗附歲時

寧自肇建以來清濁既分高卑斯定衆峰標拱峙之勝兩洋爭蓄洩之奇至於山林澤藪品彙之所蕃滋樓寨村落風俗因有隆替雖彈丸蕞壤僅足方於子男之國而久道化成不無望於父母之官也作輿地志

宁洋县城池图　　卷端

[康熙]宁洋县志八卷

(清)沈茎修(清)杨新日等纂　清康熙三十一年(1692)刻本

版框：20.8×14.9厘米；半叶9行，行20字，小字双行同；白口，四周双边。有“福建鳌峰书院藏书”等印。

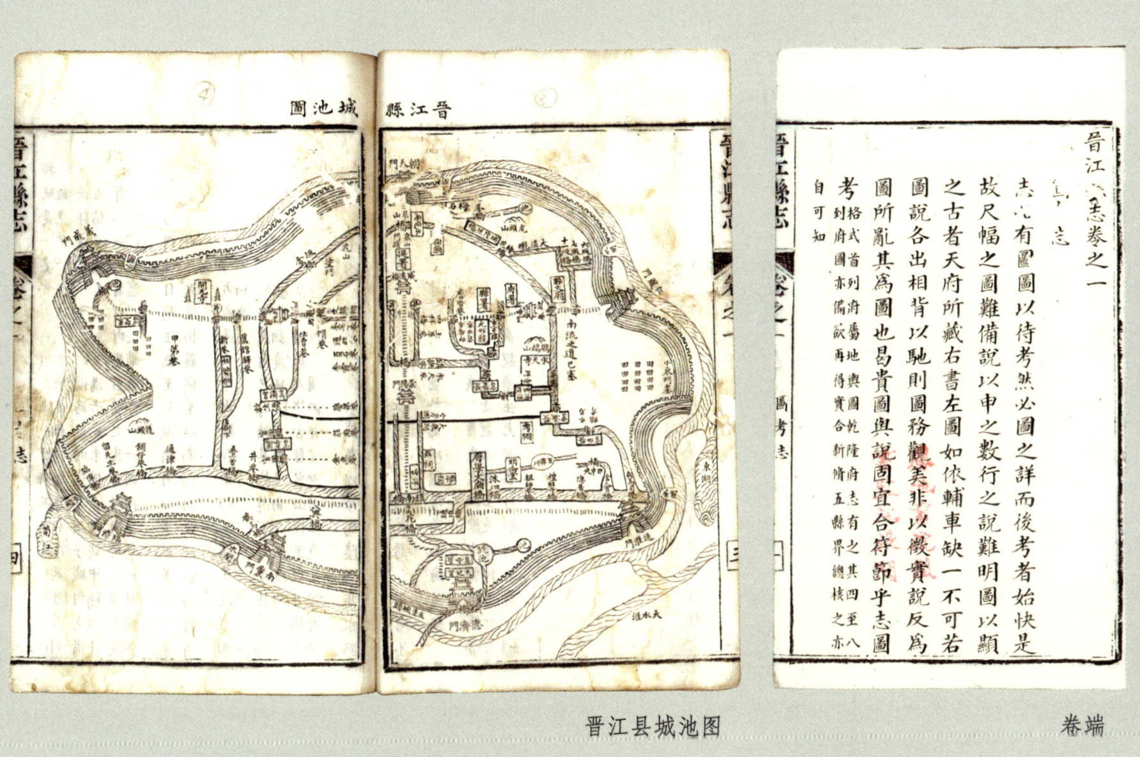

晋江县城池图　　卷端

[道光]晋江县志七十七卷首一卷

(清)胡之鋘修(清)周学曾等纂　清道光稿本

版框：20.5×13.7厘米；半叶9行，行22字，小字双行同；白口，四周双边。

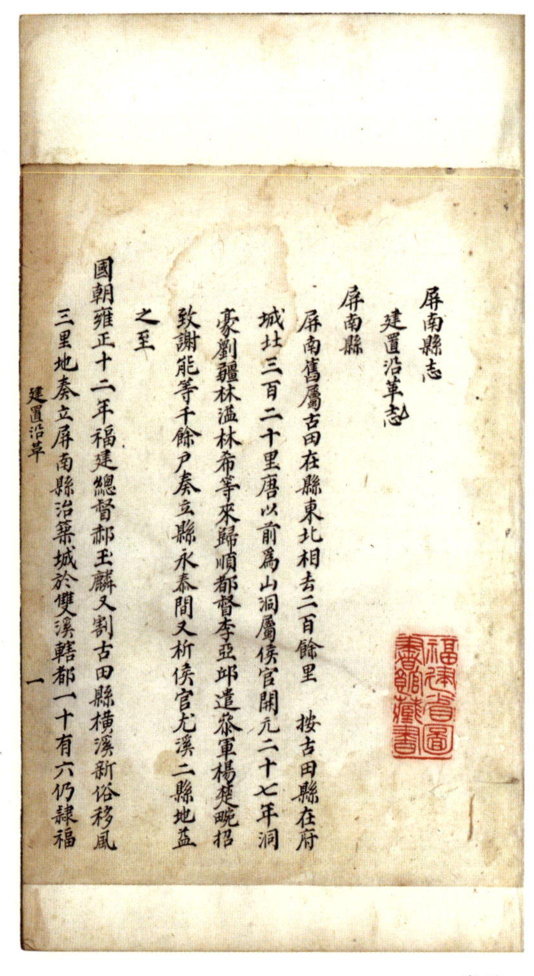
屏南縣志

建置沿革志

屏南縣

屏南舊屬古田在縣東北相去二百餘里　按古田縣在府城北三百二十里唐以前爲山洞屬侯官開元二十七年洞豪劉疆林溢林希等來歸順都督李亞邱遣叅軍楊楚旼招致謝能等千餘户奏立縣永泰間又析侯官尤溪二縣地益之至

國朝雍正十二年福建總督郝玉麟又割古田縣横溪新俗移風三里地奏立屏南縣治築城於雙溪轄都一十有六仍隷福

建置沿革　一

卷端

[道光]屏南县志六卷

(清)梅鼎臣修(清)陈之驹纂　清道光稿本

开本：29.2×19厘米；半叶10行，行24字；白口，无版框。

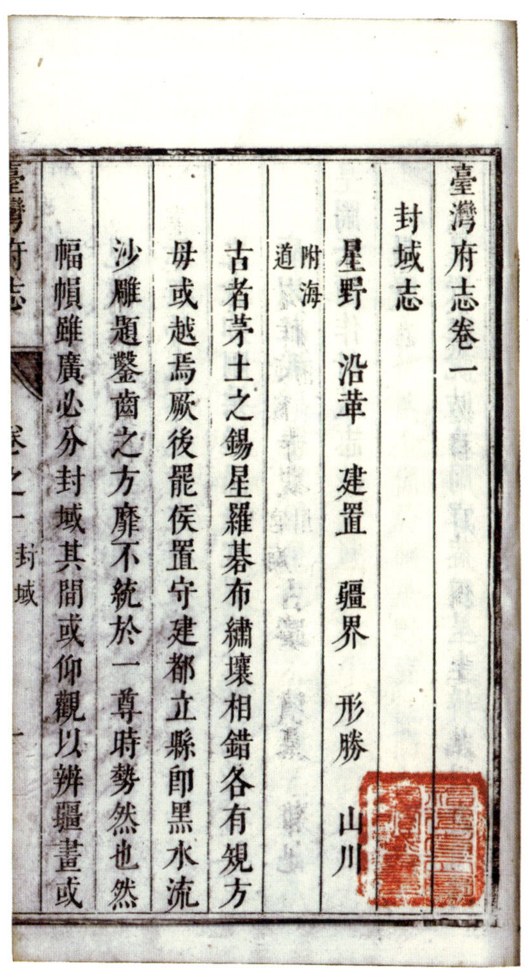
臺灣府志卷一

封域志

星野　沿革　建置　疆界　形勝　山川

附海道

古者茅土之錫星羅碁布繡壤相錯各有覘方毋或越焉厥後罷侯置守建都立縣即黑水流沙雕題鑿齒之方靡不統於一尊時勢然也然幅幀雖廣必分封域其間或仰觀以辨疆畫或

臺灣府志　卷之一　封域　一

卷端

[康熙]台湾府志十卷

(清)高拱乾纂修　清康熙刻本

版框：21.9×14.3厘米；半叶8行，行20字，小字双行同；白口，四周双边。

林則徐編

王昶金石萃編、唐林放祠記、石已殘裂、舊搨本高四尺一寸八分、廣二尺七寸、七行、行二十七字不等、正書、在曲阜縣放城集、碑文缺泐不可讀、題曰林放祠記、文中惟林放字兩見、而建祠之由不能詳也、林放魯人、孔子弟子、開元時贈清河伯、闕里文獻考、載放城集唐大和二年碑、即此碑也、碑末年月存大唐字、和字、甲字、大和二年當戊申歲、不應有甲字、蓋大和八年立、闕里考似誤、

闽人家族谱

家族谱是中华文化的重要特色之一，是华夏民族追本溯源的依据，维系社会认同的纽带。

福建省图书馆致力于家族谱的征集与收藏。经过数十年的努力，形成了本馆的特色，特别是闽台关系家族谱，在国内收藏单位中可谓得天时、地利与人和的优势，已经成为馆藏的一大特色与品牌。

为展示馆藏丰富的家族谱这一特色文献，本辑特选取较为珍贵的二十种馆藏家族谱，列此展示。这些家族谱，或年代久远，或名门望族，或稿抄校本，或印制精美，各具特色。

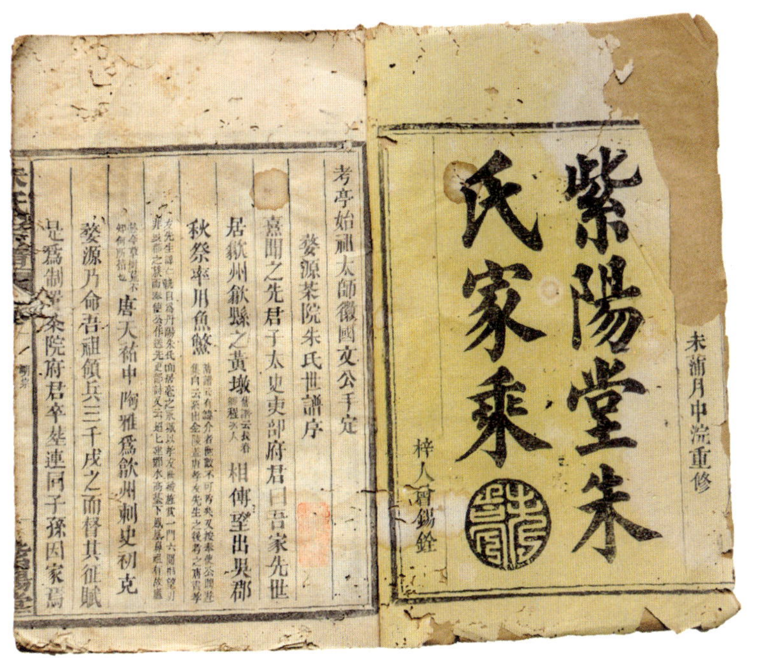

内封暨首叶

[福建建阳]紫阳堂朱氏家乘不分卷

(清)朱醒元主修　清光绪二十一年(1895)

建阳朱氏木活字印本

6册；开本：37.8×24.8厘米

该谱为建阳朱熹家谱。祖先为婺源朱氏，八世孙朱松为入闽始祖。朱熹(1130－1200)字元晦，一字仲晦，晚号晦翁、沧洲病叟，出生于尤溪，寓居崇安(今武夷山市)、建阳。著名的理学家、思想家、哲学家、教育家、诗人，闽学派的代表人物，后世尊称为“朱子”，为宋明理学之集大成者，儒学之大师。

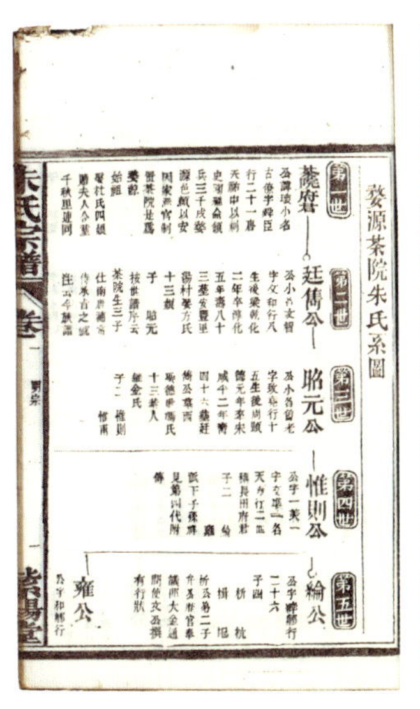

婺源茶院朱氏系图

茶院府君像

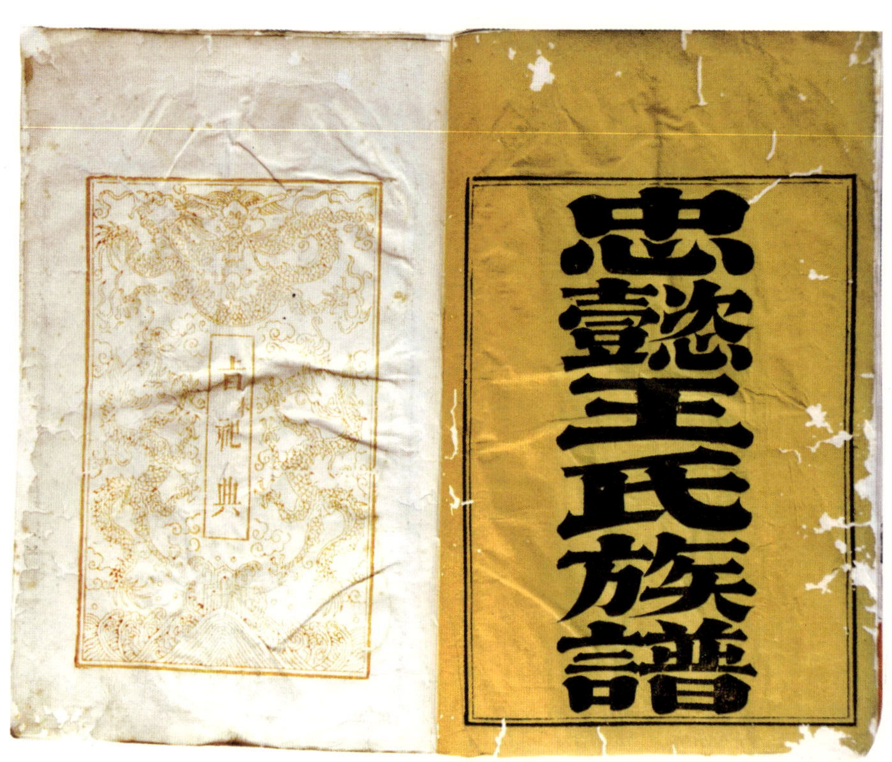

内封

[福建]开闽忠懿王氏族谱不分卷

(清)王以镜纂修(清)王嵩龄合修　清道光六年(1826)刻咸丰六年(1856)续修本

11册；版框：22.2×17.2厘米

该谱为开闽王王审知族谱。唐末战乱，王审知随兄王潮、王审邽参加王绪起义军，并率五千人渡江入闽，建立闽国，创建福建历史上第一个割据政权。随开闽三王入闽的将士后定居福建，还远播台湾。有著名的十八姓功臣随王入闽，遂为闽台开基始祖。是谱有闽国诸王彩绘，及历朝福州城图变迁，弥足珍贵。

王审知彩绘像

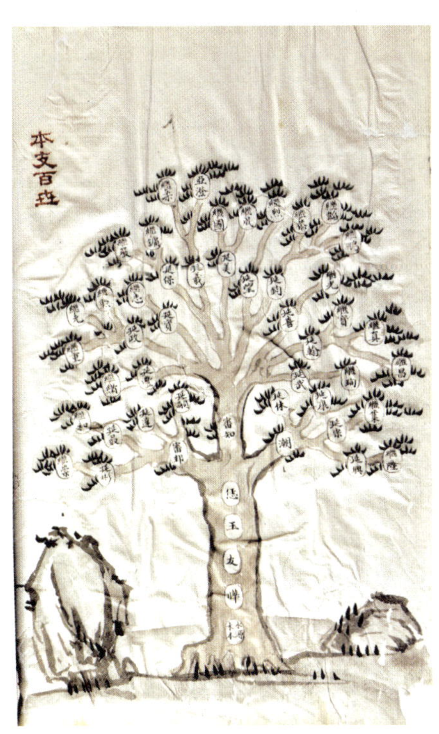

本支百世图

建罗城图

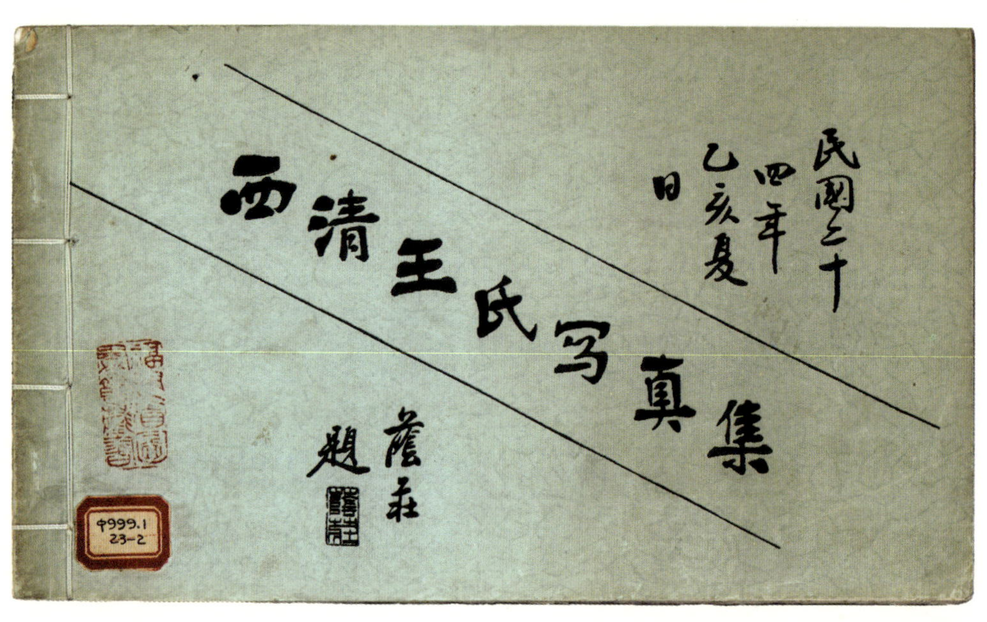

封面

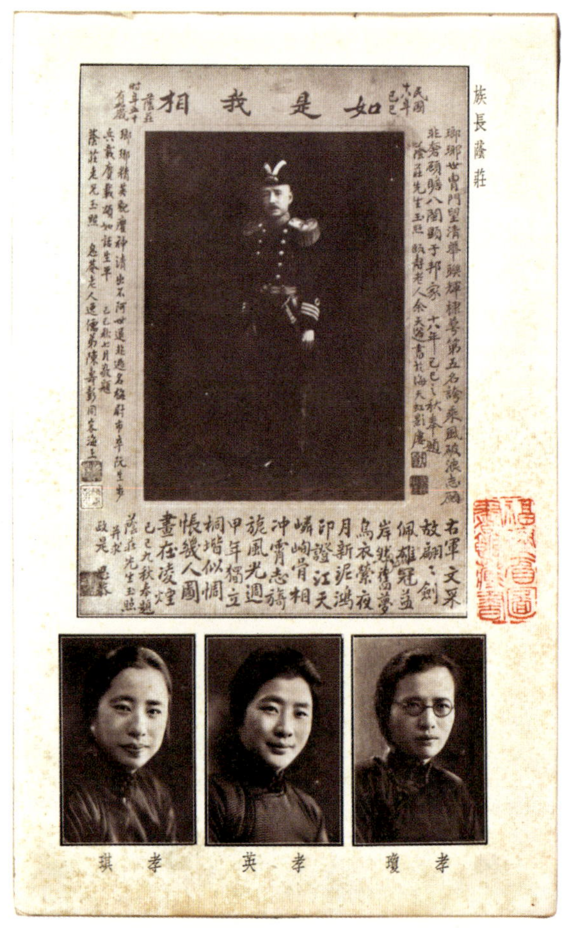

内页

[福建福州]西清王氏写真集一卷

1935年福州西清王氏铜版印本

1册；开本：29.3×17.3厘米

该谱系福州西清王氏族谱。明正德嘉靖年间，该支王姓从江西吉水县清江乡入闽，始祖为王旭窗。清大臣王庆云、状元王仁堪出自是支。

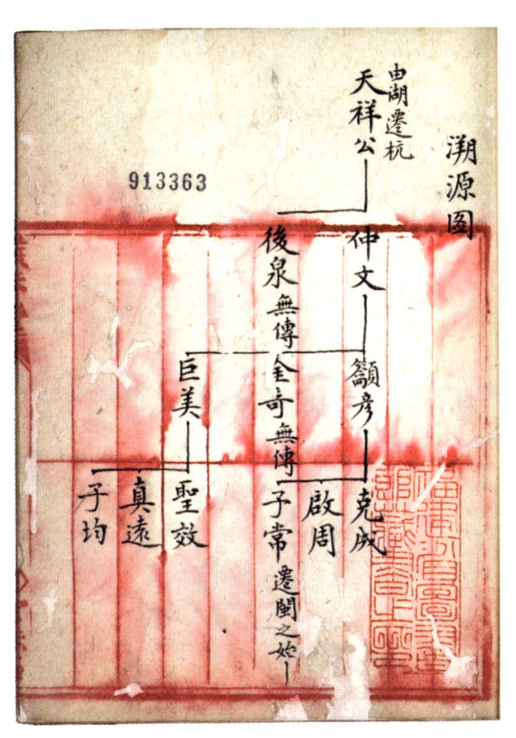

溯源图首页

[福建福州]吴兴沈氏溯源图不分卷

沈觐宜录　民国间福州义春堂抄本

1册；版框：12.6×13.1厘米

该谱为福州沈氏族谱，抄录有历代沈氏源流、入闽衍派、沈氏小史等。

始祖沈天祥从浙江湖州迁往杭州，传至第四世孙沈子常从杭州迁闽，奉为入闽一世祖。传四世为沈葆桢。沈葆桢，清大臣，中国近代海军的缔造者之一，主办福州船政局，台湾近代化之路的首倡者。

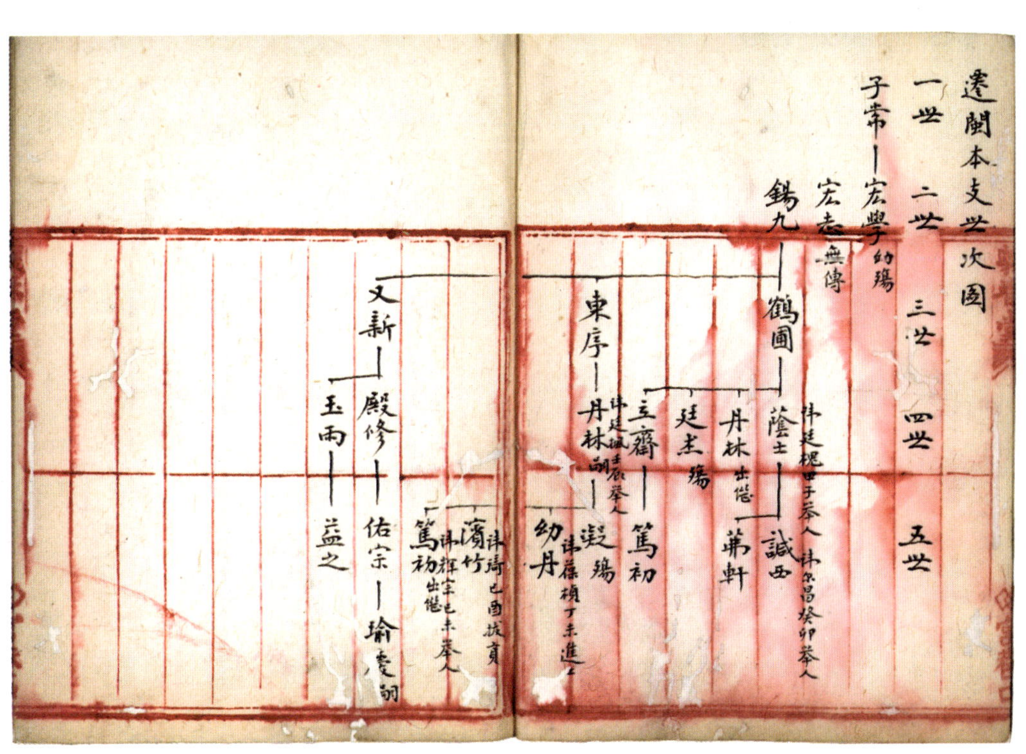

迁闽本支世次图

林尊 漢書八十八 濟南
林士宏 唐書八十七 饒州
林攢 唐書百九十五 莆田
林披 子蘊 唐書二百 披字孝茂 蘊字復夢 莆田
林楧 孫特 宋王欽若傳 順昌
林廣 宋史三百三十四 萊州
林希 弟旦 旦子膚 宋史三百四十三 福州
林攄 三百五十一 福州
林大中 三百九十三 衢州

内叶

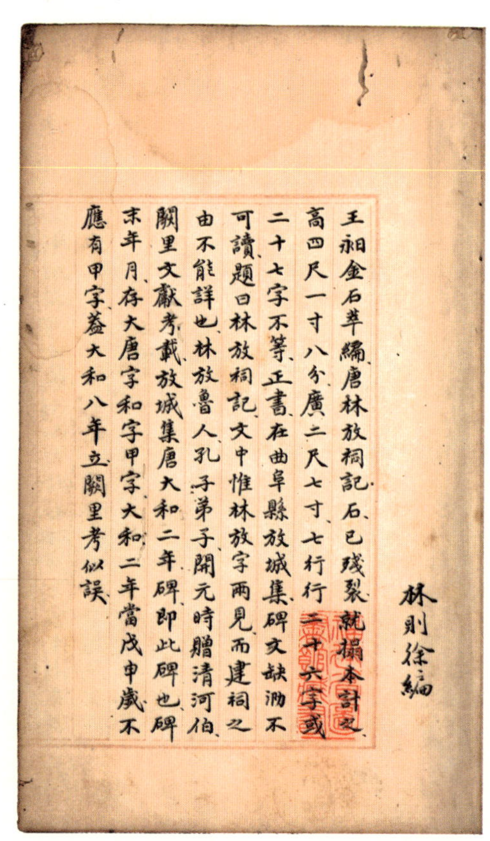
林則徐編
王昶金石萃編唐林放祠記石已残裂就稿本計之高四尺一寸八分廣二尺七寸七行行二十六字或二十七字不等正書在曲阜縣放城集碑文缺泐不可讀題曰林放祠記文中惟林放字兩見而建祠之由不能詳也林放魯人孔子弟子開元時贈清河伯闕里文獻考載放城集唐大和二年碑即此碑也碑末年月存大唐字和字甲字大和二年當戊申歲不應有甲字益大和八年立闕里考似誤

首叶

[福建福州]长林氏族录一卷

(清)林则徐编　清林则徐校补稿本

2册；版框：16.7×11.1厘米

福州文峰林，明末清初从福清杞店(今海口)迁入福州，为九牧林氏中六子林蕴支。始祖林高德，宋进士。17世祖林学弢迁福州，为榕一世祖。至榕六世为林则徐，近代杰出政治家、民族英雄。是书行20字，白口，四周双边，红格，版心镌字“云左山房”。其内容为摘录史料典籍中有关林氏人物记载。

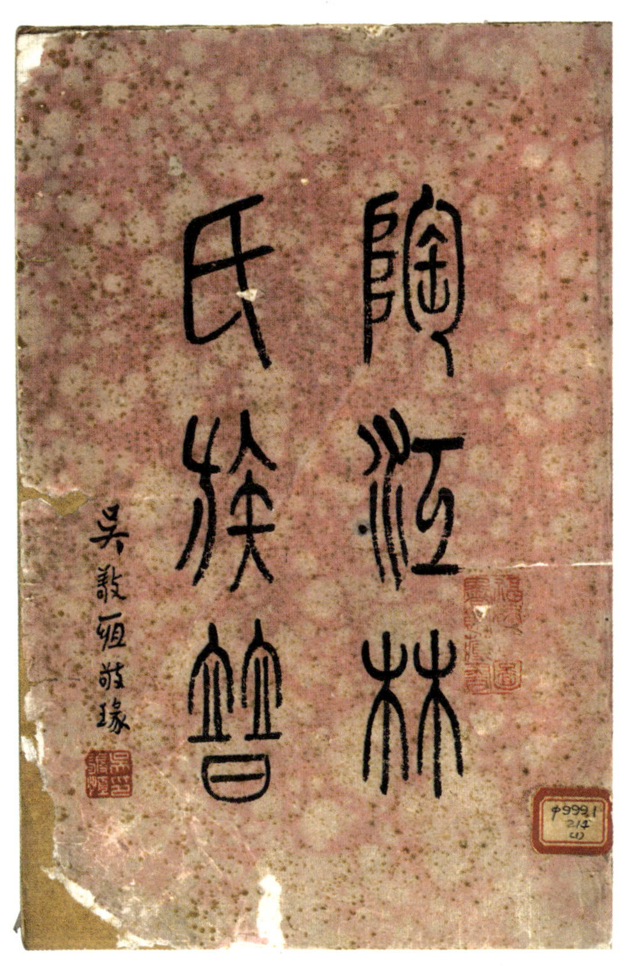

封面

[福建福州]陶江林氏族谱不分卷

林森主修　1931年尚干林氏铅印本

23册；版框：23.2×17.4厘米

入闽始祖为唐末林穆，随王审知入闽，居尚干，傍淘江而居，称“淘江林氏”。林森后改“淘”为陶，遂称“陶江林氏”。陶江林人才辈出，有“十八进士三拜相，三千举子五封侯”美誉，其中最著名者为国民政府主席林森和工人运动领袖林祥谦。

宗祠

彩绘祖像

内封

[福建浦城]莲湖祖氏族谱五卷

(清)祖富言纂修　清乾隆三十七年(1772)刻本

5册；版框：22.8×15.5厘米

浦城莲湖祖氏，其人闽始祖为宋代祖启宋，从河南固始迁福建浦城。谱中有十余幅彩色祖先人物绘像，色彩艳丽，惟妙惟肖，可谓为珍罕谱本。

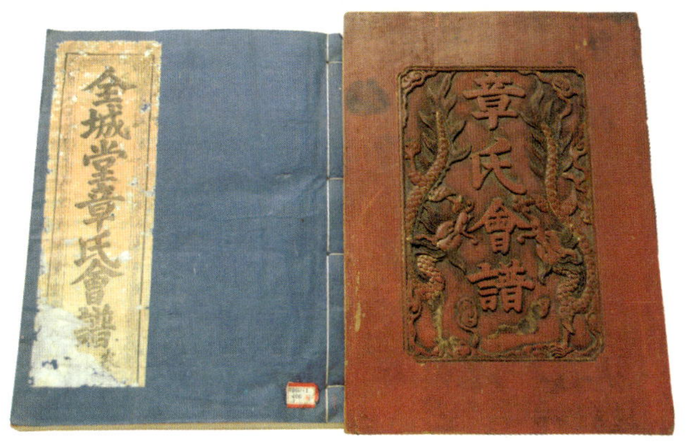

封面暨木雕牌记

内封暨内叶

[福建浦城]全城堂章氏会谱十六卷

(清)章馨山修　清光绪十五年(1889)南昌木活字印本

19册；板框：30.2×26厘米

该谱章氏祖居江西豫章洪州。晋时章严入闽征战有功，居南安。其十世孙章及仕唐，任康州刺史，自南安迁往浦城，为浦城章氏之开基祖。谱分十六卷。卷一至二为各地章氏谱序，卷三为墓志铭、碑记、祠祀、祠诗，卷四至五为遗像、像赞、传记，卷六世系源流记、入闽前世系图，卷七至十六为闽北各县支房世系。世系始记于一世，止于四十一世。随谱附有木雕牌记“章氏会谱”一块，尺寸40.6×29厘米，雕刻精美，十分难得。

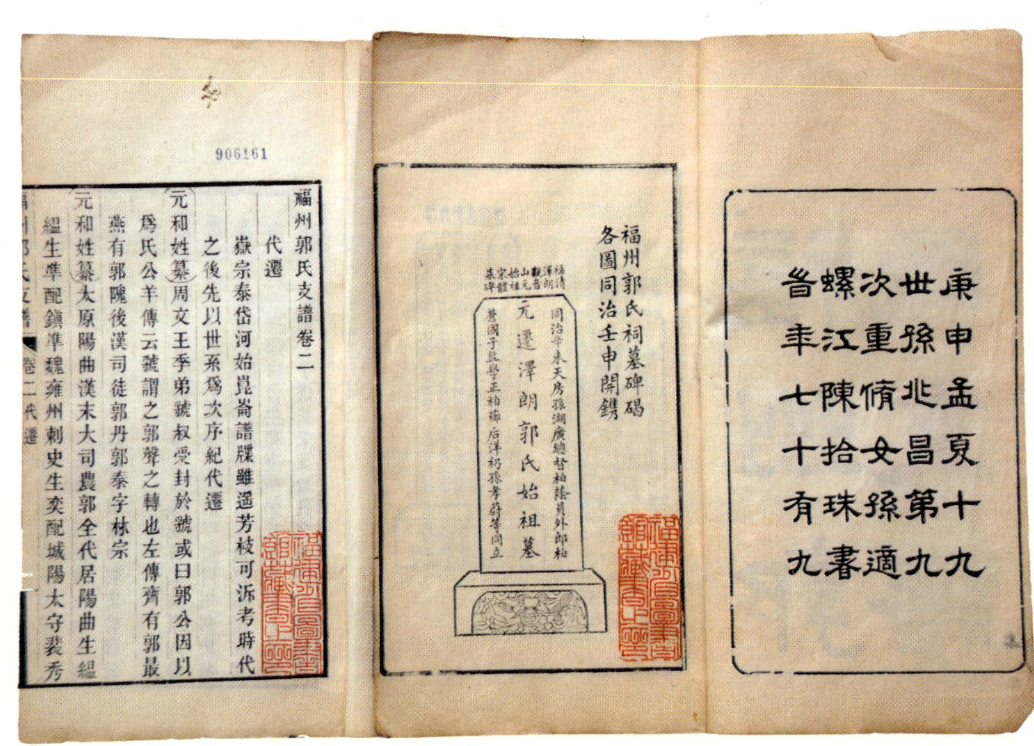

内叶

[福建福州]福州郭氏支谱十卷首一卷

(清)郭杰兆、郭兆昌纂修　清光绪十八年(1892)刻本

3册；版框：19.8×12.2厘米

唐咸通年间，郭子仪之后郭嵩入闽，定居长乐郭坑。后又迁到福州。自清代郭阶三起，有郭柏荫兄弟五人中举，为“五子登科”，成为望族。郭氏支谱以元代郭显为第一世，谱至二十二世。谱中名人有郭柏荫、郭柏苍兄弟等。

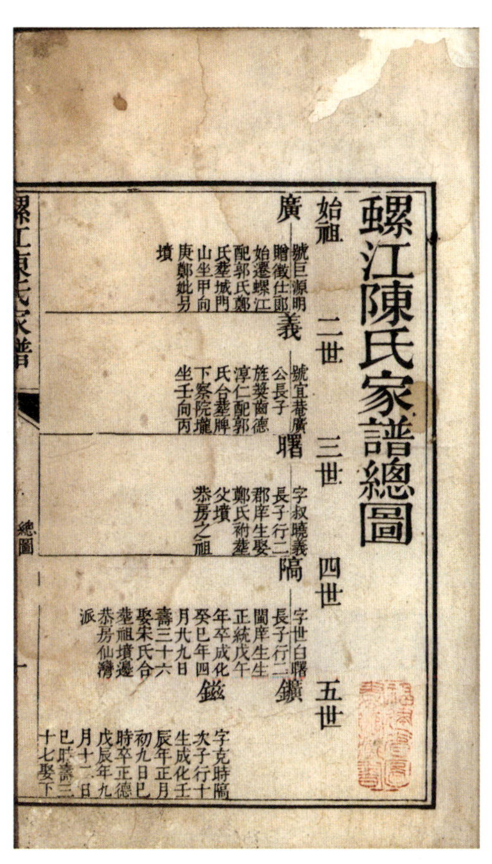
螺江陳氏家譜總圖

始祖 廣　二世 義　三世 曙　四世 隔　五世 鑌

总图首叶

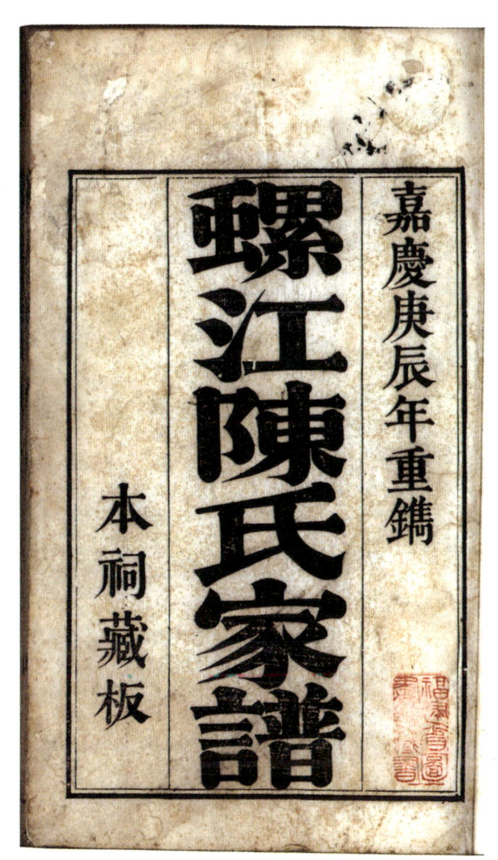
嘉慶庚辰年重鐫

螺江陳氏家譜

本祠藏板

内封

[福建福州]螺江陈氏家谱不分卷

(清)陈若霖主修　清道光元年(1821)福州刻本

12册；版框：22×15.2 厘米

螺江陈氏家族从始祖陈广于明洪武年间迁至螺州，三传举于乡，五传成进士。至清朝功名鼎盛。十三传至陈若霖后，为福州有名的官绅世家。清后期有“父子四进士，兄弟六科甲”最为壮观。清大臣陈若霖、末代帝师陈宝琛出自是族。

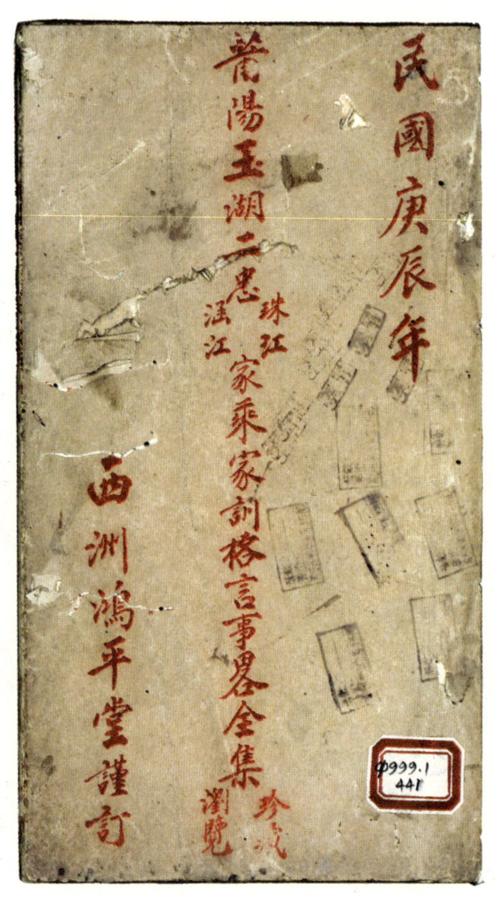

封面

[福建莆田]莆阳玉湖二忠珠江、涵江家乘家训格言事略全集不分卷

陈镜鸿等　1935年铅印、石印、抄本合订本

1册；朱、墨双色谱。朱色铅印本版框：19.9×12厘米；朱色抄本版框：21.6×12.2厘米；石印版框为19.4×13.3 厘米；开本：25.6×15.3 厘米

莆阳玉湖陈氏家族，入莆始祖为宋代的陈迈，传十五世孙陈仁卜居阔口浦边，为玉湖陈氏第一世祖。玉湖八世陈文龙及侄子陈瓒抗击元军，英勇就义，是为“二忠”。是谱载有古人修身养性诸格言，育儿、理财成规，戒赌条规，训孝诗，以及谱系碑志、祭祝文、产业股份、世系图记等。

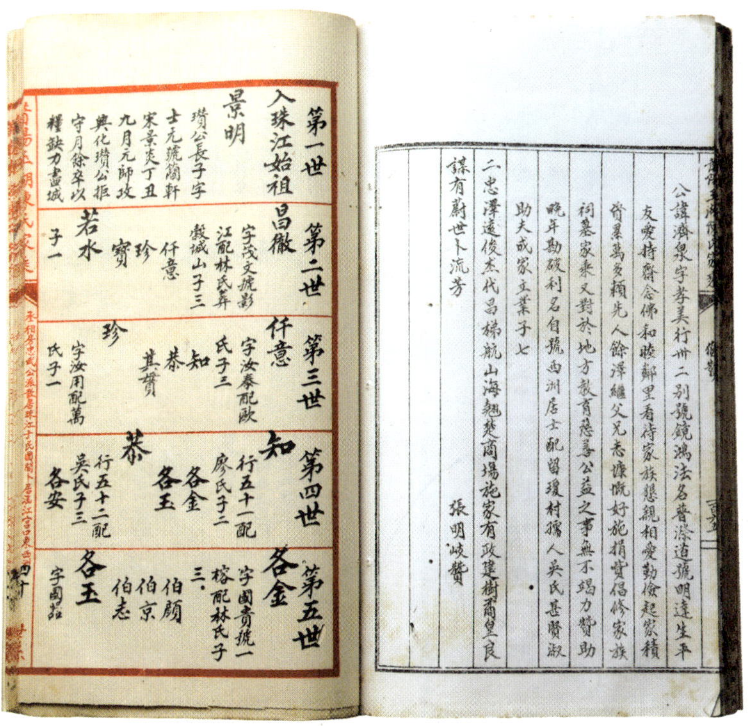

公諱濟泉字孝美行卅二別號鏡鴻法名普漆道號明達生平
友愛待爵念佛和睦鄰里看待家族慇親相愛勤儉起家積
資累萬多賴先人餘澤繼父兄志慷慨好施捐資倡修家族
祠墓家乘又對於地方教育慈善公益之事無不竭力贊助
晚年勤破利名自號西洲居士配留瓊村猶人吳氏甚賢淑
助夫成家立業子七
二忠澤遠俊杰代昌棣航山海翹楚商場施家有政建樹爾里良
謀有蔚世卜流芳
張明岐贊

内页

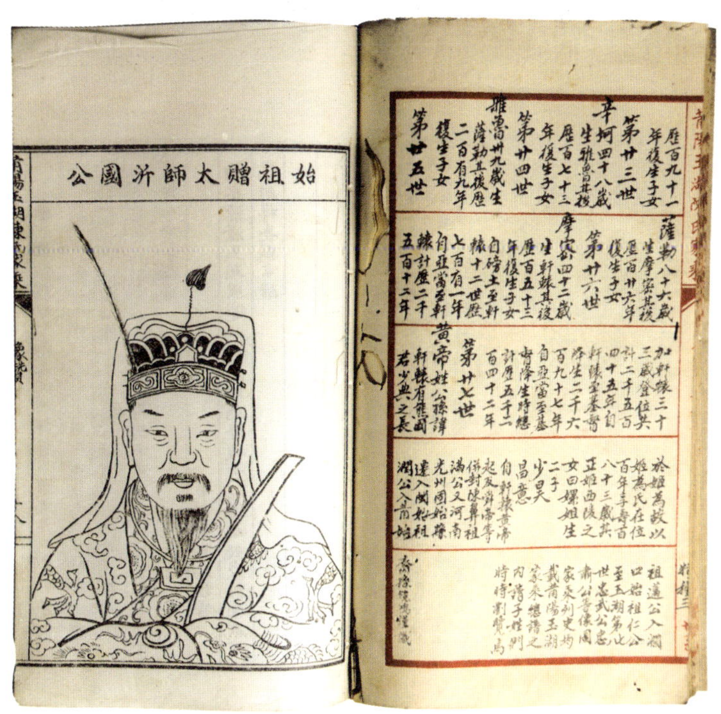

内页图像

閩汀龍足鄉鄒氏族譜卷之一

世系

第一世　應龍公　字仲恭號景初配陳氏繼娶李順姑合葬本里上保龍子圍塚亭號伏地琴形具圖

第二世　大郎　應龍公長子葬本里大桐橋號普賢騎象形坐寅向申具圖配張氏葬大桐橋在公墳背右邊牛山

第三世　二十九郎　大郎公長子配李三娘合葬本里白葉平號猛虎擒羊形具圖生子一念一郎

第四世　念一郎　二十九郎公之子配張二娘原合葬羊子坑後遷葬本里溫坑與百三郎公共穴具圖

第五世　千三郎　念一郎公之子配江三娘與公原葬冷水坑蚓上至明正德年間遷白葉平在三世祖地墳左

卷一卷端

内封

[福建连城]范阳邹氏族谱三十六卷首一卷末一卷

邹文峻主编　1947年连城邹氏敦本堂木活字印本

54册；版框：25.6×19.2厘米

四堡邹氏，系宋状元、历官枢密院兼参知政事邹应龙携眷避乱汀州时，其子卜居于斯所传之后裔。明、清时期中国四大雕版印刷基地之一的福建省连城县四堡乡，经历数百年发展，在乾隆、嘉庆、道光三代进入鼎盛时期，印坊栉比，书楼林立。四堡刊印书籍“垄断江南、行销全国、远播海外”，其中著名的刻书世家有四堡邹氏、马氏等。本谱为连城四堡雾阁刻书世家邹氏家族谱，堪称研究中国古代刻书史的珍贵史料。

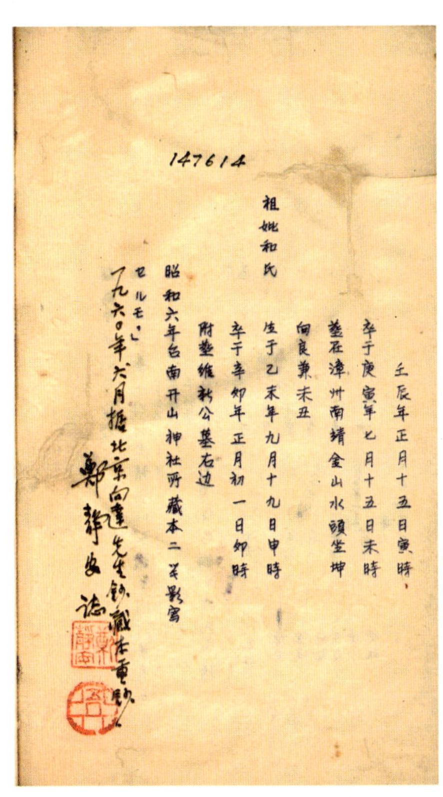

147614

壬辰年正月十五日寅時
卒于庚寅年七月十五日未時
葬在漳州南靖金山水頭坐坤
向艮兼未丑
祖妣和氏
生于乙未年九月十九日申時
卒于辛卯年正月初一日卯時
附塋維新公墓右边
昭和六年台南开山神社所藏本二并影寫
一九六〇年六月据北京向達先生鈔藏本重鈔
鄭靜安誌

郑静安志

封面

[福建南安]石井本郑氏宗族谱一卷

(明)郑芝龙纂修(清)郑名山续修　1962年厦门市博物馆筹备处油印本

1册；开本23.4×15厘米

民族英雄郑成功家谱。原件藏于英国博物馆，国内无存，为向达教授从英国抄回的手抄本，1962年厦门市博物馆筹备处据此本油印。有郑静安“一九六〇年六月据北京向达抄藏本重抄”字样及印鉴。南安石井郑氏仅存的一本宗族谱，是郑成功的父亲郑芝龙于明崇祯十三年(1640)所修。

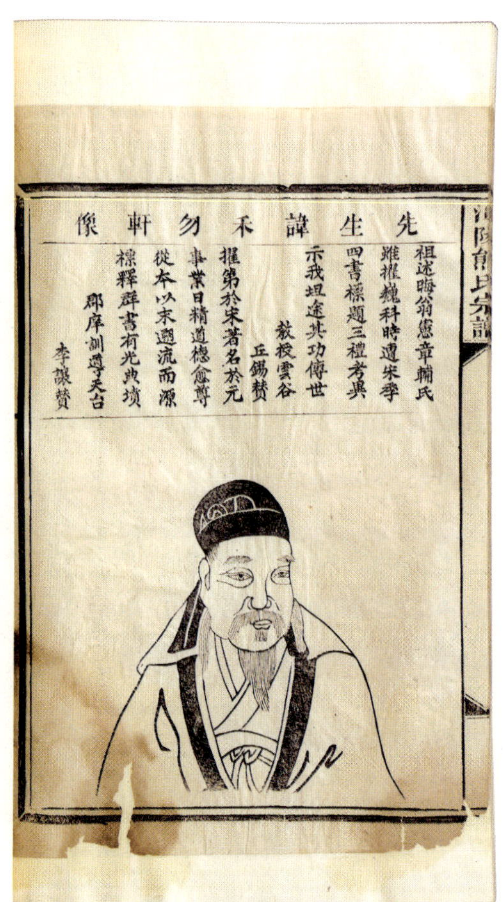
先生諱禾勿軒像
祖述晦翁憲章輔氏
雖擢魁科時遵宋學
四書標題三禮考異
示我坦途其功傳世
教授雲谷
丘錫贊
擢第於宋著名於元
事業日精道德愈尊
從本以末遡流而源
標釋群書有光典墳
郡庠訓導天台
李謙贊

熊禾像并赞

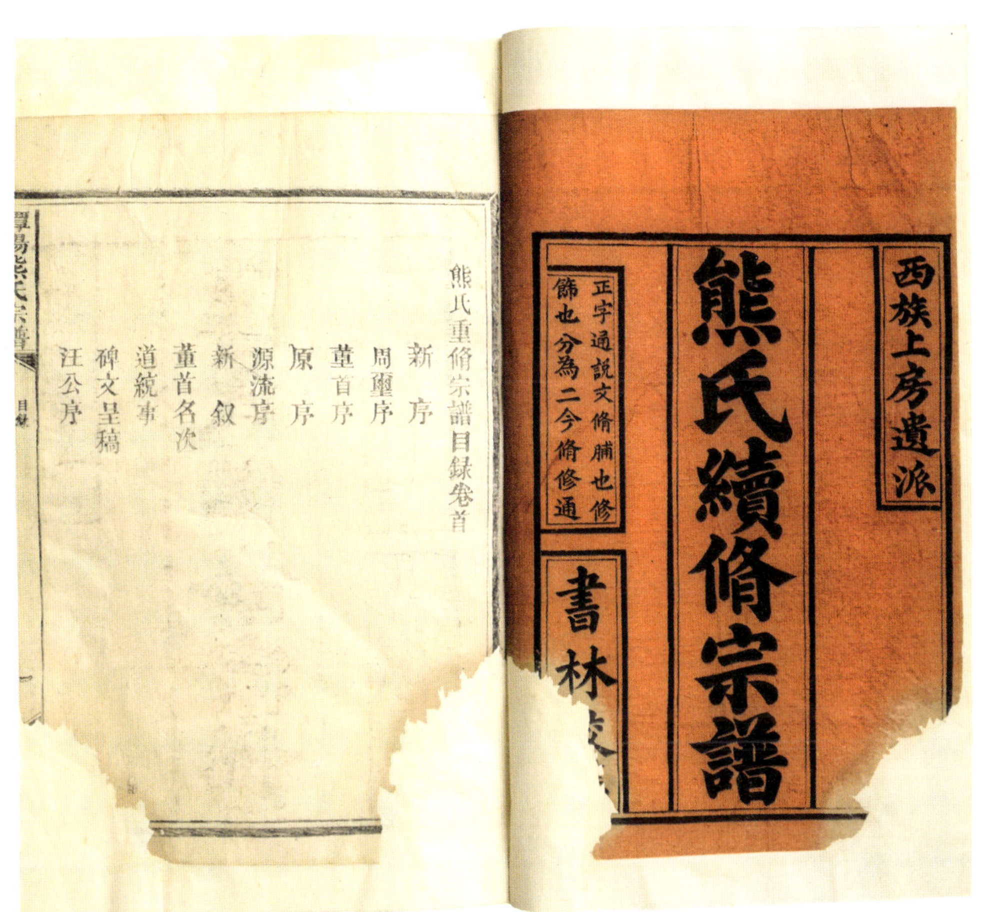

内封暨目录首叶

[福建建阳]潭阳熊氏宗谱六集首一卷

(清)熊日新主修　清光绪七年(1881)建阳书林熊氏木活字印本

7册；版框：34.8×26.8厘米

该谱为建阳书林熊氏家谱。书林熊氏为福建古代刻书世家。该谱采用福建家谱最具代表性的木活字印刷技术印制，经镶裱后开本为47.6×30.7厘米，开本巨大。族谱以国学六行分集：孝、友、睦、姻、任、恤。

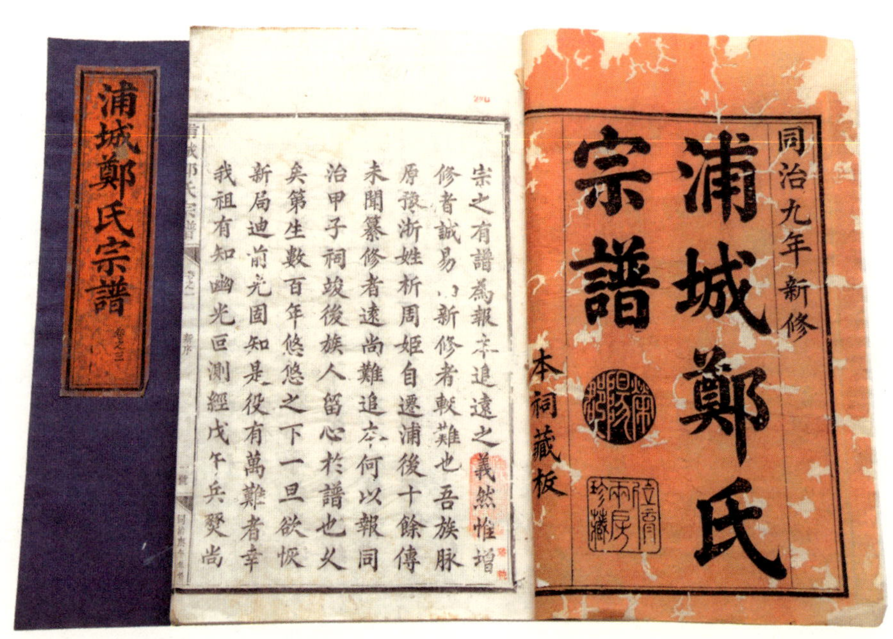

内封暨首叶

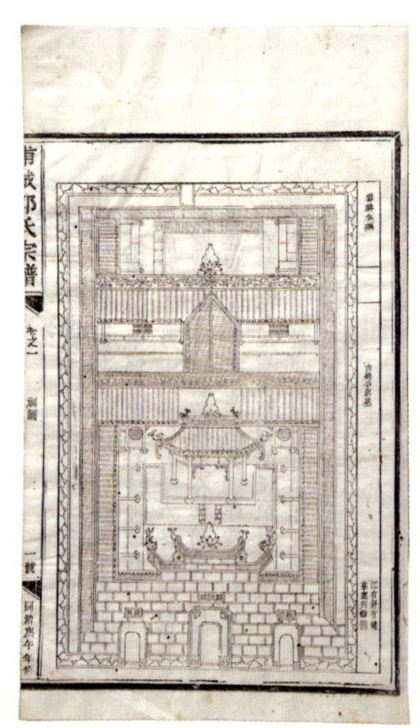

祠图

[福建浦城]浦城郑氏宗谱五卷

(清)郑玉麟纂辑　清同治九年(1870)浦城郑氏木活字印本

6册；版框：31.6×22.1厘米

浦城郑氏宗族入浦始祖为元代的郑德茂，于宋末元初自省外徙迁至浦城。该谱计有五卷，卷一详载宋、明、清四次修谱诸序，并列有族训、祠规、墓图诸篇；卷二至五为历代世系图，其中卷五后部还列载有山场、祭产等有关内容。

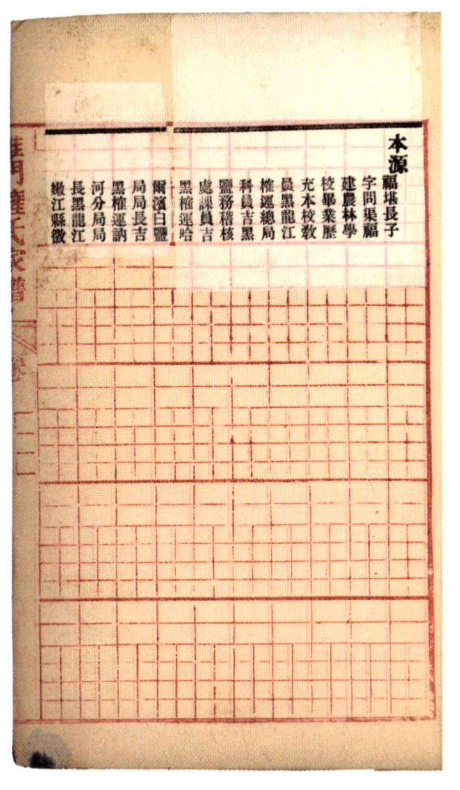
内页

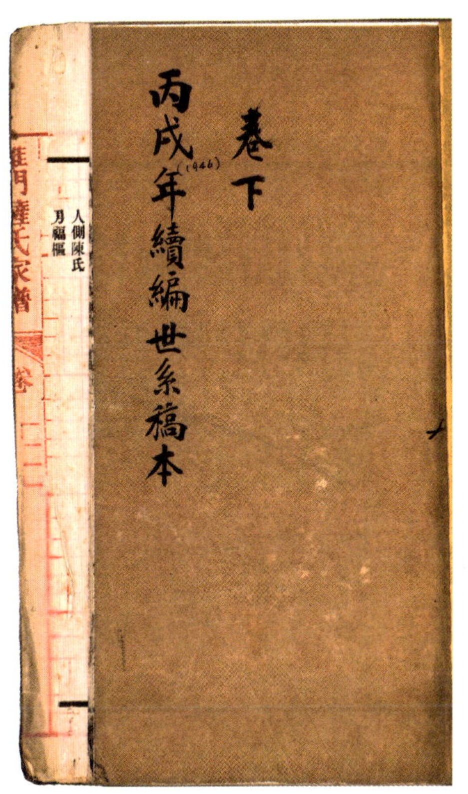

卷下封面

[福建福州]雁门萨氏家谱续编世系稿本二卷

萨镇冰、萨嘉曦原修　萨氏后人续编　1946年稿本

2册；版框：21.5×15.5厘米

该稿本利用1935年所编家谱为蓝本，进行续修与增补。续修部分用印有“雁门萨氏家谱”红格纸为稿本。

福州雁门萨氏的始祖是萨拉布哈(一译“思兰不花”)，辅佐元世祖忽必烈打天下，累建功勋。其子阿鲁赤受命镇守雁门，孙萨都剌为元英宗赐姓萨。萨仲礼为福建萨氏肇基始祖。为福建名门望族。谱中名人有萨镇冰，是近现代著名的海军将领，先后担任过清朝海军统制、民国海军总长等重要军职，还曾代理过国务总理。

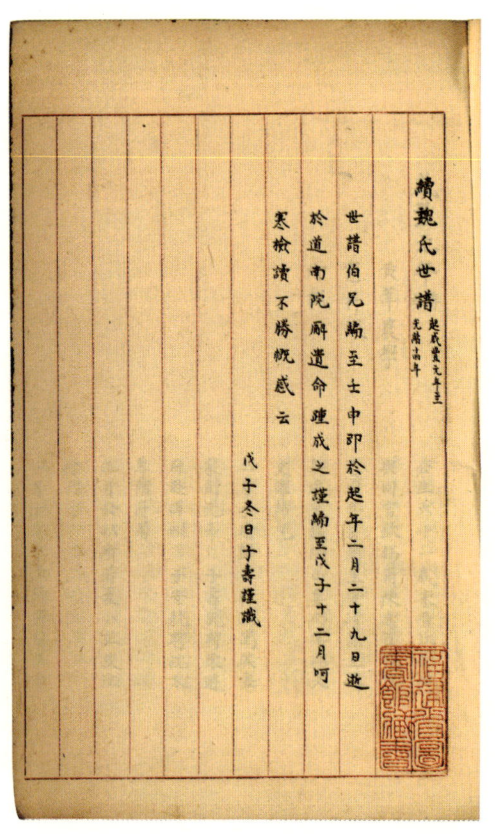
續魏氏世譜 起咸豐九年至光緒十四年
世譜伯兄編至壬申卯於起年二月二十九日逝
於道南院廨遺命踵成之謹編至戊子十二月呵
寒檢讀不勝慨感云
戊子冬日子壽謹識

卷端

[福建福州]续魏氏世谱一卷

(清)魏秀仁编(清)魏子寿补编　抄本

1册；版框：23.7×16.1厘米

唐昭宗天祐元年(904)魏氏从鹿郡迁来，其入闽一世祖为魏看。魏氏最有名者为魏本唐、魏秀仁父子。魏本唐，校勘《福建通志》。魏秀仁，字子安，又字子敦，号眠鹤主人，为晚清著名文学家，著有《花月痕》。

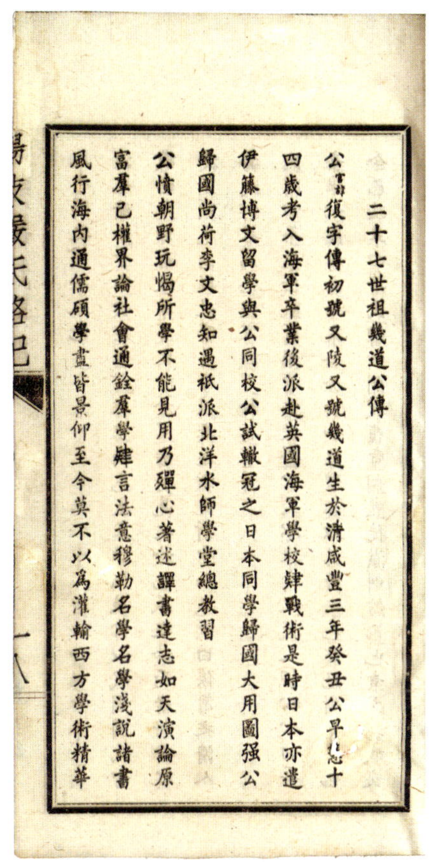
二十七世祖幾道公傳
公復字傳初號又陵又號幾道生於清咸豐三年癸丑公早慧十
四歲考入海軍卒業後派赴英國海軍學校肄戰術是時日本亦遣
伊藤博文留學與公同校公試輒冠之日本同學歸國大用圖強公
歸國尚荷李文忠知遇祇派北洋水師學堂總教習
公憤朝野玩愒所學不能見用乃殫心著述譯書達志如天演論原
富羣己權界論社會通銓羣學肄言法意穆勒名學名學淺說諸書
風行海內通儒碩學盡皆景仰至今莫不以爲灌輸西方學術精華

内页

封面

[福建福州]阳岐严氏宗系略纪一卷

严渝辑　1939年铅印本

1册；版框：20.3×11.1厘米

福州阳岐严的来历，为始祖严怀英于唐末入闽，卜居阳岐。谱中有序言、始祖世祖世略、失谱说、族谱考、派系考等。有名人严复。严复，字传初，号又陵，又号几道，是清末极具影响的启蒙思想家、翻译家和教育家。

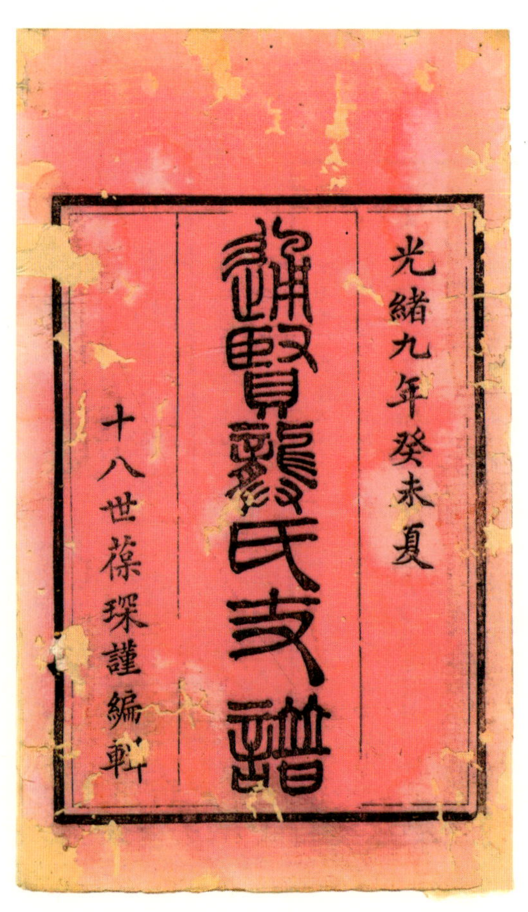

内封

[福建福州]通贤龚氏支谱三卷

(清)龚葆琛编辑　清光绪九年(1883)刻本

3册；版框：18.9×13.3厘米；开本：26×15.4厘米

先世由莆田迁福州南街通贤境巷，南宋龚徒为始祖。龚易图“大通楼”为福州较负声名的私家藏书楼，谱中钤有“大通楼藏书印”、“龚礼逸印”等章记。龚氏支谱，为“龚氏家言汇存之十六”。

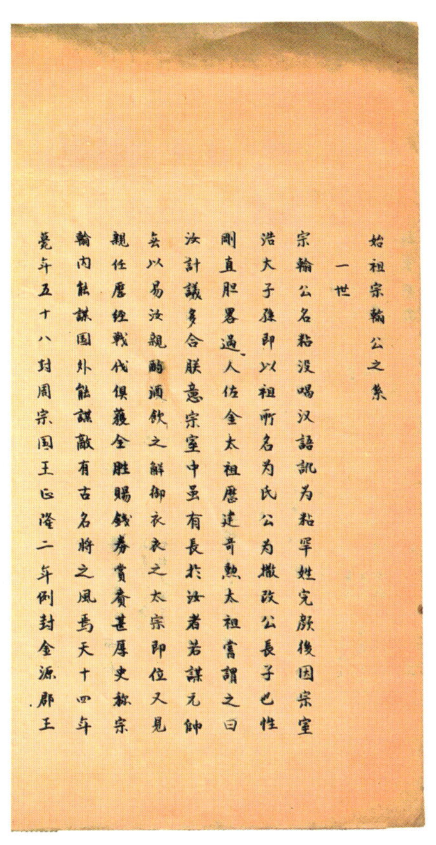

始祖宗翰公之系

一世

宗翰公名粘没喝汉語訛为粘罕姓完颜後因宗室浩大子孫即以祖所名为氏公为撒改公長子也性剛直肥畧過人佐金太祖屢建奇勳太祖嘗謂之曰汝計議多合朕意宗室中虽有長於汝者若謀元帥去以易汝親酌酒飲之解御衣衣之太宗即位又見親任屢经戰伐俱獲全勝賜錢券賞賚甚厚史称宗翰内能謀国外能謀敵有古名將之風焉天十四年薨年五十八封周宋国王正隆二年例封金源郡王

内页

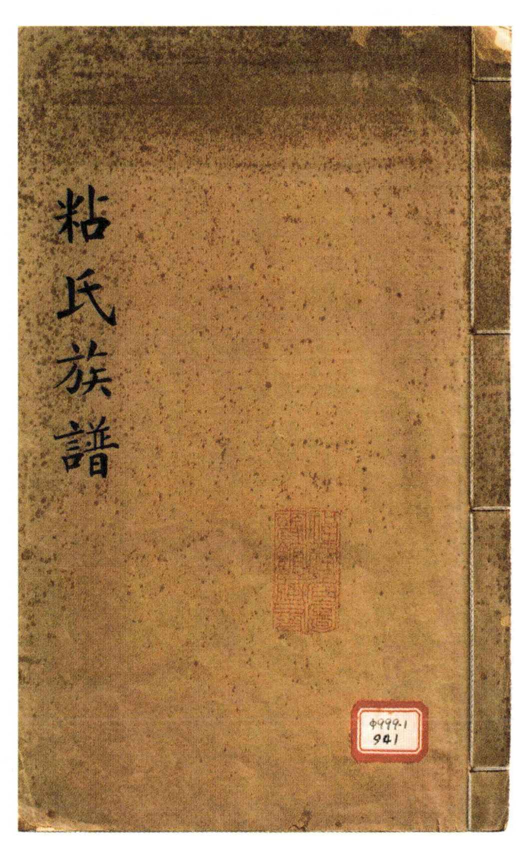

封面

[福建晋江]粘氏族谱一卷

粘友文纂修　民国27年(1938)传抄本

1册；开本：28.3×17.8厘米

粘氏源自吉林会宁的女真完颜部。公元1114年，女真族完颜部领袖完颜阿骨打灭辽，统一女真各部，建立金国，第二年称帝，为金太祖。粘氏一世祖完颜宗翰粘没喝，为金太祖的长侄，在灭辽过程中屡建奇功。公元1234年大金国覆灭，粘氏已传至六世粘合重山。元朝元太宗时期，粘氏传至八世博温察尔，官授河中知府。原居华北，为避世乱，举家南迁，流寓于福建晋江，在此启源发展，衍蕃闽台女真族粘姓一脉。该谱有粘友文序以及支脉世系等。

建窯考

一 徵類

薩嘉榘初稿

福建之瓷器，在中國陶瓷器中佔重要之地位，稱譽於世界，據考古學家……海地點，發掘地下，常有陶器碎片，足徵在瓷器發明以前，其地即有……器輸出海外之港口，發展至瓷器時期，更為對外貿易主要之特産品，景德鎮瓷器之發達，實受福建瓷器之影響，中國陶瓷史云：「外人由……建販瓷器往歐洲，價值每以黄金重量相等，且有供不應求之勢，粵人且……得利，遂運往景德鎮販運瓷器以與爭利，故景德鎮之瓷器愈加著名」。由……研究，福建瓷器之盛衰與泉州貿易港之興廢，不無關係，建安與德化……窯之轉移，由於交通便利與否，亦為主要原因，生産與運銷相互依存……定之規律在焉。

福建之瓷，在宋代即有名，最初燒於建安，所製之器，與鈞窯哥窯……

第五辑

稀见书刊资料

本辑以馆藏福建史料为主，选取了清末以来有一定参研价值的地方书籍，内容上则涵盖了社会、政治、文化和经济等各个层面，也能够借此展示福建省图书馆地方文献庋藏的概貌。

同时，二〇一一年适逢辛亥革命一百周年，因此，本辑也特别选取了纪念黄花岗福建义士的几部专题册子，以此呈作辛亥革命百年纪念。

图

书

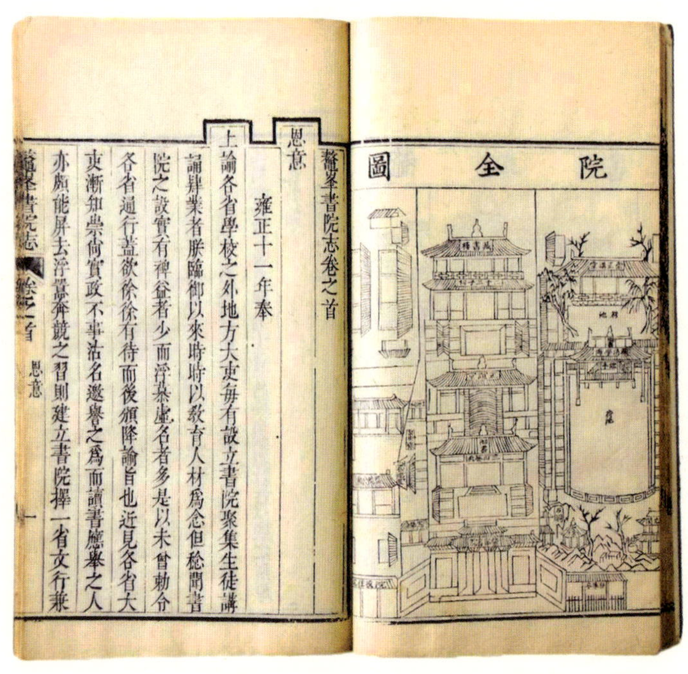

院全圖

鼇峯書院志卷之首

恩意

雍正十一年奉

上諭各省學校之外地方大吏每有設立書院聚集生徒講誦肄業者朕臨御以來時時以教育人材為念但稔聞書院之設實有裨益者少而浮慕虛名者多是以未曾勅令各省通行蓋欲徐徐有待而後頒降諭旨也近見各省大吏漸知崇尚實政不事沽名邀譽之為而讀書應舉之人亦頗能屏去浮囂奔競之習則建立書院擇一省文行兼

内叶

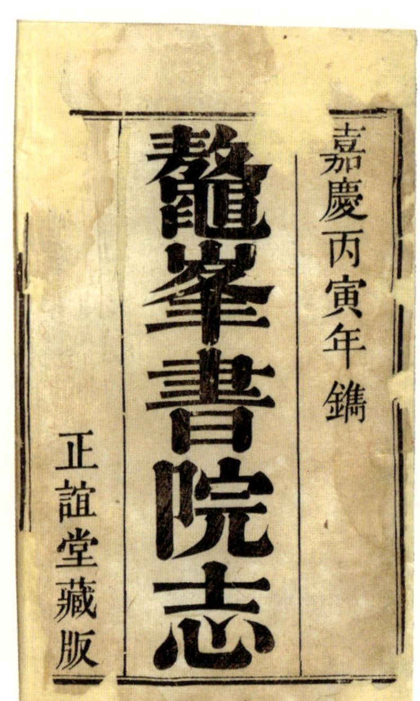

嘉慶丙寅年鐫

鼇峯書院志

正誼堂藏版

内封

鳌峰书院志十六卷首一卷

清嘉庆(1796－1820)刻本

清代福州的鳌峰书院、正谊书院、凤池书院和致用书院，并称作省城“四大书院”。馆藏《鳌峰书院志》及《宪定正谊书院章程》等资料，保留了福州当年这两大书院的珍贵史料。

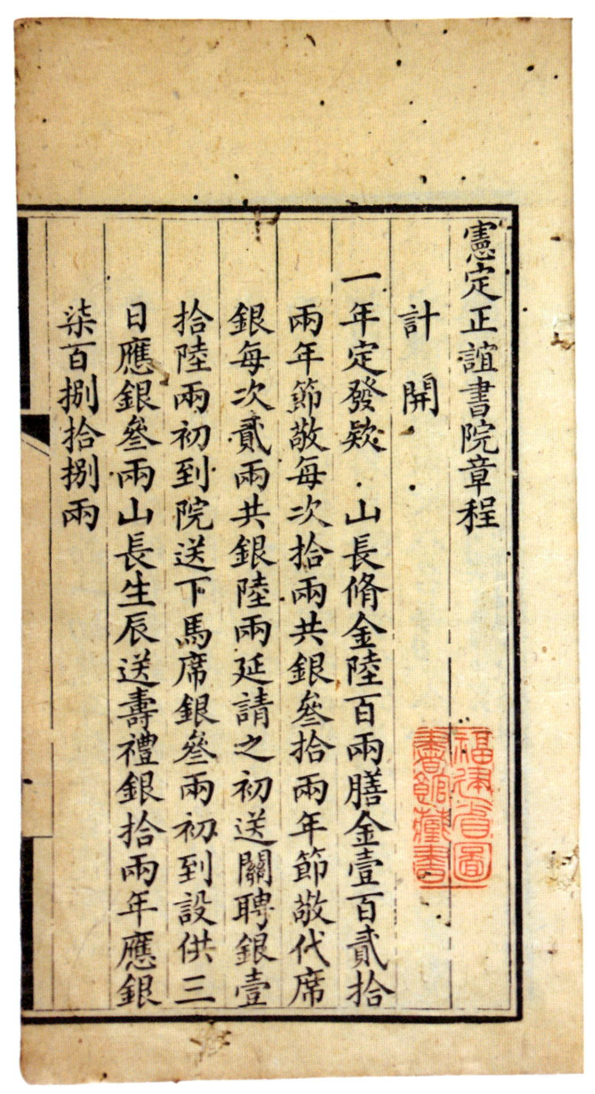

憲定正誼書院章程

計開

一年定發欵　山長脩金陸百兩膳金壹百貳拾兩年節敬每次拾兩共銀叁拾兩年節敬代席銀每次貳兩共銀陸兩延請之初送關聘銀壹拾陸兩初到院送下馬席銀叁兩初到設供三日應銀叁兩山長生辰送壽禮銀拾兩年應銀柒百捌拾捌兩

宪定正谊书院章程

清末刻本

内封

天演論上

英國赫胥黎造論

侯官嚴復達恉

導言一 察變

赫胥黎獨處一室之中在英倫之南背山而面野檻外諸境歷歷如在机下乃懸想二千年前當羅馬大將愷徹未到時此間有何景物計惟有天造草昧人功未施其藉徵人境者不過幾處荒墳散見坡陀起伏間而灌木叢林蒙茸山麓未經删治如今日者則無疑也怒生之草交加之藤勢如爭長相雄各據一抔壤土夏與畏

卷端

赫胥黎天演论二卷

(英)赫胥黎撰；严复译

清光绪二十四年(1898)侯官嗜奇精舍石印本

天演论二卷

(英)赫胥黎撰；严复译

清光绪刻本

严复翻译了英国生物学家赫胥黎的《天演论》，1897年12月在天津出版的《国闻汇编》刊出。该书的问世产生了巨大的社会反响。康有为见此译稿后，赞叹“眼中未见有此等人”，称赞严复“译《天演论》为中国西学第一者也”。

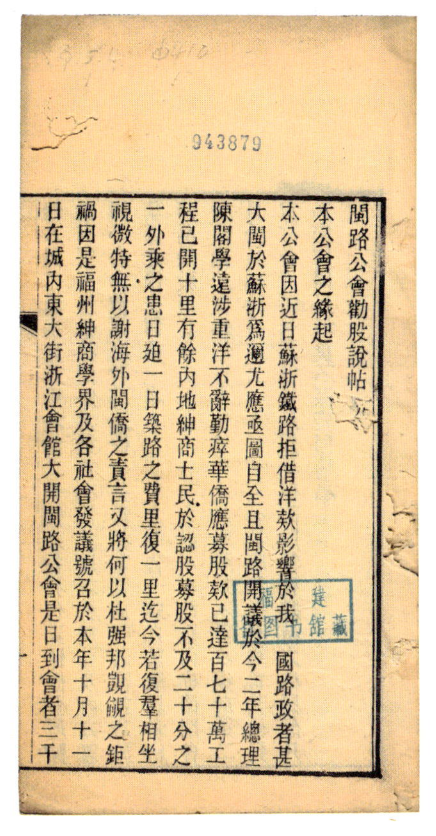

閩路公會勸股說帖

本公會之緣起

本公會因近日蘇浙鐵路拒借洋款影響於我　閩路政者甚大閩於蘇浙爲邇尤應亟圖自全且閩路開議於今二年總理陳閣學遠涉重洋不辭勤瘁華僑應募股款已達百七十萬工程已開十里有餘內地紳商士民於認股募股不及二十分之一外乘之患日迫一日築路之費里復一里迄今若復羣相坐視微特無以謝海外閩僑之責言又將何以杜强邦覬覦之鉅禍因是福州紳商學界及各社會發議號召於本年十月十一日在城內東大街浙江會館大開閩路公會是日到會者三千

首叶

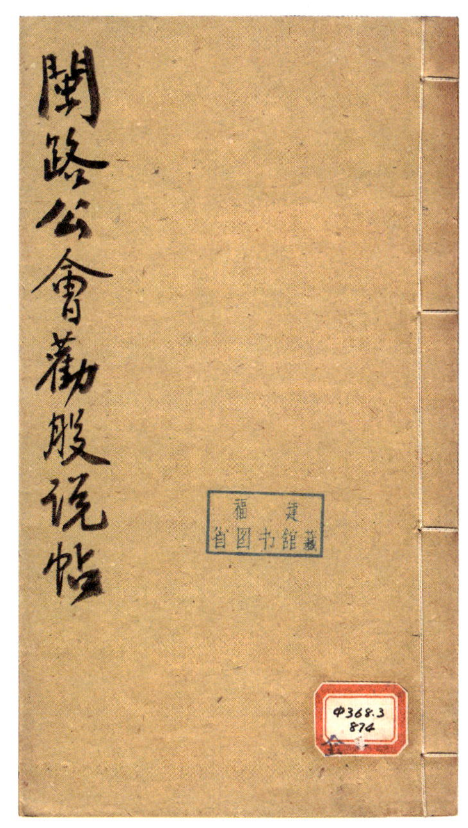

封面

闽路公会劝股说帖

清光绪末铅印本

清光绪三十一年(1905)，光禄寺卿张亨嘉等在京的福建同乡和京官向商部发起筹办福建铁路的倡议，并推举前内阁学士兼礼部侍郎衔陈宝琛为闽路总理，得到了清政府的批准。

翌年七月，成立商办福建铁路公司，发布暂定章程和招股章程，并选定董事、办事人员等。公司招股章程规定：本公司专招华股，如有为外国人代购股票，及将股票转售，抵押于外国人者，本公司概不承认。因此，福建铁路公司股份主要由福建商界、沪粤同乡以及东南亚华侨认购。

宝记机车影片

三井机车影片

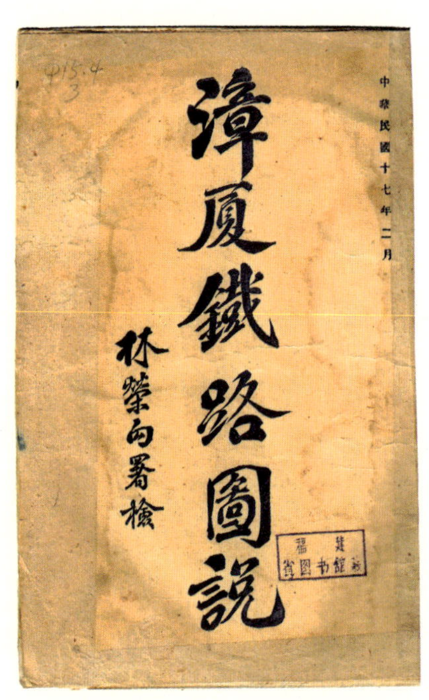

封面

漳厦铁路图说

1928年铅印本

至清光绪三十二年(1906)，公司共募集到股本170万余银元，即先行修筑45公里漳厦铁路。光绪三十三年(1907)七月十八日，漳厦铁路正式开工。宣统二年(1910)五月九日，嵩屿至江东桥段工程竣工，并试运行。

漳厦铁路是福建省的第一条铁路。到了1923年7月之后，厦、漳地区陷于战乱，铁路公司财产损失严重。抗战爆发后，1938年5月，嵩屿火车站被日军炸毁。政府军队撤退时，为避免铁路遭日军的利用，决定将残存的铁路全部拆卸，用以修筑抗战工事，而无法拆除的部分则悉数予以炸毁，漳厦铁路遂成败没态势。

商办福建全省铁路公司暨漳厦铁路的相关文史资料，计有《闽路公会劝股说帖》、《商办福建全省铁路有限公司招股章程》、《前清兴办全闽铁路及三省铁路学校史料》、《漳厦铁路旅行指南》及《漳厦铁路图说》，等等。

筹办闽矿文牍

清光绪三十四年(1908)铅印本

是书辑录了《农工商部奏闽绅请派福建商办矿务总理折》、《禀复松督稿》等，以及商办福建全省铁路协理胡国廉《致闽督函》、《呈闽督禀稿》暨附《办法十二则》等内容。

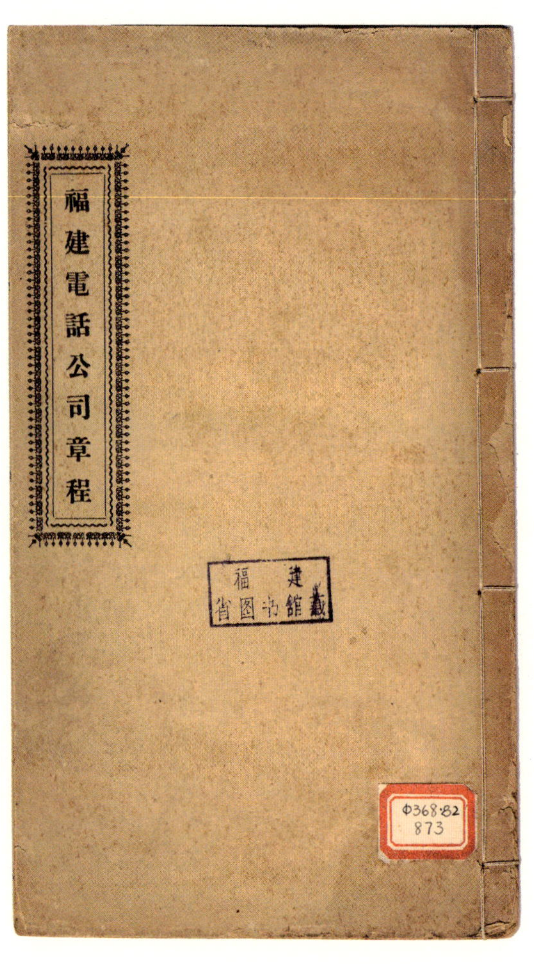

福建电话公司章程

清宣统元年(1909)福州铅印本

本书主要内容分别为《福建电话公司章程》、《安设移置话机章程》，以及电话总机、接线、电话学生等级、支应处、收发处等各有关规则，比较详细，是研究清末福建股份制企业的珍贵史料。

跋语　封面

像四　像三　像二　像一

封底·特别广告　像七　像六　像五

伊人宛在

黄帝四六〇九年(1912)《民心报》附赠

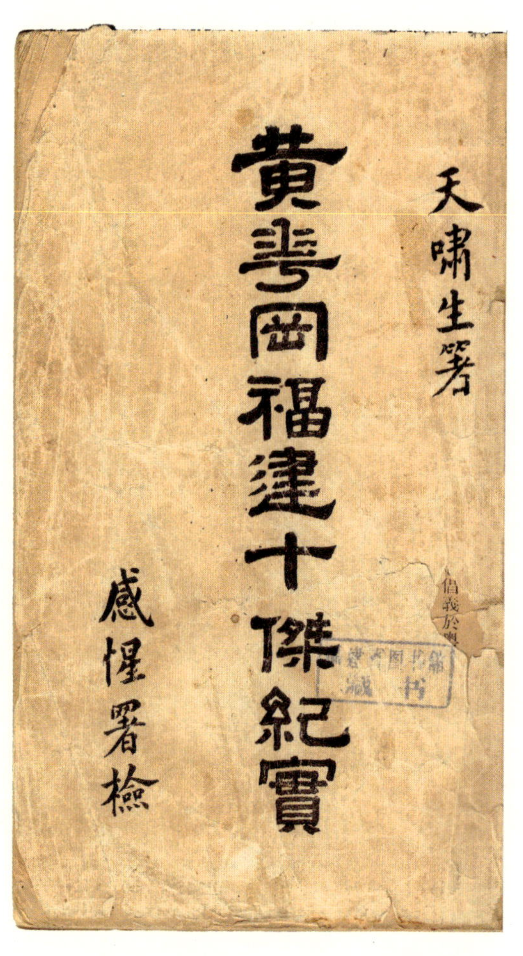

封面

黄花岗福建十杰纪实

天啸生著　1912年铅印本

本书记述了十位献身于辛亥革命黄花岗起义的福建籍英杰，辑录作《黄花岗福建十杰列传》，他们分别是：林文、方声洞、林觉民、林尹民、陈与燊、陈可钧、陈更新、冯超骧、刘钟群、刘锋。末附录有一篇《闽司法司公诔全国殉难诸烈士文》，文辞慷慨。

这是最早宣传黄花岗烈士事迹的书籍之一。

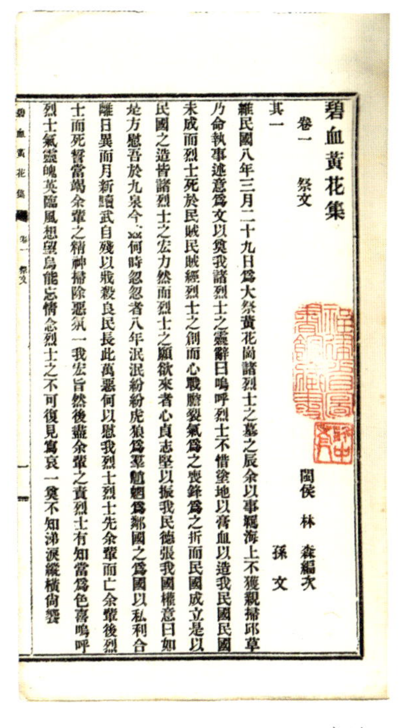

碧血黃花集

卷一　祭文　　閩侯　林　森編次

其一　　孫　文

維民國八年三月二十九日爲大祭黃花崗諸烈士之墓之辰余以事羈海上不獲親掃邱草乃命執事述意爲文以奠我諸烈士之靈辭曰嗚呼烈士不惜塗地以膏血以造我民國民國未成而烈士死於民賊民賊縛烈士之劍而心戰膽裂氣爲之喪鋒爲之折而民國成立是以民國之造皆諸烈士之宏力然而烈士之願欲來者心貞志堅以振我民德張我國權意曰如是方慰吾於九泉今[illegible]何時忽忽者八年泯泯紛紛虎狼爲羣魑魅爲鄰國之爲國以私利合離日異而月新黷武自殘以戕殺良民長此萬惡何以慰我烈士烈士先余輩而亡余輩後烈士而死誓當竭余輩之精神掃除惡氛一我宏旨然後盡余輩之責烈士有知當爲色喜嗚呼烈士氣靈魄英臨風想望烏能忘情念烈士之不可復見寫哀一奠不知涕淚縱橫倘饗

碧血黃花集　卷一　祭文　一

卷端

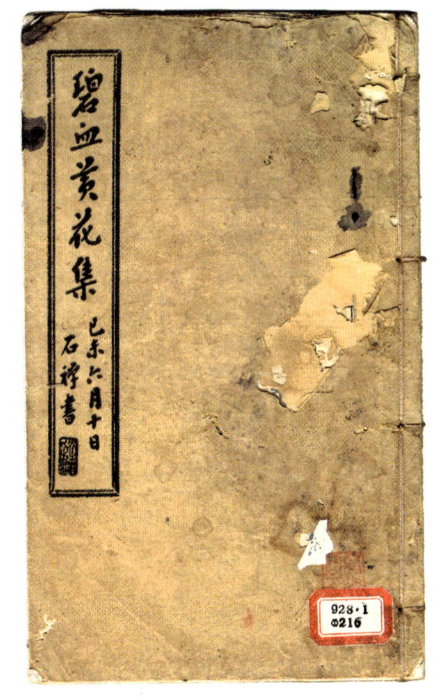

封面

碧血黄花集三卷

林森编　1919年铅印本(线装)

林森(1867－1943)，字子超，号长仁，福建闽侯人，辛亥革命先驱。1919年于广州就任非常国会参议院议长。期间，感愧先烈于“草葬黄花岗七十二烈士之骸骨，尚是一堆荒土”，于是在孙中山先生的支持下，林森倡议捐资并亲自主持了黄花岗烈士陵园的修建工作。

1919年4月29日(农历三月廿九)，林森主持了盛况空前的黄花岗烈士公祭活动，并编纂了《碧血黄花集》和《黄花岗烈士事略》，为七十二烈士树碑立传，大力宣传烈士的革命精神，弘扬先烈的浩然正气。

《黄花岗福建十杰纪实》暨《碧血黄花集》，是早年宣传与纪念黄花岗烈士事迹的书籍。今举列之，以纪念辛亥革命一百周年。

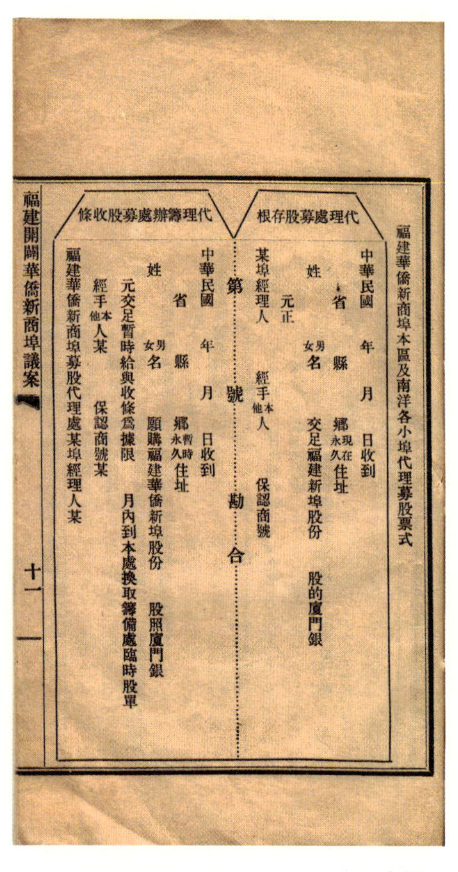
福建華僑新商埠本區及南洋各小埠代理募股票式
代理處募股存根
中華民國　年　月　日收到
省　縣　鄉　現在永久住址
姓　男女名　交足福建新埠股份　股的廈門銀
元正
某埠經理人　經手本他人　保認商號
第　號　勘合
代理籌辦處募股收條
中華民國　年　月　日收到
省　縣　鄉　暫時永久住址
姓　男女名　願購福建華僑新埠股份　股照廈門銀
元交足暫時給與收條爲據限　月內到本處換取籌備處臨時股單
經手本他人某　保認商號某
福建華僑新商埠募股代理處某埠經理人某
福建開闢華僑新商埠議案　十一

内页

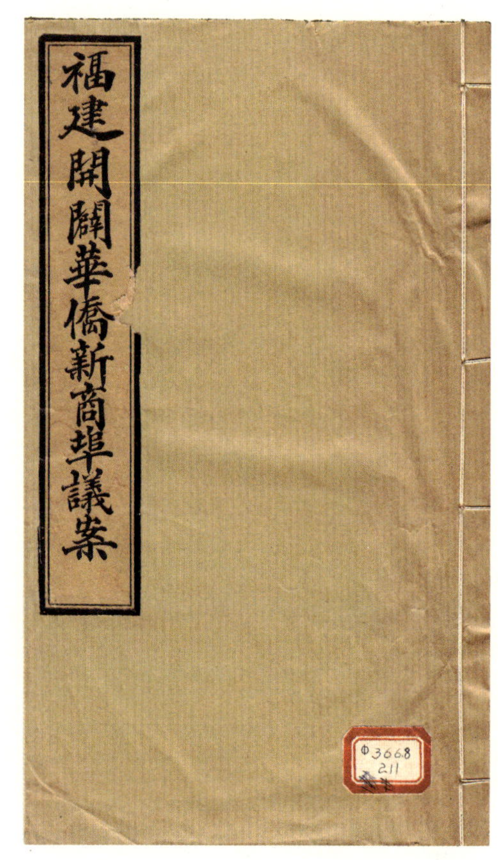

封面

福建开辟华侨新商埠议案

林崧磐著　民国4年(1915)铅印本

该议案系当年印度尼西亚爪哇日惹埠中华学校校长兼商务总会顾问、福建龙溪人林崧磐所撰。力举开辟龙(溪)同(安)海(澄)交界至嵩屿一带之便利，主张于此间规划福建华侨新商埠区城，开发资金可以通过募股来筹措，吸引海外侨胞投资祖国经济建设。

台湾土地制度考查报告书

程家颖编　民国4年(1915)铅印本

1914年10月7日至11月19日，国民政府司法部程家颖前往台湾考察土地制度。回来后即缮具此报告书，附录有大量的图表等详情。

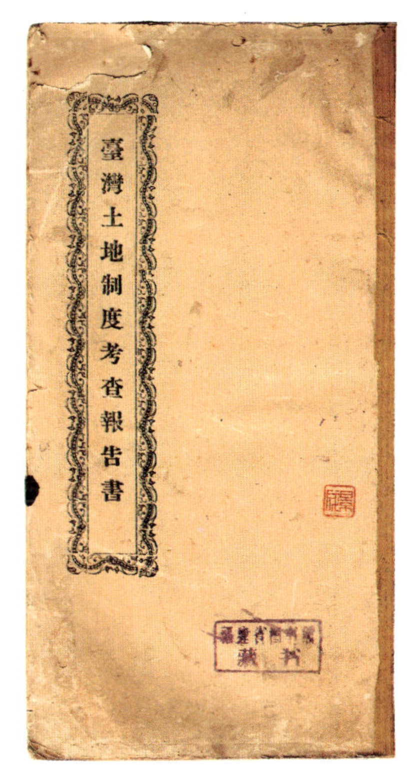

封面

台湾考察报告

民国24年(1935)铅印本

1934年11月13日至28日，福建省政府建设厅厅长陈体诚任团长的考察台湾实业团赴台湾考察。后将考察的情况汇编成书，对当时台湾各方面情况记述较为详尽。

封面

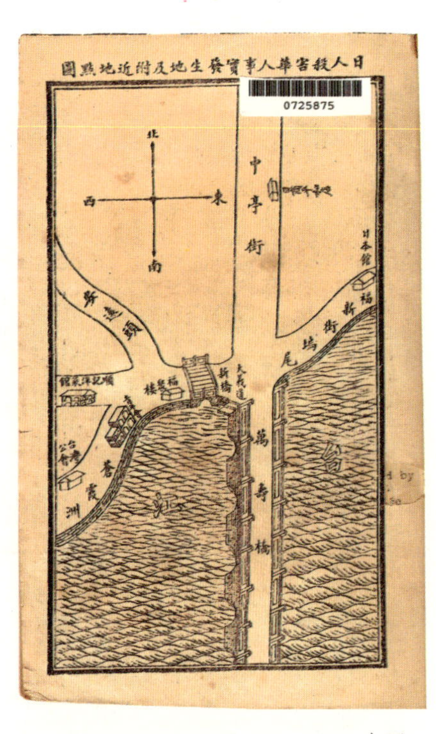

内页

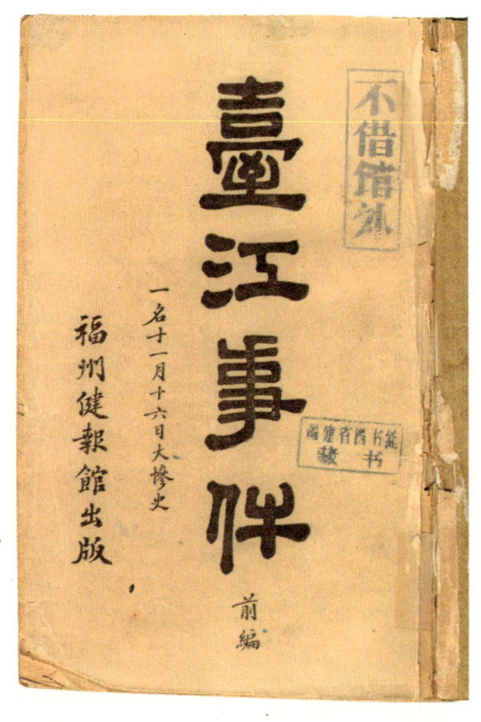

封面

台江事件

福州健报馆编辑　1919年福州健报馆铅印本

台江事件，亦称“福州惨案”或“闽案”。1919年五四运动爆发，福建人民亦奋起反日。日帝为破坏中国人民的反帝斗争，蓄意制造事端。11月12日，日驻闽领事馆捏造所谓日商货物被截，日人受到威胁。16日，日本领事馆组成了六七十人的“敢死队”，由领事馆警察署长江口善海亲自率领，携带武器及棍棒等，分两路寻衅闹事，袭击并殴打过往的福州市平民，中国巡警前去劝阻，也惨遭毒手。日本暴徒沿街砸抢中国商店、餐馆等，造成福州市民十余人重伤，轻伤数十人，财产损失三千余元。

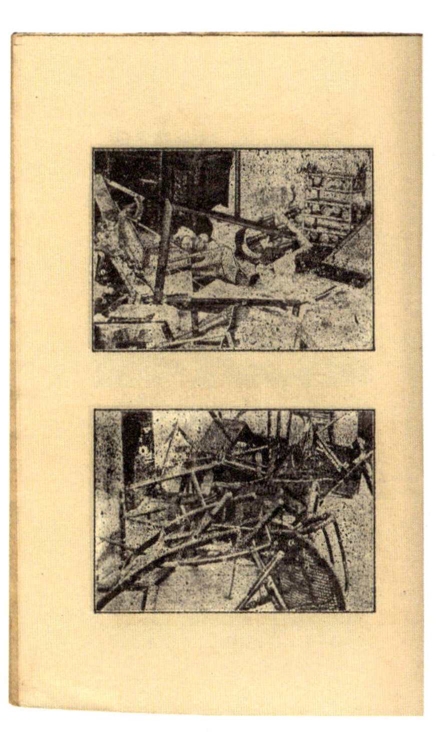

"台江事件"中被毁的福州市民财产

Dang Ki Ho

Lau Cung Siek

"台江事件"中被残害的福州市民

对于日本暴徒的残虐行径，中国警民奋起抗击，当场抓获江口善海等凶犯，并缴获日人刀枪等凶器。事后，日方竟反诬事件为中国学生截夺日商货物而引起冲突，并从日本调来军舰，以武力进行威胁。对于日本帝国主义的强盗行径，中国人民群情激愤，上海、北京等各界群众数十万人举行了集会、游行等，声讨日本帝国主义罪行。

其时的北京政府在人民督促下，于11月22日向日方发出抗议照会。经一年调查、交涉，在确凿事实面前，确认肇事者在日方，日本政府最终撤换了驻闽总领事。

内页

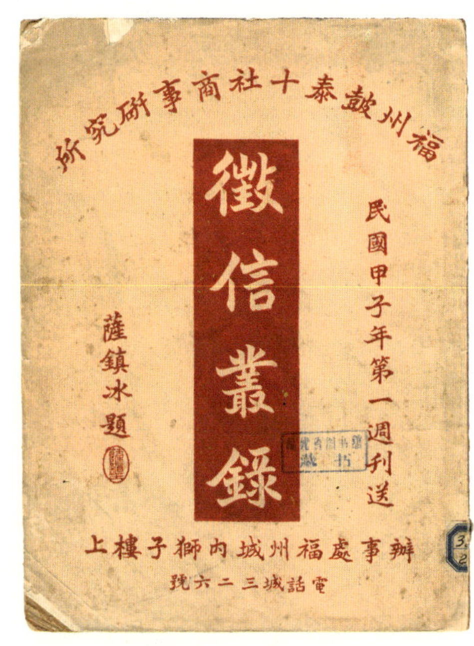

封面

福州鼓泰十社商事研究所征信丛录

民国13年(1924)福州鼓泰十社商事研究所编印

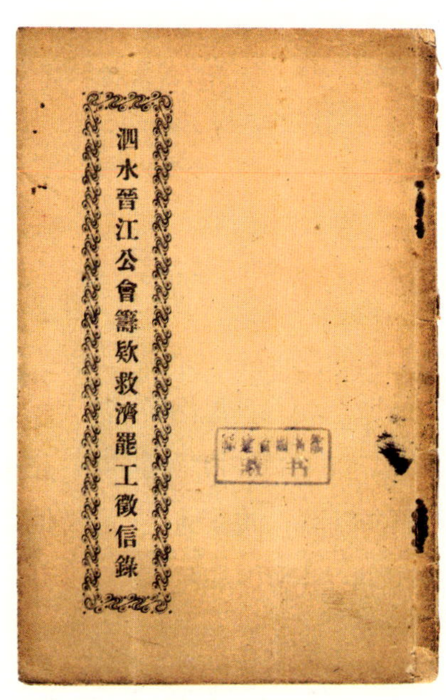

泗水晋江公会筹款救济罢工征信录

民国14年(1925)印度尼西亚泗水晋江公会编印

五卅惨案因发生于1925年5月30日而得名。事件发生后，全国各大、中城市群众纷纷罢工罢课，声援上海人民的反帝斗争。海外华人华侨亦群情激愤，并以各种形式声援国内抗暴斗争，是册征信录即印度尼西亚泗水晋江公会联络泗上37个华裔团体，成立外交后援会，开展募捐等义举之名录。

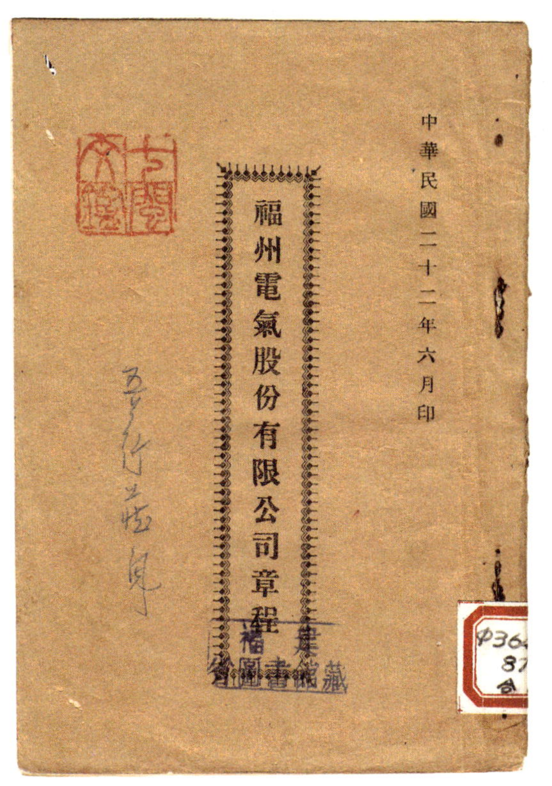

福州电气股份有限公司章程

民国22年(1933)编印

福州电气股份有限公司是福州刘氏世家之刘崇伟、刘崇伦所创办的。

刘冰如是林则徐的女婿，而刘崇伟、刘崇伦则是刘冰如之孙。刘氏兄弟早年即于福州创办了民营之福建电话股份有限公司，成为福建较早的、有代表性的股份制公司。

福州电气股份有限公司则是刘崇伟兄弟举办的又一家具有代表性的实业，刘氏兄弟及其家族因此而被闽人称誉为“电光刘”，冠誉八闽。

福州电气股份有限公司曾于民国19年(1930)在福州发行过实物股票，筹集公众资金从事发电事业。此《福州电气股份有限公司章程》为民国22年(1933)版。章程详细制订了福州电气股份有限公司暨董事会等各项规程，以及管理中的各项细则，如“办事细则”、“业务会议规则”和“电戏用电营业章程”等等，是研究当年福建实业建设发展的历史文书，同时也是当年股份制企业发展的珍贵文献。

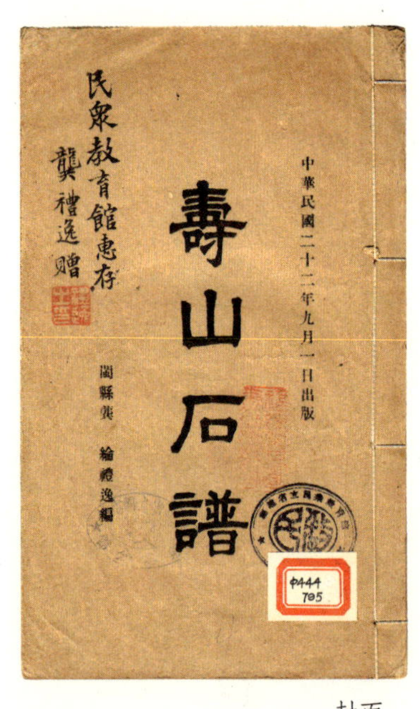

封面

寿山石谱

龚纶编　民国22年(1933)铅印本

是书封面有龚纶题识并钤印私章。

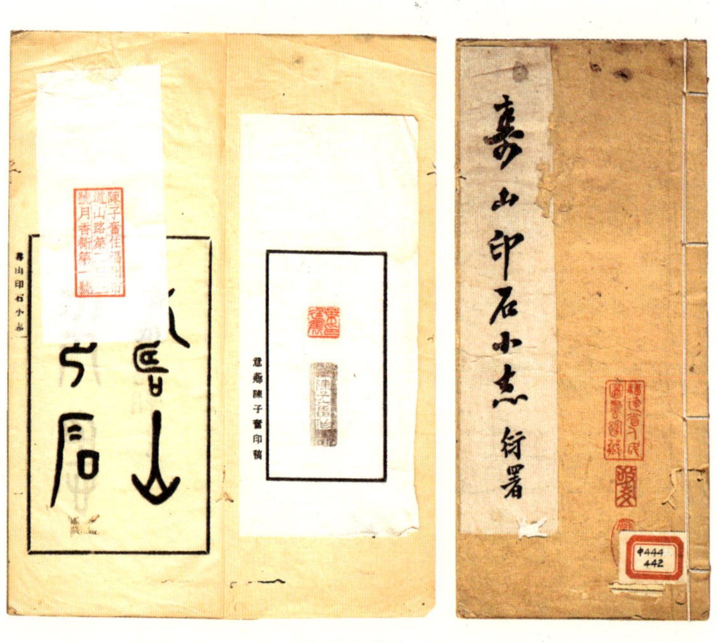

陈子奋钤印　　封面

寿山印石小志

陈子奋撰　民国28年(1939)铅印本(内封有陈子奋钤印签条)

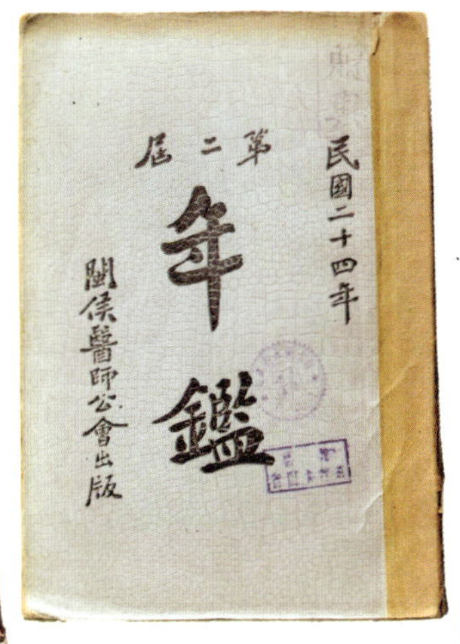

封面

福州医师公会成立并选举执监大会摄影纪念
选自《闽侯医师公会第一届年鉴》

闽侯医师公会第一届年鉴
闽侯医师公会第二届年鉴
闽侯医师公会第三届年鉴

闽侯医师公会编　民国23年(1934)、民国24年(1935)、民国26年(1937)出版发行

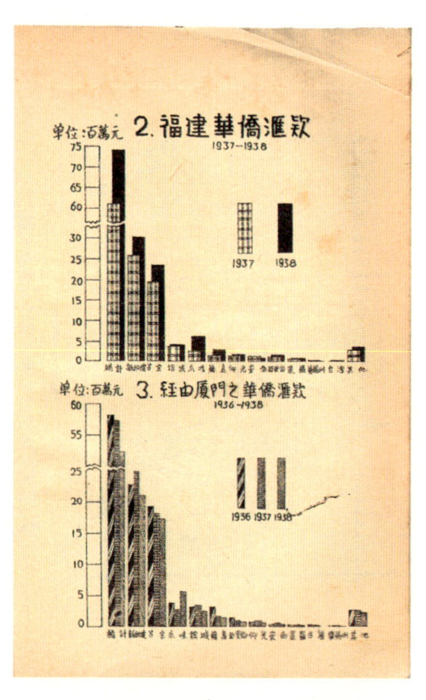

图表一

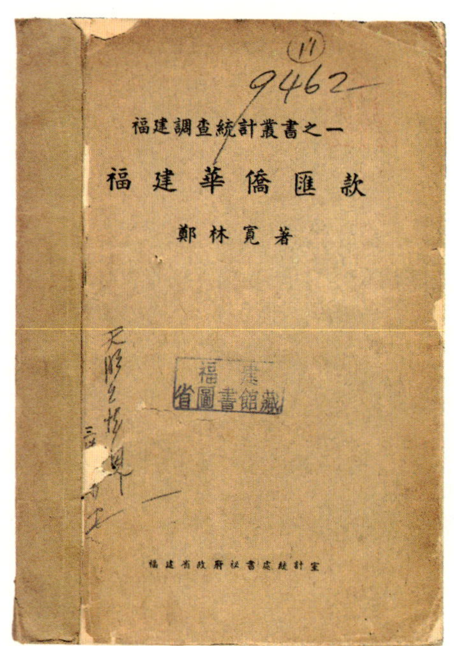

封面

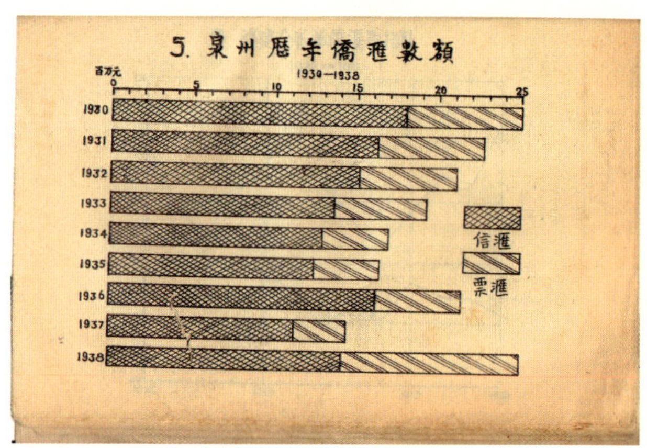

图表二

福建华侨汇款（“福建调查统计丛书”之一）

郑林宽著　民国29年(1940)福建省政府秘书处统计室发行

《福建华侨汇款》一书，概述了福建的自然环境及海外闽侨的分布情况，并根据可统计的资料，对1905－1938年间福建的海外侨汇情况进行了分析与研究，至今仍是研究华侨史的一部重要著作。

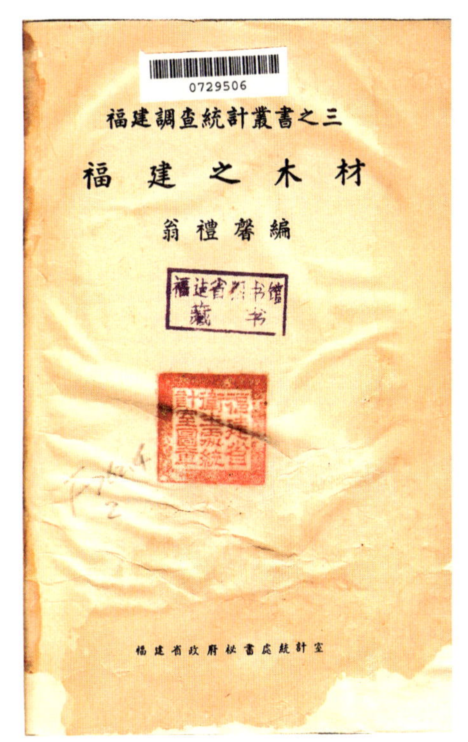

封面

福建之木材（“福建调查统计丛书”之三）

翁礼馨编　民国29年（1940）福建省政府秘书处统计室发行

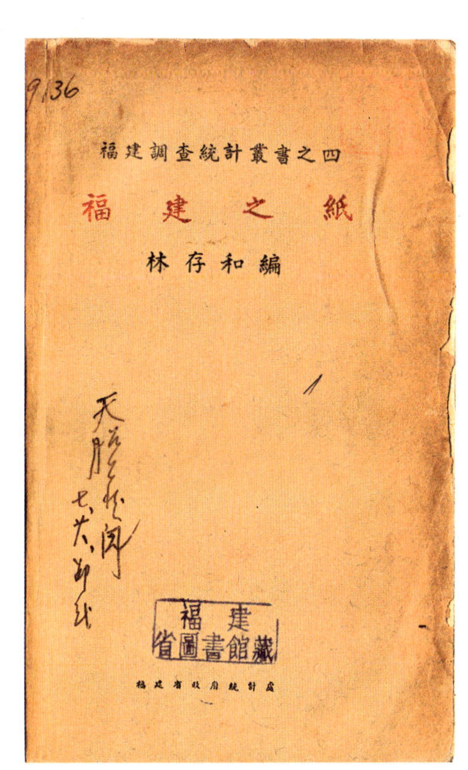

封面

福建之纸（“福建调查统计丛书”之四）

林存和编　民国30年（1941）福建省政府统计处发行

胡文虎先生六秩晋五寿辰专刊

虎豹兄弟有限公司、虎标永安堂、星系新闻企业有限公司编辑

民国36年(1947)星岛日报印行

旅港福建商会开幕同人摄影纪念

旅港福建商会卅五年卅六年董事职员合照

香港閩僑商號人名錄
附香港要覽

封面

内页广告：
星洲杨人月
金铺汇庄

香港闽侨商号人名录(附香港要览)

吴再桥编　民国36年(1947)旅港福建商会、福建旅港同乡会香港出版

是书系旅港福建商会暨福建旅港同乡会出版发行，辑录有当时福建各地商会与同乡会的大量信息，以及一些商业公司(机构)所作的商业广告。其间，亦概略地介绍香港一些著名景区。是书保留有当年旅港闽籍实业的大量信息资料，对闽省华侨经济史研究特别是闽省侨批业研究，有较大的参鉴作用。

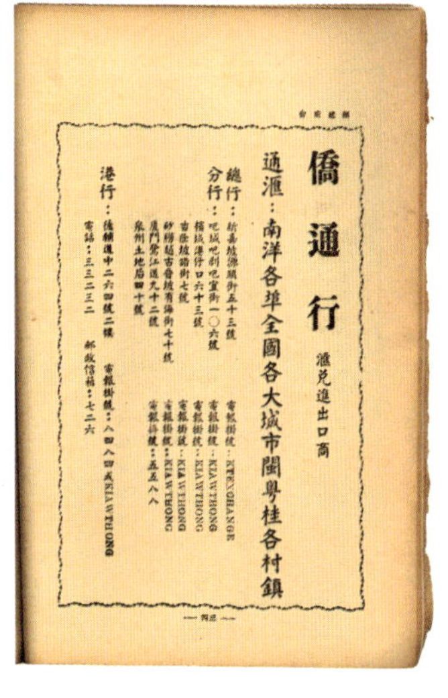

内页广告：
侨通行

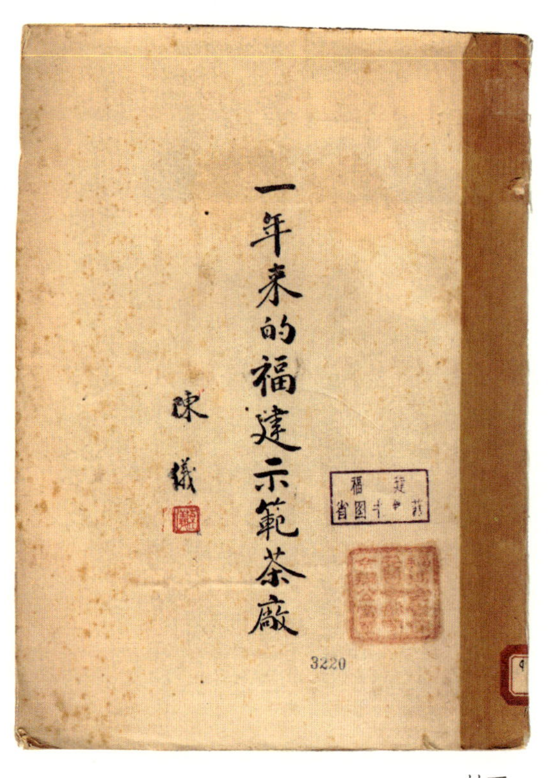

封面

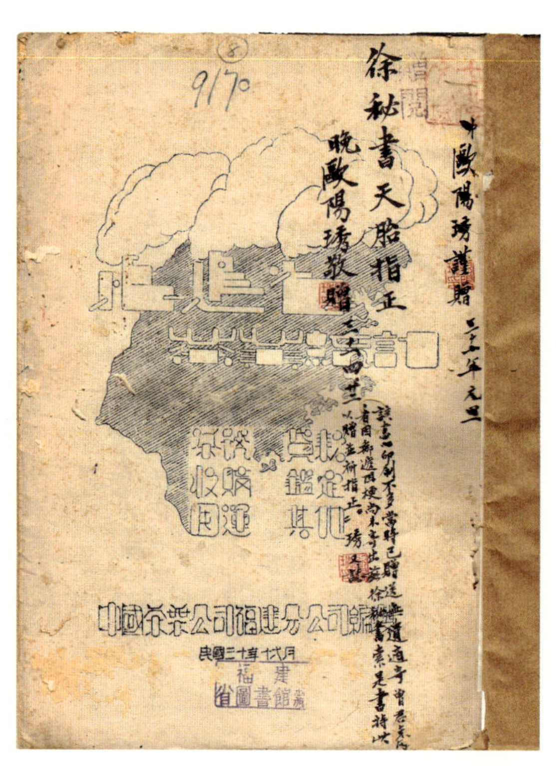

封面

一年来的福建示范茶厂

民国30年(1941)福建示范茶厂编印

福建省茶叶统计

中国茶叶公司福建分公司编　民国30年(1941)

中国茶叶公司福建分公司誊印本

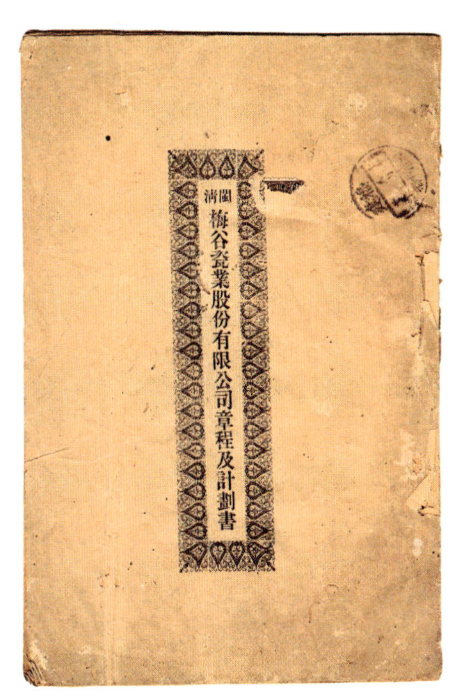

封面

闽清梅谷瓷业股份有限公司章程及计划书

民国铅印本

是书载录了闽清梅谷瓷业公司章程和生产计划史料，是研究闽清瓷业的一部重要文献。

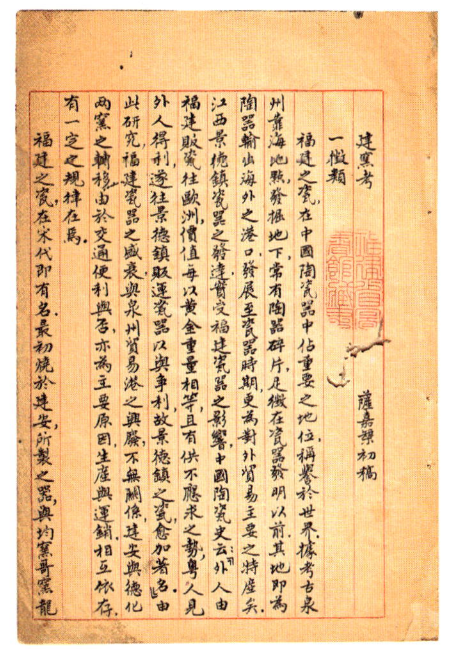

建窯考　　　薩嘉榘初稿

一　概類

福建之瓷，在中國陶瓷器中佔重要之地位，稱譽於世界。據考古泉州靠海地點，發掘地下，常有陶器碎片，足徵在瓷器發明以前，其地即為陶器輸出海外之港口。發展至瓷器時期，更為對外貿易主要之特產矣。江西景德鎮瓷器之發達，實受福建瓷器之影響。中國陶瓷史云：「外人由福建販瓷往歐洲，價值每以黃金重量相等，且有供不應求之勢。粵人見外人得利，遂往景德鎮販運瓷器以與爭利，故景德鎮之瓷愈加著名。」由此研究，福建瓷器之盛衰，與泉州貿易港之興廢，不無關係。建安與德化兩窯之轉移，由於交通便利與否，亦為主要原因。生產與運銷，相互依存，有一定之規律在焉。

福建之瓷，在宋代即有名，最初燒於建安，所製之器，與均窯哥窯龍

正文首页

建窑考

萨嘉榘撰　1955年稿本

宋代除了汝窑、官窑、哥窑、钧窑和定窑这五大名窑外，还有许多著名的窑场，福建省的建窑就是其中之一。历史上，中国的窑场都是以所在地的州府命名的。当时这里属建宁府管辖，因此这里的窑场被称为“建窑”。萨嘉榘为福州世族雁门萨氏之裔，长于治学，此即为其所撰《建窑考》之手稿本。

报刊

馆藏与福建有关的报刊史料，保留了近现代福建社会、政治、经济、文化等重要史讯，也是馆藏地方文献的重要内容之一。本辑特选其中有文献价值和观赏价值的部分报刊，尤其是创刊号，作为重点展示。

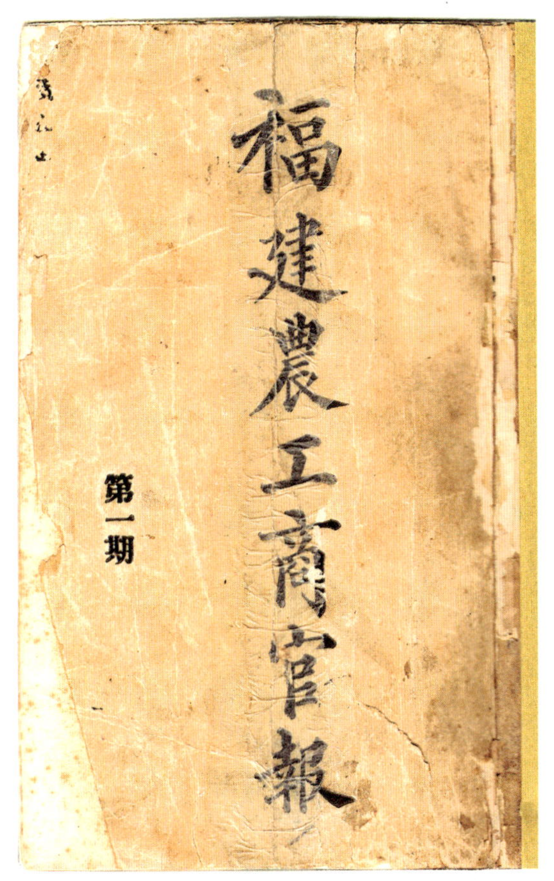

福建农工商官报(第一期)

福建农工商局编

《福建农工商官报》是清末福建地方官府所发行的官报。由福建农工商局于清宣统二年(1910)一月编辑发行，并于当年三月停刊。月刊。长22厘米，宽14厘米。设有“谕旨”、“折奏”、“公牍”、“报告”、“论说”、“译述”、“附录”等栏目。主要登载关于农工商之事件以及搜罗中外关于农工商之新知识，以促进实业之进步。

馆藏：1910年第1－3期

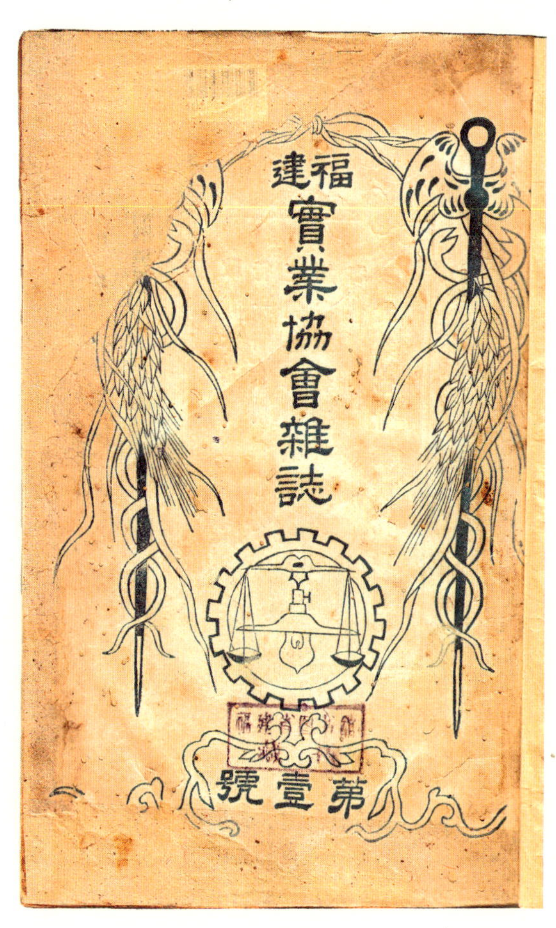

福建实业协会杂志(第一号)

福建实业协会编辑部编

《福建实业协会杂志》由福建实业协会于清宣统三年(1911)创办发行。季刊。长22.5厘米，宽14.5厘米。设有“论说”、“译述”、“报告”、“调查”、“专件”、“纪事”、“新闻”、“表册”、“词林”、“文牍”、“附录”几大栏目，以发展福建实业为己任，宣介商业常识及意识，推介闽地物产。该编辑部设在福州。

馆藏：1911年第1－2号

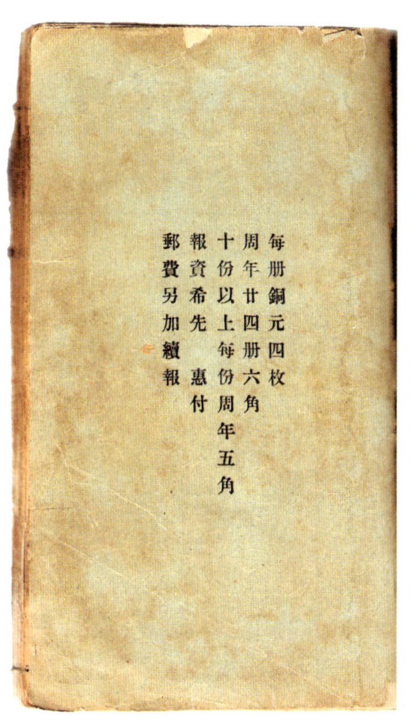
每册銅元四枚
周年廿四册六角
十份以上每份周年五角
報資希先惠付
郵費另加續報

封三

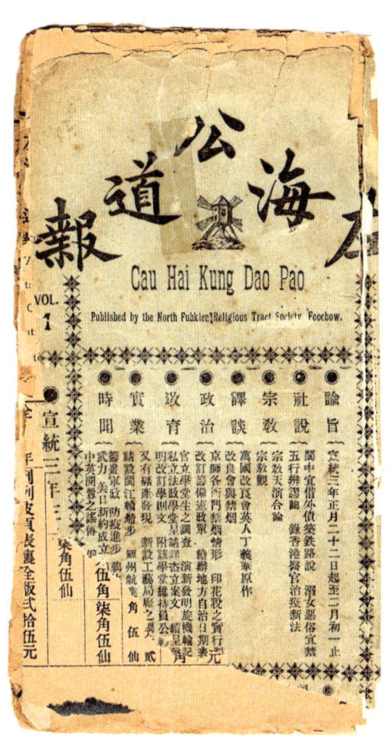
左海公道報
Cau Hai Kung Dao Pao
VOL. 1
Published by the North Fuhkien Religious Tract Society, Foochow.
論旨　社說　宗教　譯談　政治　敎育　實業　時聞

封面
清宣统三年(1911)出版

左海公道报

福州闽北圣书公会编

《左海公道报》是福建出版的基督教刊物。由福州安立间、美以美、美部三教会联合创办于清宣统三年(1911)三月，由福州闽北圣书公会刊发。半月刊。长21厘米，宽13厘米。设有“清旨”、“社说”、“宗教”、“译谈”、“政治”、“教育”、“实业”、“时闻”八个栏目，其宗旨是为教会服务。报馆办事处设在仓前山美华书局楼上。

黄乃裳(时任福建省谘议局议员)受聘为该报主笔。因此，《左海公道报》就有不少充满革命思想的文篇，以及关于辛亥革命前后革命形势和政局的报道。

馆藏：1911年1－16期　1912年17－24期

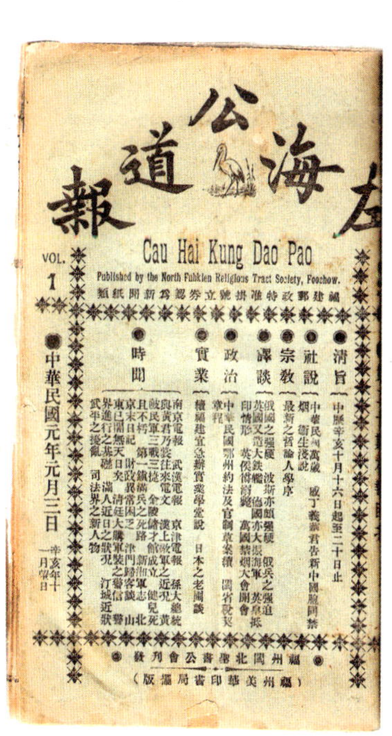
左海公道報
Cau Hai Kung Dao Pao
VOL. 1
Published by the North Fuhkien Religious Tract Society, Foochow.
清旨　社說　宗教　譯談　政治　實業　時聞
中華民國元年元月三日

封面
民国元年(1912)出版

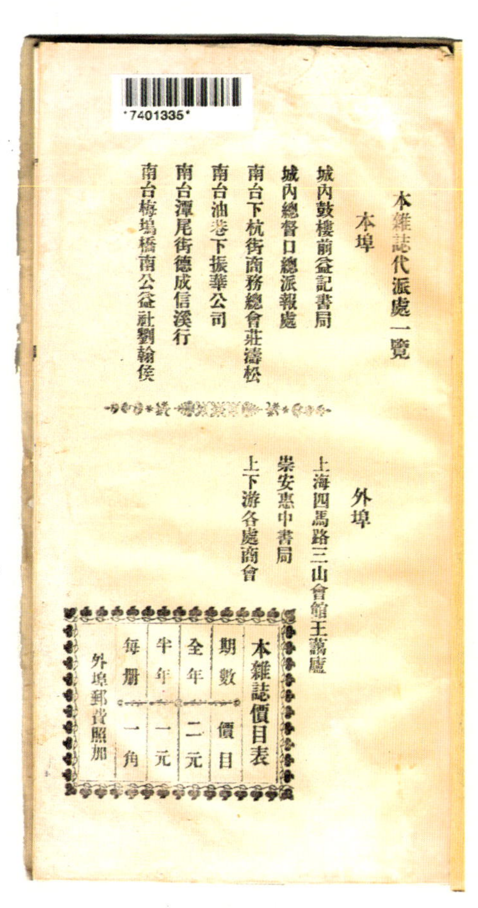

本雜誌代派處一覽

本埠

城內鼓樓前益記書局

城內總督口總派報處

南台下杭街商務總會莊濤松

南台油巷下振華公司

南台潭尾街德成信溪行

南台梅塢橋南公益社劉翰侯

外埠

上海四馬路三山會館王藹廬

崇安惠中書局

上下游各處商會

本雜誌價目表

期數	價目
全年	二元
半年	一元
每册	一角

外埠郵費照加

内页

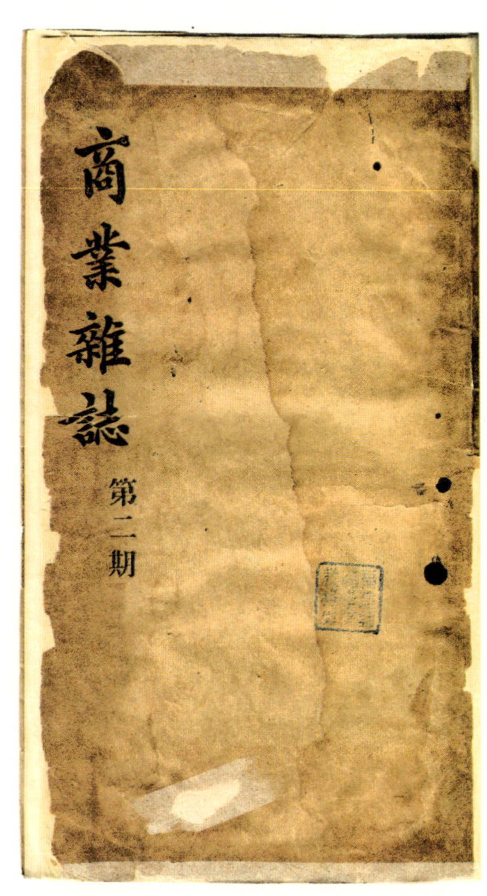

封面

商业杂志(第2期)

闽省商业研究所编

《商业杂志》(《闽省商业杂志》)是由闽省商业研究所于清宣统元年(1909)编辑出版。半月刊。长21.5厘米，宽13.5厘米。设有“上谕”、“章程”、“论说”、“财政”、“纪事”、“译件”、“调查”、“谈丛”、“附录”、“时评”等栏目。是关于福建地方商业的刊物，主要为海内外闽商界研究商情，提供商业信息。

馆藏：1909年第2－4、8、12－13、16期

1910年第21－22、24、30－32期

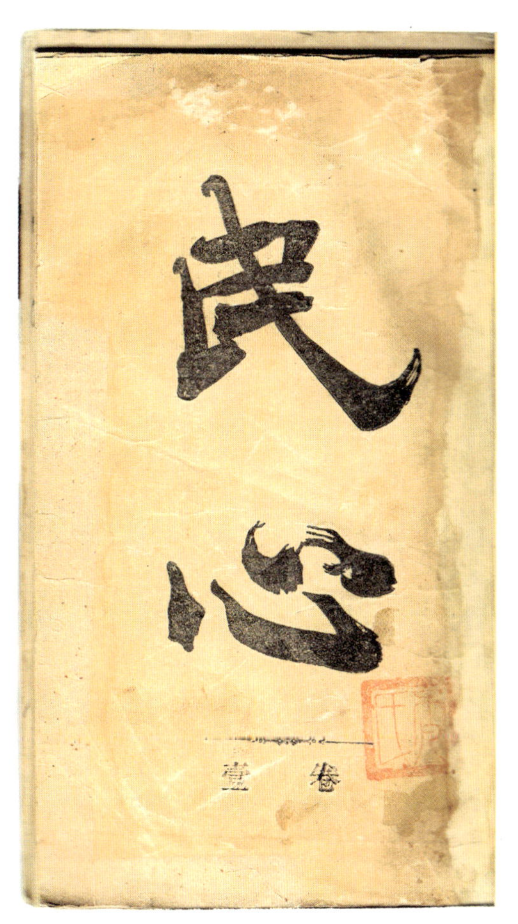

民心(卷壹)

林刚编辑

《民心》系林刚总编辑，由福州警醒社于清宣统三年(1911)二月创刊，并于六月再版。第六期改由福建民心社发行。月刊。长21.5厘米，宽13.2厘米。设有“民心之缘起”、“社说”、“传记”、“哀声”、“丛谈”、“诗薮”、“译丛”等栏目。是福建出版的资产阶级革命派刊物。

馆藏：1911年卷1－卷7

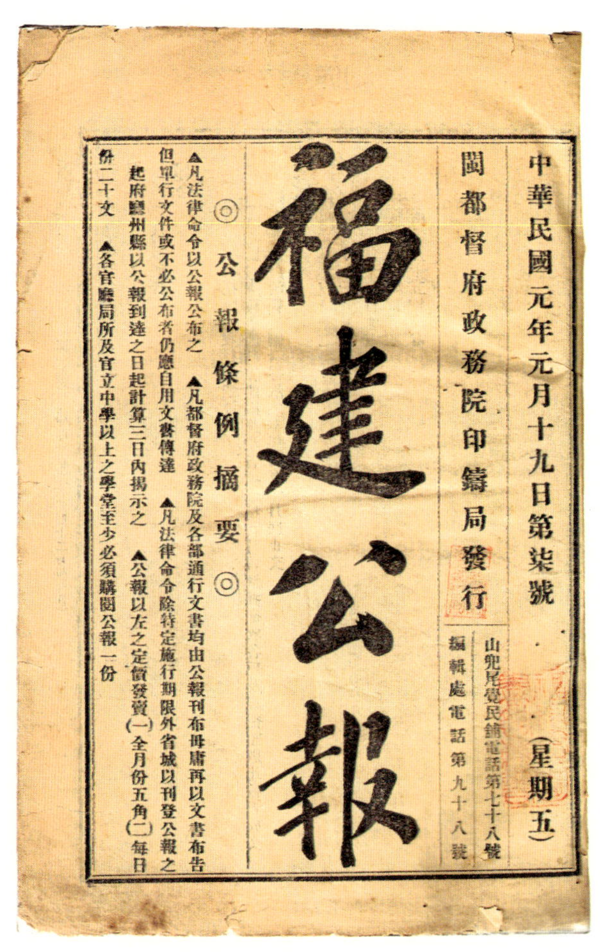

中華民國元年元月十九日第柒號　（星期五）

閩都督府政務院印鑄局發行

山兜尾覺民錦電話第七十八號

編輯處電話第九十八號

福建公報

◎公報條例摘要◎

▲凡法律命令以公報公布之　▲凡都督府政務院及各部通行文書均由公報刊布毋庸再以文書布告但單行文件或不必公布者仍應自用文書傳達　▲凡法律命令除特定施行期限外省城以刊登公報之起府廳州縣以公報到達之日起計算三日內揭示之　▲公報以左之定價發賣(一)全月份五角(二)每日份二十文　▲各官廳局所及官立中學以上之學堂至少必須購閱公報一份

福建公报

闽都督府政务院编

《福建公报》是由闽都督府政务院印铸局主编，民国元年(1912)元月出版。1914年改由福建行政公署编，后又改由福建巡按使公署编。自1916年后改由福建省长公署编印。日刊。长25.1厘米，宽18.2厘米。设有“中央法令”、“地方官令”、“院令”、“都督令”、“要件”、“要令”等栏目。

馆藏：1912年元月－1926年12月

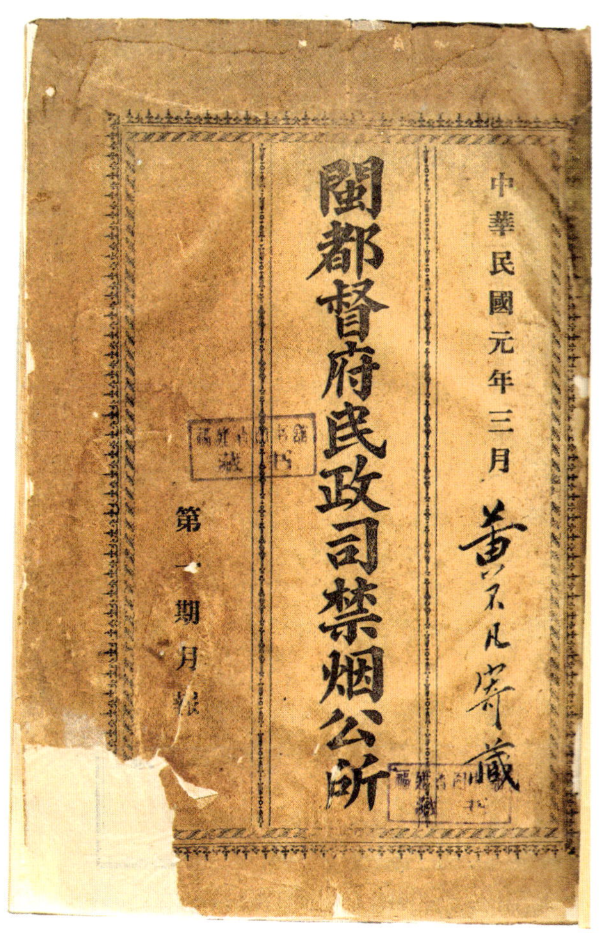

闽都督府民政司禁烟公所月报(第一期)

闽都督府民政司禁烟公所编辑

《闽都督府民政司禁烟公所月报》是由闽都督府民政司禁烟公所于民国元年(1912)3月创刊。月报。长25.3厘米，宽18厘米。设有“文告”、“各县报告”、“禁烟分所报告”、“各界意见书”、“呈禀”、“禁烟要件”等主要栏目。系该所“按月所办事件编成月报，揭呈公鉴”。

馆藏：1912年1－4期。

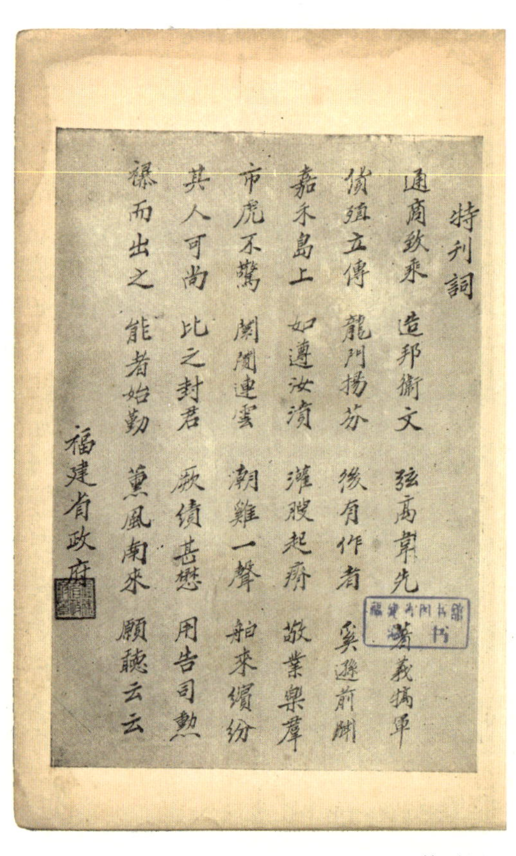

特刊詞

通商致來　造邦衛文　弦高業先　著義犒軍
貨殖立傳　龍門揚芬　後有作者　奚遜前卿
嘉禾島上　如遵汝濱　灘艘起府　敬業樂羣
市虎不驚　闤闠連雲　潮雞一聲　舶來繽紛
其人可尚　比之封君　厥績甚懋　用告司勳
勃而出之　能者始勤　薰風南來　願聽云云

福建省政府

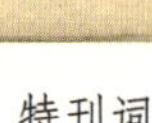

特刊词

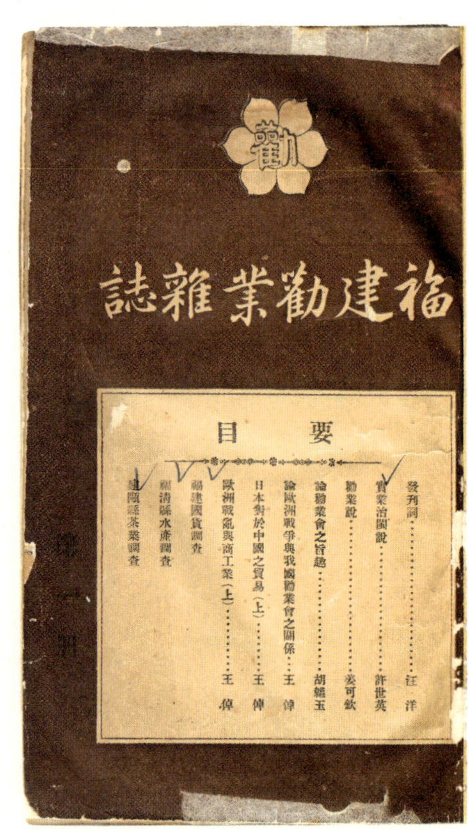

封面

福建劝业杂志(第一册)

王倬主编

《福建劝业杂志》为王倬主编，于洪宪元年(1916)3月由福建劝业会筹备事务局出版发行。月刊。长23.4厘米，宽15厘米。设有“论著”、“译述”、“调查”、“纪录”、“福建劝业会大事记”、“时文”、“杂俎”、“丛谈”等栏目。旨在振兴福建实业，以辅助会务。

馆藏：1916年1－2册。

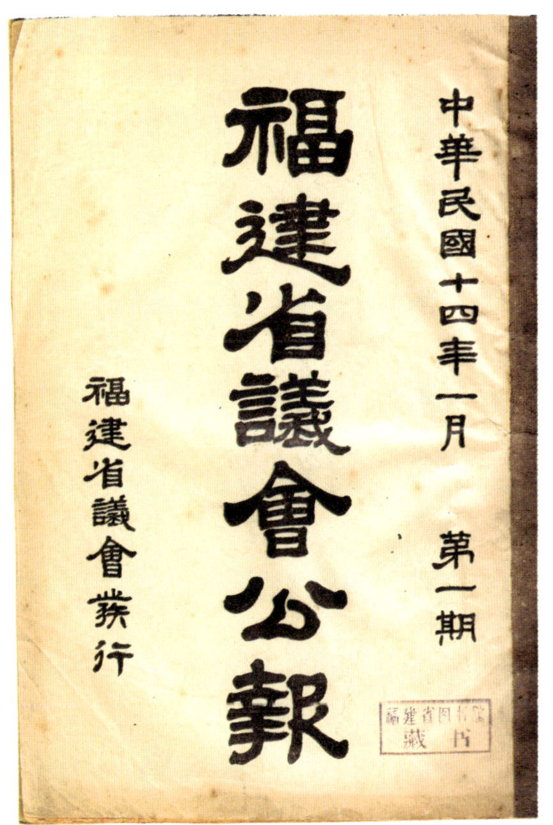

福建省议会公报(第一期)

福建省议会编辑

《福建省议会公报》由福建省议会于民国14年(1925)1月编辑发行。长25厘米，宽18.1厘米。设有“法规”、“要件”和“来电”等栏目。

馆藏：1925年第一期

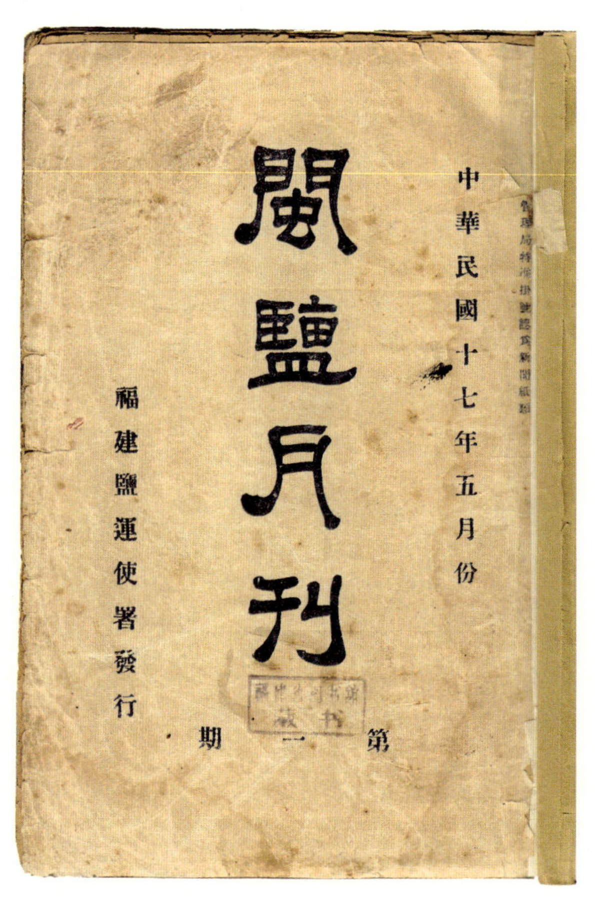

闽盐月刊(第一期)

福建盐运使署编

《闽盐月刊》为福建盐运使署于民国17年(1928)5月编辑发行。月刊。长25厘米，宽18.5厘米。设有“图画”、“命令”、“规程”、“文书”、“统计”、“调查”、“特载”和“译述”等栏目。旨在“使福建全省盐务有明确之纪载以为兴革之标准”。

馆藏：1928－1929年1－17期

1930－1931年26－35期

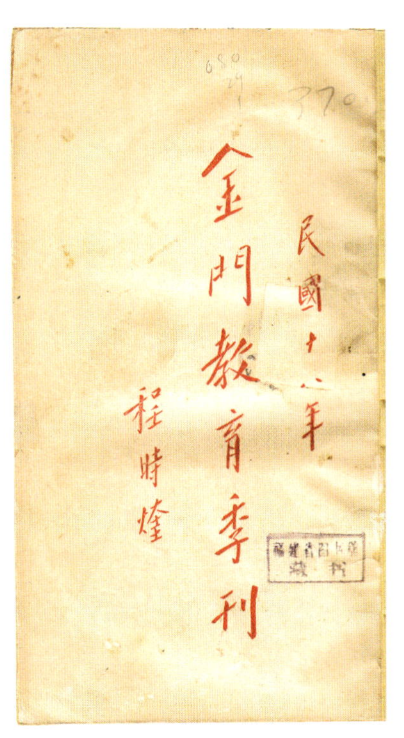

金门教育季刊

金门教育局编

《金门教育季刊》由黄仰英主编。民国18年(1929)金门教育局编辑出版。季刊。长25厘米，宽16.5厘米。设有“论说”、“金门县民众学校概况”、“金门县公私立学校一览表”等内容，以促进金门教育的发展。

馆藏：1929年第1－2期

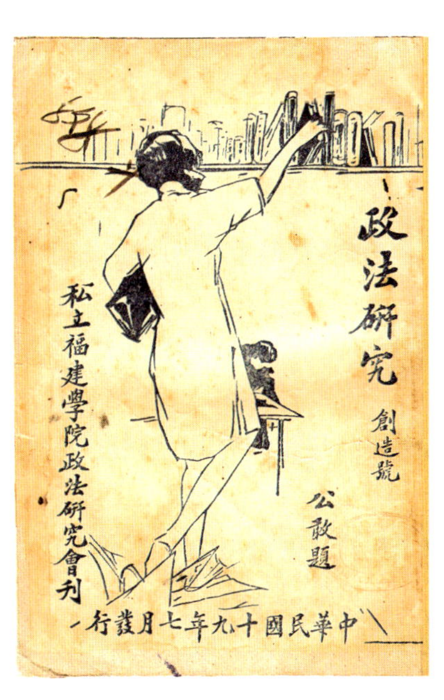

政法研究(创刊号)

私立福建学院政法研究会编辑

《政法研究》是由私立福建学院政法研究会于民国19年(1930)7月发行创刊号。长21厘米，宽15.2厘米。有“发刊词”、“刑法时之效力”、“从宪法上及国际法上关于人权问题”、“领事裁判权”、“听讲偶录”等篇目，末附有“本会会员一览表”。

馆藏：1930年创刊号

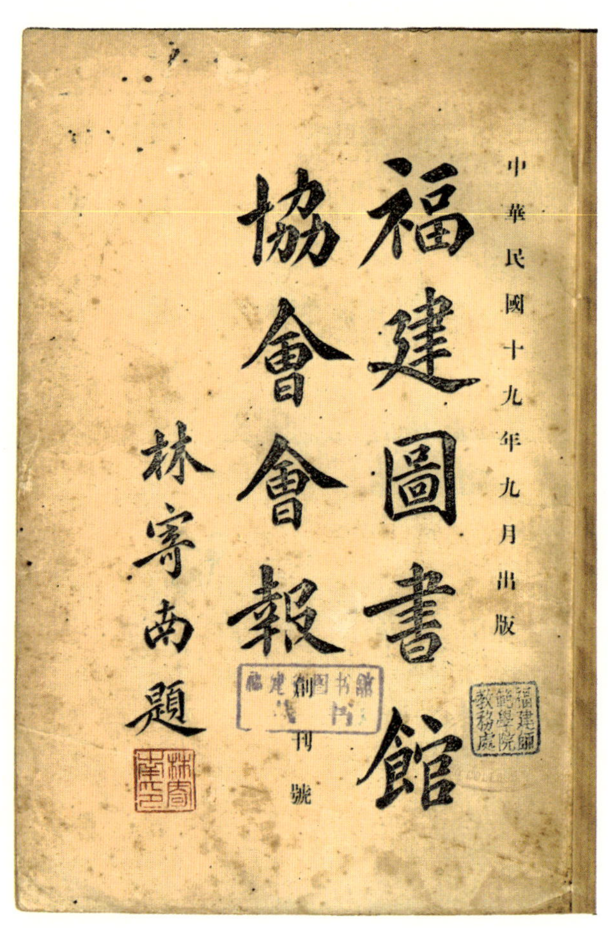

福建图书馆协会会报(创刊号)

福建图书馆协会编辑部

《福建图书馆协会会报》是由福建图书馆协会于民国19年(1930)9月出版发行创刊号。长21.5厘米，宽15.7厘米。设有“论著”、“纪载”、“公牍”、“章程”、“会务”、“调查”、“会员录”等栏目。目的在于“本会同人所应努力于图书馆事业之进行，与个人研究图书馆学之工作”。是福建图书馆行业协会的第一份刊物。

馆藏：1930年创刊号

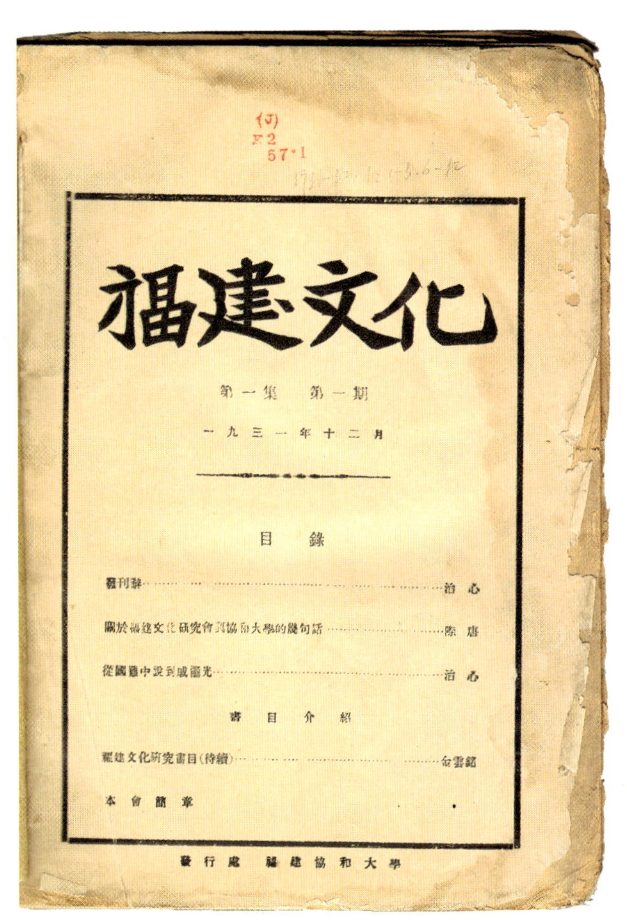

福建文化

第一集 第一期

一九三一年十二月

目錄

書目介紹

發行處 福建協和大學

福建文化(第一集第一期)

私立福建协和大学福建文化研究会编辑

《福建文化》为私立福建协和大学福建文化研究会于民国20年(1931)12月创刊。月刊。长25.5厘米，宽19厘米。出27期后停刊。1941年3月起改为季刊，卷期另起，出新三卷，每卷4期。编者后更名为中国文化研究会，1949年并于“协大学报”。设有“风俗”、“语言”、“物产”、“史地”、“歌谣”、“民族”等栏目，是以弘扬福建文化为宗旨。

馆藏：1931－1948年　不全

内页：本会主席

封面

厦门总商会特刊

厦门总商会编辑

《厦门总商会特刊》是由厦门总商会于民国20年(1931)2月编辑出版。长26.1厘米，宽19厘米。设有“发刊词”、“题词”、“像片”、“章则”、“纪录”、“表册”、“调查”、“特载”栏目。是商业研究的资料。

馆藏：1931年特刊

内页插图：本会临时会所

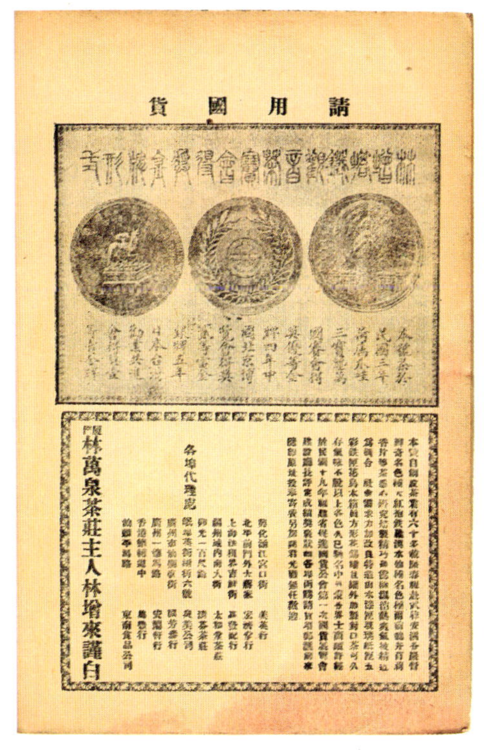

内页广告：厦门陈嘉庚公司“钟标”

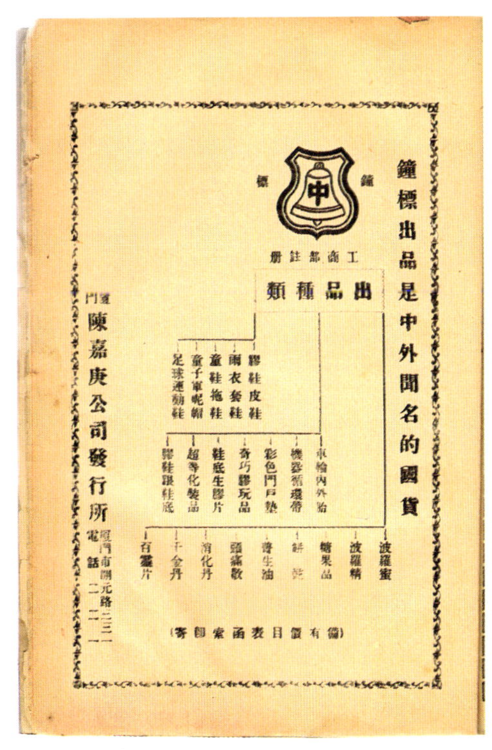

内页广告

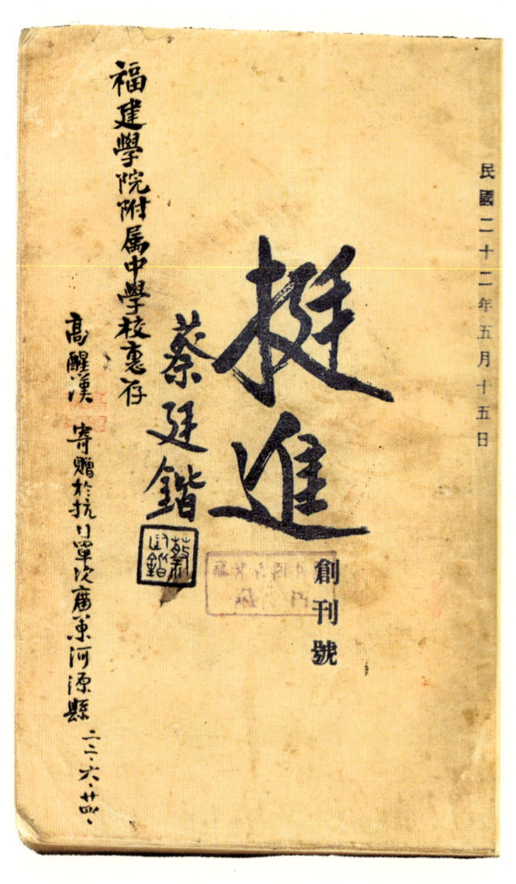

挺进(创刊号)

十九路军挺进社编辑

《挺进》由十九路军挺进社于民国22年(1933)5月出版发行。创办于福建漳州。不定期。长22厘米，宽15.5厘米。设有“论说”、“学术”、“文艺”、“杂俎”及“特载”等栏目，以研讨军务、讲演战术为要。该刊辑录有十九路军师长以上将官的照片以及国民党党政要员如林森、蒋介石、于右任、宋子文、何应钦等人的题词，包括珍贵的“淞沪抗日军事插图”。在“特载”栏下有《漳龙军路概况》、《龙溪县施政计划》、《闽西记口授田法》和《改造龙溪前途的建议》等文篇，兼及地方治理，亦足可见十九路军的军政思想。军长蔡廷锴题写了书名与发刊辞。

馆藏：1933年创刊号

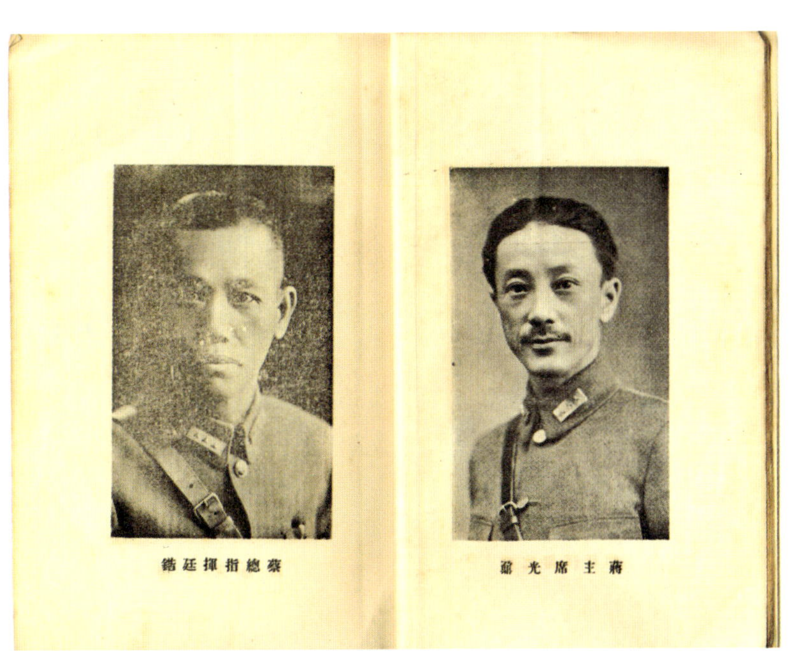

蒋光鼐、蔡廷锴像

淞沪抗战战地摄影

蔡军长到前线视察之情形

封面

菲律宾岷里拉中华商会三十周年纪念刊

菲律宾岷里拉中华商会出版委员会主编

该纪念刊为菲律宾岷里拉(马尼拉)中华商会于民国25年(1936)5月编辑出版。长31厘米，宽23厘米。全刊主要有四大部分：一是世界政治经济情形及商业趋势研判；二是介绍当时中国政治经济情况及华侨需开发事业分析；三是介绍菲律宾政治经济状况；四是介绍各统计数据，包括菲律宾各埠华侨商会、学校、社团的统计表、调查表，历年来美、日、英、法、德、西班牙等国对外贸易值统计表，菲律宾开发史料等。其间，亦载录了1904－1933年旅菲华侨及商会之发展历程，是研究旅菲华侨及其商业发展(尤其是闽商)的珍贵史料。该刊有著名侨领李清泉、黄奕住等为之作序。

闽居海滨，篆通菲岛，闽人通有无、懋迁于
海外者以菲岛为最早。三十年来，凝冰涣之气而使
之合，抟沙散之势而使之群者，我中华商会之力也。
余服务斯会有年，愧无以赞。溯此三十年中，我中华商
会致力于代侨及祖国之社会经济文化诸事业，求得以
达而奋兴者，同仁之功也。中外之称良非阿附。今主其
事者，思历久而远，思所以纪其实，以示来兹，掇拾事
绩，发行是刊，以所创所经所事为纲，侨会及律例风
俗胜以名，胪举林翔实周详，允称宏富。峙立闽海
外之史乘，宜俾为商业进步之殷鉴已哉！是为序
中华民国二十二年十月
晋江李清泉序

李清泉序

非律濱岷里拉
中華商會
三十週年紀念刊

THE PHILIPPINE CHINESE GENERAL
CHAMBER OF COMMERCE
1904-1933
A Book Published in Commemoration of its
Thirtieth Anniversary

 May 20, 1936

扉页

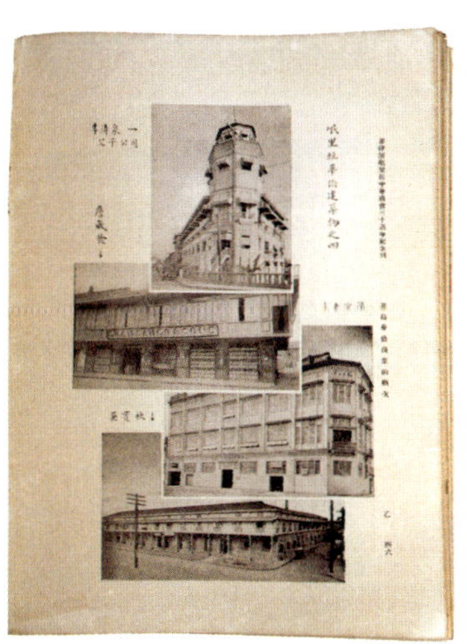

岷里拉华侨建筑物

列艺术之资，致鑑者当为蒐集备纂商史，众曰然。权轻
重缓急，应先组银行，且趣余为之倡，风从发遍全菲，于是
中兴银行乃告成于俄顷，旋且推及厦沪矣。今者中华商
会三十周年纪念发行刊词，条目明晰，记载周详，堪为史
料，宝藏初心，从此源流既溯，文献可征，用知我菲岛侨舵
合群振作之精神，骎骎然缓进三百周年，亦一如今日述
怀志喜，即以为序
中华民国二十二年十月南安黄奕住序于鼓浪洞天

黄奕住序(二)

余居南洋荷属三十余年，久耳菲律宾名，且习知邦人经
商于彼者，其合群振作之精神，远驾乎他属之上，向慕固切。
盖笃民国八年夏，偶回国，卜居厦门鼓浪屿，与厦菲一衣
带水，菲友往还，宿话余亦急欲一游为快。以目击所得，觉
耳闻为略矣。顾有两事，举与商业一斯地侨商极称繁富，
而金融机关悉操诸外人，亟自为谋以厚基础，此则我侨
舵自以商立身，以商立家，兴夫以商立社会，侨侨经营为
时非暂，凡事之足以人之足称以及彼邦之风土俗尚，林

黄奕住序(一)

平话(创刊号)

平话半月刊社编辑

《平话》是由平话半月刊社于民国24年(1935)5月创办于厦门。半月刊。长25.2厘米，宽17.8厘米。有“平话”、“学林野史”、“县长小传”、“到南洋去”等栏目。为时政类刊物，着意于认识世界、奋发图强，疾呼“天下兴亡，匹夫有责”。

馆藏：1935年创刊号

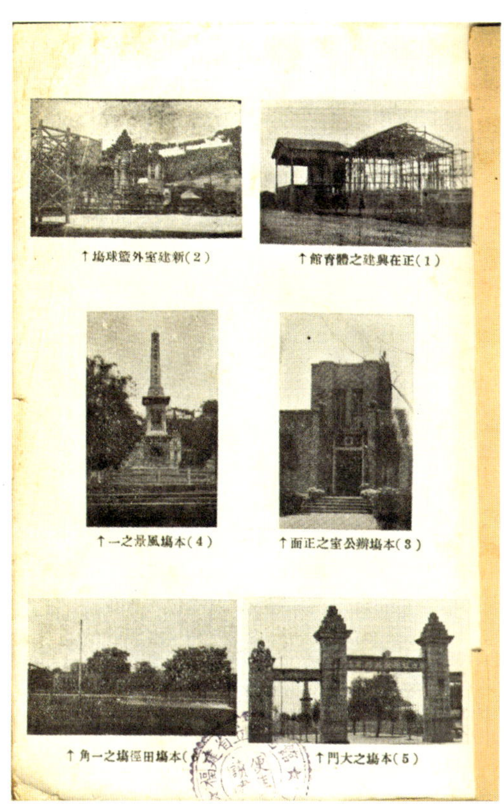
内页

封面

福建体育(第一册)

福建省立福州公共体育场研究部编

《福建体育》是由福建省立福州公共体育场研究部于民国26年(1937)6月编辑发行。长21.5厘米，宽14.5厘米。主要是促进国民体育的发展，达到事半功倍的效果。

馆藏：1937年第一册

插图二

插图一

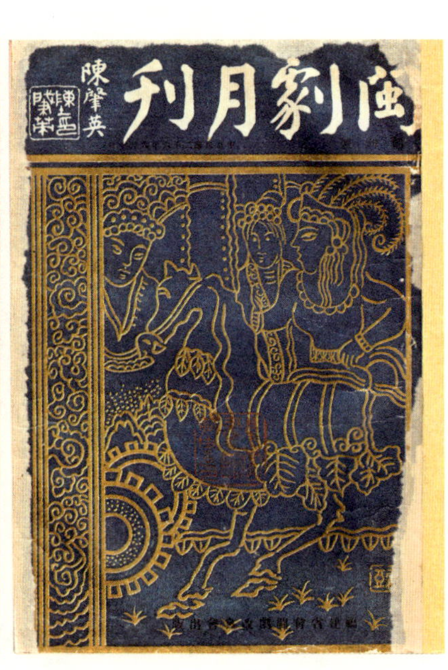
封面

闽剧月刊(创刊号)

田剑光主编

《闽剧月刊》为田剑光主编，由福建省闽剧改良会于民国26年(1937)6月出版发行。月刊。长26厘米，宽18.6厘米。设有“改良闽剧的文章与建议”、“闽班艺员小传”、“闽剧剧本”、“剧评”、“剧坛琐话”、“闽腔曲调使用”等栏目。该刊特约郁达夫、沈祖牟、范志汉、杨湘衍等知名人士撰述，力主改良闽剧，以求闽剧的合理化。

馆藏：1937年1－2期

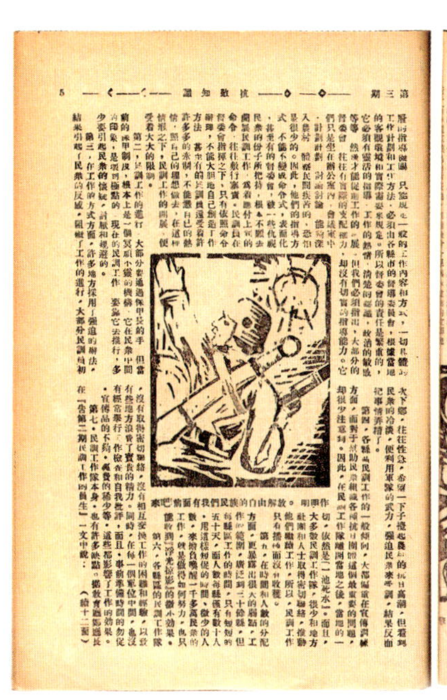
第三期插图

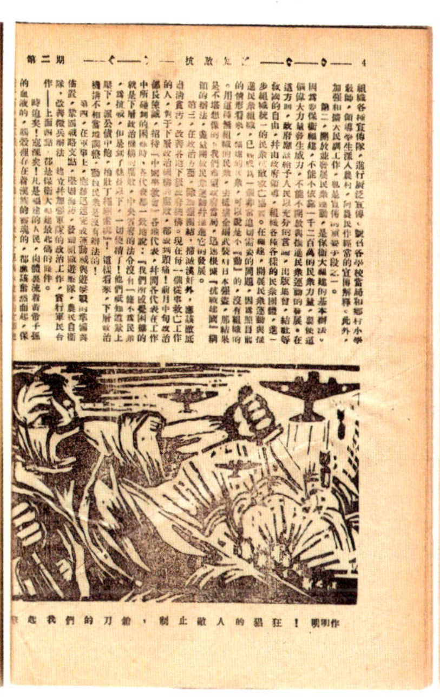
第二期插图

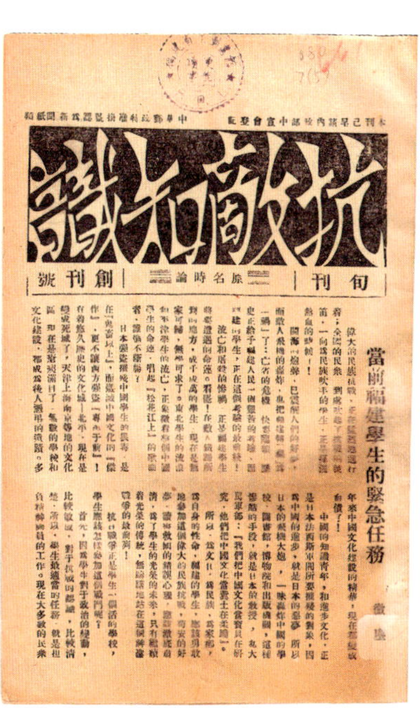
封面

抗敌知识旬刊(创刊号)

郑秉镕主编

《抗敌知识》承自该社《时论》。郑秉镕主编。由时事研究会于民国27年(1938)4月出版发行。并于第二期改为抗敌知识社。旬刊。长25厘米，宽18.2厘米。主要宣传抗战救亡思想，报道福建各地抗战动态，声讨汉奸，文辞较为激越。

馆藏：1938年1－4期

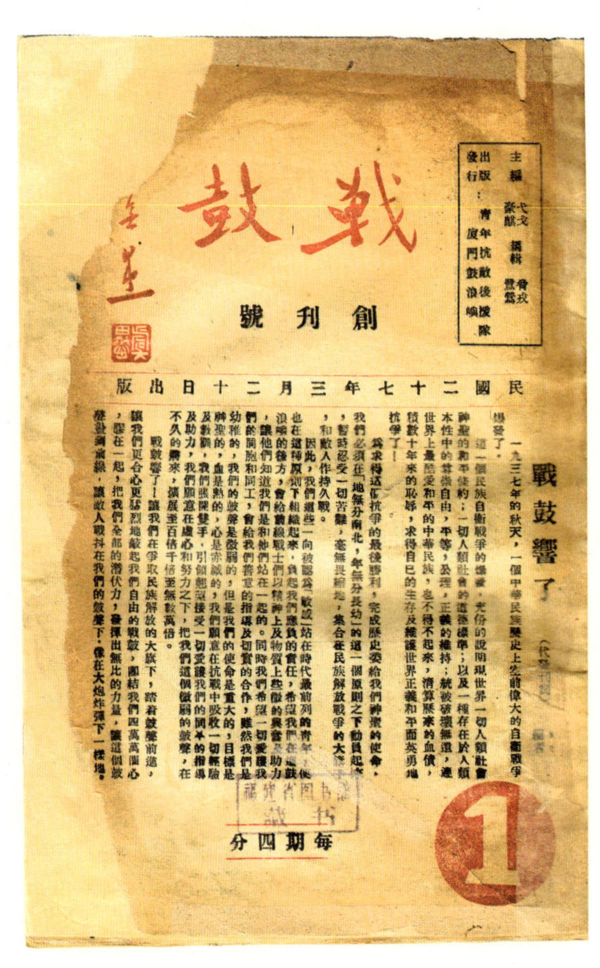

戰鼓

創刊號

主編：弋戈 豪麒
編輯：魯戎 豐鶯
出版發行：青年抗敵後援隊 廈門鼓浪嶼

民國二十七年三月二十日出版

戰鼓響了（代發刊詞）

編者

一九三七年的秋天，一個中華民族歷史上空前偉大的自衛戰爭爆發了。

這一個民族自衛戰爭的爆發，充份的說明現世界一切人類社會神聖的和平條約；一切人類社會的道德標準；以及一種存在於人類本性中的爭取自由，平等，公理，正義的維持；統被破壞無遺，連世界上最酷愛和平的中華民族，也不得不起來，清算歷來的血債，積數十年來的恥辱，求得自己的生存及維護世界正義和平而英勇地抗爭了！

為求得這抗爭的最後勝利，完成歷史委給我們神聖的使命，我們必須在「地無分南北，年無分長幼」的這一個原則之下動員起來，暫時忍受一切苦難，毫無畏縮地，集合在民族解放戰爭的大旗下，和敵人作持久戰。

因此，我們這些一向被認為「敏感」站在時代最前列的青年，也在這種原則下組織起來，負起我們應負的責任，希望我們在這鼓浪嶼的後方，會給前線戰士們以精神上及物質上些微的興奮及助力，讓他們知道我們是和他們站在一起的。同時我們希望一切愛護我們的同胞和同工，會給我們善意的指導及切實的合作，雖然我們是幼稚的，我們的鼓聲是微弱的，但是我們的使命是重大的，目標是神聖的，血是熱的，心是赤誠的，我們願意在抗戰中吸收一切經驗及教訓，我們張開雙手，引頸熱望接受一切愛護我們的同人的指導及助力，我們願意在虛心和努力之下，把我們這個微弱的鼓聲，在不久的將來，擴展至百倍千倍至無數萬倍。

戰鼓響了！讓我們在爭取民族解放的大旗下，踏着鼓聲前進，讓我們更合心更猛烈地敲起我們自由的戰鼓，團結我們四萬萬個心，膠在一起，把我們全部的潛伏力，發揮出無比的力量，讓這個鼓聲響徹前線，讓敵人戰抖在我們的鼓聲下，像在大炮炸彈下一樣地。

每期四分

战鼓(创刊号)

弋戈、豪麒主编

《战鼓》为弋戈、豪麒主编。民国27年(1938)3月由厦门鼓浪屿青年抗敌后援队出版发行。不定期出版。长26厘米，宽18.5厘米。主要刊载国内外时事短评、各地救亡通讯、译稿、漫话等内容，宣传抗敌救亡、保卫家乡思想。

馆藏：1938年创刊号

合作与民众(第一期)

福建省合作事业管理处编辑

《合作与民众》由福建省合作事业管理处编辑。民国27年(1938)6月出版发行。后改为福建省政府建设合作事业管理局编辑。月刊。长20.5厘米，宽15厘米。共分“时事报告”、“抗战新闻”、“本省合作事业简报”、“抗战文艺”等栏目，以唤起社友及农友们抗战救国的热烈情绪，积极参与抗战救国工作，以达保卫乡土、保卫国家的目的。

馆藏：1938年－1940年第1－2、7－8、11－13、18－24、26－60期

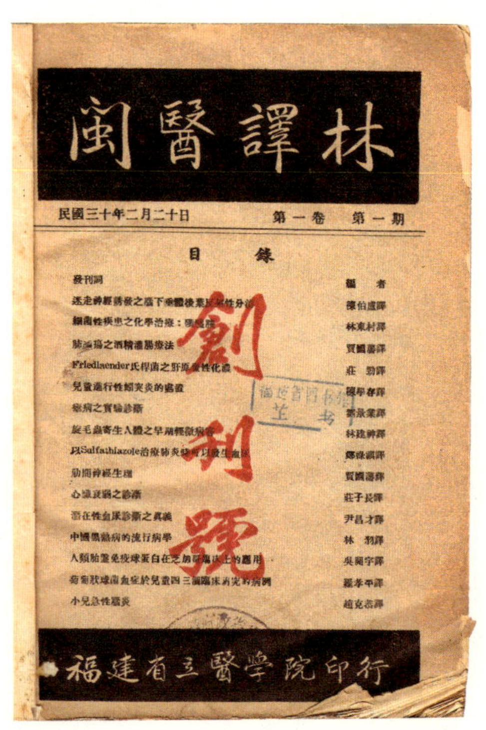
閩醫譯林

民國三十年二月二十日　第一卷　第一期

目錄

發刊詞	編者
迷走神經誘發之腦下垂體後葉反射性分泌	陳伯盧譯
細菌性疾患之化學治療：磺胺類	林東村譯
肺膿瘍之酒精灌腸療法	賈國藩譯
Friedlaender氏桿菌之肝臟膿性化膿	莊勁譯
兒童進行性鼻竇炎的處置	陳學春譯
梅病之實驗診斷	鄭景棠譯
旋毛蟲寄生人體之早期輕微病害	林建紳譯
以Sulfathiazole治療肺炎時可以發生血尿	鄭祿祺譯
肋間神經生理	賈國藩譯
心臟衰弱之診斷	莊子長譯
潛在性血尿診斷之意義	尹昌才譯
中國猩紅熱病的流行病學	林幇譯
人類胎盤免疫球蛋白在痲疹臨床上的應用	吳爾宇譯
葡萄狀球菌血症於兒童四三個臨床研究的病例	羅孝平譯
小兒急性腦炎	趙克譯

創刊號

福建省立醫學院印行

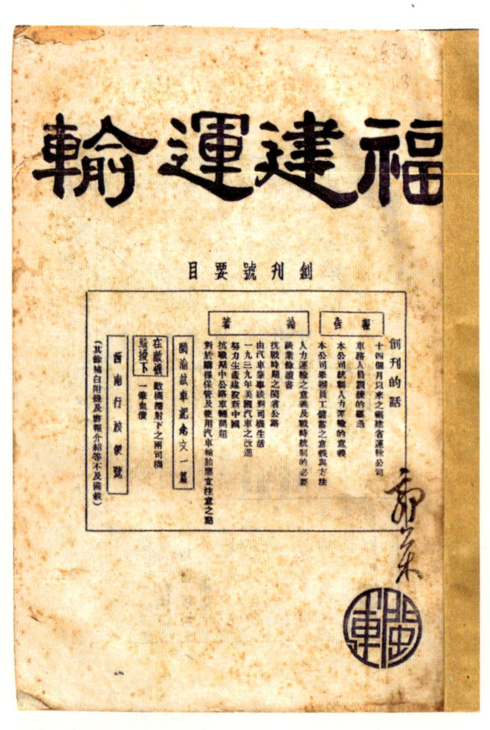
福建運輸

創刊號要目

創刊的話

報告
十四個月以來之福建省運輸公司
車務人員訓練的意義
本公司統制人力運輸的意義
本公司舉辦員工儲蓄之意義與方法

論著
人力運輸之意義及戰時統制的必要
業餘讀書
抗戰時期之閩省公路
由汽車學事談到司機生活
一九三九年美國汽車之改進
努力生產建設新中國
抗戰期中公路車輛問題
對於購採保管及使用汽車輪胎應宜注意之點

閩渝試車紀念文一篇

在敵機騷擾下
敵機掃射下之兩司機
一條血債

西南行旅便覽

（其餘補白附錄及書報介紹等不及備載）

闽医译林（创刊号）

福建省立医学院编辑

《闽医译林》是由福建省立医学院编辑，创刊于民国30年（1941）2月。月刊。长25.7厘米，宽18.5厘米。该刊将外国的医学新著及杂志精华译成中文，以广传布，以期对于医药科学的提高与普及兼顾并进。

馆藏：1941年第一卷1－8、10－12期。

福建运输(创刊号)

福建省运输公司编辑

《福建运输》是由福建省运输公司于民国28年(1939)12月创办于福建南平。双月刊。长26厘米，宽18厘米。有“报告”、“论著”、“闽渝试车纪念文”、“在敌机骚扰下”和“西南行旅便览”等栏目，旨在推进公司业务、辅导职工修进和灌输旅行常识。内容多有反映抗战期间闽省交通运输事业的发展状况。

馆藏：1939－1940年1－4期

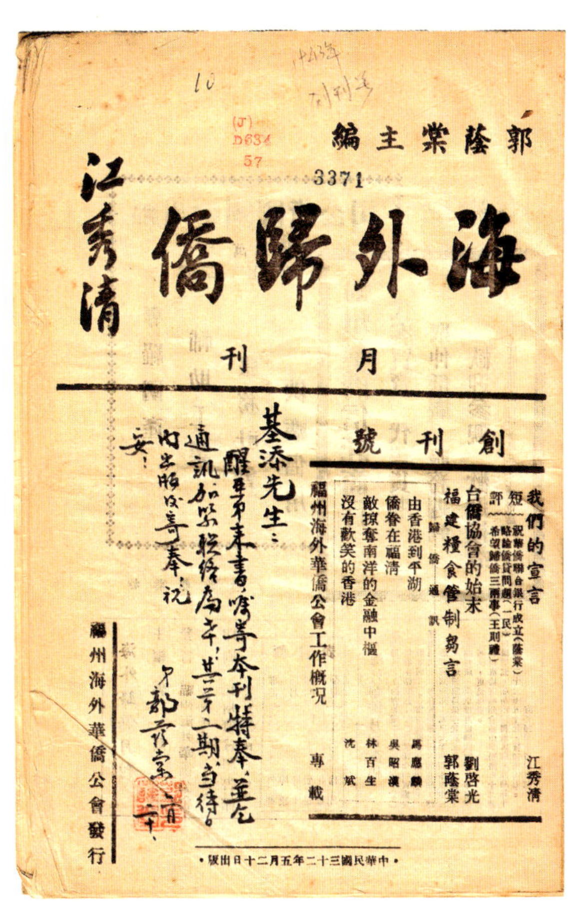

郭蔭棠主編

海外歸僑

江秀清

月刊

創刊號

我們的宣言　江秀清

短評（祝華僑聯合銀行成立（蔭棠）　略論僑貸問題（一民）　希望歸僑三兩事（王則鑣））

台僑協會的始末　劉啓光

福建糧食管制芻言　郭蔭棠

歸僑通訊

由香港到平湖　馬應麟

僑眷在福清　吳昭漢

敵掠奪南洋的金融中樞　林百生

沒有歡笑的香港　沈斌

福州海外華僑公會工作概況　專載

福州海外華僑公會發行

中華民國三十二年五月二十日出版

海外归侨(创刊号)

郭荫棠主编

《海外归侨》为郭荫棠主编。福州海外华侨公会于民国32年(1943)5月出版发行。月刊。长26厘米，宽18.5厘米。有“地方通讯”、“归侨通讯”等栏目。着重于抗战以来的归侨动态、护侨法令实施的情形、救济难侨及侨眷、侨团活动动态等内容。是福建涉侨方面的地方文献。

馆藏：1943年创刊号

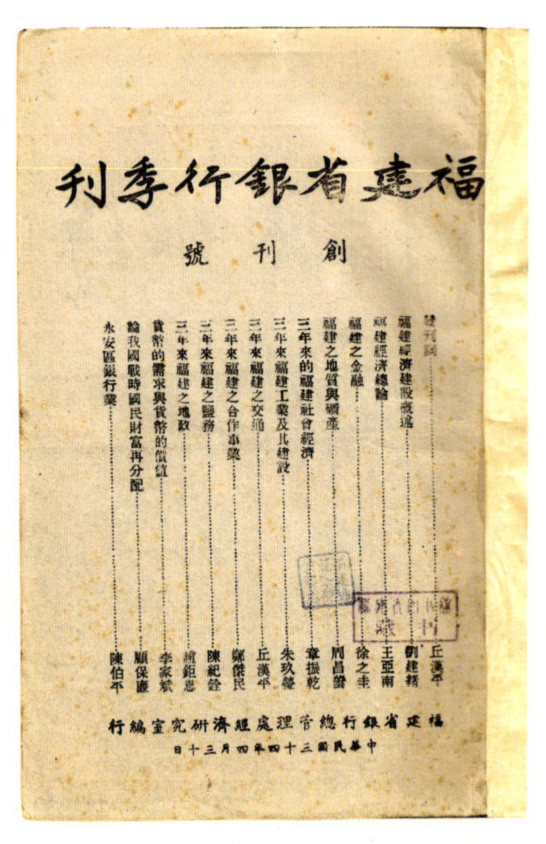

福建省銀行季刊

創刊號

福建省銀行總管理處經濟研究室編行

中華民國三十四年四月三十日

福建省银行季刊(创刊号)

福建省银行经济研究室编辑

《福建省银行季刊》是由福建省银行总管理处经济研究室于民国34年(1945)4月编辑出版。季刊。长26.5厘米，宽18.2厘米。设有“特辑”、“论著”、“调查”、“经济资料”等几个主要专栏，重在收集本省各地的各种经济资料，提供各界作为研究及建设的参考。

馆藏：1945－1946年第一卷1－4期

1946－1947年第二卷1－4期

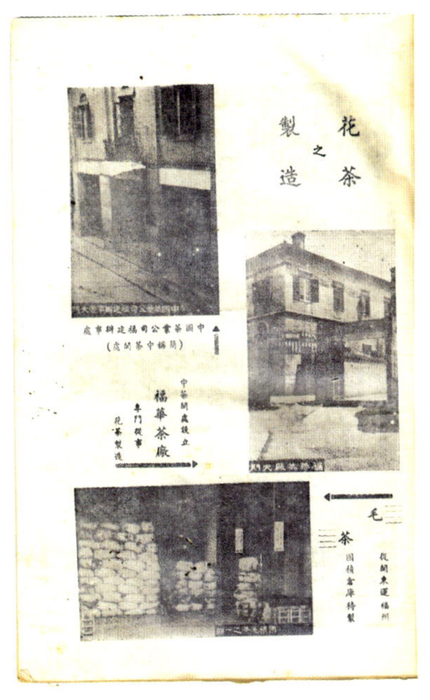

内页插图

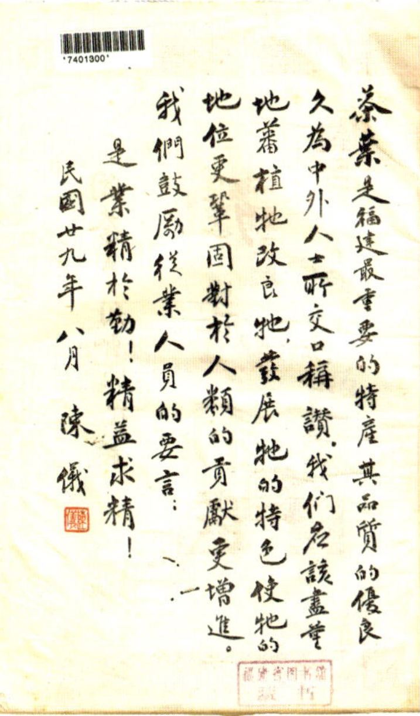

茶業是福建最重要的特產，其品質的優良久為中外人士所交口稱讚。我们應該盡量地蕃植牠，改良牠，發展牠的特色，使牠的地位更鞏固，對於人類的貢獻更增進。——我們鼓勵從業人員的要言：是業精於勤！精益求精！

民國廿九年八月 陳儀

陈仪序

封面

闽茶季刊(创刊号)

闽茶季刊编辑委员会编辑

《闽茶季刊》由闽茶季刊编辑委员会于民国29年(1940)10月编辑出版。出版两期停刊。之后改为《闽茶》月刊。季刊。长26.5厘米，宽18.5厘米。主要有“福建各茶业机关沿革”、“闽省茶业大事记”、“闽茶的茶市与茶政”、“茶业法规”等内容。该刊旨在宣扬茶政、改进茶业、领导商农、建言献策，以便本省茶业更好的经营。

馆藏：1940年创刊号

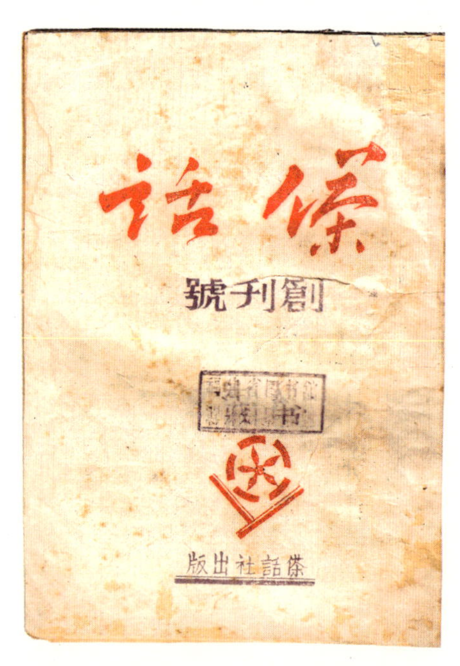

茶话(创刊号)

茶话社 编辑

《茶话》是由茶话社编辑出版的油印本。民国33年(1944)5月出版。半月刊。长17厘米，宽13.5厘米。设有“论著、译述”、“调查及实验报告”、“施政建议”、“各地茶情”及茶叶产制运销诸问题等内容。是福建茶人以茶叶为武器，争取抗战胜利，完成经济建设而出版的刊物。

馆藏：1944年1－2期

闽茶(创刊号)

福建省农林公司茶叶部编

《闽茶》原名《闽茶季刊》，出版两期停刊。民国34年(1945)11月起改为本刊名。由福建省农林公司茶叶部、闽茶月刊社编辑出版。民国35年10月和民国36年1月，福建省农林公司茶叶部分别与东南场厂联合会福建区分会、福建省制茶工业同业公会合作出版该刊。月刊。长19.5厘米，宽13.5厘米。有“论著”、“译著”、“报导与研究”、“茶讯”、“剪报”、“特写与通讯”等栏目。主要是配合抗战胜利后的形势，以讨论茶业问题、介绍茶市情况、报道茶叶实况以及报告茶界动态为内容，是反映福建茶界动态的地方刊物。

馆藏：1940年创刊号

1945－1946年第一卷1－10期

1947年第二卷1－3期

闽区直接税通讯(第一卷第一期)

财政部福建区直接税局编辑

中華民國卅五年一月卅一日出版

閩區直接稅通訊

財政部福建區直接稅局編行

發刊詞

目錄

《闽区直接税通讯》创办于民国35年(1946)1月，由财政部福建区直接税局编行。至第一卷第三期始改为闽区直接税通讯编辑委员会编印。月刊。长26.5厘米，宽18厘米。有“专载”、“论著”、“税收统计”、“人事动态”、“重要法令”、“会议记录”等栏目。旨在提倡学术，增加工作兴趣等。

馆藏：1946－1947年第一卷1－12期、第二卷1－5期

《中外邮刊》(创刊号)

陈院生主编

中外郵刊

發刊詞

《中外邮刊》为陈院生主编，由福州中外邮票社于民国36年(1947)4月发行。月刊。长27厘米，宽18.2厘米。创刊号共有六幅版面，多刊载有当年国内邮学界名家贺词及邮社广告。11月后，该刊即改名《中外邮学杂志》，出版机构也改称为中外邮学杂志社。

馆藏：1947年创刊号

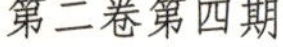
第二卷第四期

第二卷第一期

《中外邮学杂志》(第二卷合订本)

陈院生主编

《中外邮学杂志》为陈院生主编，由中外邮学杂志社于民国36年(1947)11月出版发行。原名《中外邮刊》。月刊。长26.6厘米，宽18厘米。所刊载的文章多来自当时国内的集邮名家，如江苏孙君毅、北京刘铭彝、四川刘瑞章及福建的王谢燕、孙儒荣等。内容丰富，不仅有集邮动态报道，还有许多邮学研究文稿，是20世纪40年代后期国内较有影响的邮刊之一。

馆藏：1947－1948年第二卷第一期至第五期

新福建

第一卷第一期 創刊號 三十一年一月

要目

發刊辭……張閩建
三十一年元旦對全國國民及海外僑胞廣播詞……蔣中正
新責任與新努力……顧祝同
新的奮鬥與新的成功……劉建緒
公務人員之考試……崔宗塤
國父哲學思想的輪廓……周世輔
閩省物價問題之癥結及對策……柴建仕
閩省兩年來實施新縣制的檢討……楊紹億
明代征倭史論(一)……李由農
如何確立鄉鎮會計制度……孫昌輝
中國文化的偉大……朱維幹
本省小學教師待遇問題的商榷……徐君梅
文化鬥爭中的圖書館……董秋芳
劬堂近詩……柳詒徵

福建省政府秘書處編譯室編印

《新福建》(创刊号)

福建省政府秘书处编译室编印

《新福建》是由福建省政府秘书处编译室编辑，于民国31年(1942)1月在永安发行，后自1946年1月迁往福州。月刊。长25.5厘米，宽18厘米。设有“论著”、“特载”、“杂俎”、“省政史料”、“省政要闻”、“工作报告”、“大事日记”、“统计副镌”、“附录”等栏目。是涉及福建地方文献的综合性刊物。

馆藏：1942－1946年1－9卷

特別最新
黄五娘送寒衣歌
第二册
民國四年石印

第六辑

福建地方戏曲谱本

福建地方戏曲历史悠久，享有「南方戏曲大省」的美誉。作为宋元南戏遗响，从二十世纪初到三十年代中期，福建地方戏曲总体上呈现蓬勃发展的趋势。福建地方戏曲剧种繁多，历史上留存过的剧种曾达三十多个，迄今还有二十多个剧种在福建各地活动。本辑亦略为之载记，然仅仅展示了闽省地方戏曲的部分本子。

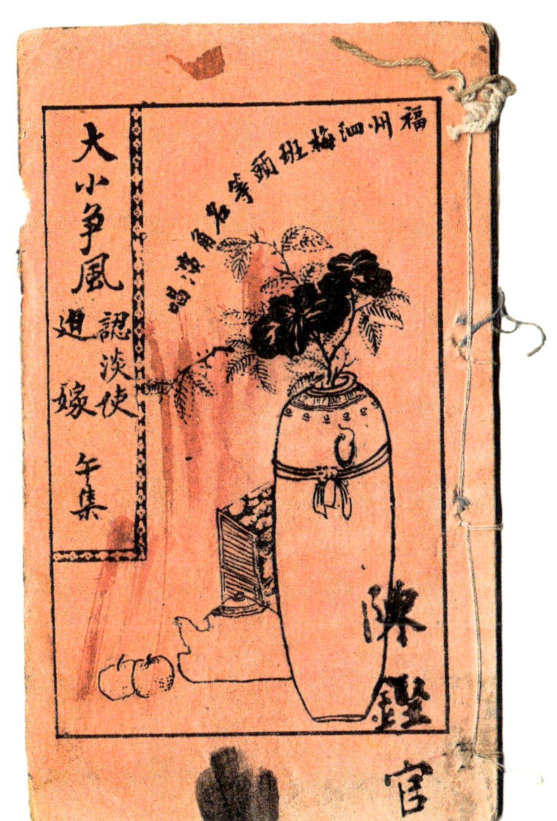

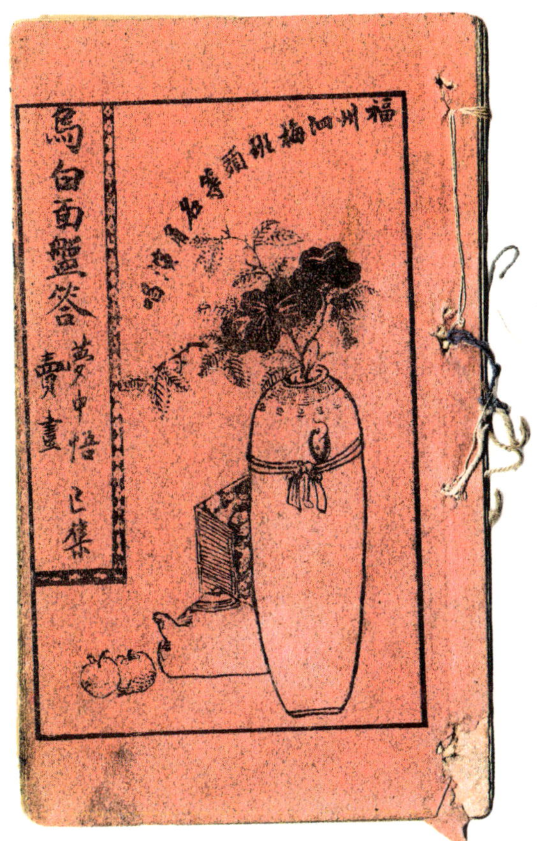

福州泗梅班唱本(存巳集、午集)

民国间石印本

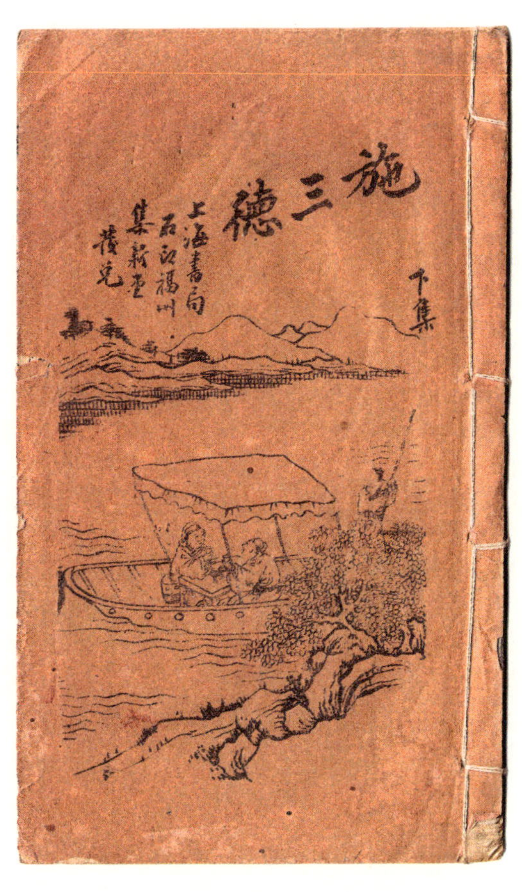

《施三德》(上、下集)

民国上海书局石印本

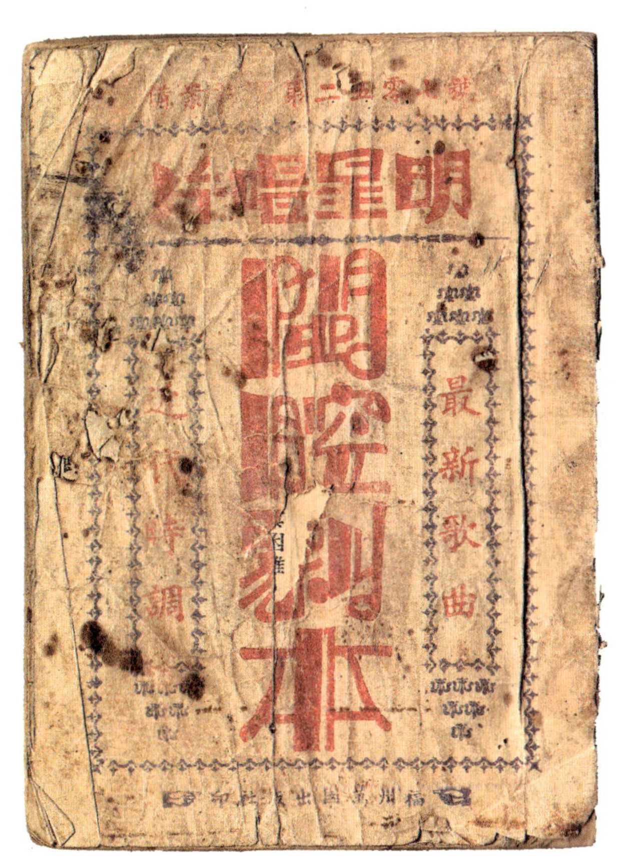

闽腔剧本

民国福州万国出版社铅印本

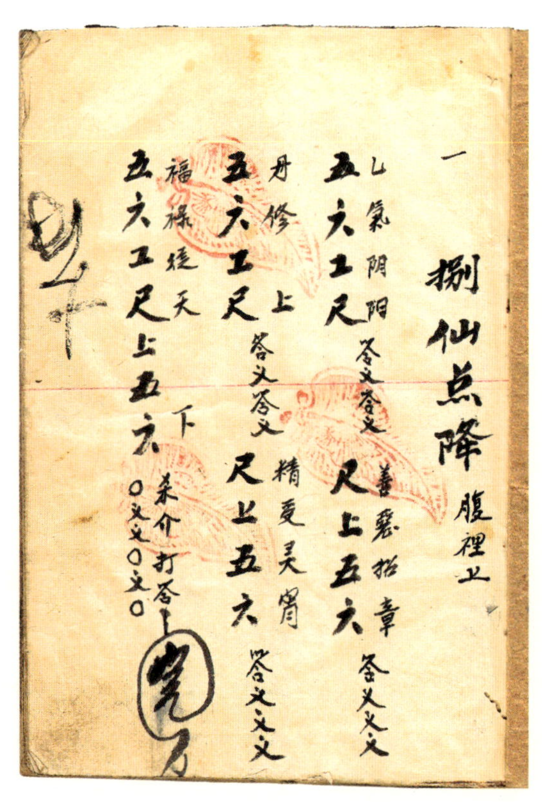
首页：八仙点降

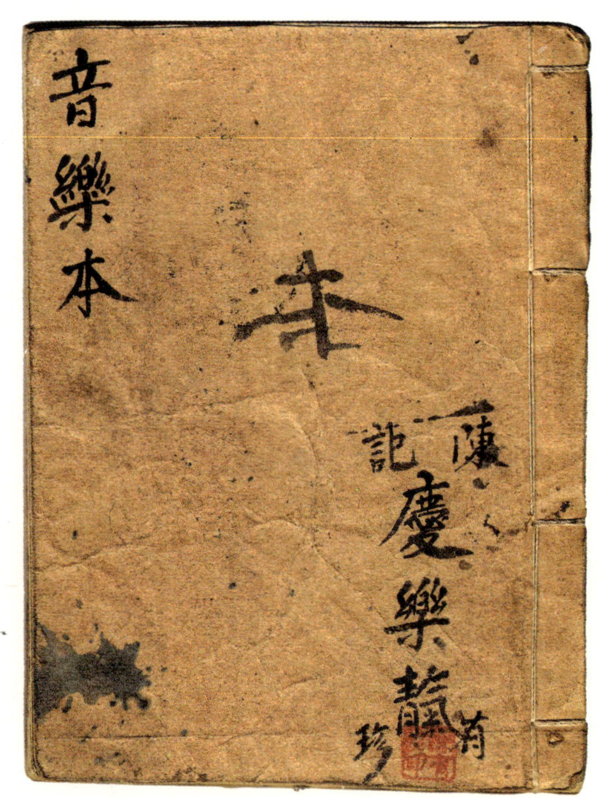
封面

音乐本(闽腔曲本)

民国福州陈记抄本

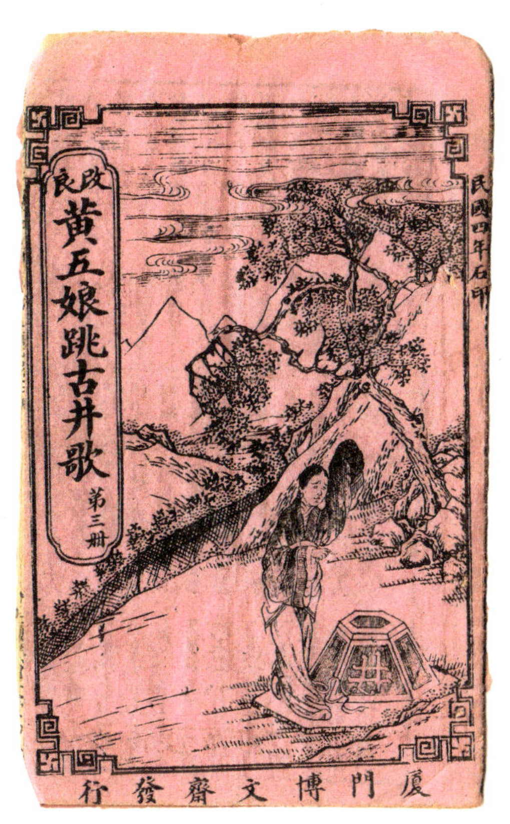

黄五娘跳古井歌(第三册)

黄五娘送寒衣歌(第二册)

《黄五娘送寒衣歌》(第二册)、**《黄五娘跳古井歌》**(第三册)

民国4年(1915)厦门博文斋石印本

歌仔册，也称“歌仔簿”、“歌簿仔”，是流传于闽南语系的福建闽南、广东潮汕及台湾地区的一种民间说唱文字唱本。

闽南语地区的唱“歌仔”，早先是在民间以说唱的方式口传身授。后来部分艺人将其整理，编写成册簿，有人将其誊录、编印并在市井坊间贩售。由此，流传益广，成为闽南语地区一种独特的文化现象。

《十二条手巾》（新歌）

民国23年(1934)泉州清源斋石印本

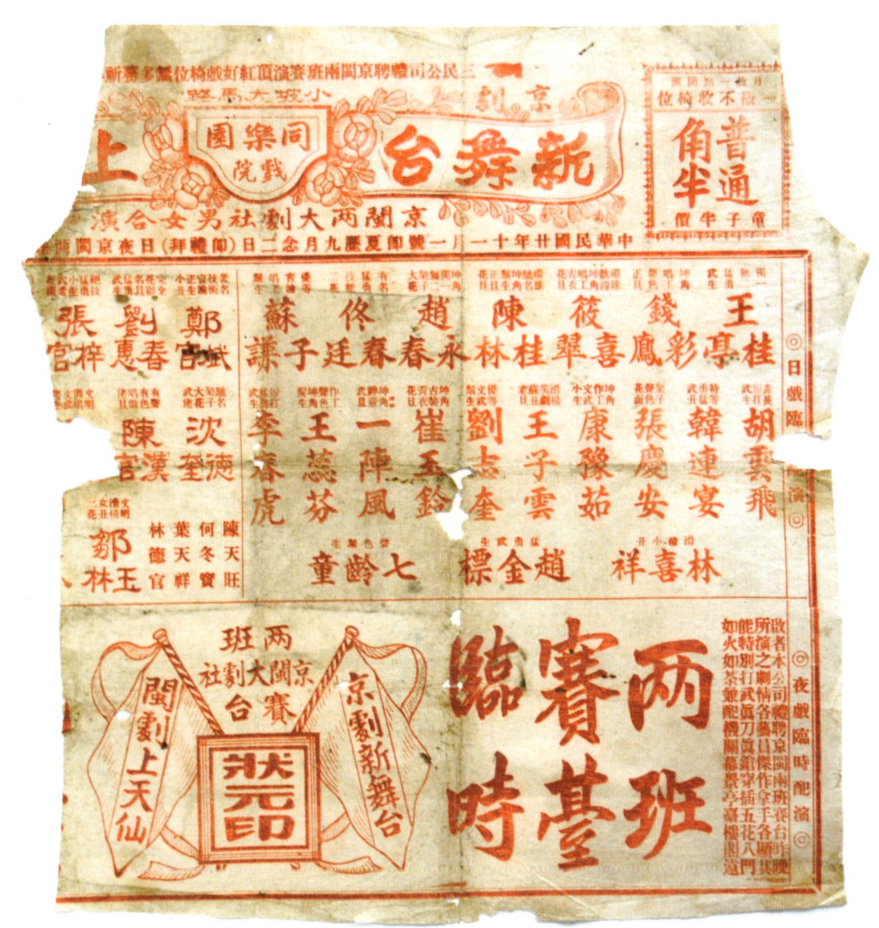

同乐园戏院节目单

民国20年(1931)11月1日制

署汀州府上杭縣正堂加三級黃 為懇賜養育人才聲明准給立案事據紳衿張虎音

郭著青、江春盤等具呈前事詞稱切惟孩歟致化學首重休於魯邑藏樸養士德教

嗣韻於杭川并旅第三鋪 申公祠一所於乾隆四十四年內蒙 韓主准給文童丁金楷在祠

承領教授生徒除貼還工手修整工資外聲明給示立案緣金楷於今年正月患病以致鄉不

可暫荒轉請伊服叔公貢丁雲梯來祠掌教其生員丁雲梯平素品行端方文藝優長

在祠講誦生徒歸附人望咸孚金楷又於近日身故雲梯別無壇所設教虎音等

念此 申公祠原屬公所只得僉稟憲擡聲明准給立案俾生員丁雲梯在祠專心

設教育絳帳淵源授斷共仰端正 琴堂雅化桃李得沐栽培一筆陽春三公世祝望光上稟

等情到縣據此除給帖外合行示諭為此示諭該鋪約地居民人等知悉 申公祠現

給生員丁雲梯設館教讀一切閒雜人等毋得擅住滋擾倘敢故違許該約地即行

指名票出人毋違 特示

布告通知

乾隆五十四年八月

档案史料

档案是再现历史真实面貌的原始文献。本辑精选出馆藏珍贵档案文献十余种，其中有清康熙、乾隆期间的儒资规约、清乾隆时期的诉讼文案和清代的官府告示，以及民国期间的一些证书，还有一九五八年侨汇业从业人员履历书，等等，从不同角度展现档案文献的历史原貌。

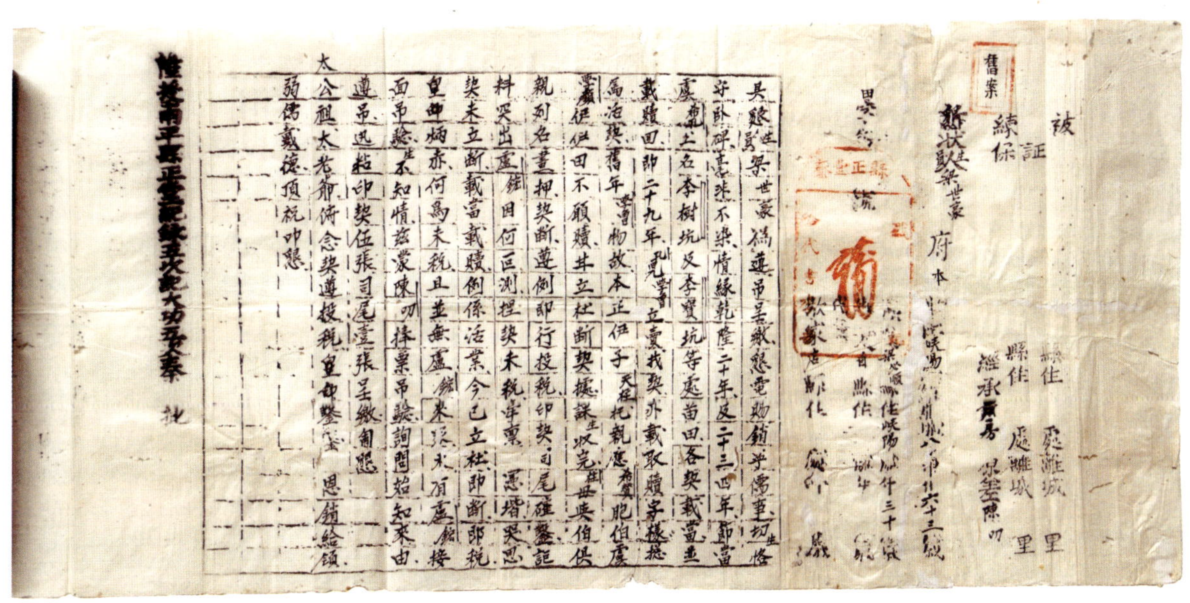

清乾隆南平县诉状

[illegible]

無拆之佳場者額定津貼[illegible]但此數款又要因名數多少或出考

人少[illegible]方依此例若出考人多其儒資不敷分例要衆議依例裁

自裁補用不得異言

一童生赴考盤費務要先自裁出俟考回後方將此儒資分發　子先

条之

一議此儒資之為赴考盤費之資如有異路功名不出考者其谷無收如

異務功名有志赴科者其盤費衆議津貼

一現前逢年無考之期也　所收倉內生放增廣儒資不得收入私用

一諸生欲入府赴考者必要[illegible]足卷文理明白衆議該出考者其盤費

方依此例分發如文理未通不能完卷借名赴考者不得分此儒資

一生員已告頂袍者其谷只收叁分之壹不得依出考生員例又[illegible]之日不得校

儒资规条之一

清康熙、乾隆间上杭县立儒资规条

此件文约是清康熙五十七年(1718)上杭县的儒资规条，清乾隆元年(1736)后又予重新抄录。其内容主要为鼓励族人向学、进取功名，类似于今天奖掖后学的基金规约，亦可见当地之文风颇盛。

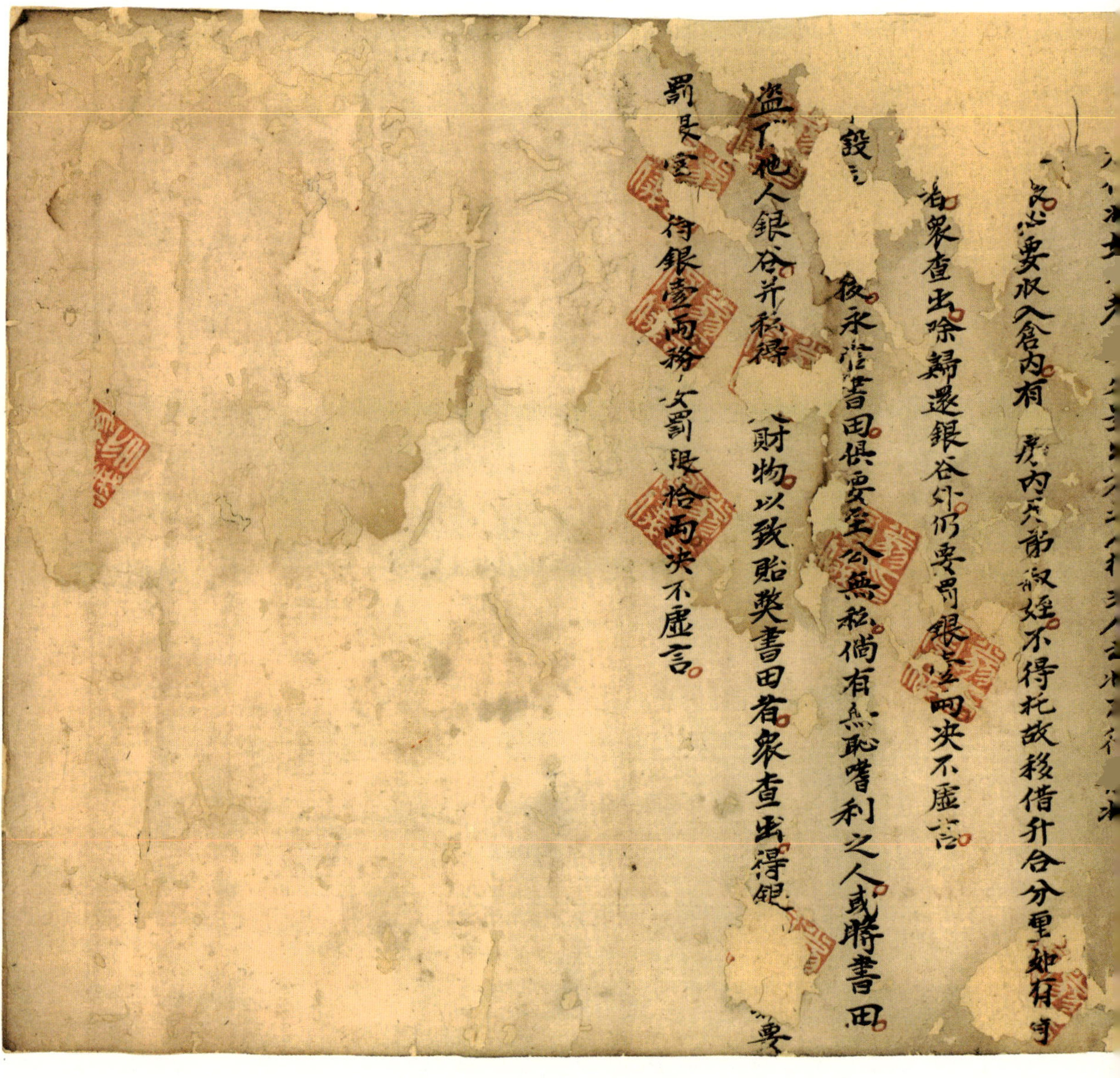

息必要收入倉內有　房內兄弟叔侄不得托故移借升合分厘　如有守

者眾查出除歸還銀谷外仍要罰銀[illegible]兩決不虛言

毀　後永管書田俱要至公無私倘有無恥嗜利之人或將書田

盜了他人銀谷并私得　財物以致貽累書田者眾查出得銀　要

罰其受　得銀壹兩務　文罰銀拾兩決不虛言

〻應試生員壹名領袍壹名其儒資肆股均分應試者〻〻股領袍

壹股如應試生員貳名叁名俱此例推分

一生員年〻辭世者〻〻儒資〻〻頒〻〻小祥之後無收丙辰後議其辭世後只

許收儒資一年

一新進文武庠者其收谷額定本年冬至日為止如冬至日以前進者該依例

收本年如冬〻〻後進者〻〻〻年谷不得援規條收

一由庠掮同學例貢拔貢恩貢歲貢副榜貢每壹名較應試文庠則例只收儒

資叁分之一分不得援〻況其俊秀國學惟有志赴科衆議肆〻〻〻得

貢發科甲者功名成就可以不需儒資其股分儒資必要遜與

〻〻依定例均分不得再取〻〻言

收谷如遇考期讀書者往府應試之值應收且之時亦在家舉為〻〻

儒资规条之二

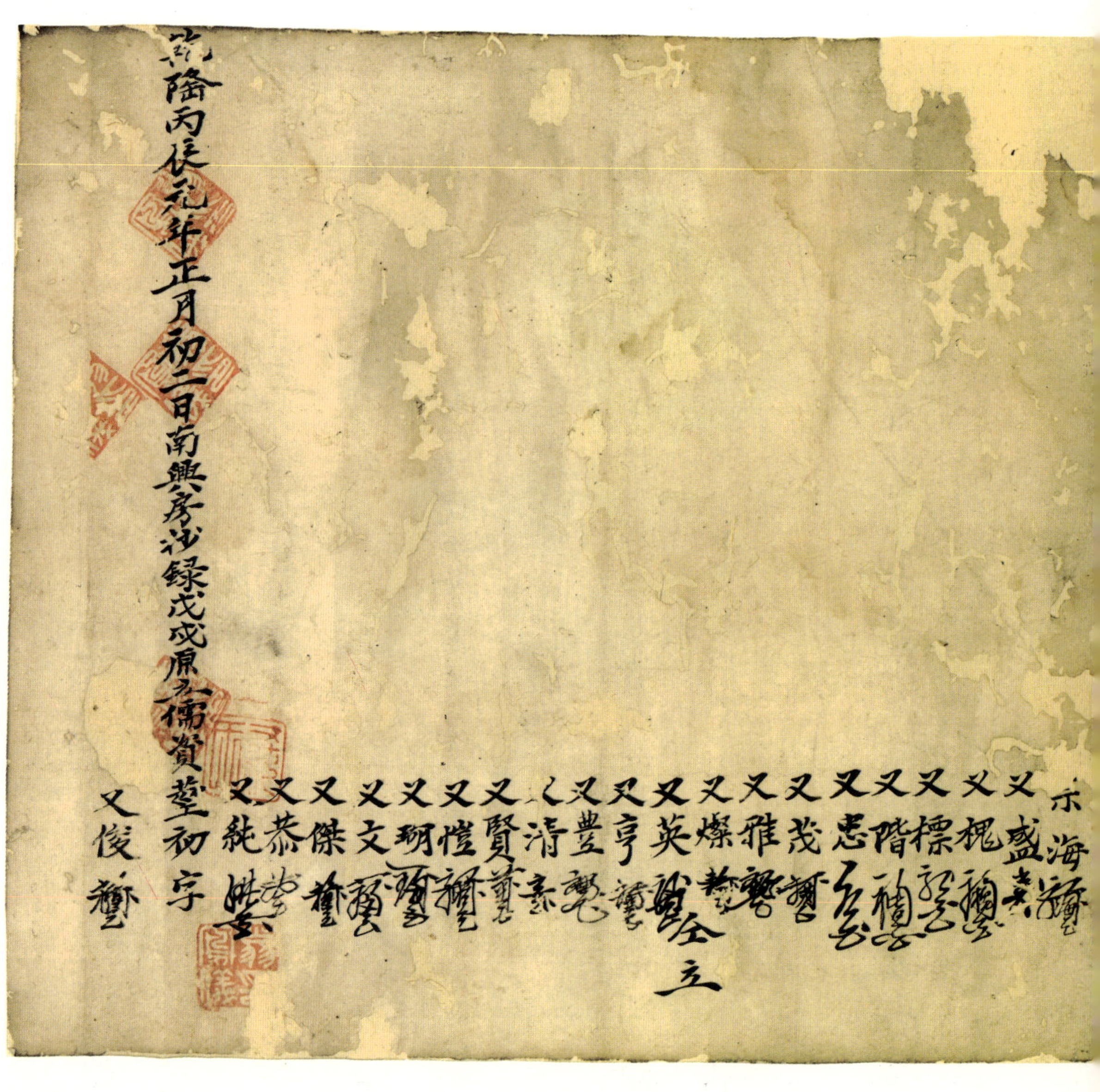

示海
又盛
又槐
又標
又階
又忠
又茂
又雅
又爍
又英　仝立
又亨
又豐
又清
又賢
又愷
又瑚
又文
又傑
又恭
又純
乾隆丙辰元年正月初二日南興房抄録戊戌原立儒資塾初字
又俊

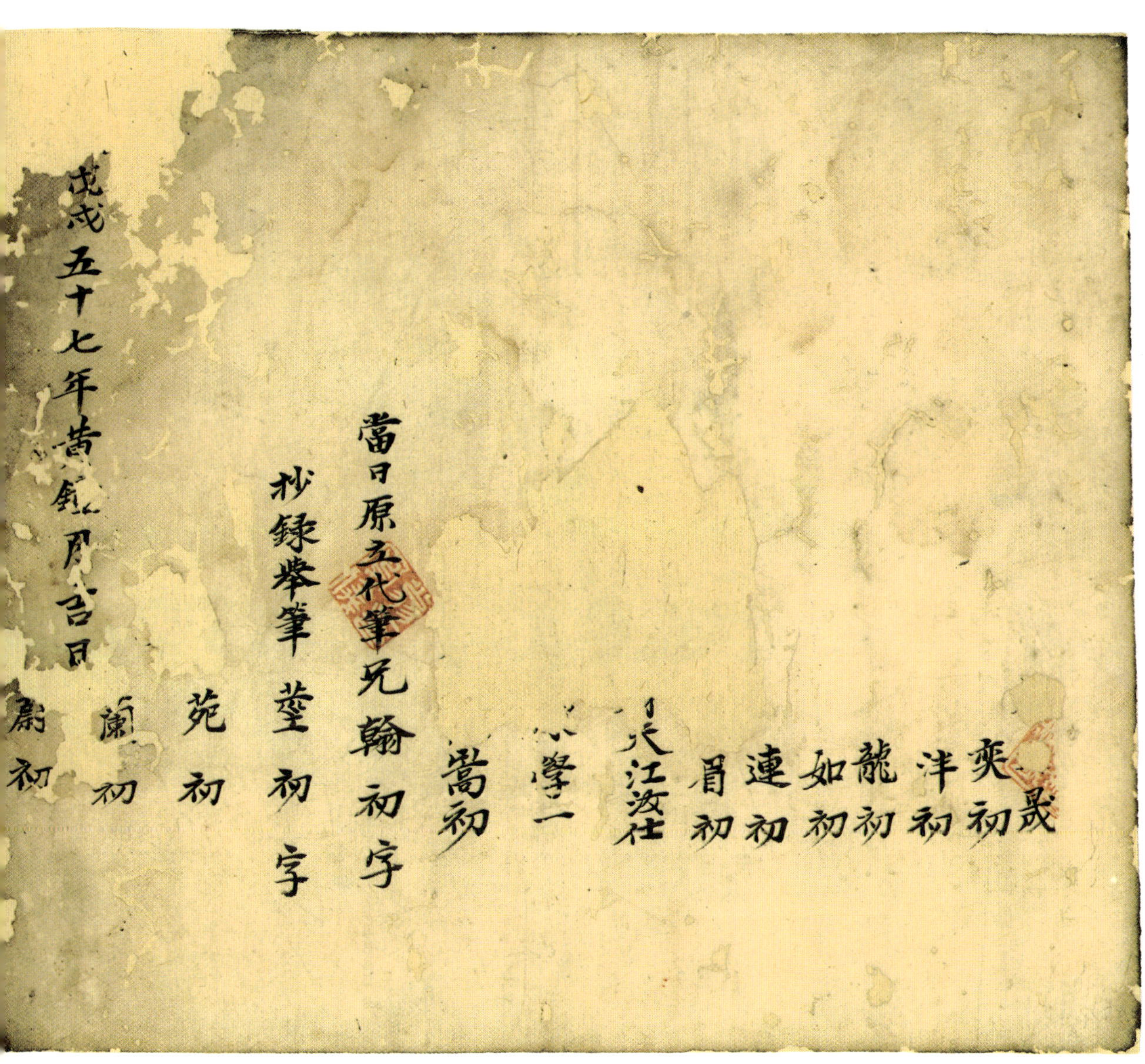

奕初晟
泮初
龍初
如初
連初
眉初
大江汝仕
心學一
嵩初
當日原立代筆兄翰初字
抄錄舉筆瑩初字
苑初
蘭初
戊戌五十七年黄鐘月吉日
肅初

儒资规条之三

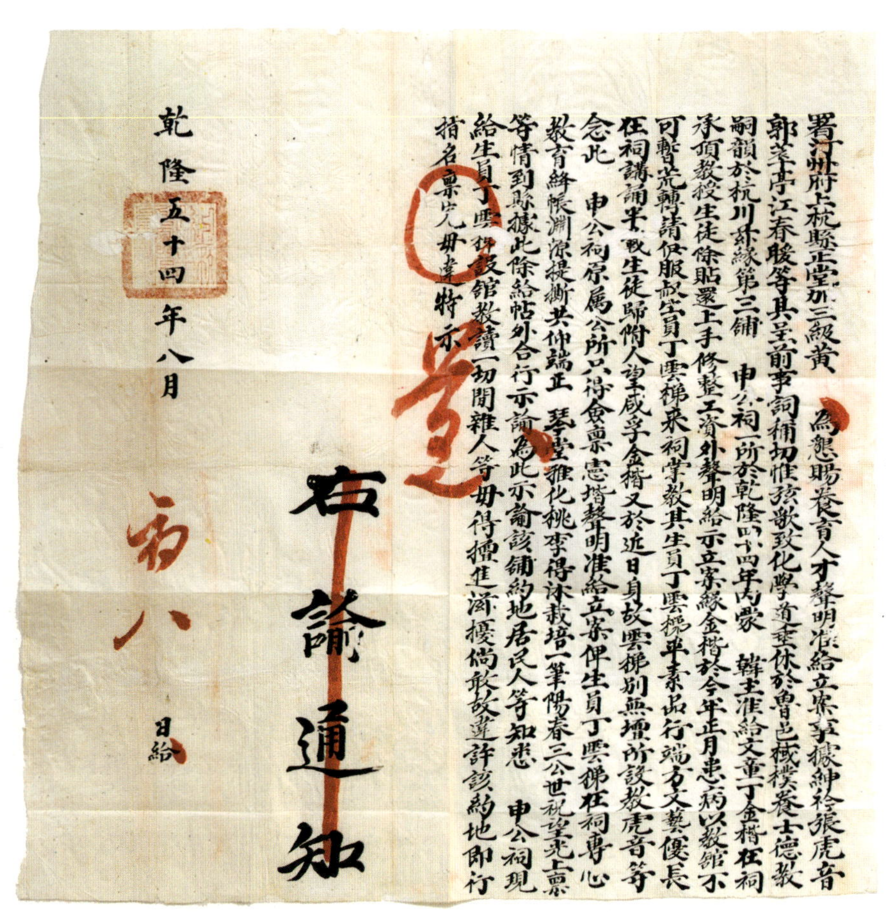

署汀州府上杭縣正堂加三級黃　為懇賜養育人才聲明准給立案事據紳衿張虎音
郭茂亭江春駿等具呈前事詞稱切惟孩歌致化學道垂休於魯邑棫樸養士德教
嗣韻於杭川郭緣第三鋪　申公祠一所於乾隆四十四年內蒙　韓主准給文童丁金楷在祠
承頂教授生徒除貼還上手修整工資外聲明給示立案緣金楷於今年正月患病以教館不
可暫荒轉請伊服叔生員丁雲梯承祠掌教其生員丁雲梯平素品行端方文藝優長
在祠講誦某載生徒歸附人望咸孚金楷又於近日身故雲梯別無增所設教虎音等
念此　申公祠原屬公所只得僉稟憲增聲明准給立案俾生員丁雲梯在祠專心
教育絳帳淵源提撕共仰端正　琴堂雅化桃李得沐栽培一筆陽春三公世祝望光上稟
等情到縣據此除給帖外合行示諭為此示諭該鋪約地居民人等知悉　申公祠現
給生員丁雲梯設館教讀一切閒雜人等毋得擅進滋擾倘敢故違許該約地即行
指名稟究人毋違特示

右諭通知

乾隆五十四年八月　日給

清乾隆五十四年(1789)上杭县告示

规格：54.5×55.1厘米

官书文告是一种特殊的文书载体，是历代各级官府所广泛使用的一种周知性公文。这种公文时效性很强，且不易保存，能够存留下来的此类文告都比较少。因此，其文献价值相对来说比较高。

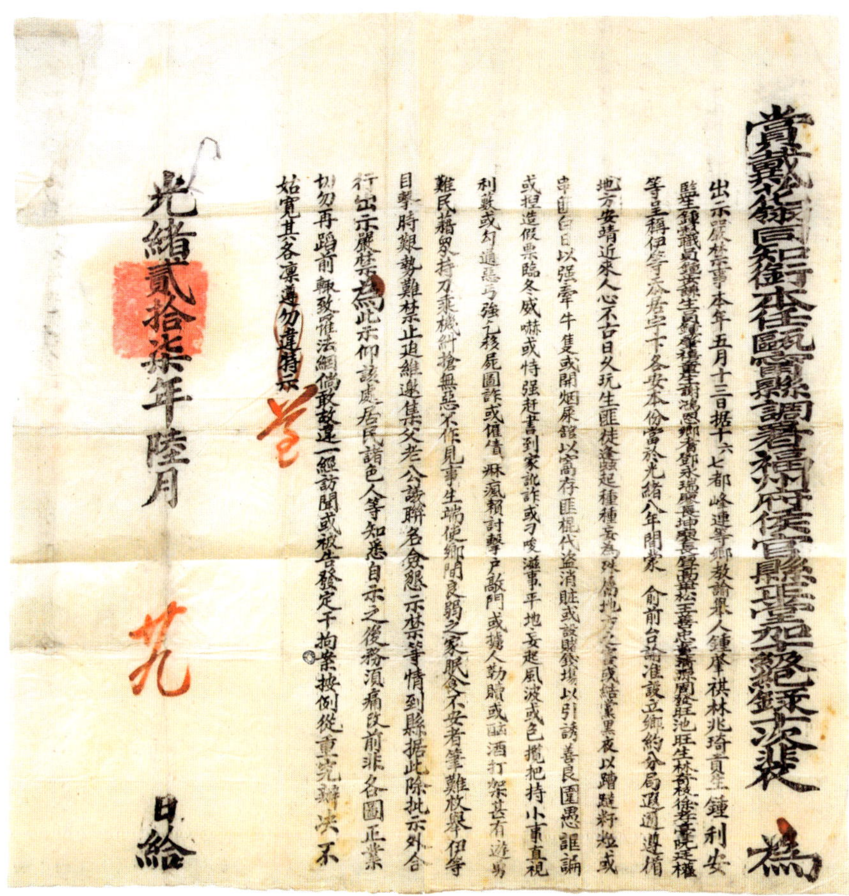

清光绪二十七年(1901)侯官县告示

规格：59×57.2厘米

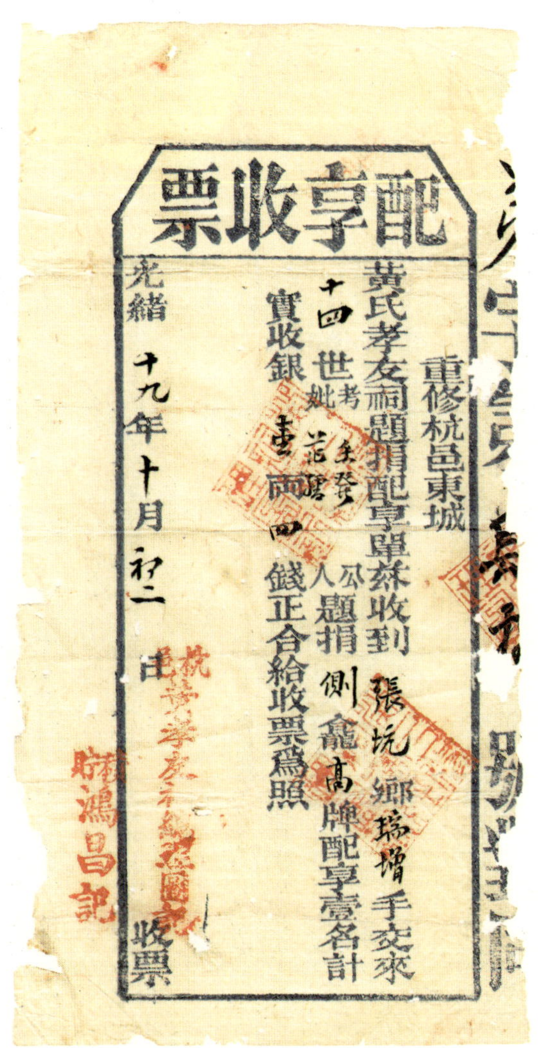

配享收票

重修杭邑東城
黃氏孝友祠題捐配享單茲收到 張坑鄉 瑞增 手交來
十四世 考 妣 公人 題捐 側龕高牌配享壹名計
實收銀 壹 兩 四 錢正合給收票為照
光緒 十九年 十月 初二 日 收票

重修杭邑东城黄氏孝友祠配享收票

清光绪十九年(1893)制用

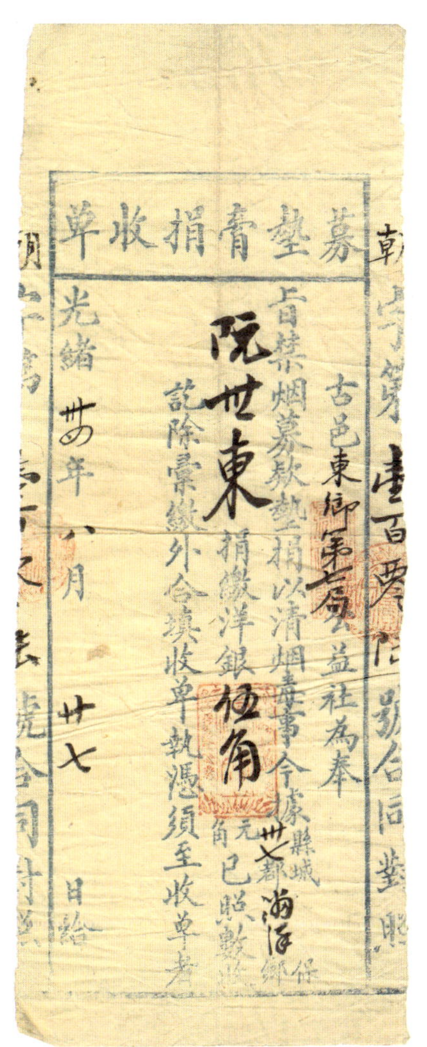

募塾膏捐收單

古邑東鄉第七區公益社為奉
旨禁烟募欵塾捐以清烟毒事今據縣城保廿七都湖洋鄉
阮世東捐繳洋銀伍角 元角已照數收
訖除彙繳外合塡收單執憑須至收單者
光緒卅四年八月廿七日給

古田县募垫膏捐收单

清光绪三十四年(1908)制用

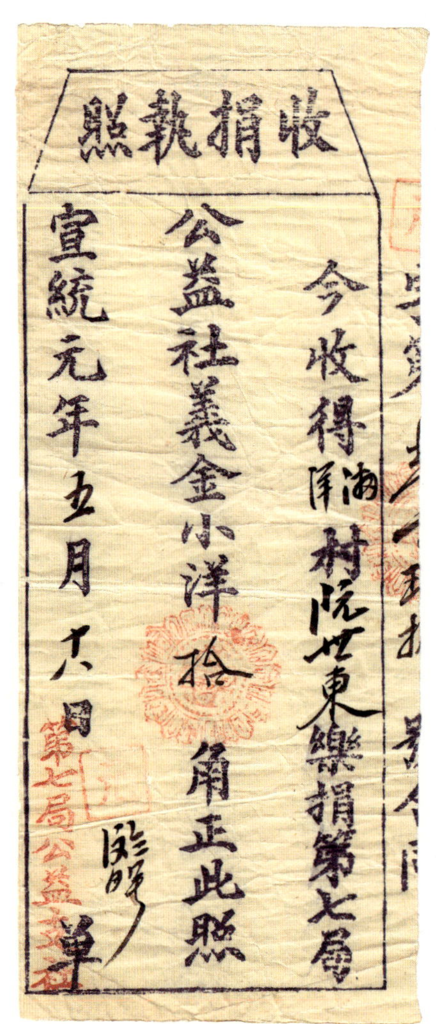

收捐執照

今收得洋湖村阮世東樂捐第七局

公益社義金小洋拾角正此照

宣統元年五月六日

古田县公益社收捐执照

清宣统元年(1909)制用

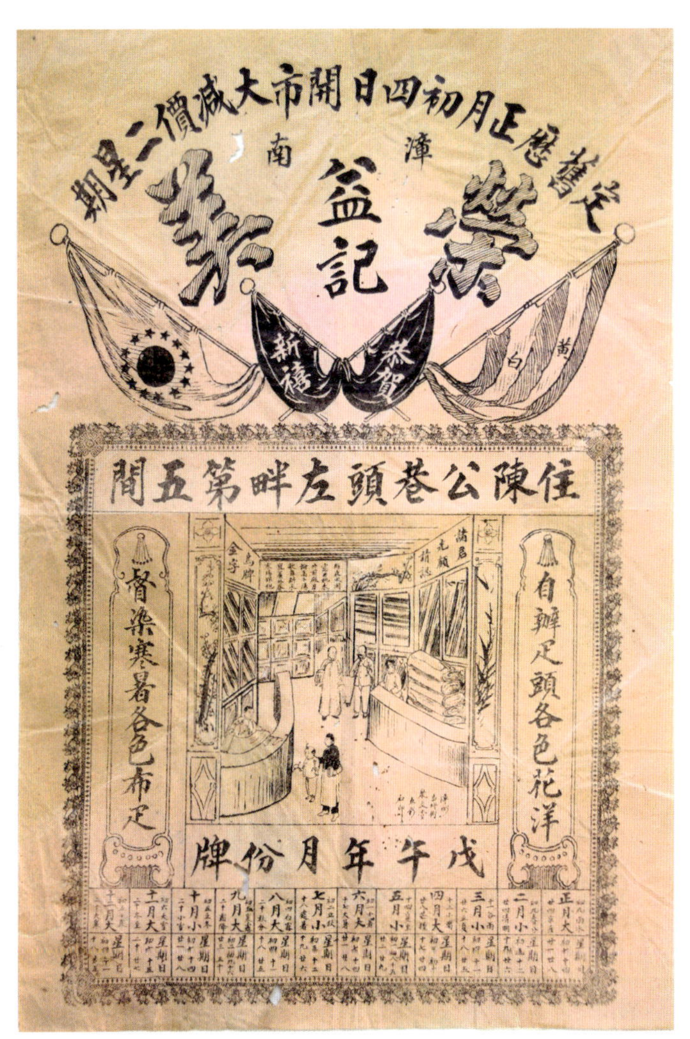

漳南荣美益记月份牌

民国7年(1918)

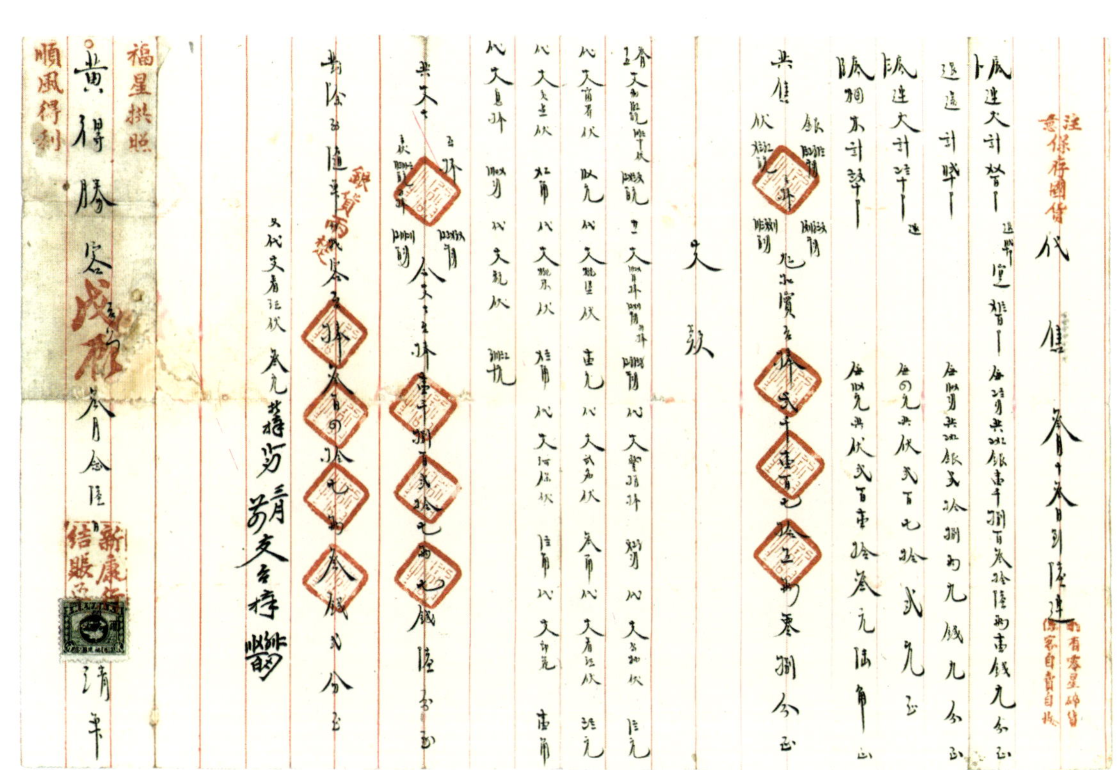

福州新康行结账单

民国17年(1928)3月新康行书具

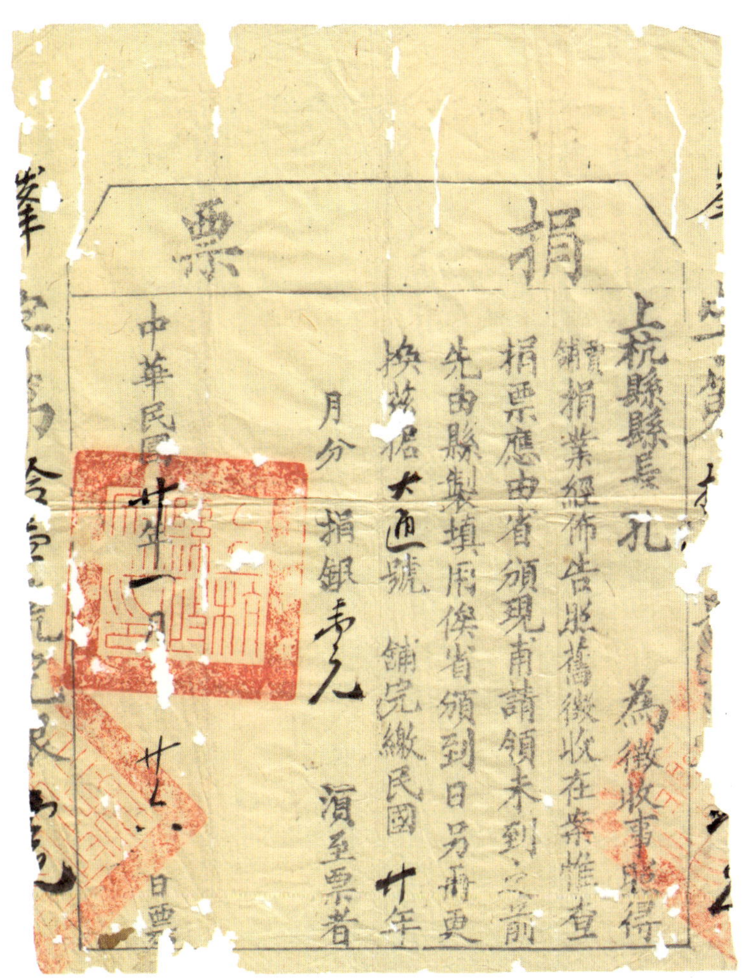

捐票

上杭縣縣長孔　為徵收事照得
貴舖捐業經佈告照舊徵收在案惟查
捐票應由省頒現甫請領未到之前
先由縣製填所候省頒到日另用更
換茲據大通號　舖完繳民國廿年
月分　捐銀壹元　須至票者

中華民國廿年一月廿日票

上杭县捐票

民国20年(1931)上杭县制用

规格：25.8×19.5厘米

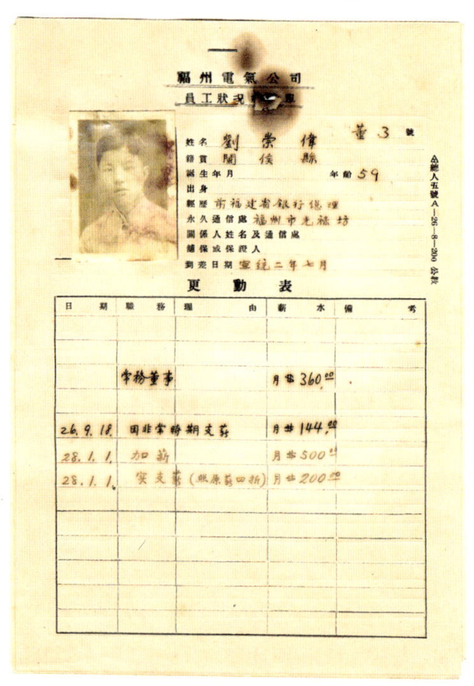

福州電氣公司
員工狀況記錄單

董3號

姓名 劉崇偉
籍貫 閩侯縣
誕生年月　　年齡 59
出身
經歷 前福建省銀行總理
永久通信處 福州市光祿坊
關係人姓名及通信處
舖保或保證人
到差日期 宣統二年七月

更動表

日期	職務	理由	薪水	備考
	常務董事		月$ 360.00	
26.9.18.	因非常時期支薪		月$ 144.00	
28.1.1.	加薪		月$ 500.00	
28.1.1.	實支薪(照原薪四折)		月$ 200.00	

福州电气公司员工状况记录单(刘崇伟)

福州电气股份有限公司档案资料

福州电气公司农村电化部报告第一号(1930)

福州电气公司农村电化部汇报报告第三号(1934)

民国22年农村电化部事业概略(1933)

民国25年福州电气公司农村电化部事业现状及过去工作(1936)

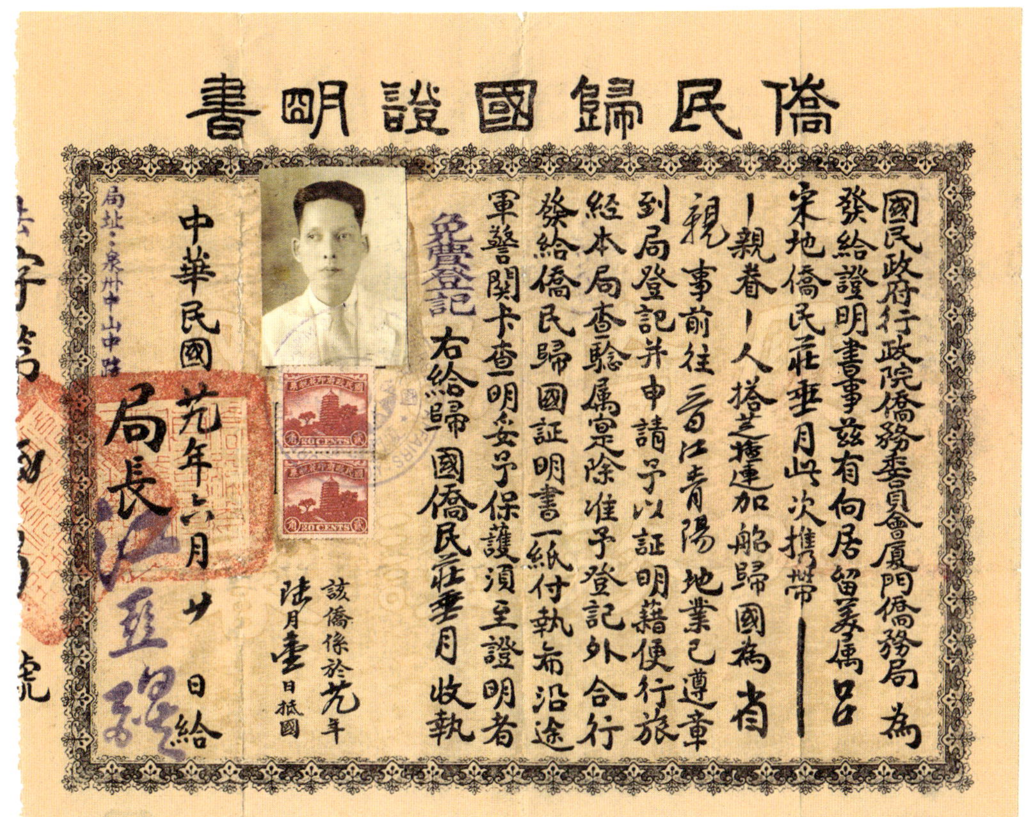

僑民歸國證明書

國民政府行政院僑務委員會廈門僑務局　為
發給證明書事茲有向居留菲屬　呂
宋地僑民莊垂月此次攜帶——
一親眷一人搭芝[illegible]連加船歸國為　省
親　事前往　晉江青陽　地業已遵章
到局登記并申請予以証明藉便行旅
經本局查驗屬寔除准予登記外合行
發給僑民歸國証明書一紙付執俾沿途
軍警關卡查明妥予保護須至證明者
右給歸　國僑民莊垂月　收執

免費登記

該僑係於廿九年
陸月壹日抵國

中華民國廿九年六月廿　日給

局長　江亞醒

局址：泉州中山中路

侨民归国证明书

民国29年(1940)行政院侨务委员会厦门侨务局制发

规格：20.4×26厘米

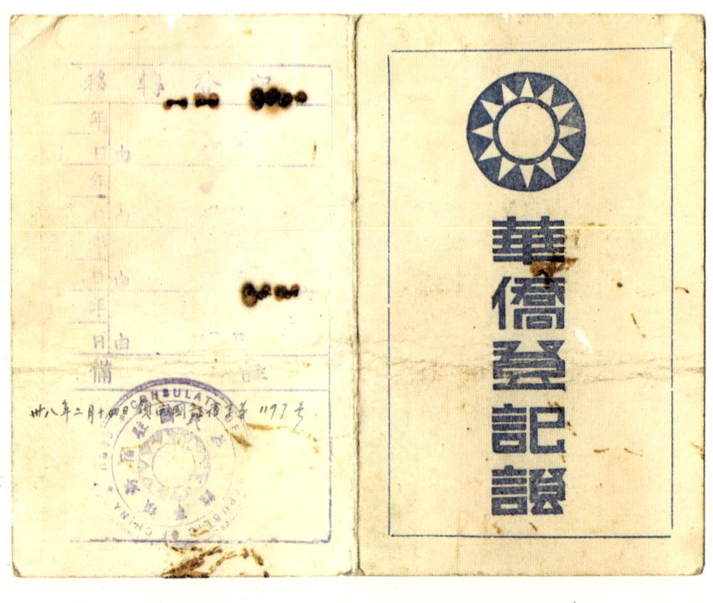

華僑登記證

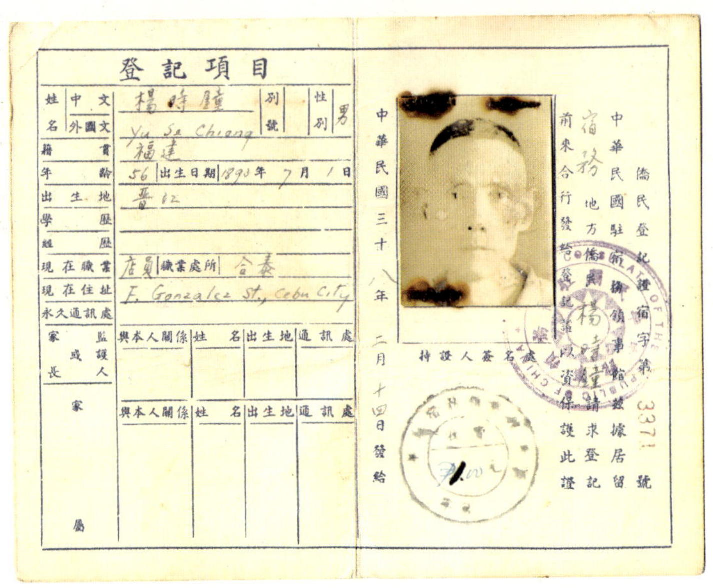

登記項目

姓名 中文	楊時鍾	別號		性別	男
姓名 外國文	Yu Se Chiong				
籍貫	福建				
年齡	56	出生日期	1893年7月1日		
出生地	晋江				
學歷					
經歷					
現在職業	店員	職業處所	合泰		
現在住址	F. Gonzalez St., Cebu City				
永久通訊處					

家長 或 監護人	與本人關係	姓名	出生地	通訊處

家屬	與本人關係	姓名	出生地	通訊處

中華民國駐宿務領事館據僑民登記證宿字第3371號

僑民楊時鍾前來登記居留宿務地方合行發給登記證以資保護此證

持證人簽名

中華民國三十八年二月十四日發給

华侨登记证

民国38年(1949)制发

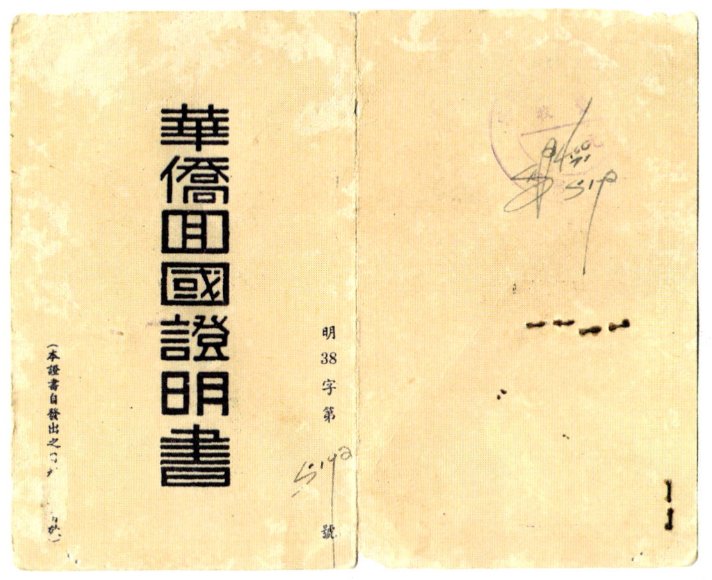

華僑回國證明書

明38字第 5192 號

(本證書自發出之日……)

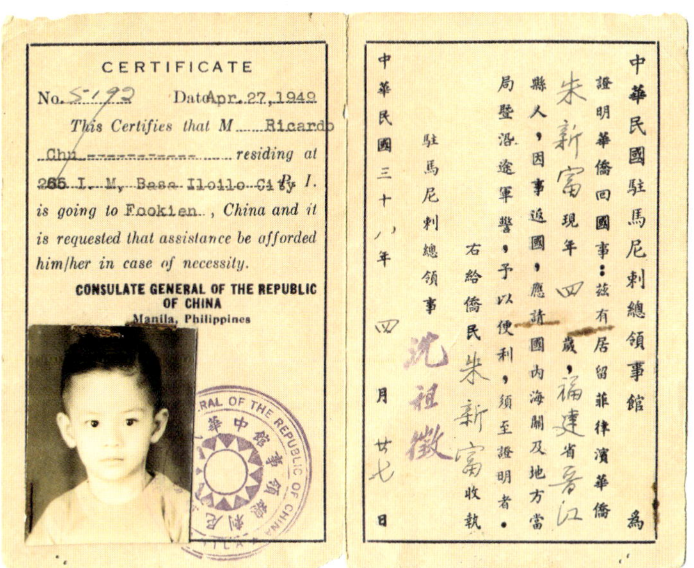

CERTIFICATE

No. 5192　Date Apr. 27, 1949

This Certifies that M.... Ricardo Chu .... residing at 265 I. M. Base Iloilo City P. I. is going to Fookien, China and it is requested that assistance be afforded him/her in case of necessity.

CONSULATE GENERAL OF THE REPUBLIC OF CHINA
Manila, Philippines

中華民國駐馬尼剌總領事館　為

證明華僑回國事：茲有居留菲律濱華僑朱新富現年四歲，福建省晉江縣人，因事返國，應請國內海關及地方當局暨沿途軍警，予以便利，須至證明者。

右給僑民朱新富收執

駐馬尼剌總領事　沈祖徵

中華民國三十八年四月廿七日

华侨回国证明书

民国38年(1949)制发

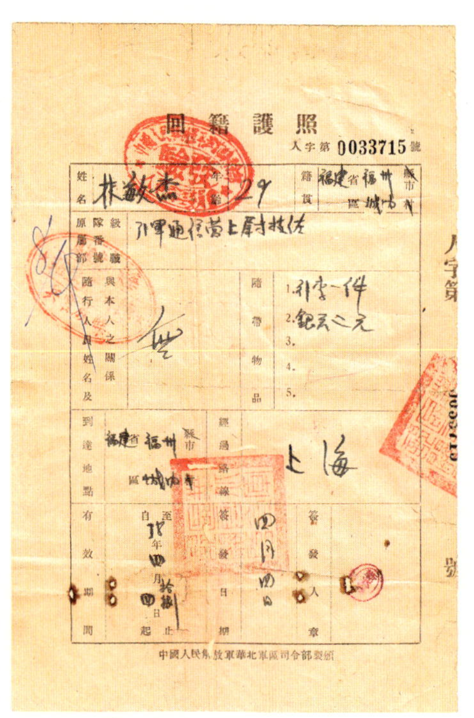

回籍護照 人字第0033715號

姓名	林敏杰	年齡	29	籍貫	福建省 福州縣(市)
原屬部隊番號職級					
隨行人員姓名及與本人之關係	無	隨帶物品	1. 行李一件 2. 銀元二元 3. 4. 5.		
到達地點	福建省 福州市	經過路線	上海		
有效期間	自卅八年四月四日起 至 止	簽發日期	四月四日	簽發人章	

中國人民解放軍華北軍區司令部製

林敏杰证明书之二

回籍护照(人字第0033715号)

參加北平和平解放原國民黨軍隊人員回籍証明書 第17158號

查林敏杰係福建省福州縣(市)人此次參加北平和平解放應認爲有功，現自願回籍另謀生活，其家居我解放區者，應享有人民一般之權利，並分應得一份之土地，如本人爲地主家庭，不論其土地已分與未分，均按土地法大綱第八條之規定分給土地，其本人與家庭只要今後遵守民主政府法令，過去一切，概不追究，特此証明。

中國人民解放軍平津前綫政治部 主任譚政 副主任陶鑄

中華民國卅八年四月肆日

林敏杰证明书之一

参加北平和平解放原国民党军队人员回籍证明书（第17158号）

民国38年(1949)4月4日

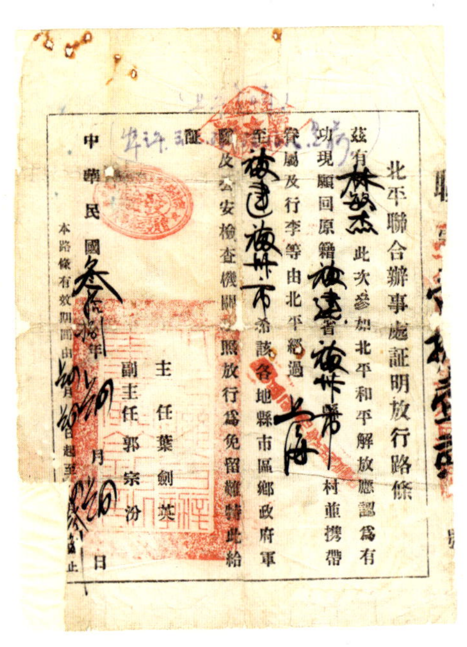

北平聯合辦事處証明放行路條

茲有林敏杰此次參加北平和平解放應認爲有功，現願回原籍福建福州市者，携帶眷屬及行李等由北平經過上海，希該各地縣市區鄉政府軍警及公安檢查機關查照放行爲免留難特此給証

主任葉劍英 副主任郭宗汾

中華民國卅八年四月四日

本路條有效期間自 起至 止

林敏杰证明书之三

北平联合办事处证明放行路条

民国38年(1949)4月4日

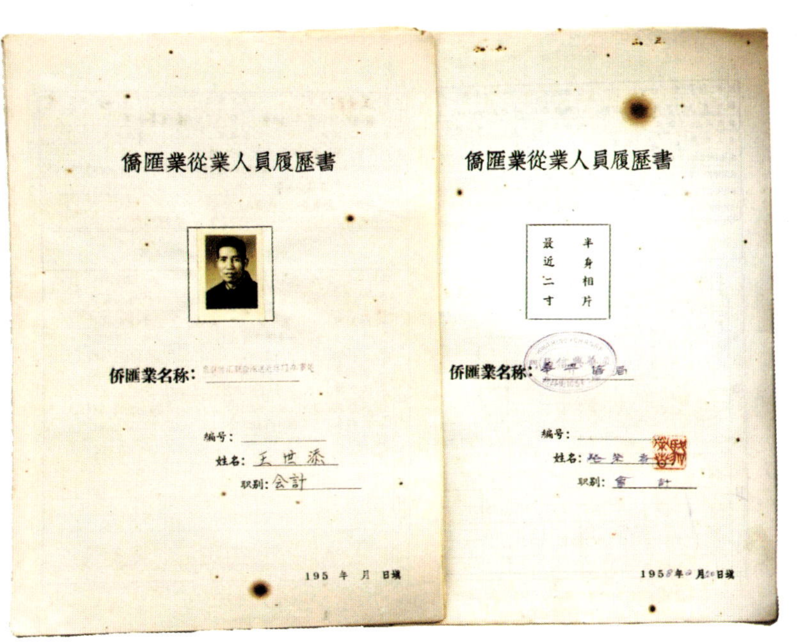

（福建）**侨汇业从业人员履历书**

1958年填具

武夷風景
本號自辦武夷安溪名巖奇
名色種精工焙製氣味清香飲之

第八辑

福建老商标广告单

老商标是商业文化的一种载体。福建省图书馆十分注重福建省老商标的收藏。各行各业的老商标，不仅在设计制作方面十分讲究，印刷亦颇为精致，其中有不少品种颇为珍罕。通览之下，我们还是能够体味到其间所蕴含着浓郁的闽商文化气质。

福建省各时期的老商标，不仅时代感很强，地域特色浓郁，同时也是一种独特的地方文献。

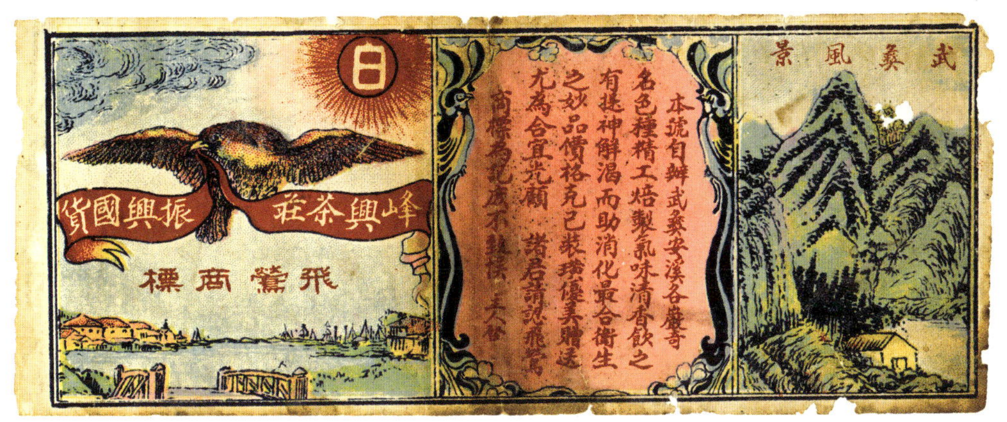

飞莺商标

民国漳州峰兴茶庄

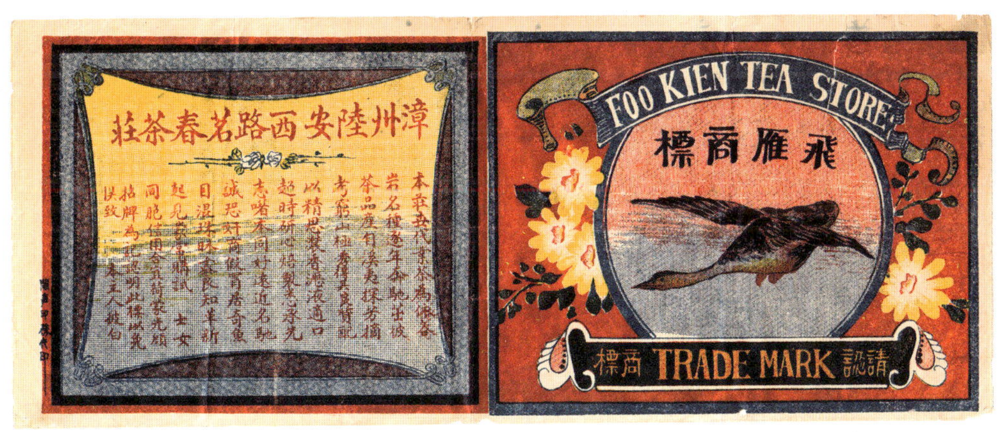

飞雁商标

民国漳州茗春茶庄

福建省是著名的产茶区，武夷岩茶、正山小种及铁观音等茶品久负盛名。因此，茶行(庄)的老商标自然也成为茶文化的一种特殊载体。

蓝标酱油

民国厦门淘化有限公司的商标，图案为白鹭。该产品曾获得过1911年德国柏林万国卫生赛会头等奖凭，图标已将该奖凭融入商标设计之中。

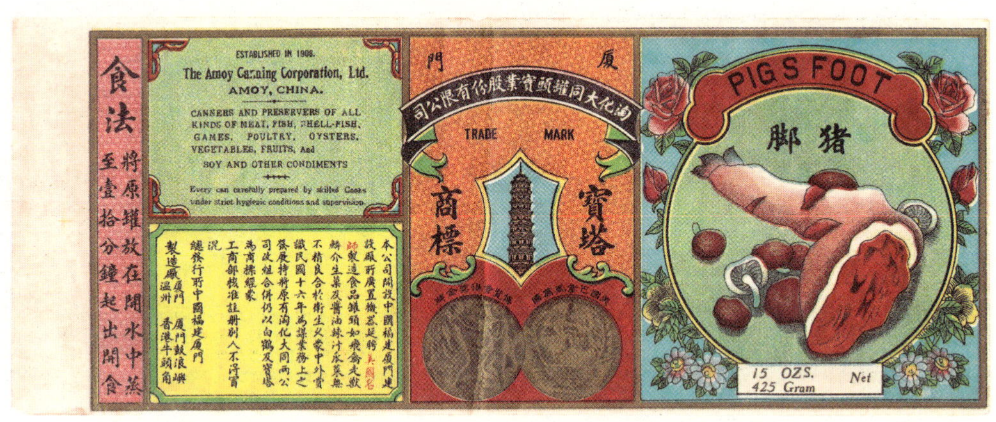

宝塔商标

民国厦门淘化大同罐头实业股份有限公司商标。该公司猪脚罐头产品曾获巴拿马万国博览会金牌，图标已将该金牌融入商标设计之中。

民国福州成兴茂记皮箱

万字商标

民国漳州新万顺皮箱庄

民国漳州胜源皮箱

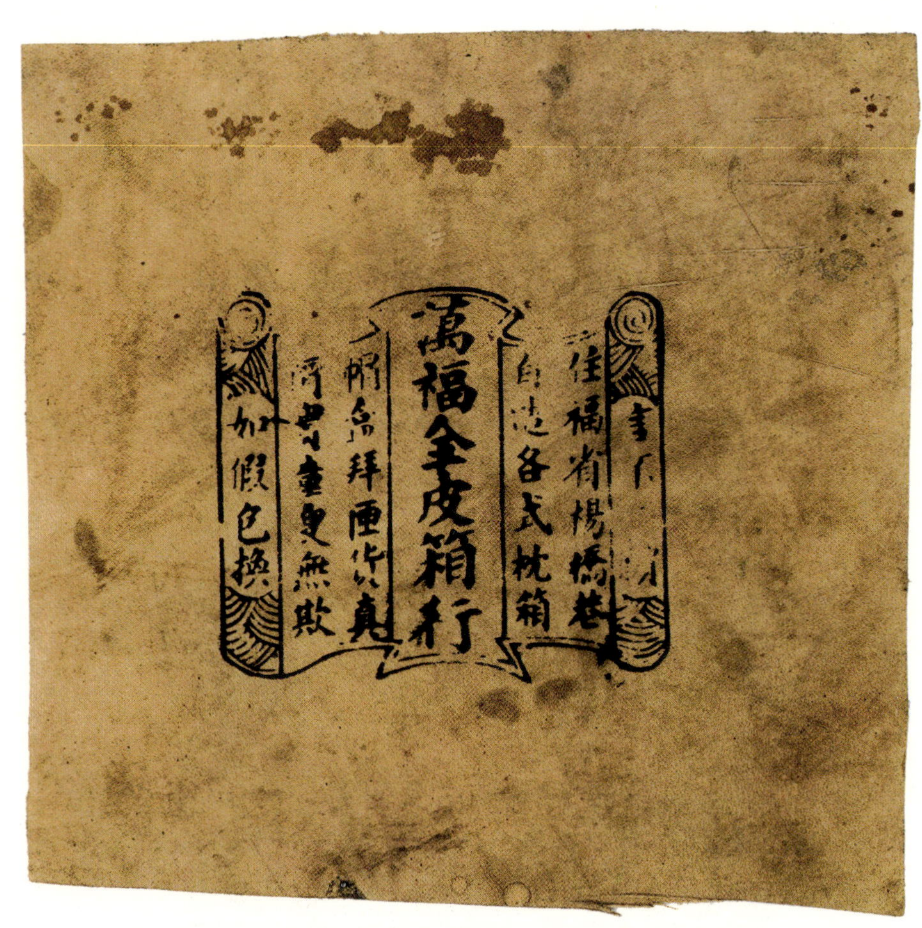

民国福州万福全皮箱行

三星商标

民国福省(福州)上街亮明声

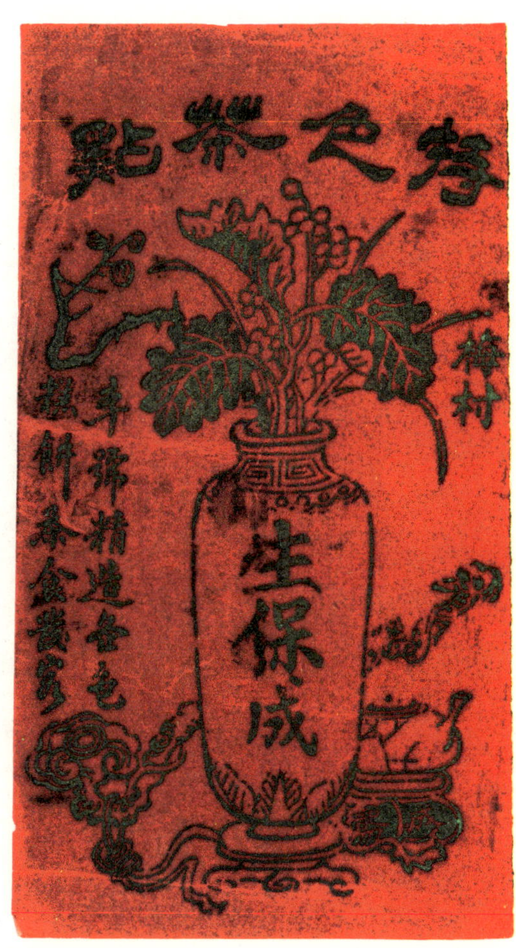

玉堂富贵

民国福州赵怡美

特色茶点

民国厦门生保成

钟标

民国泉州万兴珍糕饼

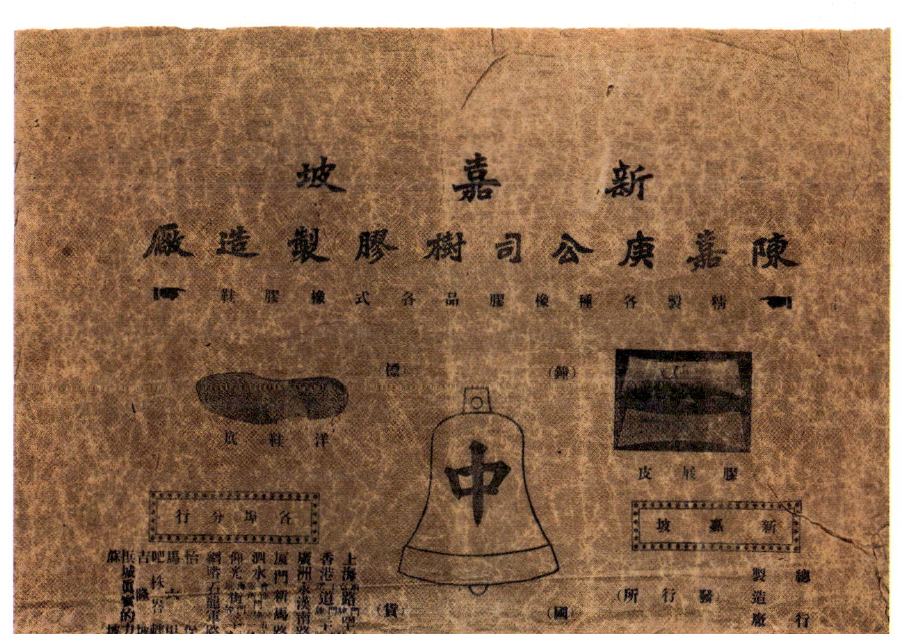

钟标

此件为民国新加坡陈嘉庚公司树胶制造厂的一款纸质包装袋，其下部已有部分残损。今仅展示上半部的公司名称暨钟标。

民国厦门振南公司旅馆

回春藥局 貨不二言

註冊

商標

本局揀選上料修煉丸散丹膏

浙江

吳回春藥局

人參養營丸

專治脾肺氣虛營血不足四肢疲倦肌肉衰瘦形容枯槁驚悸健忘寢汗發熱兼治發汗過多身振脈搖服之諸病頓消其效如神

近日假冒甚多貽誤匪鮮本局有鑒及此爰於民國二十五年起更換電板加印註冊金象商標以防奸人弄欒用者幸垂詧焉

開設福州市下南路只此一家老鋪並無分開

概不退換

民国福州浙江吴回春药局

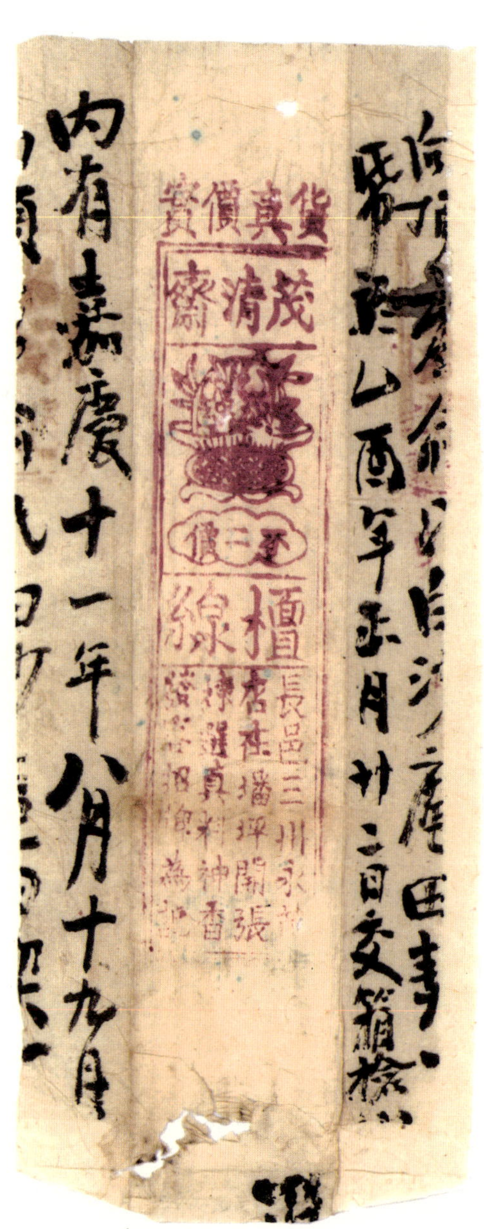

民国初汀州茂清斋檀线

上海分此
LUN HUA TAI CO.
綸華泰
本號專運
國產綢緞
顧繡禮服
新花絲葛
異樣紗羅
瀏陽夏布
各口皮
美呢絨
嗶嘰羽
式花邊
名目繁多
不及細載
倘蒙惠顧
毋任歡迎
開設廈門港仔口
電話四九四號
分號鼓浪與龍頭
電話一九四號
上海寧波路宏泰紙號印

民国厦门纶华泰商号

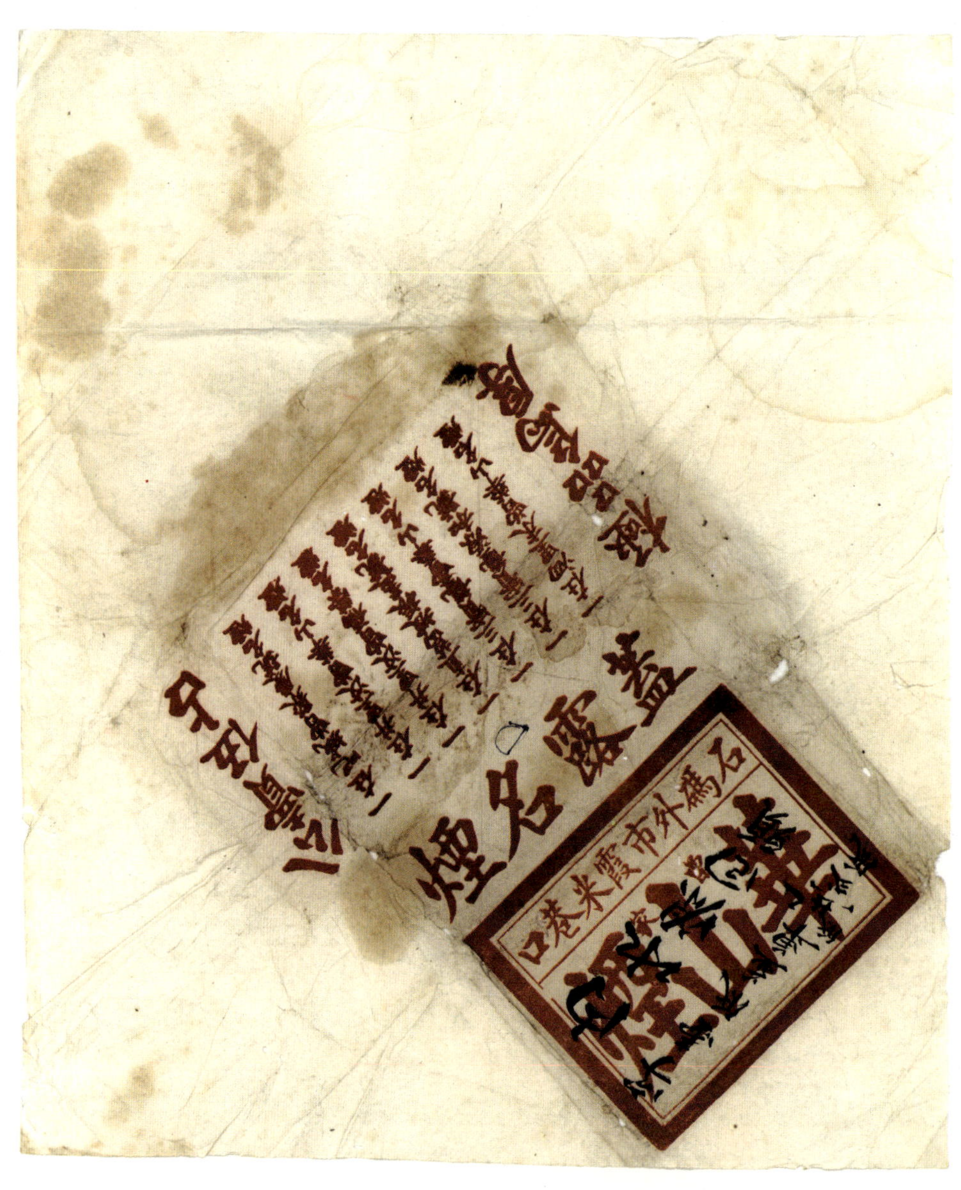

民国漳州华山烟

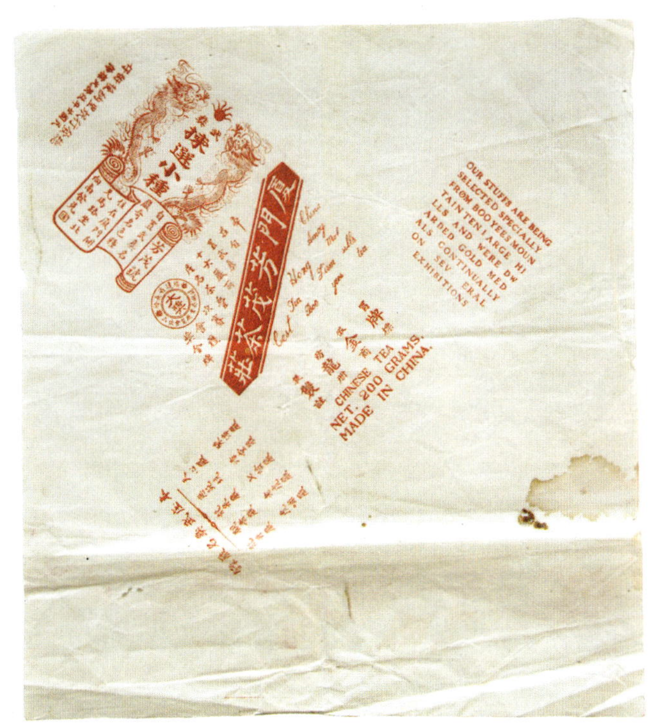

双龙金牌商标

民国厦门芳茂茶庄

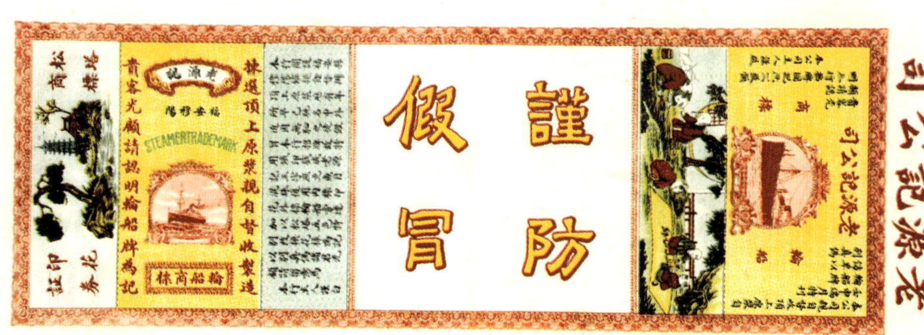

轮船商标

民国福安穆阳老源记公司

民国福州大东号靴鞋

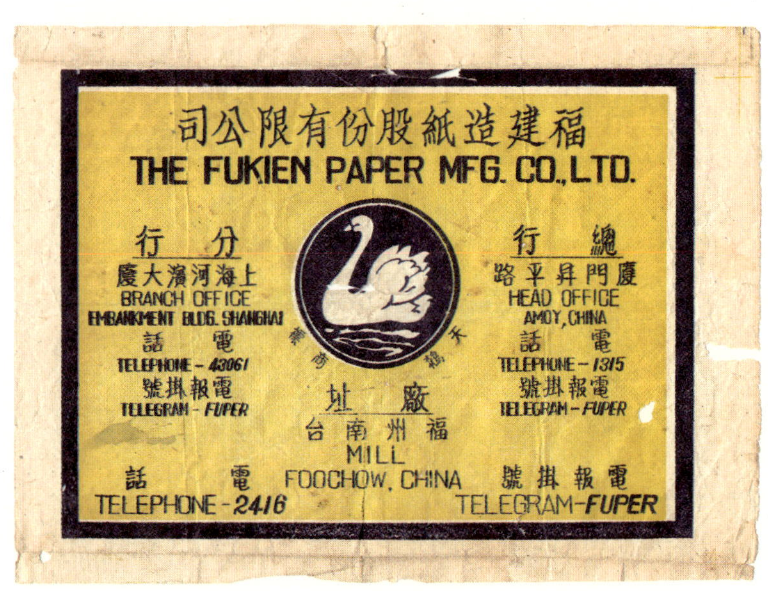

天鹅商标

民国福建造纸股份有限公司

菊花商标

民国福州机制蜡烛

牡丹商标

民国福州朱泉记

民国厦门福联兴选庄

慶壽堂

今據福州市延平路鄉干僅校
婕母林氏
稱係 君年陸拾壹歲
堂畢業出為承友業已照章報納
本堂喜金茲經本堂第七期開報百壽軒應
請予照章撥報華納軒款國幣八千元正經
調查確實應給予憑證百歲之日許其覓保
到堂支領國幣壹拾萬元正如有冒領等情
着保支人負責此據

不字肆陸號

君

保

民國卅六年歲次丁亥閏二月初十日 給

金融证券

老证券是重要的金融史料，而且极具观赏性。福建省图书馆收藏的早年福建省金融证券，主要品种就包括了当票、老股票(约)、基金券和保险单，以及相关的其他资料。这里展示的闽省老证券，如汀漳龙始兴长途汽车股份有限公司股票、振成蚬埕股份执照及二十世纪五十年代的合作社股票，还有福州商办小保险的「执照」或「寿券」等，具有浓郁的福建地方特色，可以说是颇为珍罕的地方金融史料。

始興公司章程摘要
第十條　股票爲記名式將股東姓名籍貫註明股東以中華民國籍爲限認定之股即照票上原股東姓名分配利益若押抵或賣渡與外國人概作無效
第十一條　凡頂買本公司股分者應向公司過户註冊換取新票如未曾過户公司祇認冊上之股東姓名爲合律股東倘有轇轕由該股東自行處理
第十二條　股東如因股票污損或欲將股分合換取新票時須將原票向公司聲明理由方得換給
第十三條　股東如有股票遺失須將票號銀額及遺失情由報告公司一面自行登報經三閱月無異議始得由公司補給股票

背面

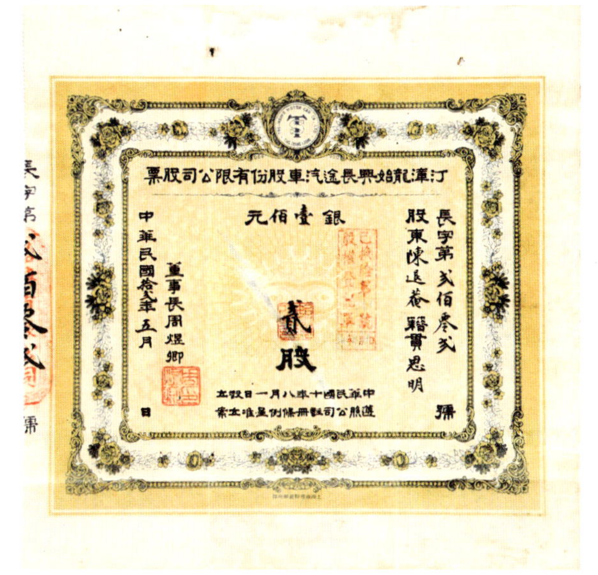
汀漳龍始興長途汽車股份有限公司股票
長字第弍佰叁弍號
股東陳逘蕃　籍貫思明
銀壹佰元
貳股
董事長周煜卿
中華民國叁年五月　日
中華民國十八年一月一日設立
遵照公司註冊條例呈准立案

正面

汀漳龙始兴长途汽车股份有限公司股票(整股票)

民国12年(1923)该公司制发

规格：23.9×24.3厘米

汀漳龙始兴公司股票的背面列印有《始兴公司章程摘要》

民国6年(1917)，漳州当地绅商募股筹设漳码汽车始兴公司，民国7年(1918)，公司遂改称漳浮汽车始兴公司。

民国10年(1921)，公司向国民政府农工商部注册，改用全称汀漳龙始兴长途汽车股份有限公司，董事长周煜卿，部经理孙次典。后又经股东大会决议，扩股筹资达31万银元。扩股期间，漳州、石码、思明(厦门)等地绅商及海外华侨纷纷认募股份，侨资总计占了股本金额的20%。民国17年(1928)，该司调整为主营漳浮线路，旋又改名为漳浮汽车路股份有限公司。

1949年9月19日，漳州解放，新政府即成立了漳州公私汽车联营处，调度军运民行。至1952年10月，漳浮汽车路公司由国营运输公司赎买。至1954年4月，由国营漳州运输公司赎买毕，全面开展新的交通运输事业。

汀漳龙始兴长途汽车股份有限公司息折

(股东：胡开泰)

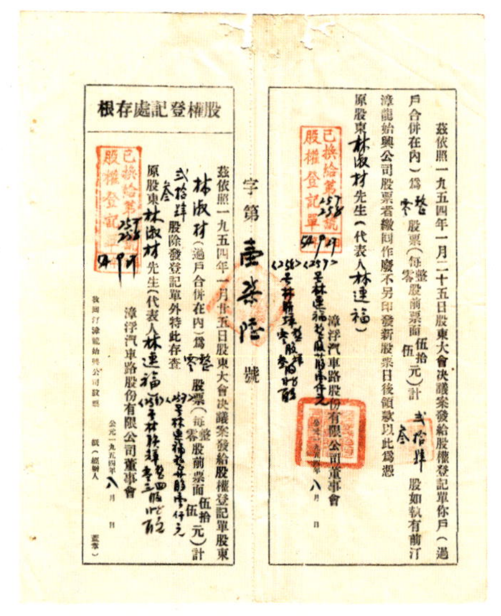

股權登記處存根

字第 號

茲依照一九五四年一月廿五日股東大會決議案發給股權登記單股東林淑材（過戶合併在內）爲整零股票（每整股前票面伍拾元 零股前票面伍元）計弍拾肆 叁股除發登記單外特此存查

原股東林淑材先生（代表人林達福）

漳浮汽車路股份有限公司董事會

公元一九五四年八月 日

茲依照一九五四年一月二十五日股東大會決議案發給股權登記單你戶（過戶合併在內）爲整零股票（每整股前票面伍拾元 零股前票面伍元）計弍拾肆 叁股如執有前汀漳龍始興公司股票者繳回作廢不另印發新股票日後領款以此爲憑

原股東林淑材先生（代表人林達福）

漳浮汽車路股份有限公司董事會

公元一九五四年八月 日

漳浮汽车路股份有限公司股权登记单暨存根

1954年漳浮公司填具

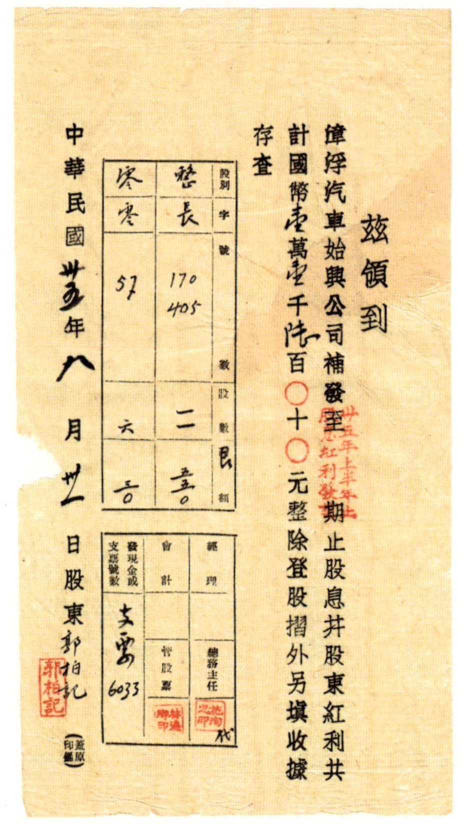

茲領到

漳浮汽車始興公司補發至卅五年上半年期止股息并股東紅利共計國幣壹萬壹千陸百〇十〇元整除登股摺外另填收據存查

股別	字號	股數	額
整	長 170 405	二	五〇
零	零 57	六	三〇

經理	會計	發現金或支票號數
總務主任	管股票	支票 6033

中華民國卅五年八月卅一日股東郭柏記（蓋原印鑑）

民国35年(1946)8月31日漳浮汽车始兴公司派发股息暨红利的单据

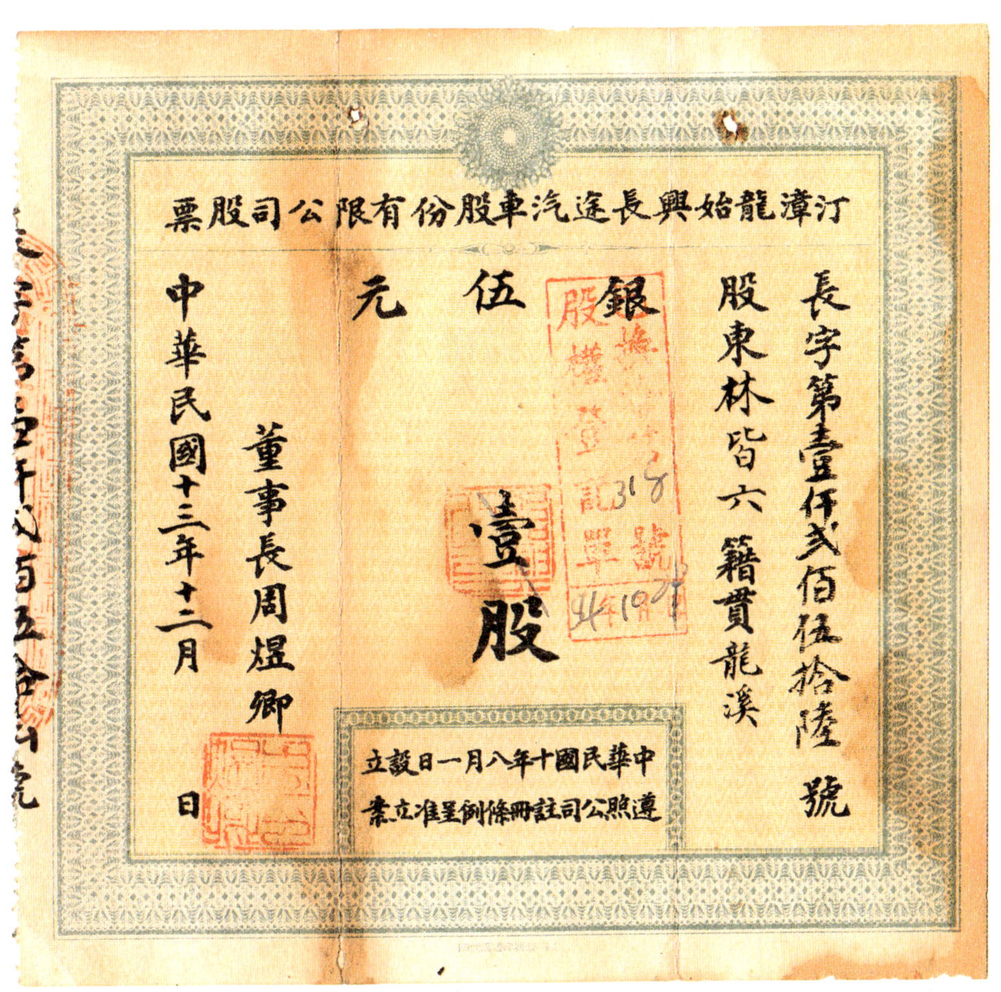

汀漳龍始興長途汽車股份有限公司股票

長字第壹仟弍佰伍拾陸號

股東林皆六 籍貫龍溪

銀伍元

壹股

董事長周煜卿

中華民國十三年十二月 日

中華民國十八年一月一日設立

遵照公司註冊條例呈准立案

汀漳龙始兴长途汽车股份有限公司股票(零股票)

民国13年(1924)该公司制发

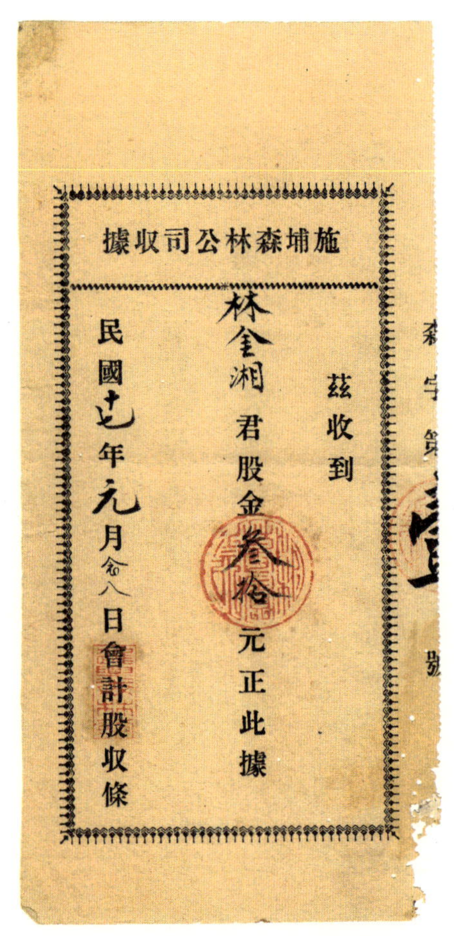
施埔森林公司收據
茲收到
林金湘君股金叁拾元正此據
民國十七年元月廿八日會計股收條

股金收据

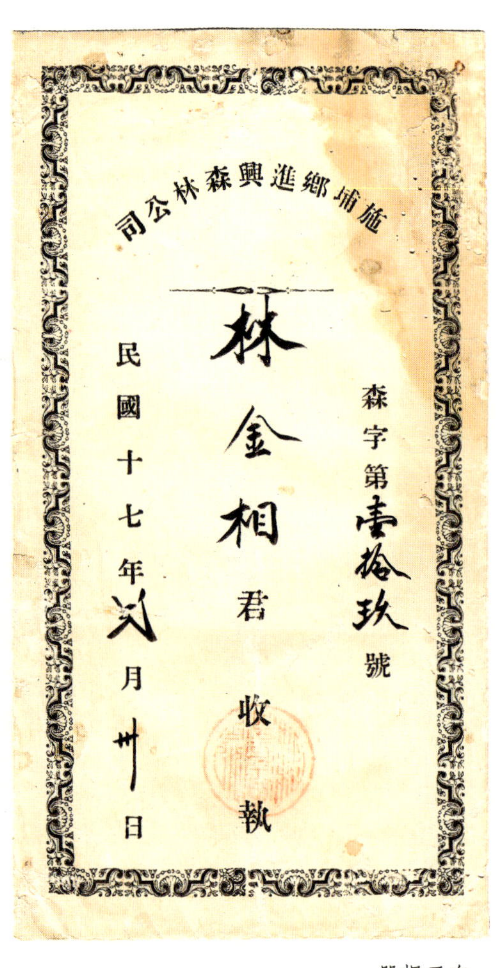
施埔鄉進興森林公司
森字第壹拾玖號
林金相君收執
民國十七年八月卅日

股据函套

福州施埔森林公司股金收据

民国17年(1928)林金相收执

规格：24.2×11.6厘米

立永遠雙方合約字

施埔進興森林公司
田主 林金相 今在

施埔洋浦墘地方栽種各種菓樹如桔柑桃等其資本及僱工等費概由公司負擔其地則由田主願許公司栽種各種菓樹本田應栽桔柑五十一桃の十八株迨菓樹收成之日雙方各半分開施埔田主共の十一主所有栽各坵田或有生或無生田主統一照株分開若有單田根栽青菓收成之日對與田面主照憑洋例分收不得反言之理惟雙方約字不得爭多言少而菓樹成熟與否係乎憑天年亦不得中途翻約兩相允愿各無反悔恐口無憑立永遠雙方約字弍紙壹式各存壹紙爲據

民國拾柒年二月初十日立永遠雙方合約字

施埔進興森林公司
田主 林金相

合约

福州施埔进兴森林公司与田主林金相签立的合同，双方约定了各自的权益与责任。

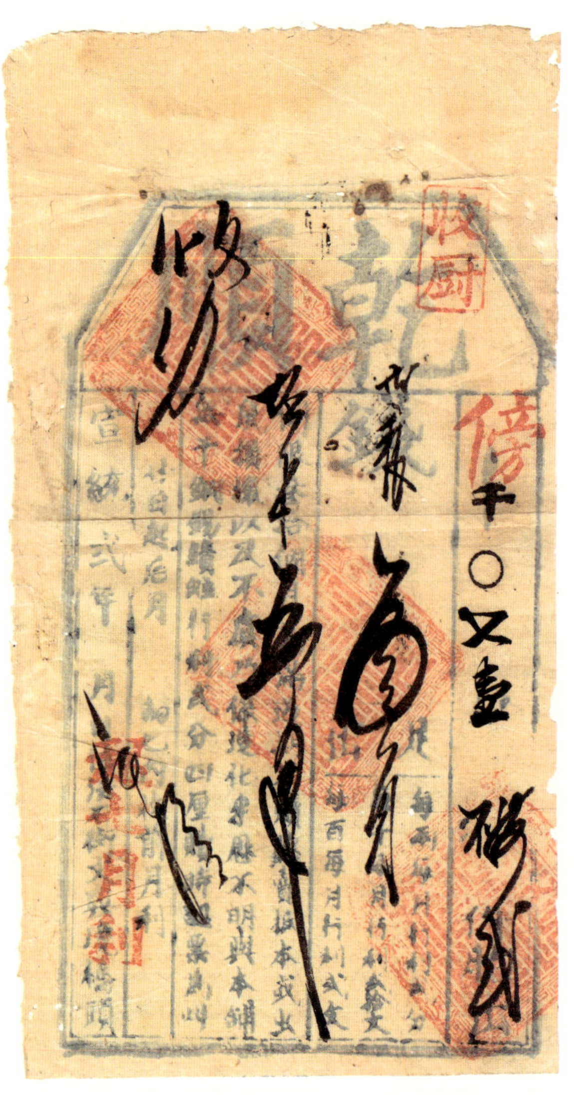

泉州乾顺当票

清宣统二年(1910)书具

规格：24.6×13.2厘米

典当是一门独特的商行，是旧时金融行业中的一种特殊业态，当票、簿记等商业文献存世者较少。此乾顺号当票为清末实用票，借此可以管窥当年典当行的作业形式。

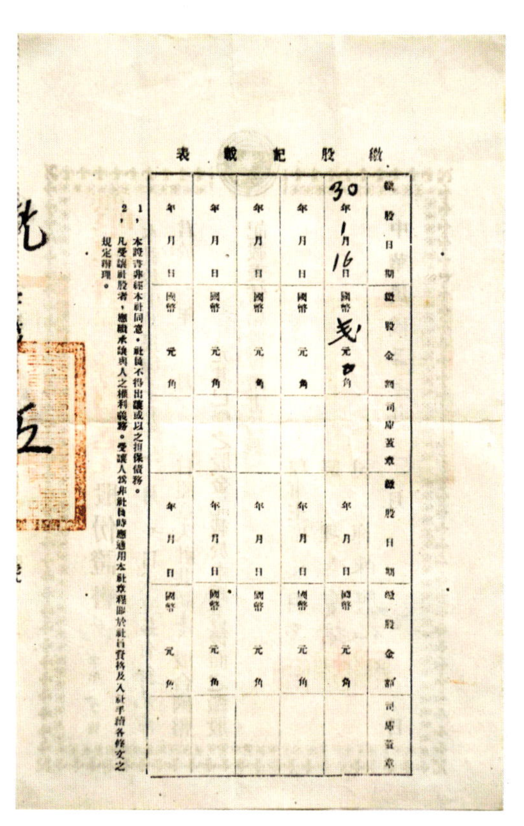

繳股記載表

繳股日期	繳股金數	司庫簽章	繳股日期	繳股金數	司庫簽章
30年1月16日	國幣叁元0角		年月日	國幣 元 角	
年月日	國幣 元 角		年月日	國幣 元 角	
年月日	國幣 元 角		年月日	國幣 元 角	
年月日	國幣 元 角		年月日	國幣 元 角	
年月日	國幣 元 角		年月日	國幣 元 角	

1、本證書非經本社同意，社員不得出讓或以之担保債務。

2、凡受讓社股者，應繼承讓與人之權利義務，受讓人營非社員時應適用本社章程關於社員資格及入社手續各條文之規定辦理。

背面：缴股记载表

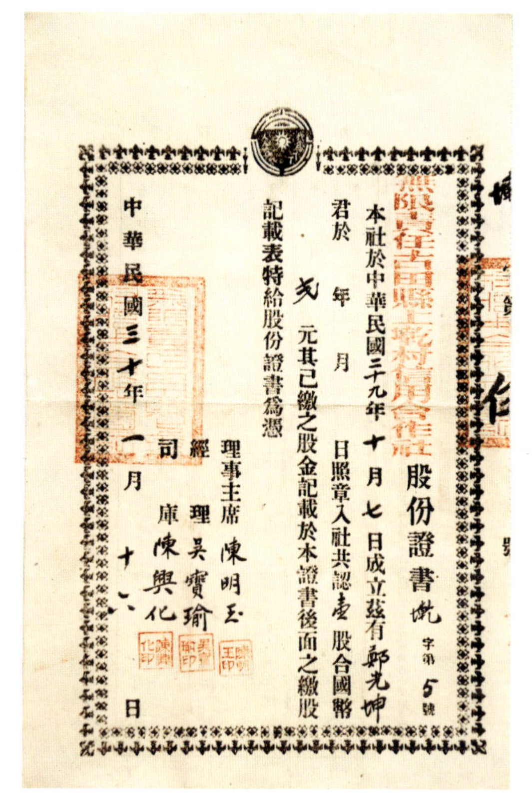

無限責任古田縣上墘村信用合作社 股份證書 字第 5 號

本社於中華民國二十九年 十 月 七 日成立茲有 鄭光坤

君於 年 月 日照章入社共認壹股合國幣

叁 元其已繳之股金記載於本證書後面之繳股

記載表特給股份證書為憑

理事主席 陳明玉

經 理 吳寶瑜

司 庫 陳興化

中華民國三十年 一 月 十六 日

正面：股份证书

无限责任古田县上墘村股份证书

民国30年(1941)制发

规格：26.2×16.9厘米

遠。

(4)退股規則：自成約日起，各股東宜守約從公，不得無故讓退。如有特殊情形，須向本堂聲明理由，由各股東如無意承受，方讓與其他，惟接承人須經各股東認為合格，允予便方出讓，如不允，否則無效。

(5)对外问题：关于本堂利益，被其他侵害，各股東應群力應付，所耗之款，則由本堂開支，不得懷私挾嫌，假公濟私，如有此舉，公同議責。

中華民國卅一年九月望日立聯財合約字據成蚬埕公司

股東

黄鳴飛　黄有國

黄人桐　黄元棠

黄人椿　黄寶炎

黄人蓋 黄人焘　合順興號

黄文新　黄樵岩

黄文龍　林宏書

黄文寶　林宜夏

黄文財　林宜慶

黄文璇

擬稿校對黄伯魁

代筆黄秀新生

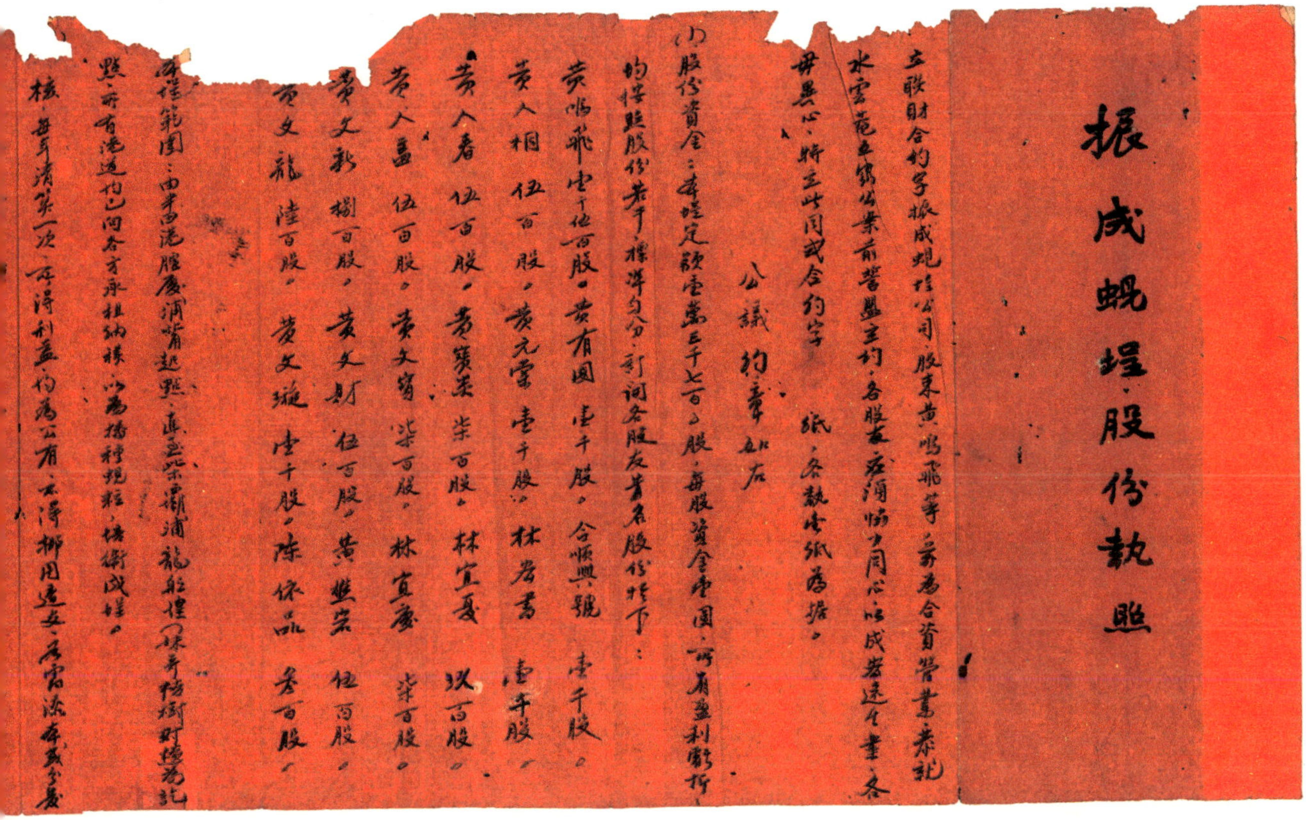

振成蚬埕股份执照

民国31年(1942)闽侯黄鸣飞等书立

规格：22.6×85.4厘米

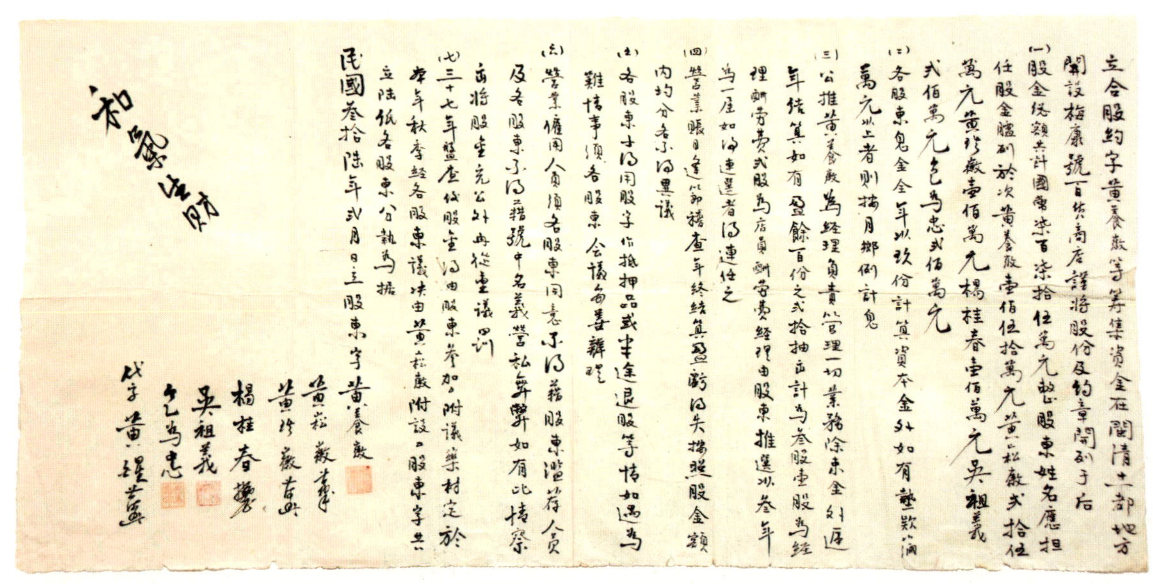
立合股约字黄养敷等筹集资金在闽清六都坝方开设梅康号百货商店谨将股份及约章开列于后
(一)股金总额共计国币柒百柒拾伍万元整股东姓名应担任股金胪列于次黄养敷壹佰伍拾万元黄松敷贰拾伍万元黄修薇壹佰伍万元杨桂春壹佰万元吴祖义贰佰万元包为忠贰佰万元
(二)各股东息金全年以玖份计算资本金外如有垫款满万元以上者则按月乡例计息
(三)公推黄养敷为经理负责管理一切业务除东金外还年结算如有盈余百份之贰拾抽出计为叁股壹股为经理酬劳费贰股为店员酬劳费经理由股东推选以叁年为一届如得连选者得连任之
(四)营业账目逐以节稽查年终结算盈亏得失按照股金额内均分各不得异议
(五)各股东不得用股字作抵押品或半途退股等情如遇为难情事须各股东会议而善办理
(六)营业雇用人员须各股东同意不得藉股东滥荐人员及各股东不得藉号中名义营私舞弊如有此情察出将股金充公外再从重议罚
(七)三十七年盘查后股金得由股东参加附议药材定于本年秋季经各股东议决由黄松敷附设股东字共立陆纸各股东分执为据
民国叁拾陆年贰月 日立股东字 黄养敷
黄松敷
黄修薇
杨桂春
吴祖义
包为忠
代字 黄[illegible]
和气生财

闽清县梅康号百货商店股份合约

民国36年(1947)书立

规格：25.5×53厘米

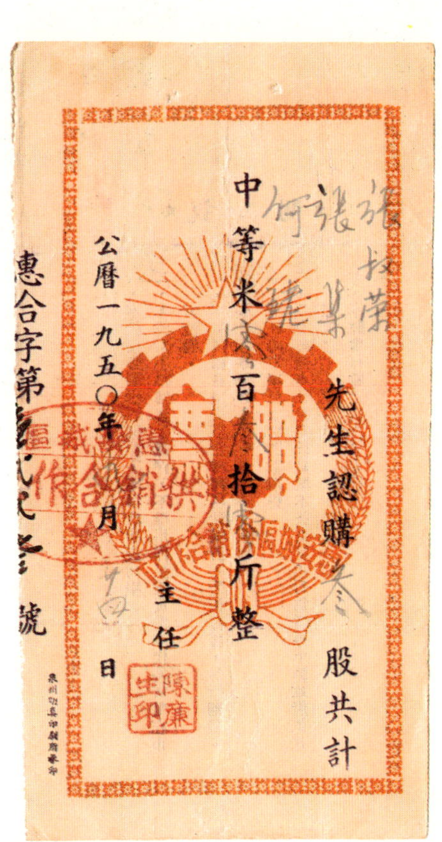
惠合字第 號
中等米 百 拾 斤整
先生認購 股共計
公曆一九五〇年 月 日
主任 陳康生印

惠安城区供销合作社股票(1950年)

这是一枚20世纪50年代初的合作社股票，是以大米折实入股，反映出了新中国建立初期社会经济发展的困难，而人民群众仍然踊跃支持、积极参加新中国建设。

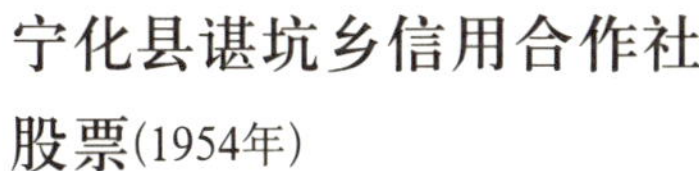

宁化县谌坑乡信用合作社股票(1954年)

大田县八区供销合作社股票(1953年)

清流县第四区供销合作社股票(1953年)

新中国成立后的福建农村合作社股票，在设计方面很有自己的特色，尤其是印制有毛泽东像的股票，堪称为中国金融证券史上的经典之作。如上三款印有毛泽东像的合作社股票(实用券)，就分别代表了福建三明地区农村信用社与供销社股票的两种设计风格。

漳平县(乡)农业社信用部股票(1958年)

平和县第六区供销合作社股票(1954年)

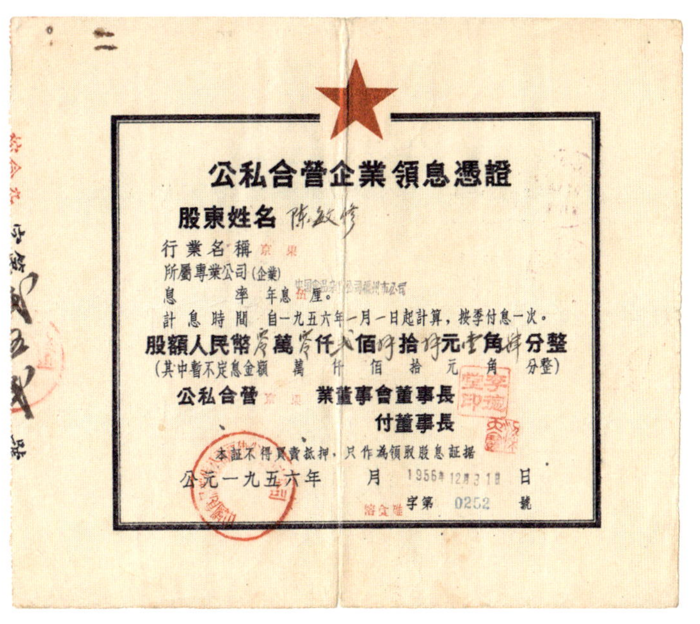

公私合營企業領息憑證

股東姓名

行業名稱

所屬專業公司（企業）

息　率　年息　厘。

計息時間　自一九五六年一月一日起計算，按季付息一次。

股額人民幣　萬　仟　佰　拾　元　角　分整

（其中暫不定息金額　萬　仟　佰　拾　元　角　分整）

公私合營　業董事會董事長

付董事長

本証不得買賣抵押，只作為領取股息証据

公元一九五六年　月　日

字第 0252 號

正面

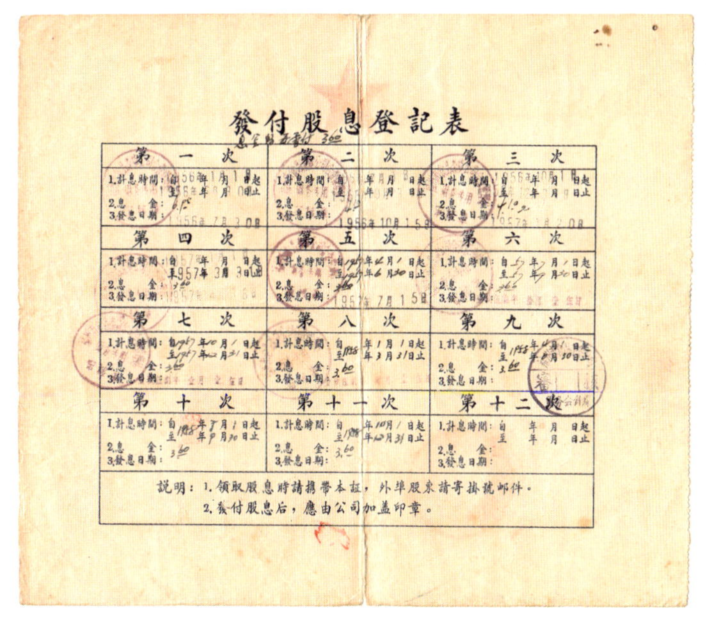

發付股息登記表

第一次	第二次	第三次
1.計息時間：自　年　月　日起 至　年　月　日止 2.息　金： 3.發息日期：	1.計息時間：自　年　月　日起 至　年　月　日止 2.息　金： 3.發息日期：	1.計息時間：自　年　月　日起 至　年　月　日止 2.息　金： 3.發息日期：
第四次	**第五次**	**第六次**
1.計息時間：自　年　月　日起 至　年　月　日止 2.息　金： 3.發息日期：	1.計息時間：自　年　月　日起 至　年　月　日止 2.息　金： 3.發息日期：	1.計息時間：自　年　月　日起 至　年　月　日止 2.息　金： 3.發息日期：
第七次	**第八次**	**第九次**
1.計息時間：自　年　月　日起 至　年　月　日止 2.息　金： 3.發息日期：	1.計息時間：自　年　月　日起 至　年　月　日止 2.息　金： 3.發息日期：	1.計息時間：自　年　月　日起 至　年　月　日止 2.息　金： 3.發息日期：
第十次	**第十一次**	**第十二次**
1.計息時間：自　年　月　日起 至　年　月　日止 2.息　金： 3.發息日期：	1.計息時間：自　年　月　日起 至　年　月　日止 2.息　金： 3.發息日期：	1.計息時間：自　年　月　日起 至　年　月　日止 2.息　金： 3.發息日期：

說明：1.領取股息時請携帶本証，外埠股東請寄掛號郵件。
2.發付股息后，應由公司加蓋印章。

凭证背面钤盖有历年分红派息的章记

公私合营企业领息凭证

1956年中国食品杂货公司福州市公司制发

规格：21.4×24.8厘米

正面

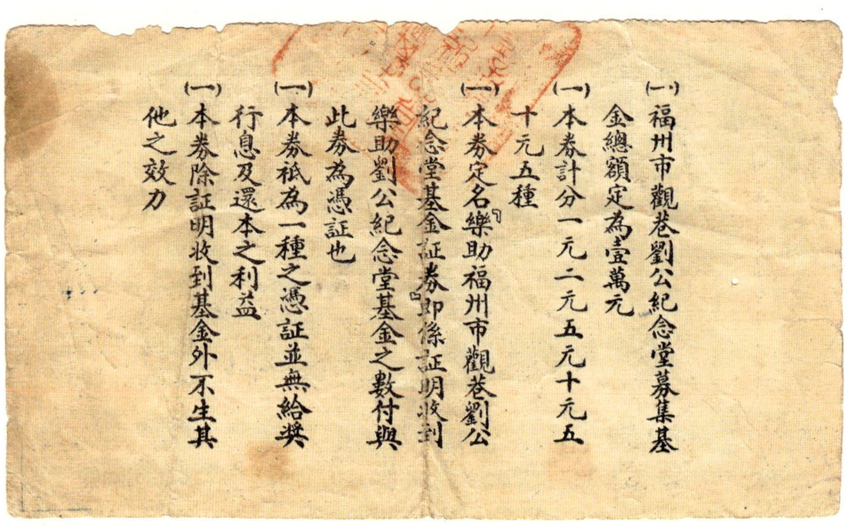

一福州市觀巷劉公紀念堂募集基金總額定為壹萬元

一本券計分一元二元五元十元五十元五種

一本券定名『樂助福州市觀巷劉公紀念堂基金証券』即係証明收到樂助劉公紀念堂基金之數付與此券為憑証也

一本券祇為一種之憑証並無給獎行息及還本之利益

一本券除証明收到基金外不生其他之效力

背面：条例摘要

乐助福州市观巷刘公孟混纪念堂基金证券

民国18年(1929)制发

规格：10.5×18.2厘米

閩侯書紙業

東友互助百壽會執照

甲班第 拱 號

楊 君立偉惠存

世 原氏

函套

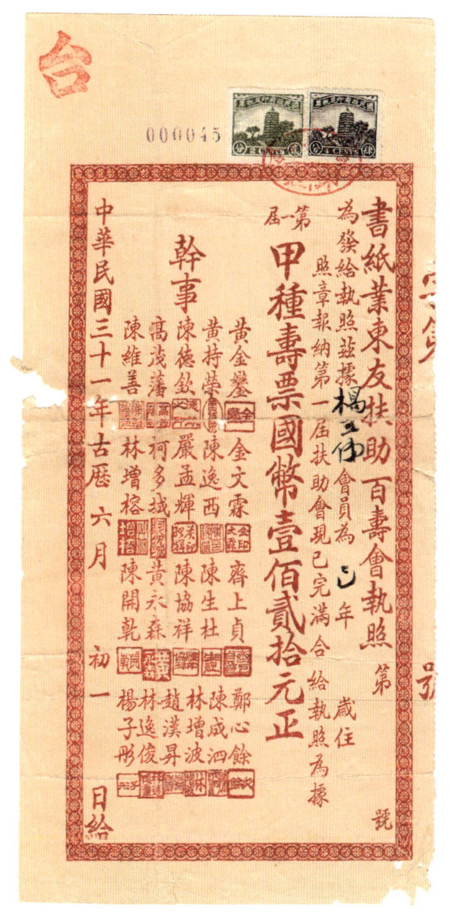

台

000045

書紙業東友扶助百壽會執照　第　號

為發給執照茲據楊立偉會員為　年　歲住

照章報納第一屆扶助會現已完滿合給執照為據

第一屆

甲種壽票國幣壹佰貳拾元正

幹事

黃金鑾　金文霖　薛上貞　鄭心餘

黃持榮　陳逸西　陳生杜　陳成泗

陳德欽　嚴孟輝　陳協祥　林增波

高浅藩　柯多城　黃永森　趙漢昇

陳維善　林增裕　陳開乾　林逸俊　楊子彤

中華民國三十一年古歷　六月　初一　日給

甲种寿票

闽侯县书纸业东友互(扶)助百寿会执照暨函套(第一届)

民国31年(1942)制发

规格：26.7×12.9厘米

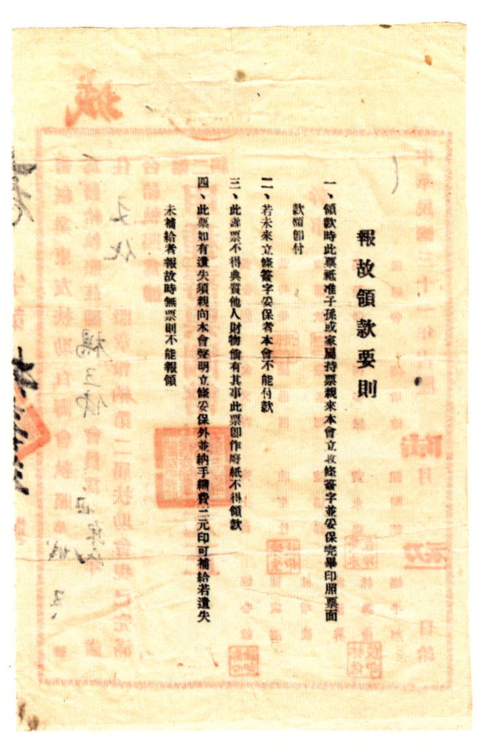

報故領款要則

一、領款時此票紙准子孫或家屬持票親來本會立收條簽字並妥保完畢印照票面款額照付

二、若未來立條簽字妥保者本會不能付款

三、此壽票不得典質他人財物倘有其事此票即作廢紙不得領款

四、此票如有遺失須親向本會聲明立條妥保外並納手續費二元印可補給若遺失未補給者報故時無票則不能報領

背面：报故领款要则

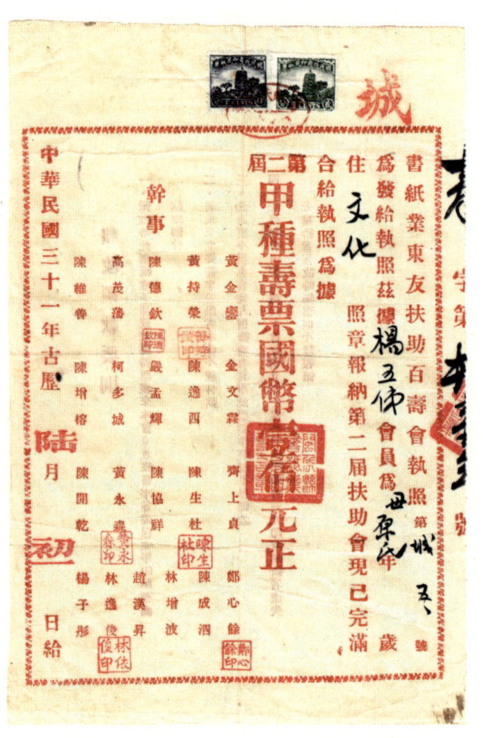

書紙業東友扶助百壽會執照第 城 號

為發給執照茲據 楊五伸 會員為 歲

住 文化 照章報納第二届扶助會現已完滿

合給執照為據

第二屆 甲種壽票國幣 元正

幹事

黃金鑾 金文霖 齊上真 鄭心餘

黃持榮 陳逸西 陳生杜 陳成泗

陳德欽 嚴孟輝 陳協群 林增波

高茂藩 柯多城 黃永鑫 趙漢昇

陳維春 陳增榕 陳開乾 林逸俊

楊子彤

中華民國三十一年古歷陸月初 日給

甲种寿票

闽侯县书纸业东友扶助百寿会执照(第二届)

民国31年(1942)制发

规格：25.6×17.1厘米

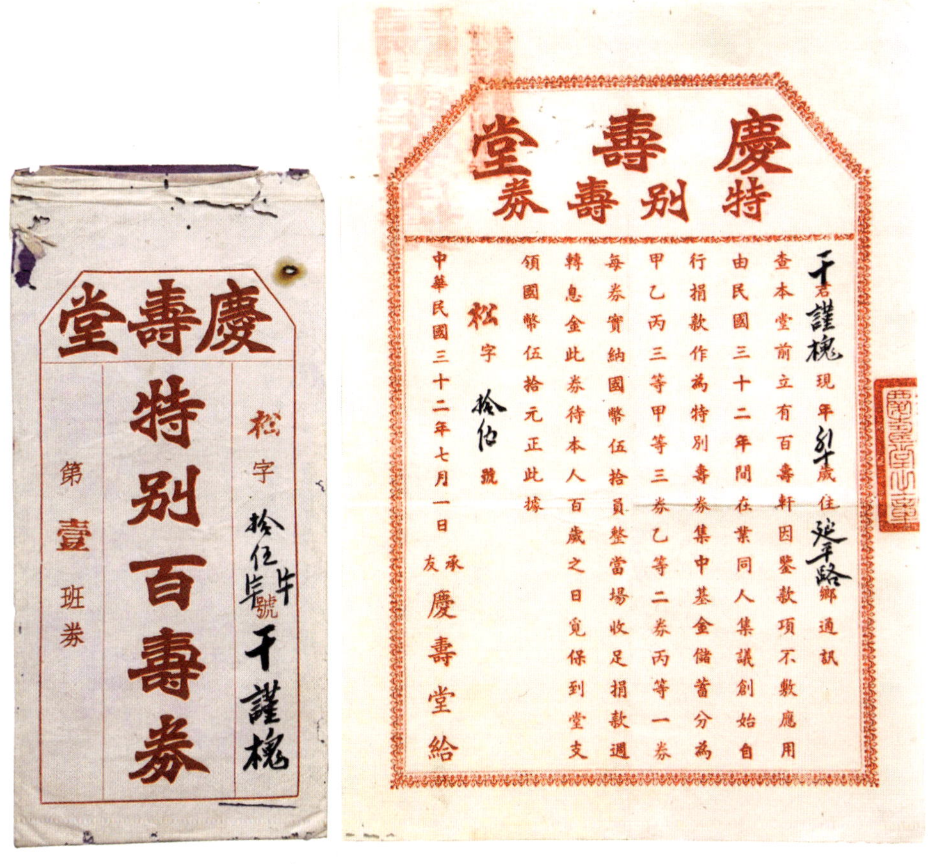

函套　　　　正面

庆寿堂特别寿券暨函套

民国32年(1943)福州庆寿堂制发

规格：25.3×17.8厘米

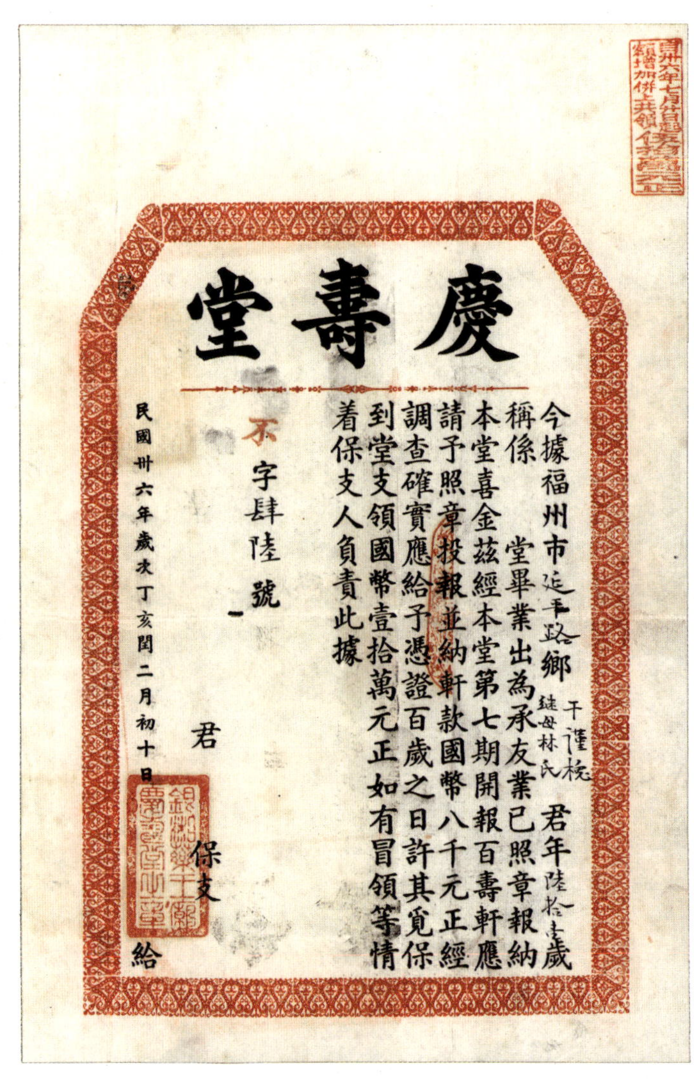
慶壽堂

今據福州市延平路鄉
稱係　堂畢業出為承友業已照章報納
本堂喜金茲經本堂第七期開報百壽軒應
請予照章投報並納軒款國幣八千元正經
調查確實應給予憑證百歲之日許其覓保
到堂支領國幣壹拾萬元正如有冒領等情
着保支人負責此據

不字肆陸號

民國卅六年歲次丁亥閏二月初十日給

庆寿堂第七班券

民国36年(1947)福州庆寿堂制发

规格：29.5×38厘米

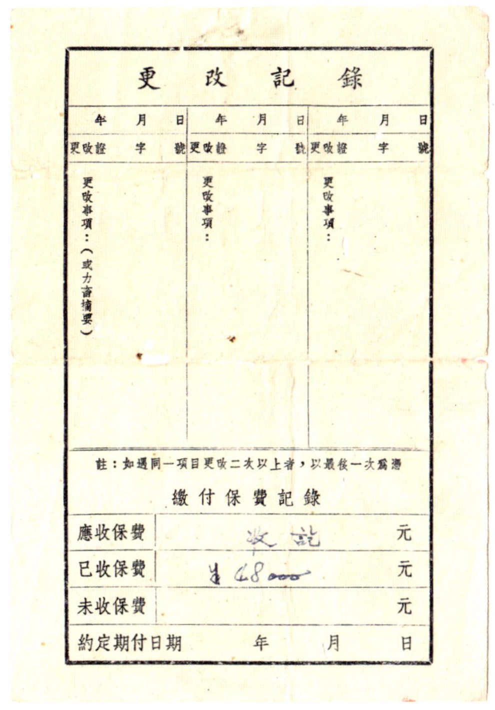

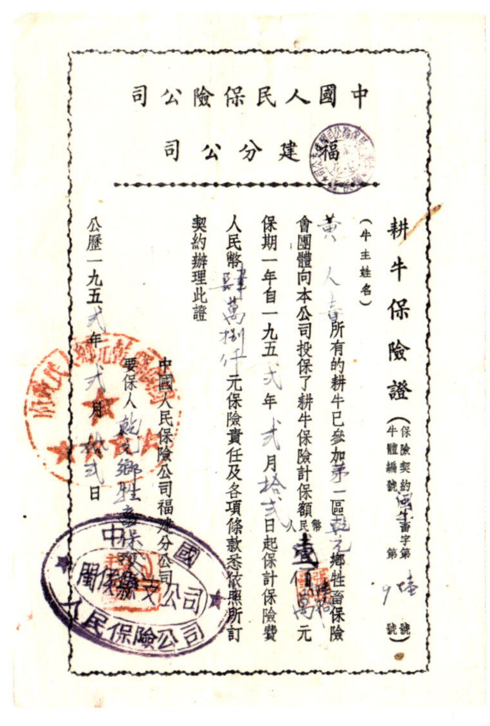

中国人民保险公司福建分公司“耕牛保险证”

1952年中国人民保险公司福建分公司制用

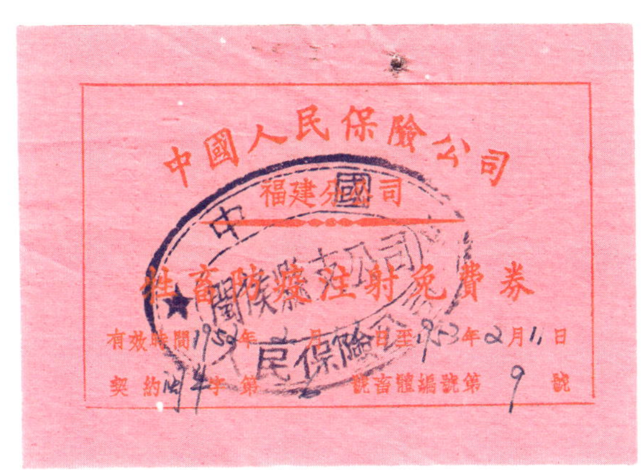

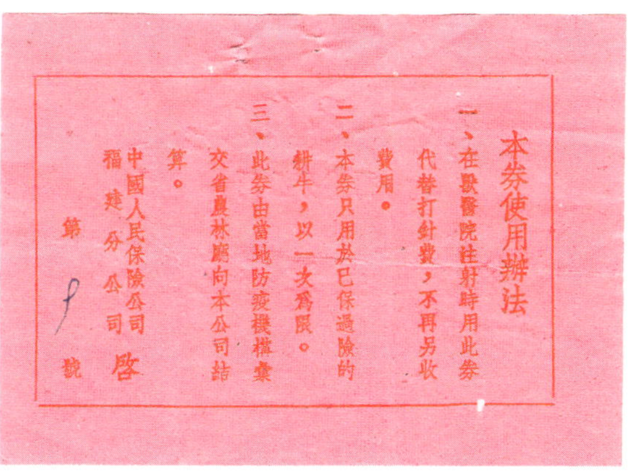

中国人民保险公司福建分公司“牲畜防疫注射免费券”

裕後
百年好合
鳳再頓首

民间文书

土地契据

土地契据在我国民间使用长达数千年，是广为流传的一种私文书，它对中国社会经济史研究具有特殊的价值。福建省图书馆土地契据文书收藏以本省的土地契据为重点，主要为明清契据，既有「白契」（未经官府纳税验印的私契），也有纳税验证的「红契」，从其内容到形式都比较丰富。本辑精选其间具有一定代表性的品种，略作推介。

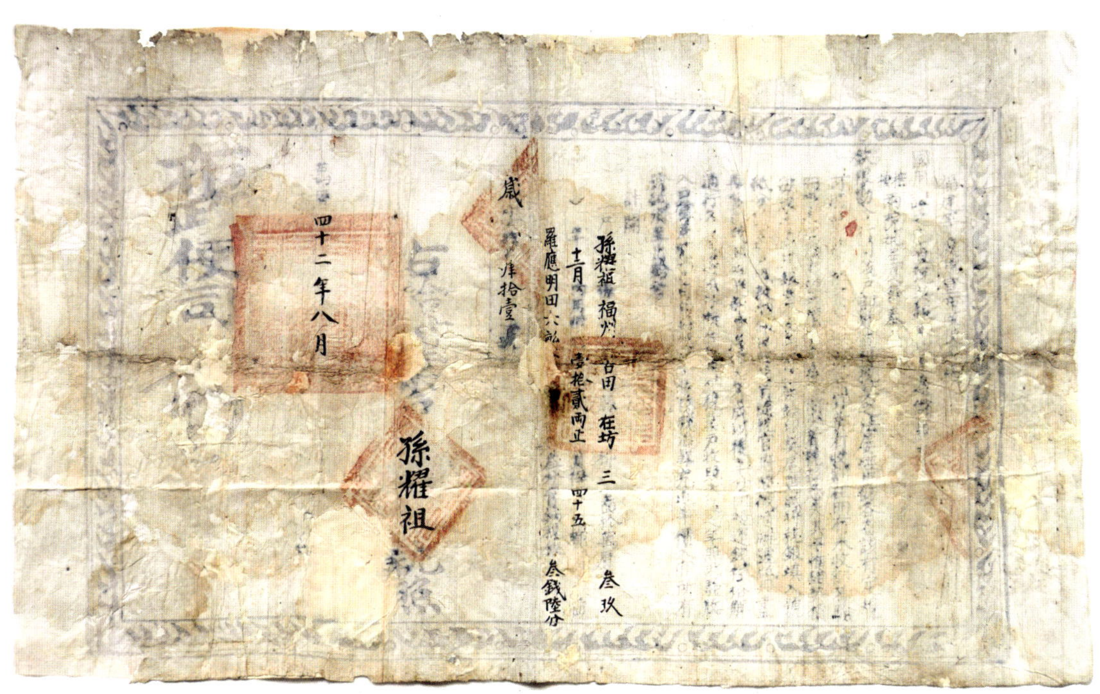

孫耀祖　福州　古田　在坊　三　叁玖

十二月

羅廳明田六畝

四十二年八月

孫耀祖

明万历四十二年(1614)古田县执照

规格：34.5×58厘米

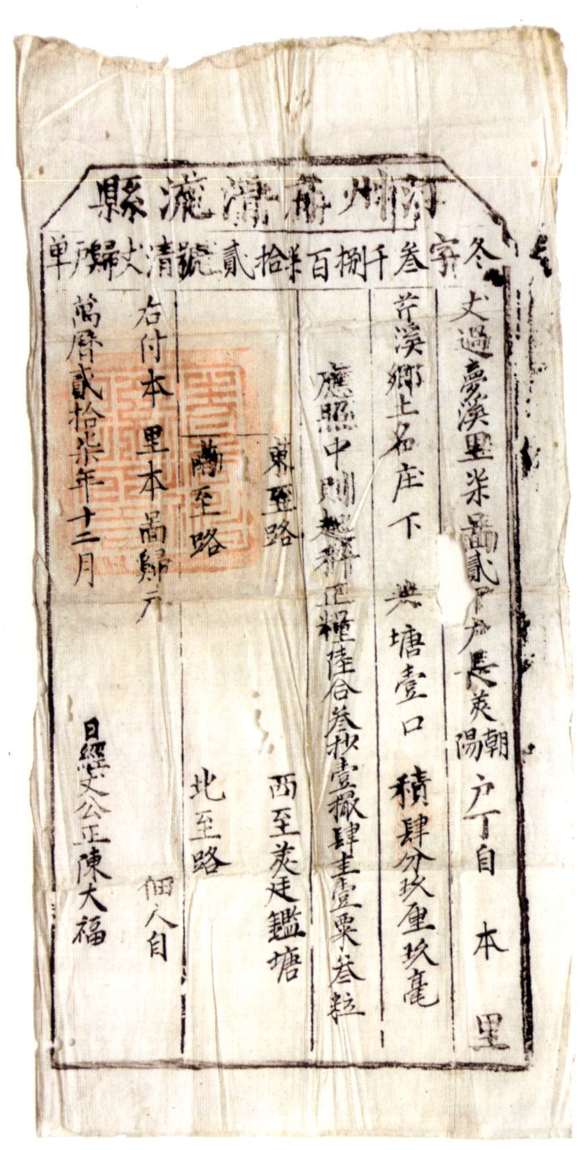

汀州府清流縣

冬字叁千捌百柒拾貳號清丈歸戶單

丈過夢溪里柒圖貳甲戶長黃朝陽戶丁自　本　里

芹溪鄉土名庄下　坐　塘壹口　積肆分玖厘玖毫

應照中則起科正糧柒合叁抄壹撮肆圭壹粟叁粒

東至路　西至黃廷鑑塘

南至路　北至路

右付本里本圖歸戶　佃人自

萬曆貳拾柒年十二月　日經丈公正陳大福

汀州府清流县清丈归户单

明万历二十七年(1599)给具

规格：32.4×16.7厘米

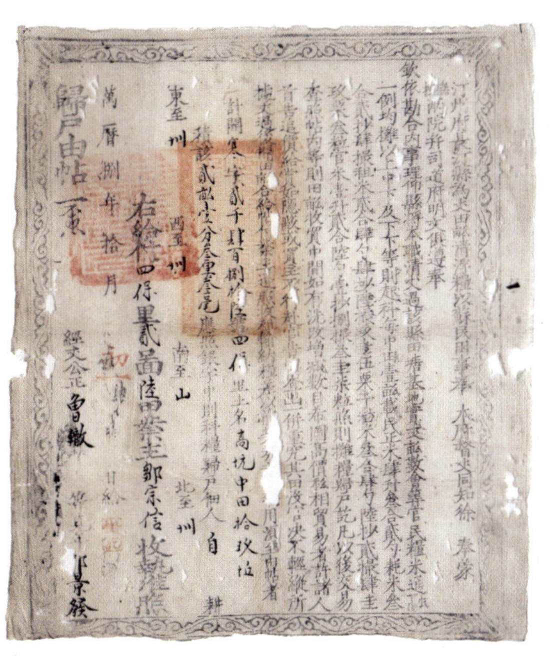

明万历八年(1580)汀州府长汀县归户由帖——中田

规格：31×27厘米

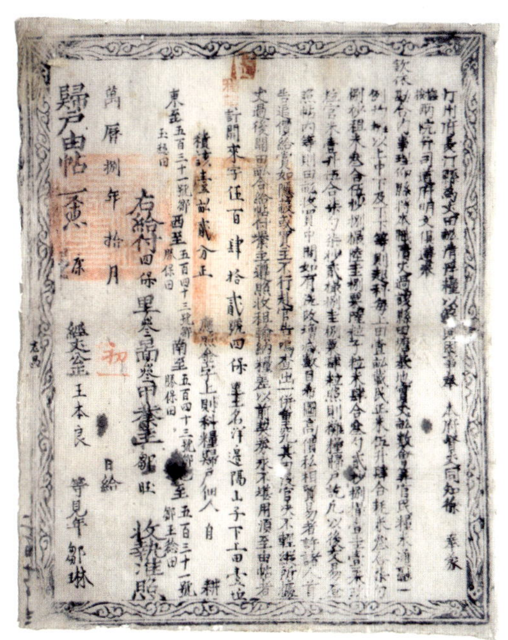

明万历八年(1580)汀州府长汀县归户由帖——上田

规格：32×25.8厘米

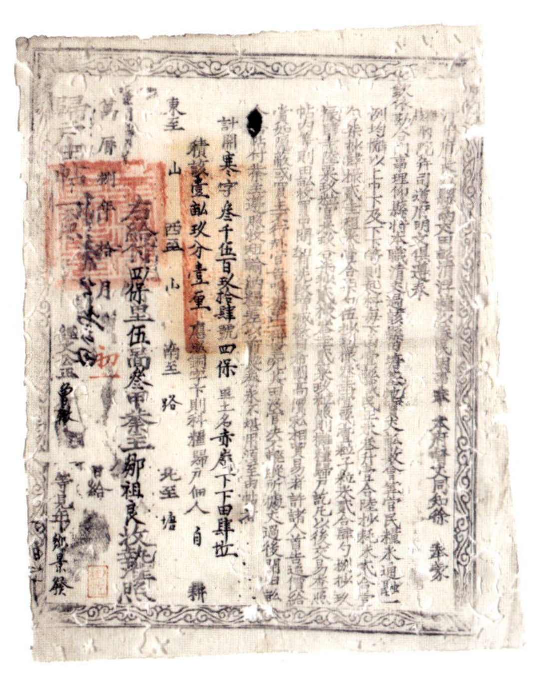

明万历八年(1580)汀州府长汀县归户由帖——下田

规格：33×26.5厘米

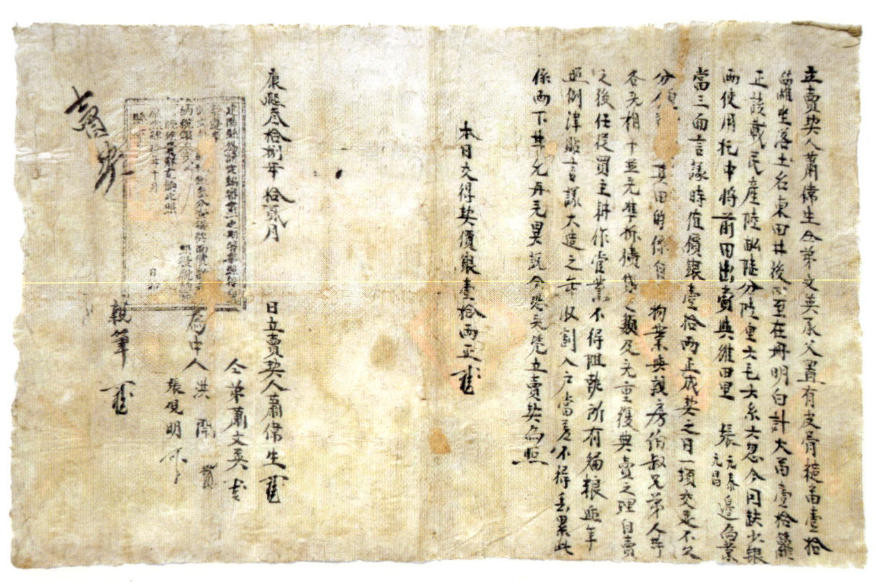

清康熙三十八年(1699)建阳县萧伟生立卖田契

规格：37.5×60.1厘米

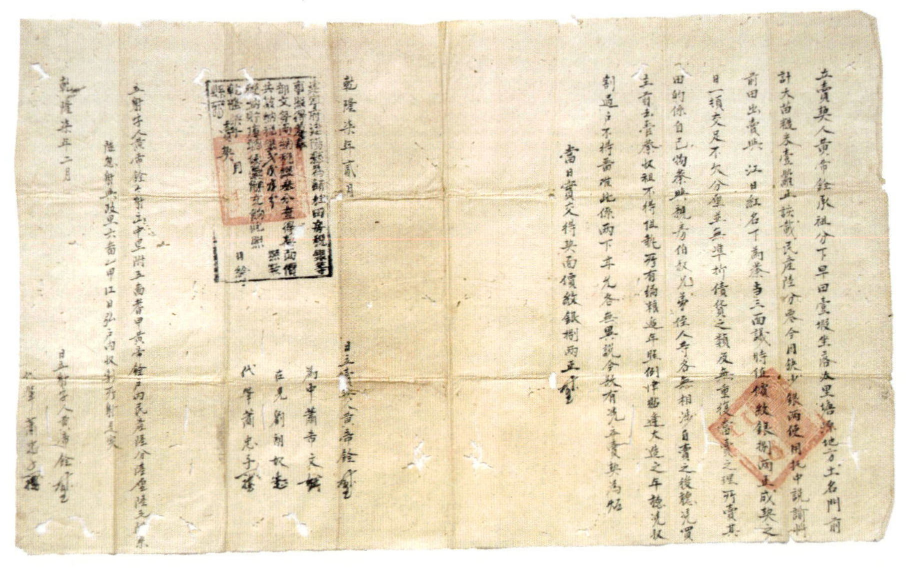

清乾隆七年(1742)建宁府建阳县黄希铨立卖田契

规格：38.6×65.6厘米

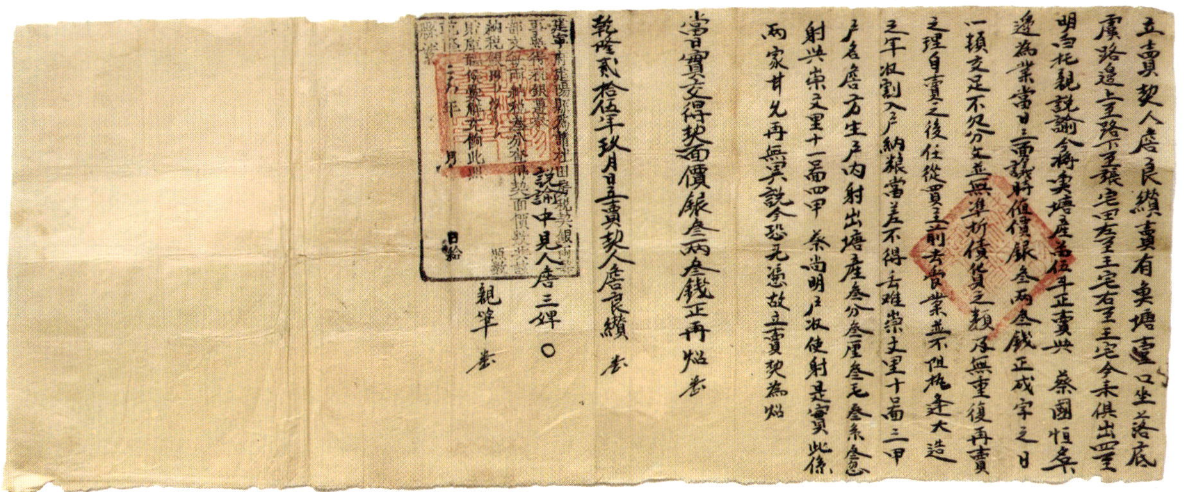

清乾隆二十五年(1761)建宁府建阳县詹良瓒立卖鱼塘契

规格：25.8×64.3厘米

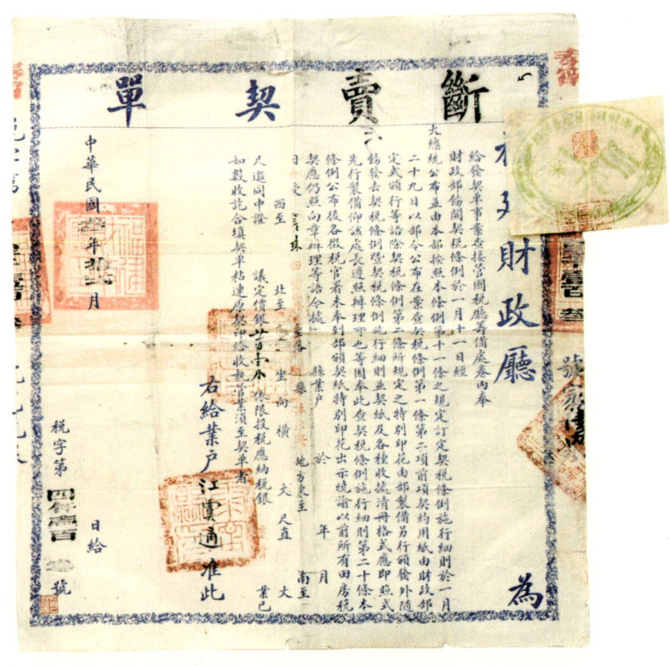

斷賣契單

福建財政廳　為

給發契單事案查接管國稅廳籌備處卷內奉
財政部飭開契稅條例於一月十一日經
大總統公布並由本部按照本條例第十一條之規定訂定契稅條例施行細則於一月
二十九日以部令公布在案查契稅條例第一條第二項前項契約用紙由財政部
定式頒行等語除契稅條例第二條所規定之特別印花由部製備另行頒發外隨
飭發去契稅條例暨契稅條例施行細則並契紙及各種收據清冊格式應即照式
先行製備仰該廳長遵照辦理可也等因奉此查契稅條例施行細則第二十條本
條例公布後各徵稅官署未奉到部頒契紙特別印花出示曉諭以前所有田房稅
契應仍照向章辦理等語合將
[illegible]縣業戶　於　年　月
日交[illegible]縣[illegible]地方東至　南至
西至　北至　坐　向　橫　丈　尺直　丈
尺邀同中證　議定價銀[illegible]依限投稅應納稅銀　業已
如數收訖合填契單粘連原契印給收執[illegible]業須至契單者

右給業戶江[illegible]通　准此

中華民國叁年[illegible]月　日給

稅字第[illegible]號

附贴一枚粤军财政分局检查印纸

福建财政厅断卖契单

民国3年(1914)填具

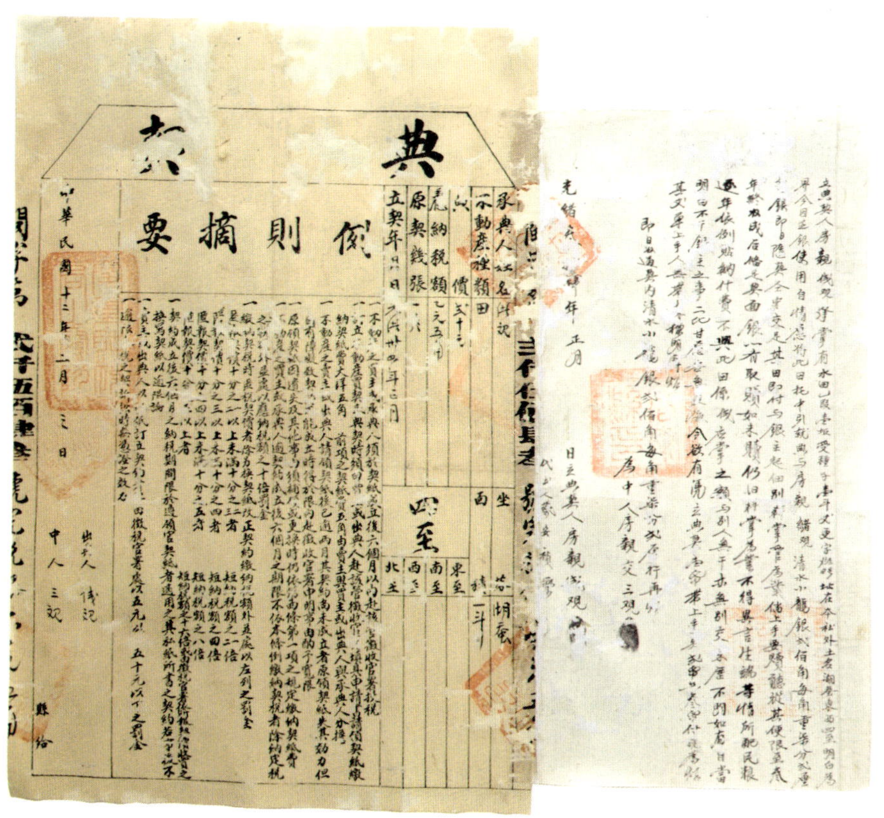

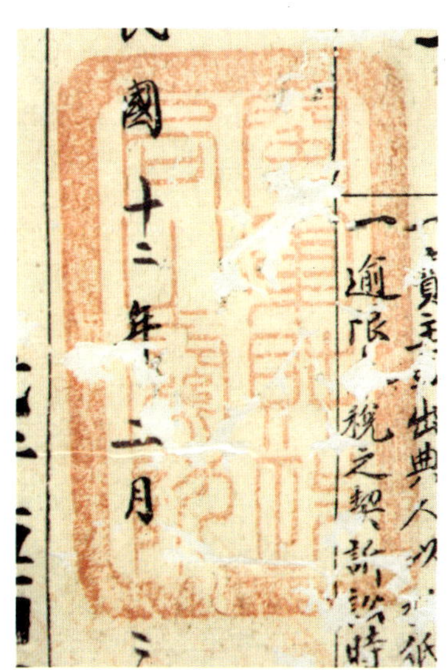

典契纸钤有“闽军财政局之关防”

清光绪三十四年(1908)立典水田契、民国12年(1923)长泰县典契纸

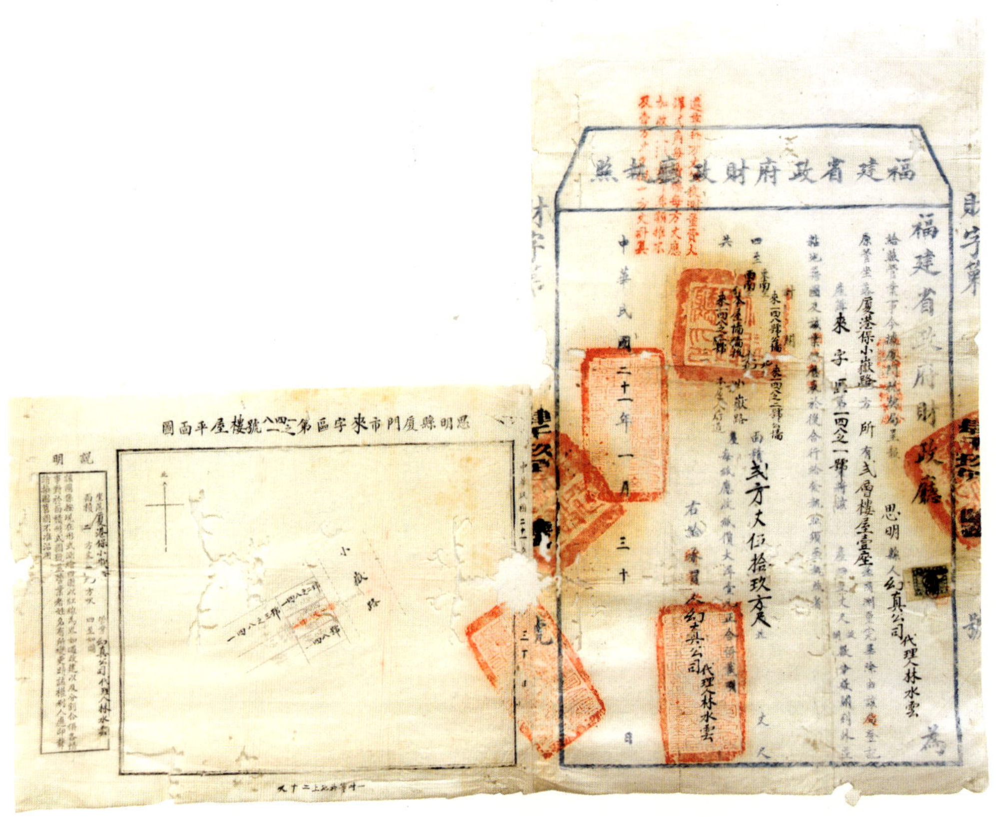
福建省政府財政廳執照

福建省政府財政廳

思明縣廈門市東字區第一四〇之一號樓屋平面圖

中華民國二十一年一月三十日

福建省政府财政厅执照

民国21年(1932)福建省政府财政厅清丈屋产执照附粘贴平面图(厦门)

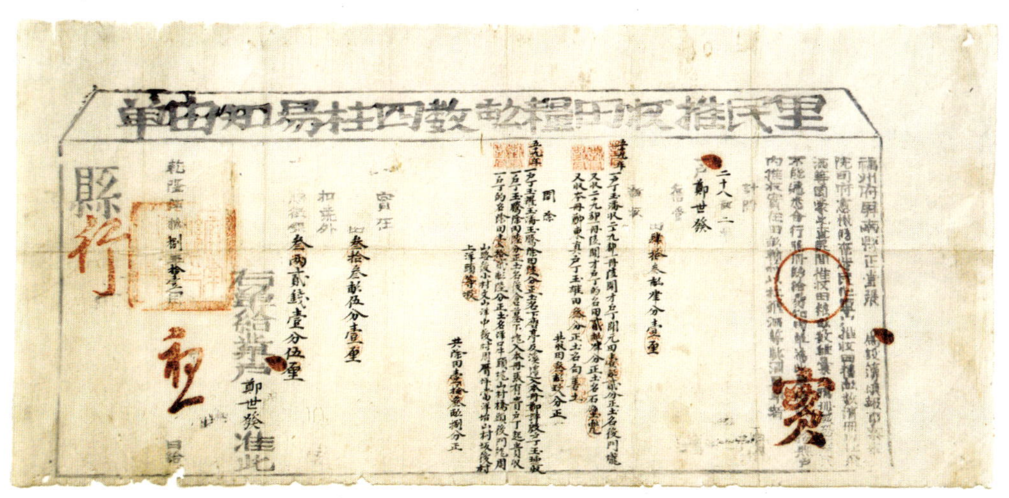

清乾隆福州府屏南县四柱易知由单

规格：28.3×60.9厘米

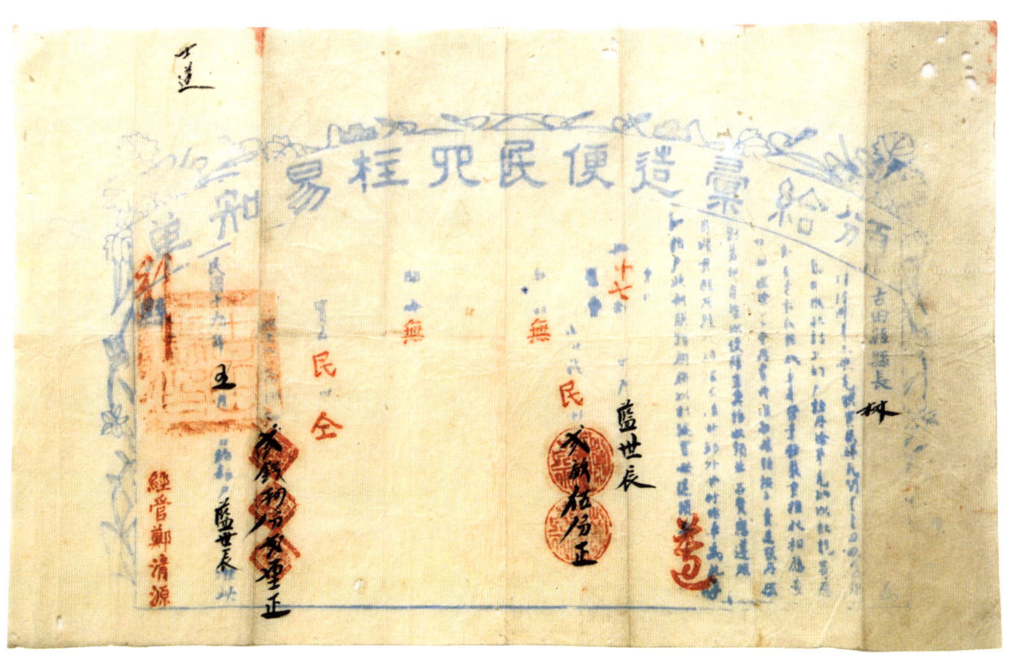

民国19年(1930)福州府古田县四柱易知由单

规格：28.8×46.2厘米

历代租税

福建省图书馆还征集与保存有较多的明清以来历代赋税、租佃的单据，今甄选出部分有代表性的此类租、税的票据，在此展示，以为研学者参鉴。

糧戶存照

福州府古田縣正堂

雍正叁年　月

古田县粮户存照

清雍正三年(1725)福州府古田县制用

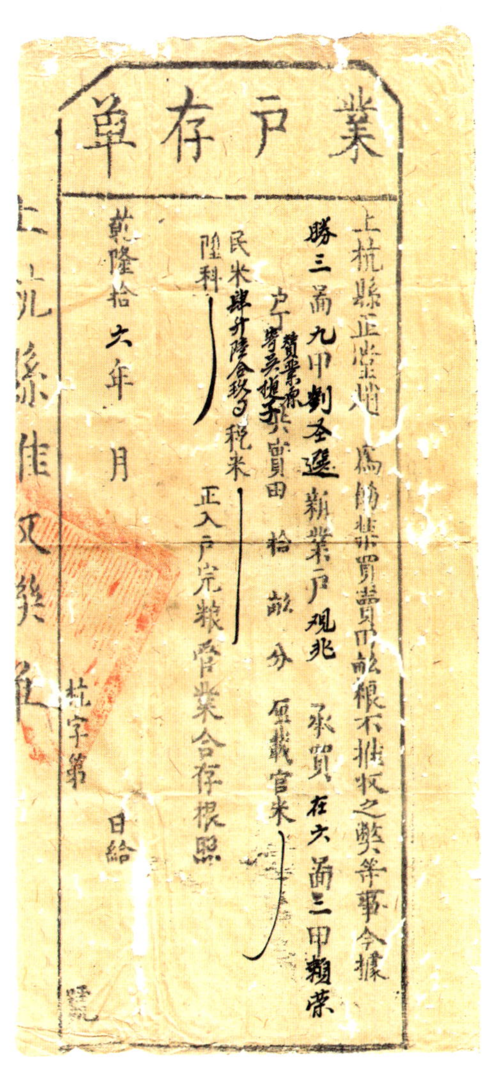

業戶存單

上杭縣正堂爲飭禁買賣田畝糧不推收之弊等事今據

乾隆拾六年　月

杭字第　　日給

上杭县业户存单

清乾隆十六年(1751)上杭县制用

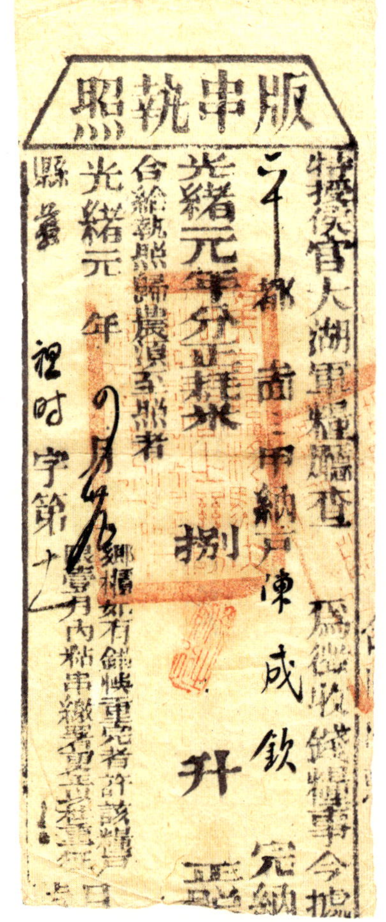
版串執照

清光绪元年(1875)侯官大湖军粮厅制用

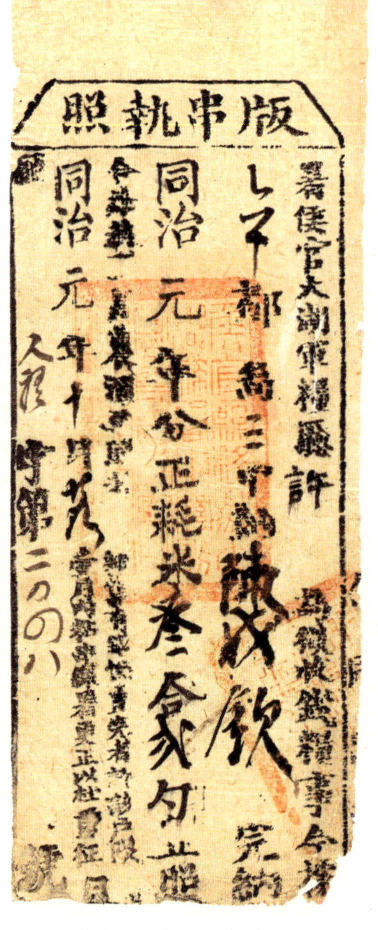
版串執照

清同治元年(1862)侯官大湖军粮厅制用

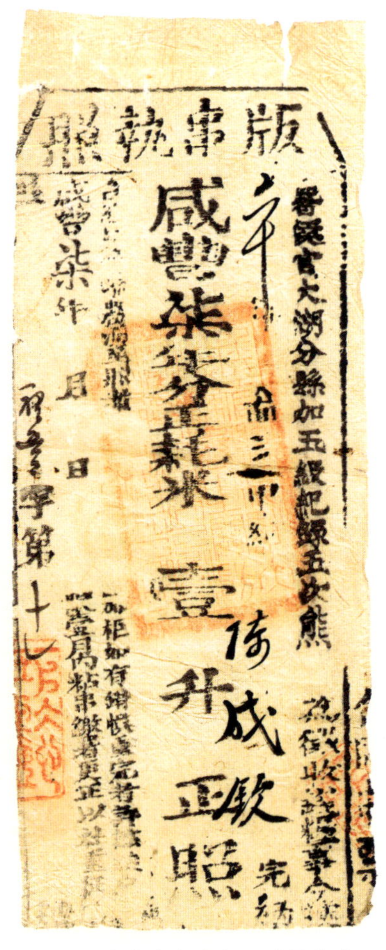
版串執照

清咸丰七年(1857)侯官大湖分县制用

侯官大湖版串执照

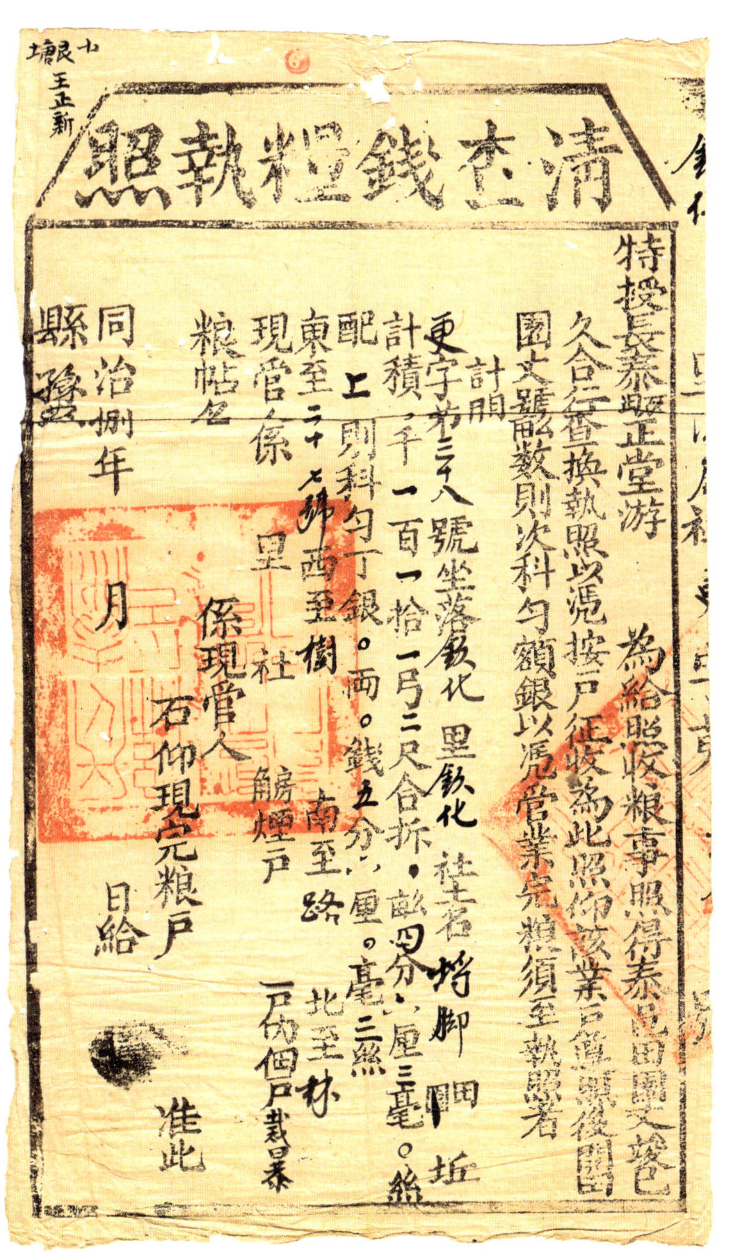

清查錢糧執照

特授長泰縣正堂游　為給照收粮事照得泰邑田園丈塍
久合行查換執照以憑按戶征收為此照仰該業戶領照後田
園丈號畝數則次科勻額銀以憑管業完粮須至執照者

計開

更字第三千八號坐落欽化　里欽化　社土名　坪脚　田　坵
計積一千一百一拾一弓三尺合折　畝四分　厘三毫　絲
配　上　則科勻丁銀　兩　錢五分　厘　毫三忽
東至　西至樹　南至路　北至林
現管係　里　社　戶　一戶仍佃戶
粮帖名　係現管人　石仰現完粮戶

同治捌年　月　日給　准此

縣發

长泰县清查钱粮执照

清同治八年(1869)长泰县制用

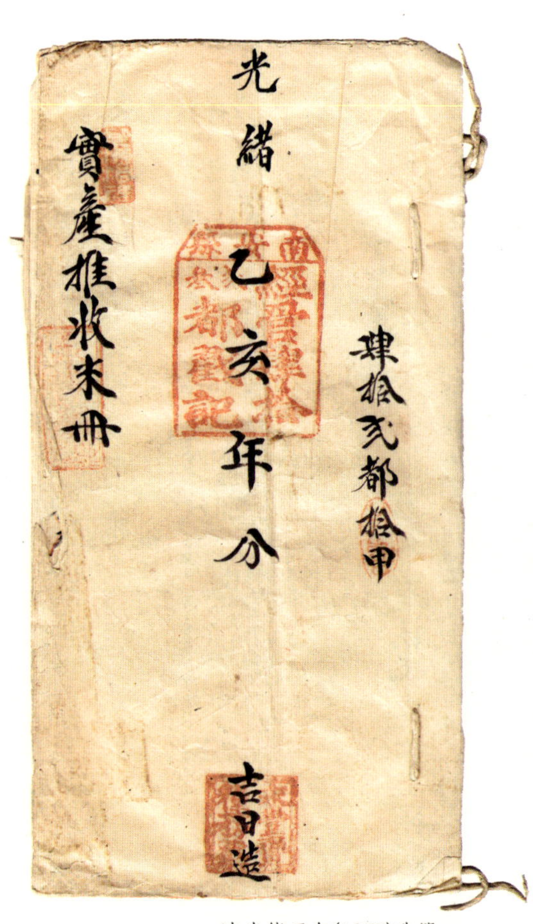

清光绪元年(1875)造册

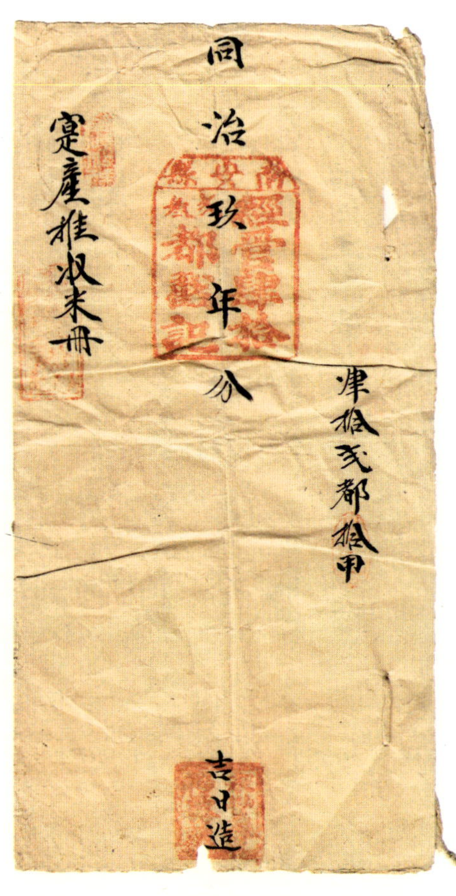

清同治九年(1870)造册

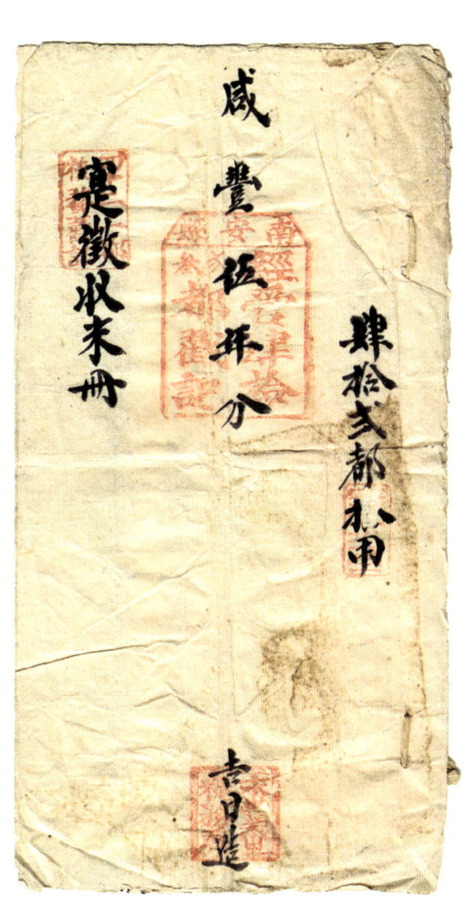

肆拾弍都

咸豐伍年分

寔徵收米冊

吉日造

清咸丰五年(1855)造册

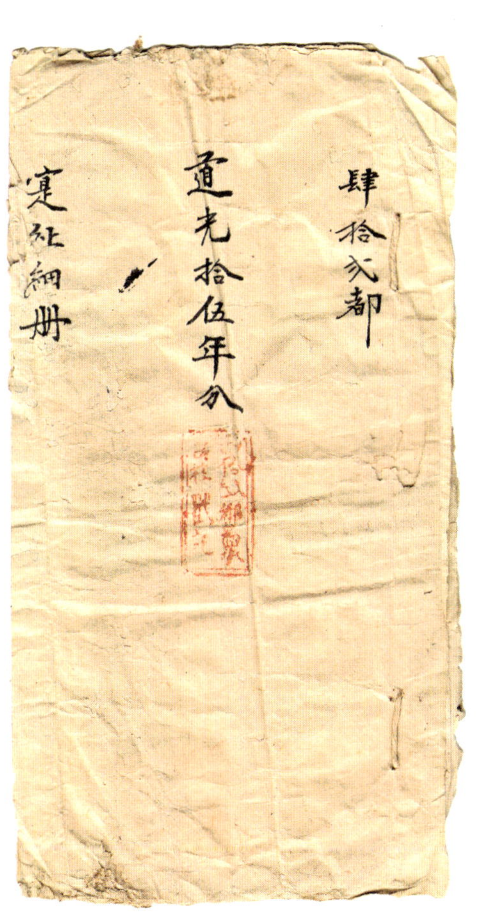

肆拾弍都

道光拾伍年分

寔征細冊

清道光十五年(1835)造册

南安县实征细册

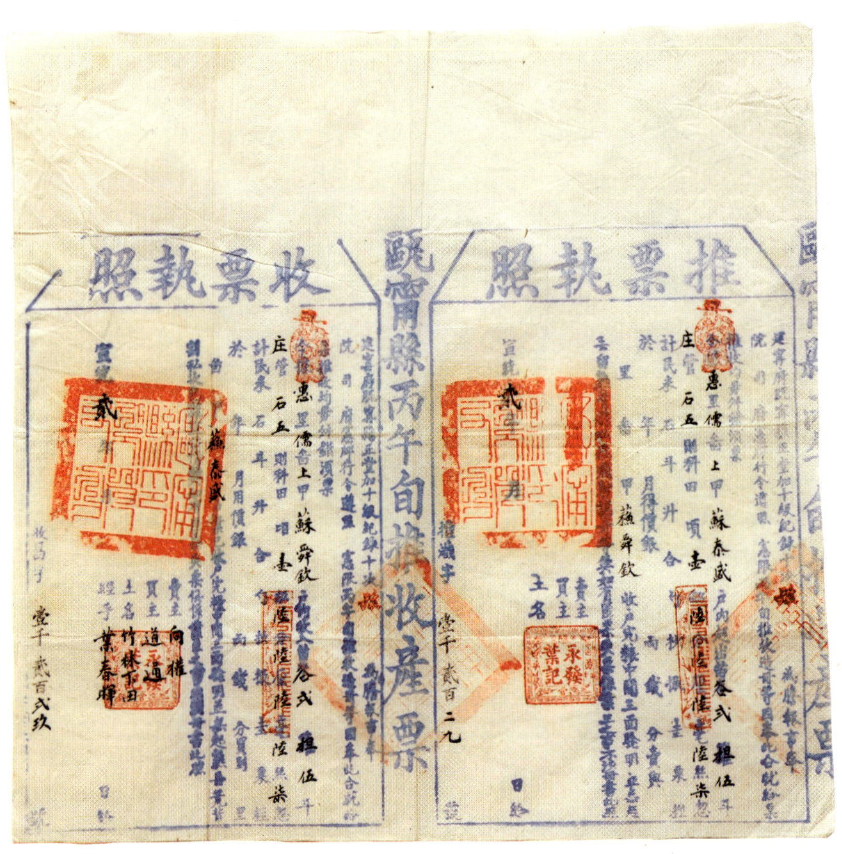

瓯宁县丙午旬推收产票
清宣统二年(1910)瓯宁县制用

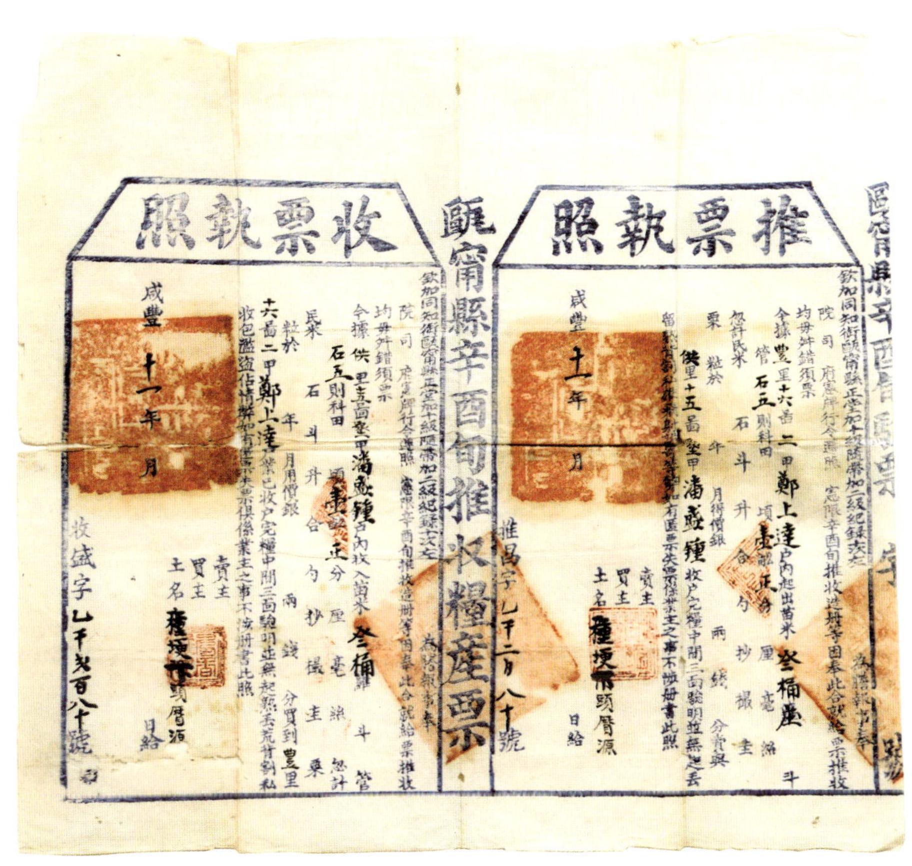

收票執照

甌甯縣辛酉甸推收糧産票

推票執照

瓯宁县辛酉甸推收粮产票
清咸丰十一年(1861)瓯宁县制用

瓯宁县辛酉甸、丙午甸推收粮产票

土地私有，允许买卖，是中国封建社会的基本特征之一。宋、元以后出现的土地买卖推收过割制度，卖方作推，买方作收，即对土地税粮等进行所谓过割。

从这种土地买卖推收过割制度的演变之中，亦可看出当时土地私有和土地买卖等社会经济发展的某种趋势。

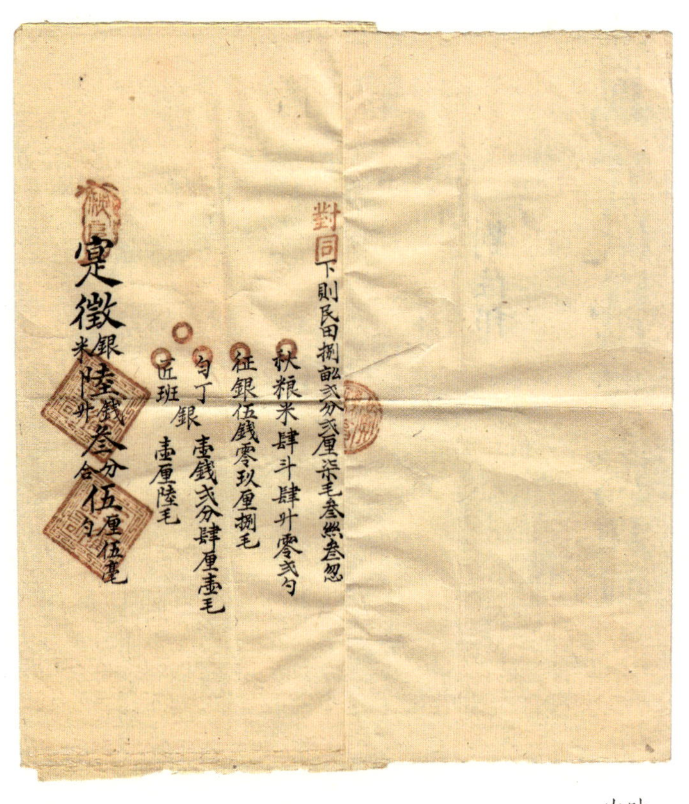

内叶

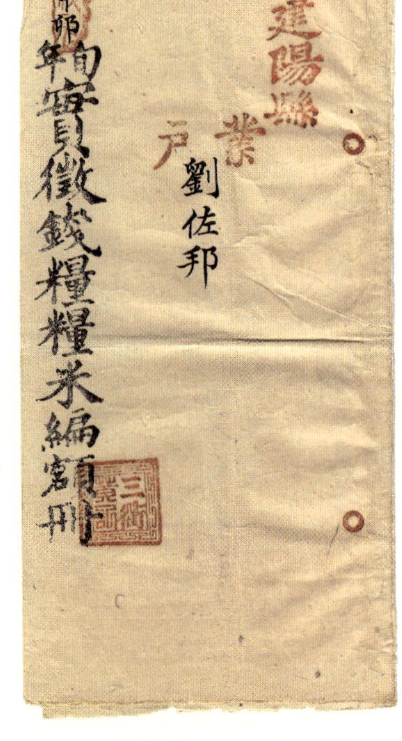

编额册封面：业主刘佐邦

建阳县辛卯年实征钱粮粮米编额册

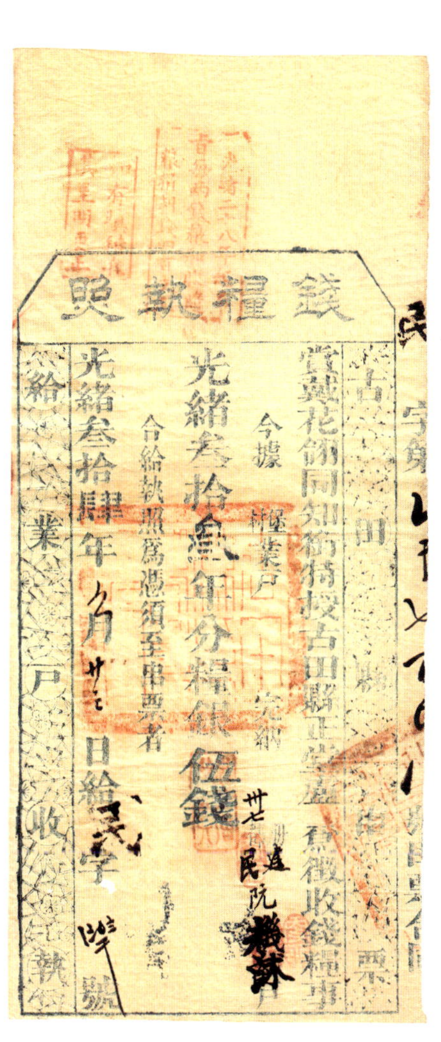

錢糧執照

賞戴花翎同知銜特授古田縣正堂 [illegible] 爲徵收錢糧事

今據 [illegible] 完納

光緒叁拾[illegible]年分糧銀伍錢

合給執照爲憑須至串票者

光緒叁拾肆年 月 日給 字 號

古田縣錢粮执照
清光绪三十四年(1908)制用

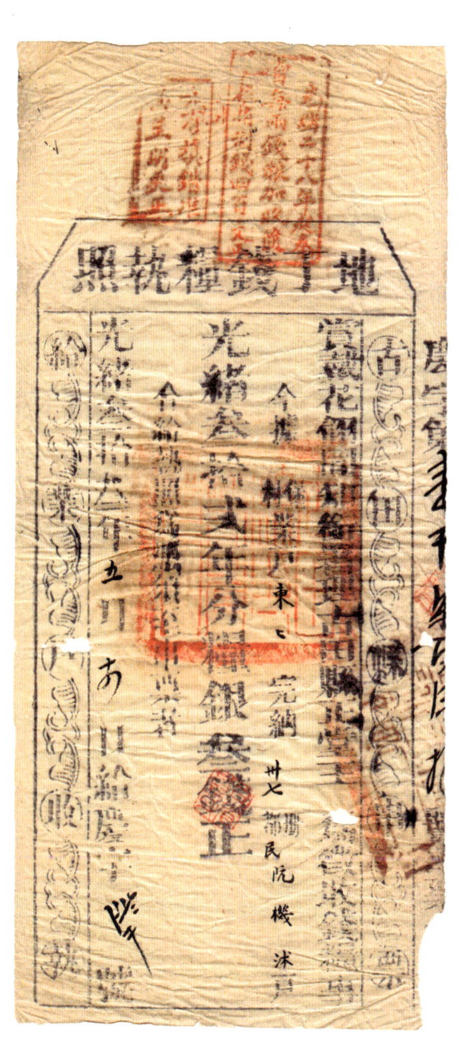

地丁錢糧執照

賞戴花翎同知銜特授古田縣正堂 [illegible]

今據 [illegible] 完納

光緒叁拾[illegible]年分糧銀叁[illegible]正

合給執照爲憑須至串票者

光緒叁拾叁年 月 日給 字 號

古田县地丁钱粮执照
清光绪三十三年(1907)制用

古田县钱粮执照

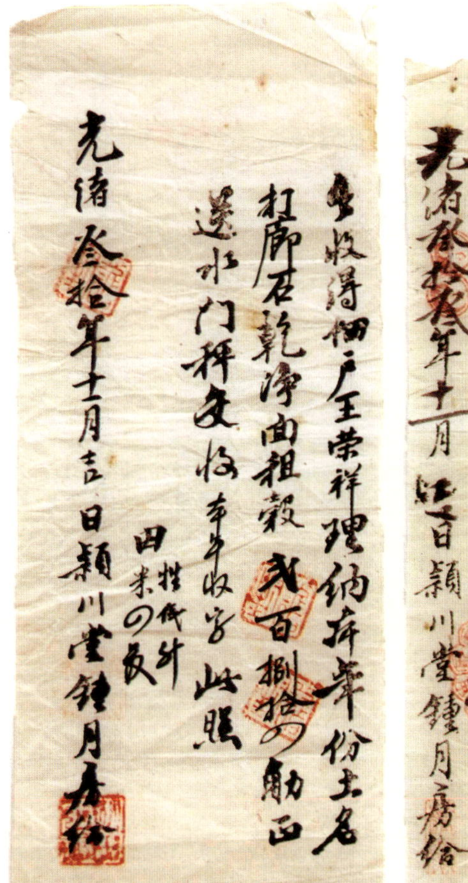

今收得佃户王荣祥理纳本年份土名
打廊石乾净面租谷贰百捌拾觔正
遂水门祥发收 本年收字 此照
光绪叁拾年十一月吉日颖川堂钟月房给

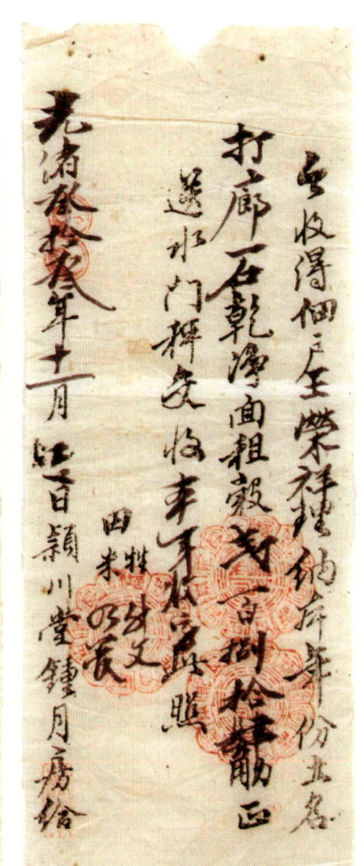

今收得佃户王荣祥理纳本年份土名
打廊石乾净面租谷贰百捌拾觔正
遂水门祥发收 本年收字 此照
光绪叁拾叁年十一月吉日颖川堂钟月房给

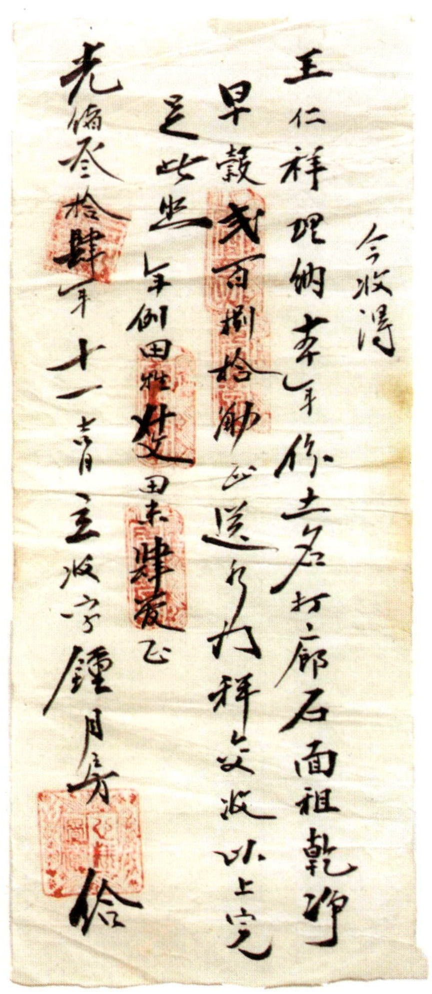

今收得
王仁祥理纳本年份土名打廊石面租乾净
早谷贰百捌拾觔正 送至祥发收 以上完
足收照
光绪叁拾肆年十一月 收字 钟月房给

上杭县颖川堂钟月房收佃凭条三种

清光绪年间书具

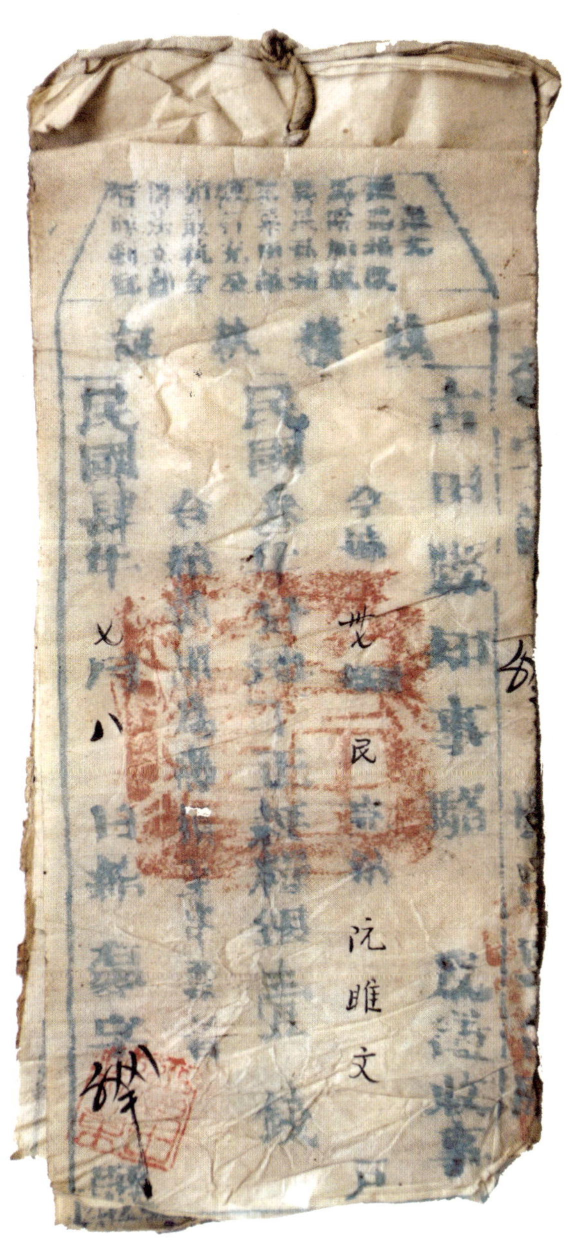

古田县钱粮执证

民国间古田县制用

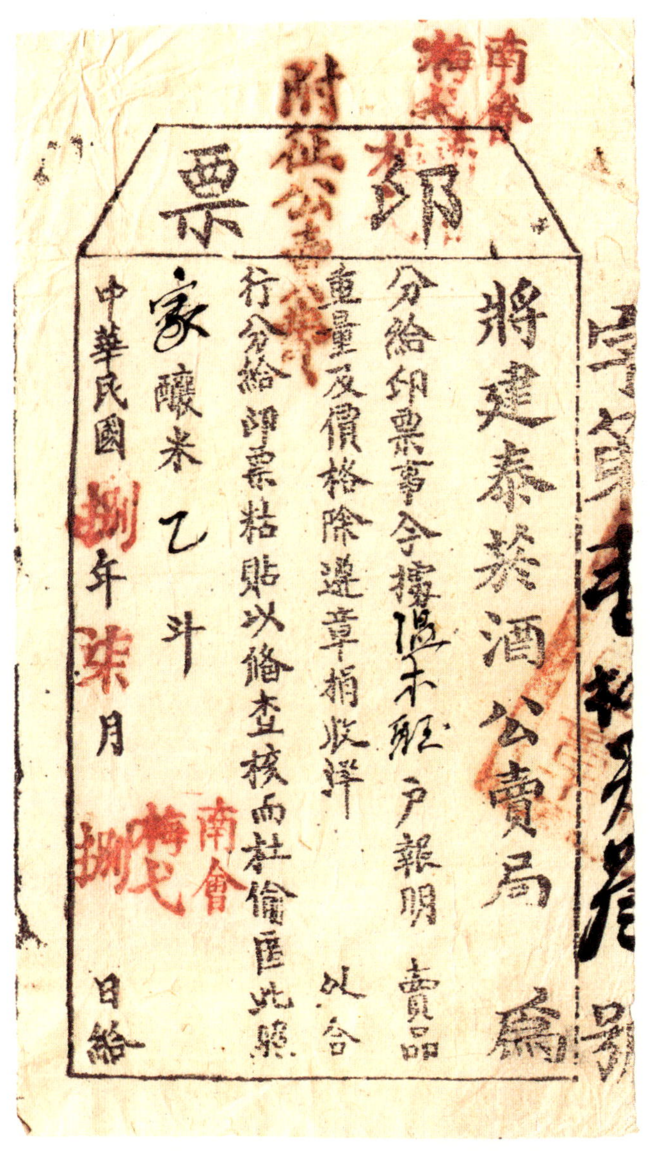
印票

將建泰菸酒公賣局　爲

分給印票事今據　户報明　賣品

重量及價格除遵章捐收洋　外合

行分給印票粘貼以備查核而杜偷匿此照

家釀米乙斗

中華民國捌年柒月　日給

将建泰烟酒公卖局印票

民国8年(1919)将建泰烟酒公卖局制用

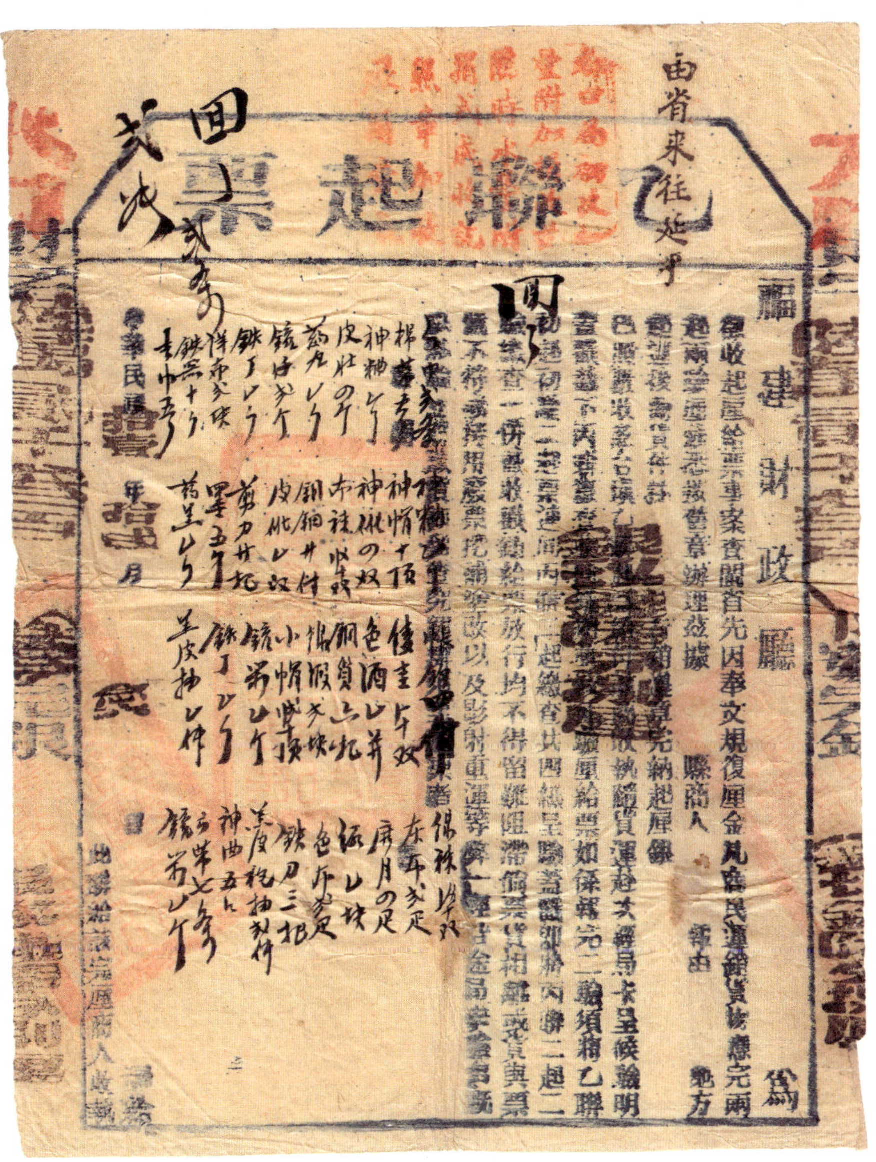

福建省财政厅乙联起票

民国11年(1922)福建省财政厅制用

簿记

老账本(簿记)也是民间文书的一类，其主要内容有各时期各地佃租簿(册)、商户之流水账(簿)、民众分析祖产之阄书等，还有其他社会生活的记录，有一定的文史研究参鉴价值。

本辑选取了部分馆藏省内各地比较有代表性的簿记，其中鼓浪屿当铺盆账册和厦门鸿华汇兑信局账簿则较为罕见，是研究当时民间金融存续发展状况的珍贵史料。

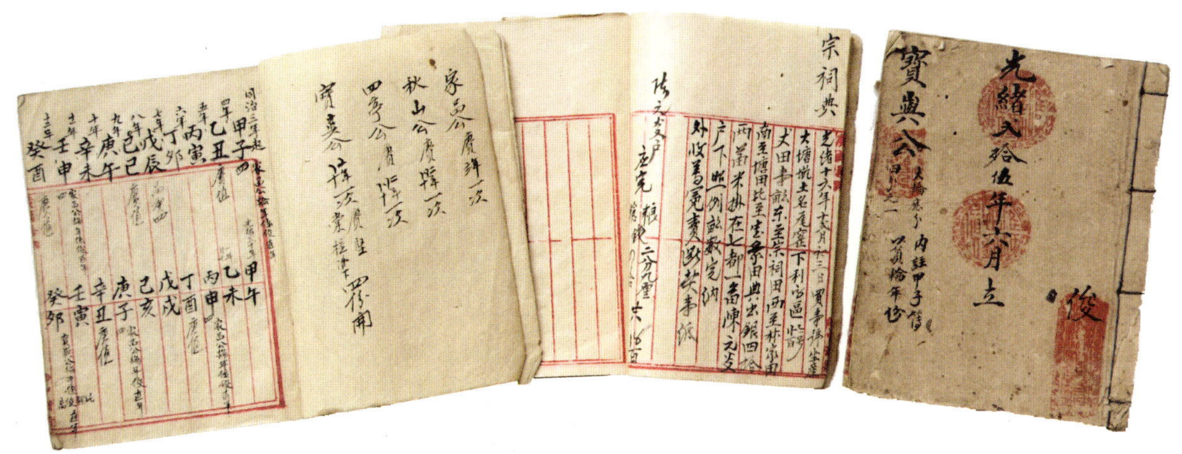

清光绪间闽清县宝屿公簿册

这是一档民间的专用日记簿，其内容包括流年轮值祠产管理、宗祠典祀等记录，为清光绪年间闽清县乡人所书具，共三册。记事时间起自清同治三年(1864)，迄于清光绪末。记录较为完整，其于民俗、祠产管理等方面有一定的参研价值。

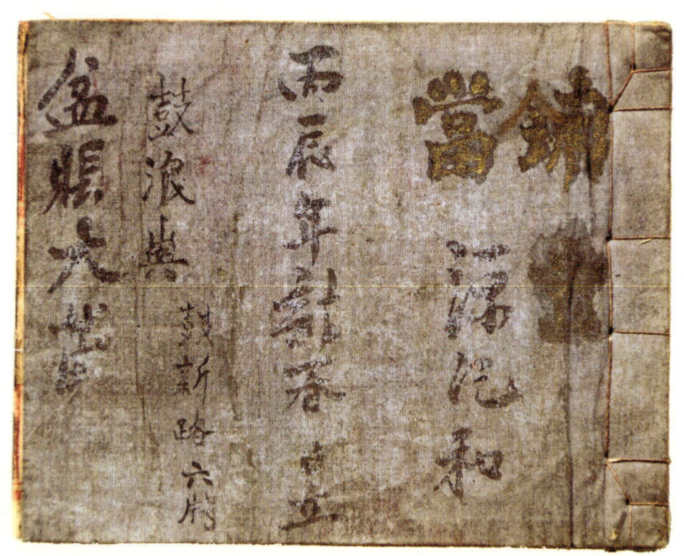

封面

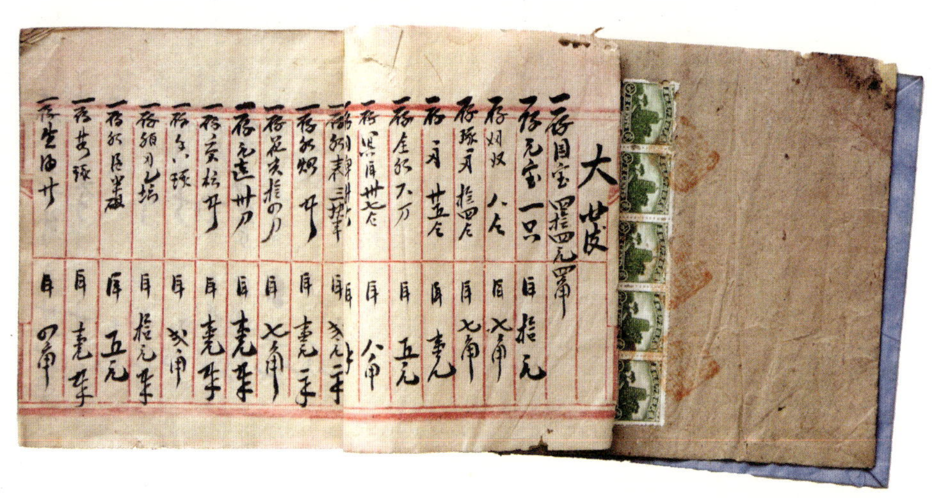

内页

鼓浪屿当铺盆账册

民国5年(1916)厦门鼓浪屿当铺造册

旧时当铺的资料，留存下来的并不多，个别的品种有如当票，而账簿(册)却比较少见。这册民国早年厦门鼓浪屿一家当铺的盆账，载录了其时当铺值当的许多品物及当价等信息，颇为罕见。

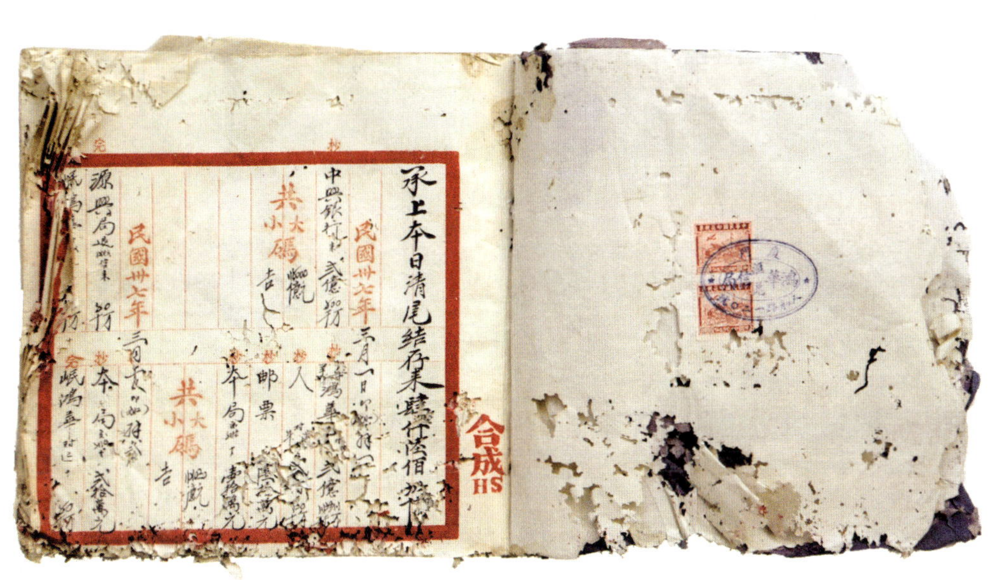

账簿内页(一)

信局的章记(盖销印花税票)

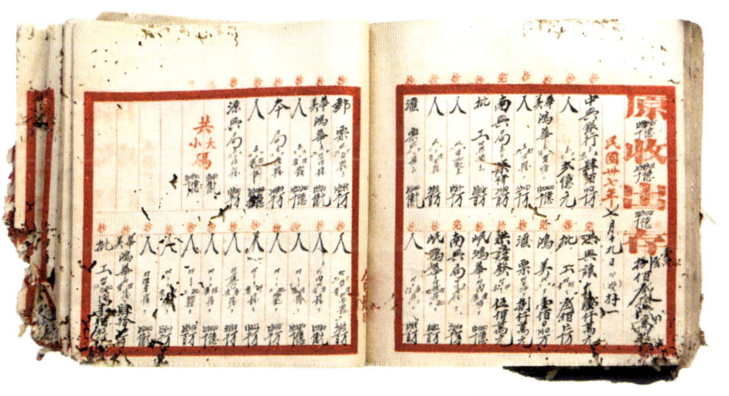

账簿内页(二)

厦门鸿华汇兑信局账簿

民国37年(1948)厦门鸿华信局造册

这是一册厦门鸿华汇兑信局的日清簿记，记事时间是在民国37年(1948)3月至10月。由于该账簿记载有鸿华信局与邮局，以及与岷(菲律宾马尼拉)鸿华总局的业务往来，是研究福建侨批的重要资料。该账簿还贴有印花税票，销厦门鸿华汇兑信局章，在侨史文献中比较独特。

秋利号粮租簿和秋圃尝章程簿

阄分簿

上杭沈氏册簿

福建省图书馆收藏的上杭县沈氏家族册簿，数量较多，年代跨度较长，自清末迄于民国年间，记事也较为完整，主要有粮租簿、秋圃尝章程簿、阄分簿、誊契簿，还有少量的银钱票帖，等等。本辑将这部分内容列入展示，主要为簿记的有关图照，以为各方参鉴。

秋圃號

存檢契字目錄

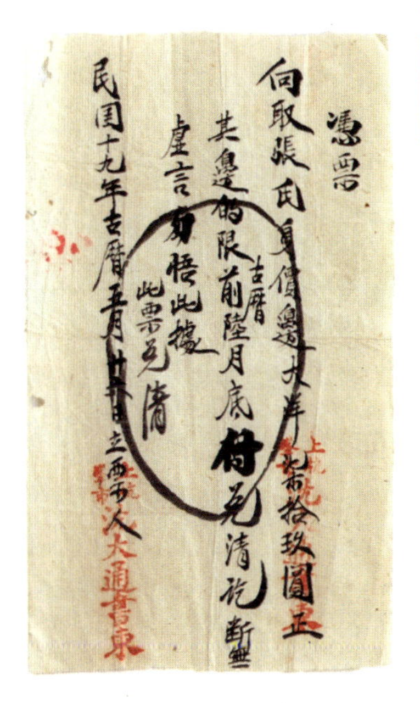

憑票

向取張氏身價邊大洋[illegible]拾玖圓正

其邊的限古曆前陸月底付足清訖斷無

虛言[illegible]憑此據

此票兌清

民國十九年古曆五月廿[illegible]日立票[illegible]

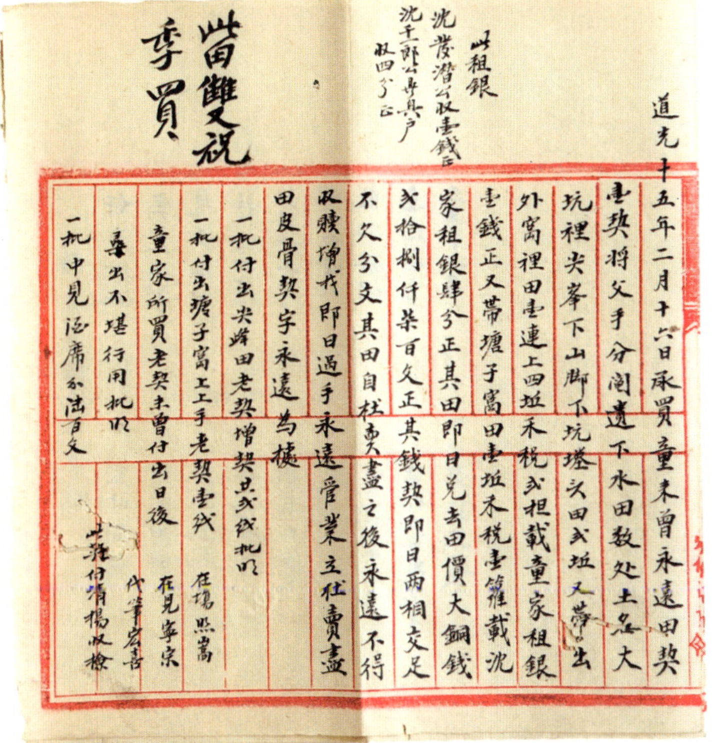

當雙祝

李買

山租銀

沈發潛公收壹錢正

沈千郎公亭具户收四分正

道光十五年二月十六日承買童耒曾永遠田契

壹契將父手分闔遺下水田數处土名大

坑裡尖峯下山腳下坑壇頭田弍坵又帶出

外窩裡田壹連上四坵禾稅弍担載童家租銀

壹錢正又帶塘子窩田壹坵禾稅壹籮載沈

家租銀肆分正其田即日見吉田價大銅錢

弍拾捌仟柒百文正其錢契即日兩相交足

不欠分文其田自杜賣盡之後永遠不得

收贖增找即日過手永遠管業立杜賣盡

田皮骨契字永遠為據

一批付出尖峰田老契增契共弍紙批明

一批付出塘子窩上工手老契壹紙　在場　照富

童家所買老契未曾付出日後　在見　寧宗

尋出不堪行用批明　代筆　宕喜

一批中見酒席分法百文　上雜仿清揭收檢

秋圃号存检契字目录、眷契簿内叶及票帖等

证照

馆藏民间文书有一类即为历代证照，其中，有部分证照可以和其他主题合并为一档文书，如清丈归户单，应当归入历代土地契约文书作一体考量，才显示出其题材的属性，故本专辑就不予收入。归入这一专辑的历代证照，主要有清代的信牌、门牌、实收及各类执照等，以及民国时期的部分有特色的文凭、证书等等。

这些证照，题材都比较独特，有一定的文史研究价值，同时也兼具了一定的观赏性。

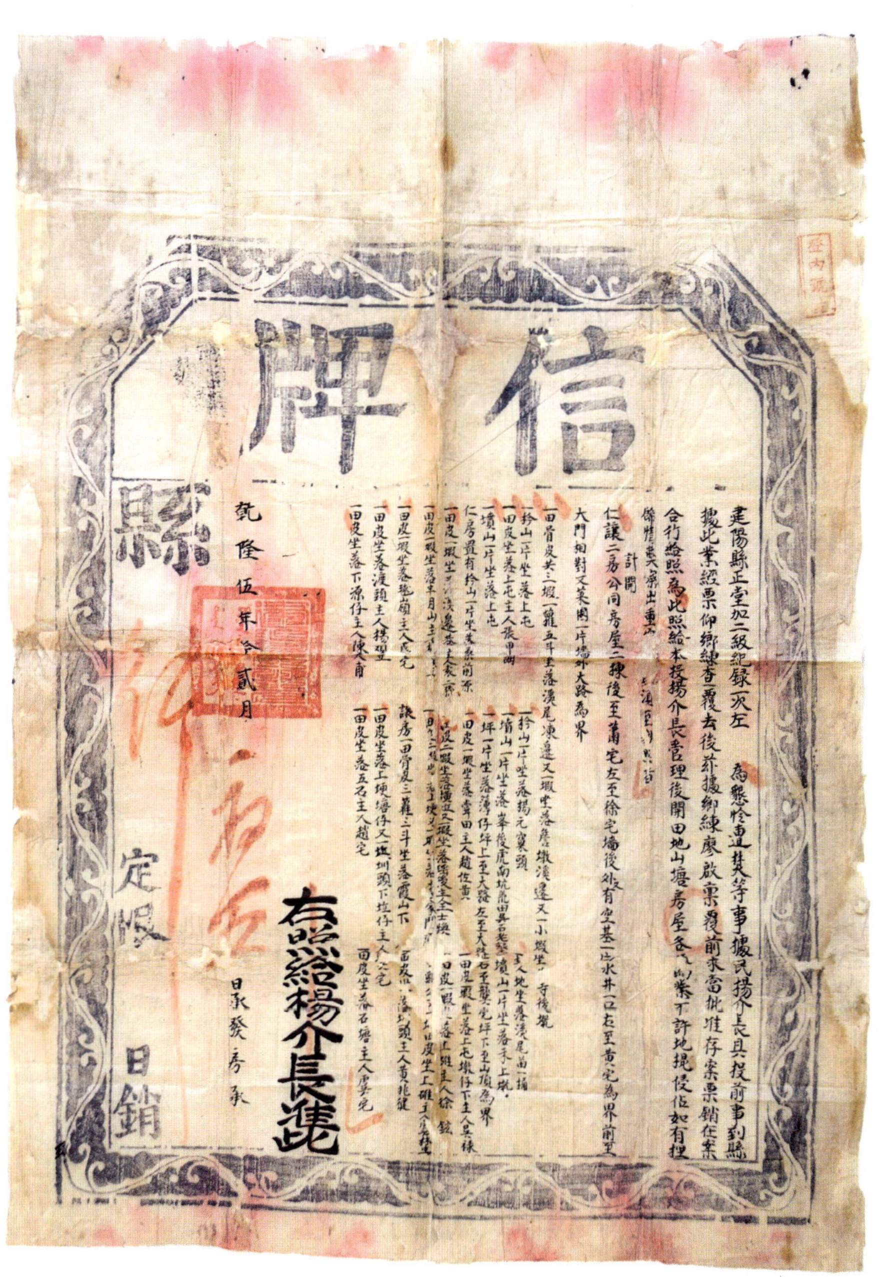

信牌

清乾隆五年(1740)建阳县填发

规格：56.7×41.6厘米

连城县门牌

清嘉庆十九年(1814)连城县制发

规格：30.1×28.4厘米

门牌是一种地方户籍管理文件，由官府发给，有一定格式，须填入户籍地、户主名、丁口、雇工、生理等项资料，悬于门首以备查核。

馆藏福建民间文书中就收集了部分门牌，据此可以管窥当时的社会管理方式。

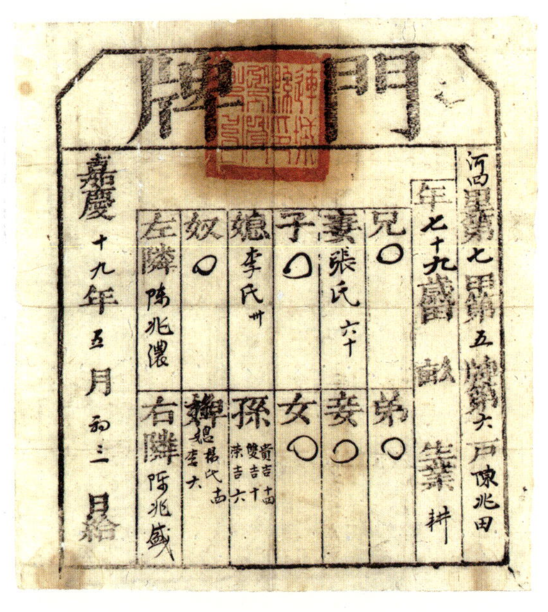

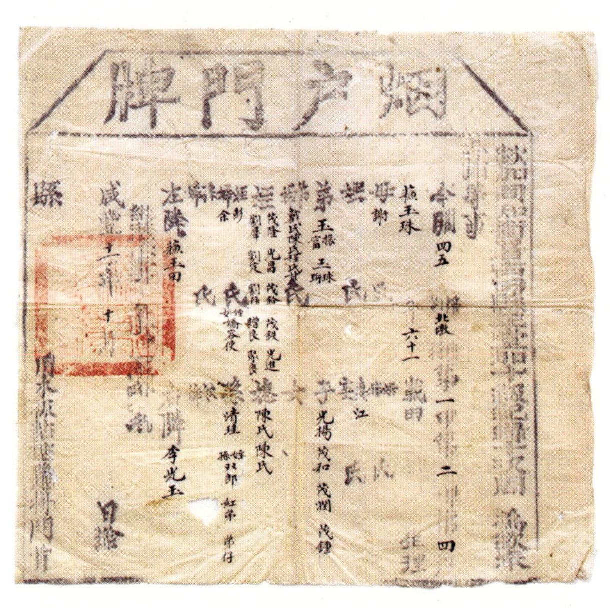

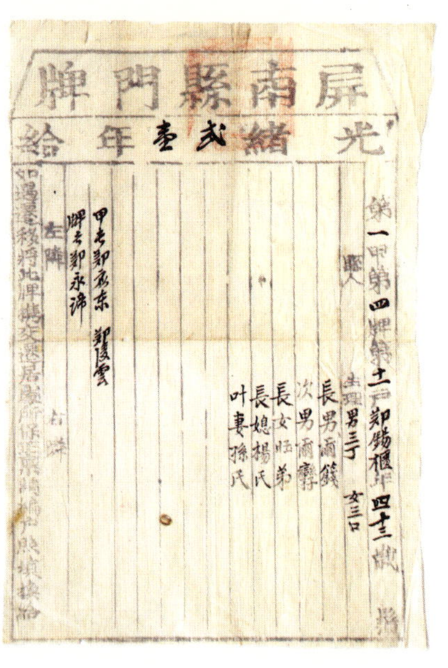

古田县烟户门牌

清咸丰十一年(1861)制发

规格：26.8×28.8厘米

屏南县门牌

清光绪二十一年(1895)制发

规格：37.8×26.2厘米

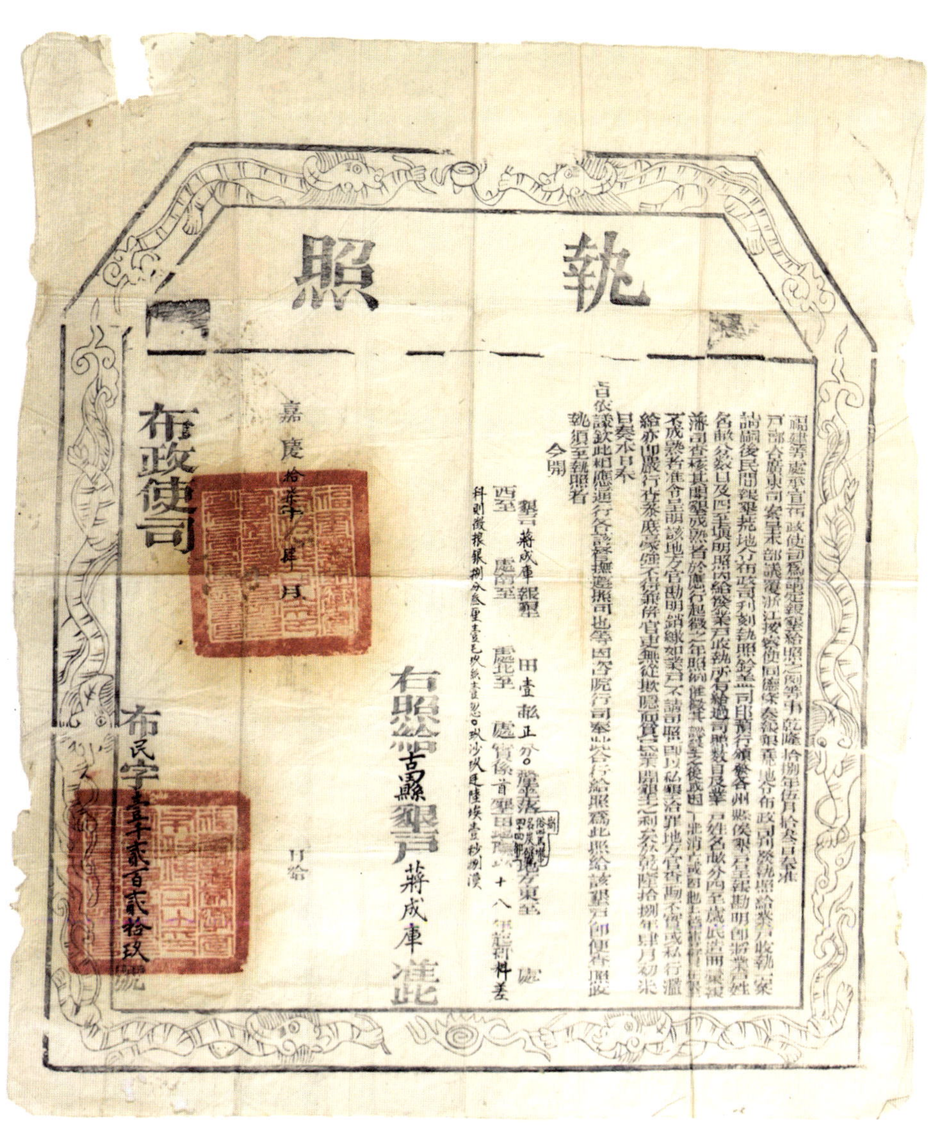

执照

清嘉庆十七年(1812)古田县给发

规格：58.9×50.8厘米

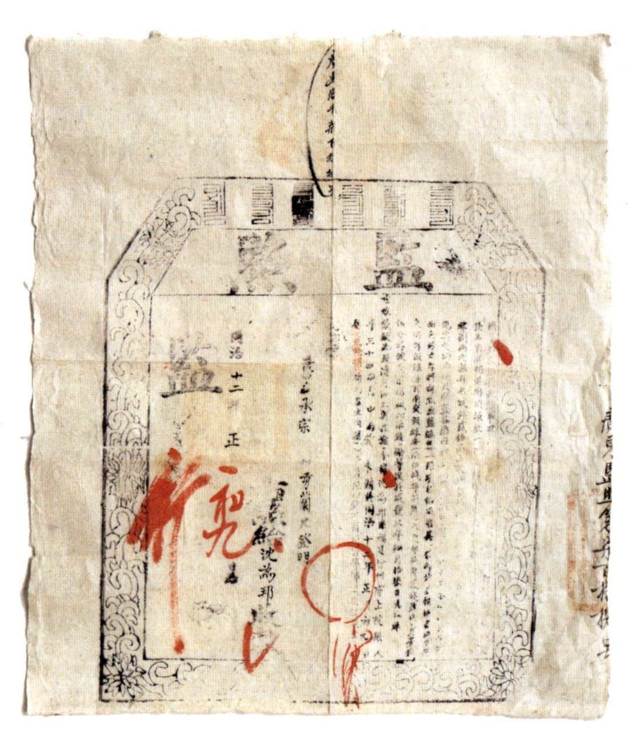

监照　清同治十二年(1872)国子监制发
规格：56.1×49.4厘米

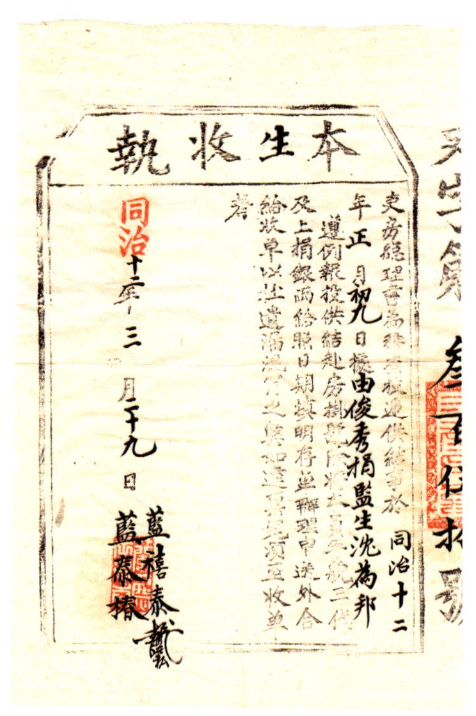

本生收執

同治十二年三月十九日

本生收执　清同治十二年(1872)给发
规格：7.8×9厘米

沈为邦“本生收执”、“监照”

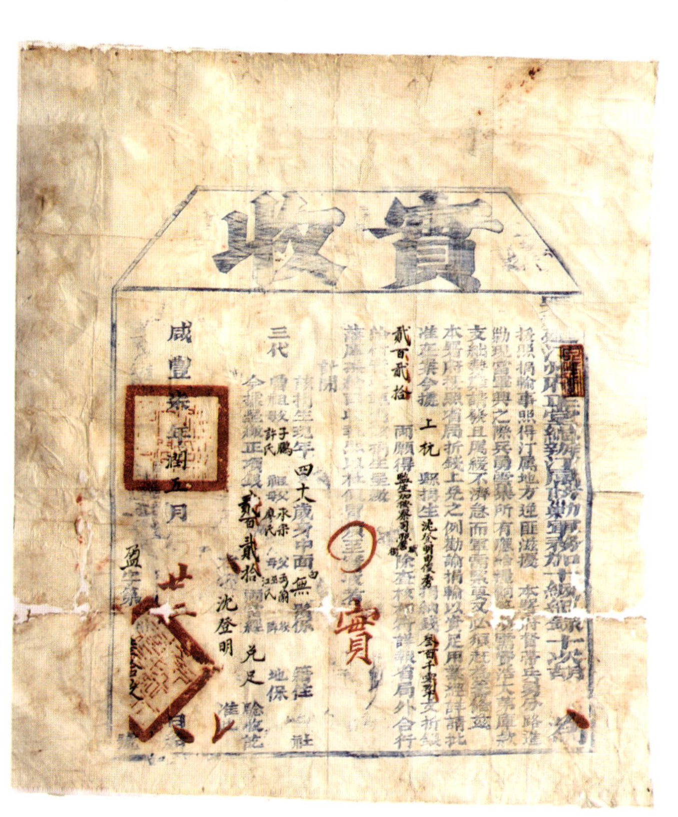
實收

实收 清咸丰七年(1857)汀州府制发
规格：56.9×49.5厘米

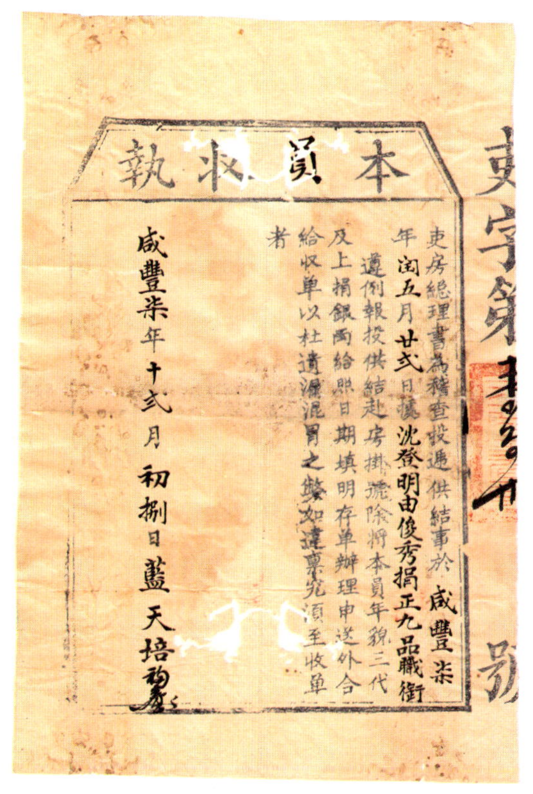
本員收執

吏房總理書為稽查投遞供結事於咸豐柒
年閏五月廿弍日據沈登明由俊秀捐正九品職銜
遵例報投供結赴房掛號除將本員年貌三代
及上捐銀兩給照日期填明存單辦理申送外合
給收單以杜遺漏混冒之弊如違奪究須至收單
者

咸豐柒年十弍月初捌日 藍天培

本员收执 清咸丰七年(1857)给发

沈登明“本员收执”、“实收”

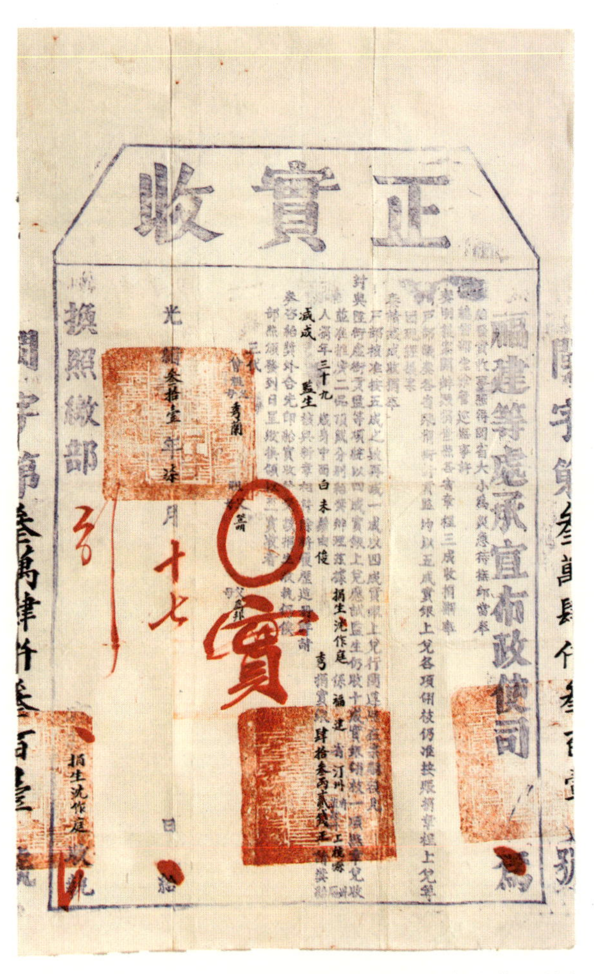
正實收
福建等處承宣布政使司

正实收　清光绪三十一年(1905)福建等处承宣布政使司制发
规格：60×37.5厘米

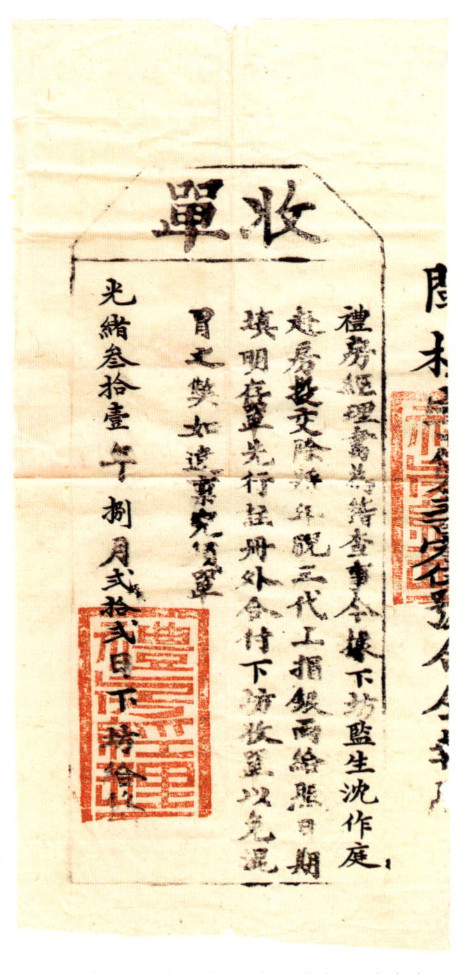
收單
光緒叁拾壹年捌月貳拾貳日

收单　清光绪三十一年(1905)给发
规格：28×13.7厘米

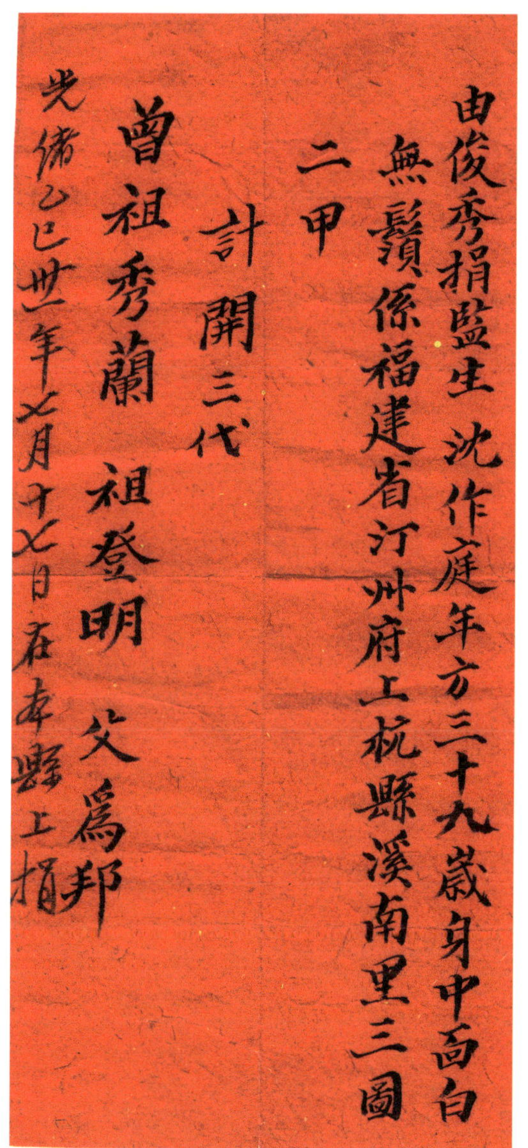
由俊秀捐監生 沈作庭年方三十九歲身中面白
無鬚係福建省汀州府上杭縣溪南里三圖
二甲
計開三代
曾祖秀蘭 祖登明 父爲邦
光緒乙巳卅一年七月十七日在本縣上捐

捐照　清光绪三十一年(1905)具
规格：23×10.7厘米

沈作庭“捐照”、“收单”、“正实收”

清光绪三十一年(1905)

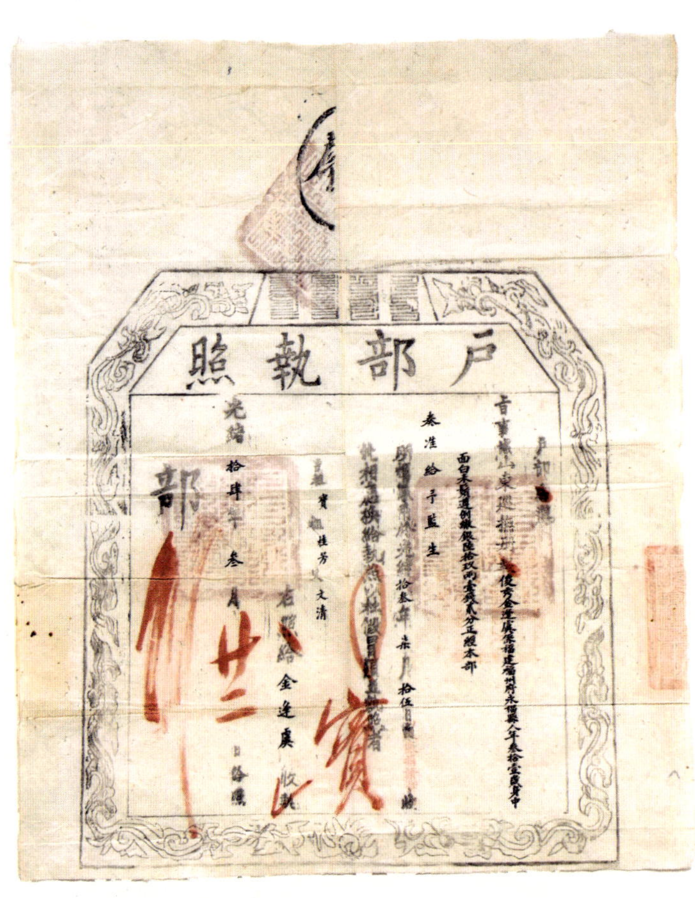

戶部執照

光緒拾肆年叁月

户部执照

清光绪十四年(1888)户部制发

规格：58.5×48.3厘米

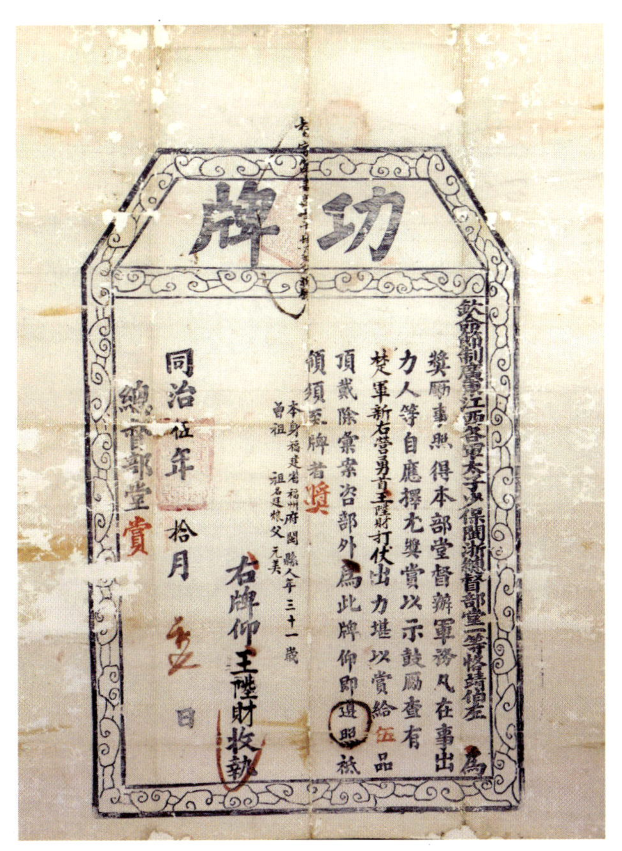
功牌
欽命節制廣東江西各軍太子少保閩浙總督部堂一等恪靖伯左　為
獎勵事。照得本部堂督辦軍務，凡在事出
力人等，自應擇尤獎賞，以示鼓勵。查有
楚軍新右營勇首王陞財打仗出力，堪以賞給伍品
頂戴，除彙案咨部外，為此牌仰即遵照祗
領須至牌者　獎
本身福建省福州府閩縣人，年三十一歲
曾祖　祖名廷標　父元美
右牌仰王陞財收執
同治伍年拾月　日
總督部堂　賞

功牌

清同治五年(1866)闽浙总督左宗棠颁予王陞财

规格：92.6×69.8厘米

功牌之制，自古有之，它是封建统治者授予有功将士的一种无尚荣誉。在清代以前，朝廷嘉奖官员、将士，一般采用“丹书铁券”(俗称“免死金牌”)，堪称中国古代最早的勋章。在明代尤为盛行，史料中有明确的典章记载。当满清入主中原改朝换代后，废除了丹书铁券制度，用功牌取而代之，目的是为了表彰获颁者在政治、军事和其他社会活动中所作的突出贡献，类似于当今的勋章、奖章、奖状、嘉奖令或获奖证书。

清代对功牌的质地和尺寸有着统一规定，多数是用纸制作，也见有金、银制作的。这些功牌为研究清代政治、经济、军事和文化等领域的社会状况，提供了难得的文献资料，特别是对于研究清代奖赏制度提供了重要的实物参考依据。

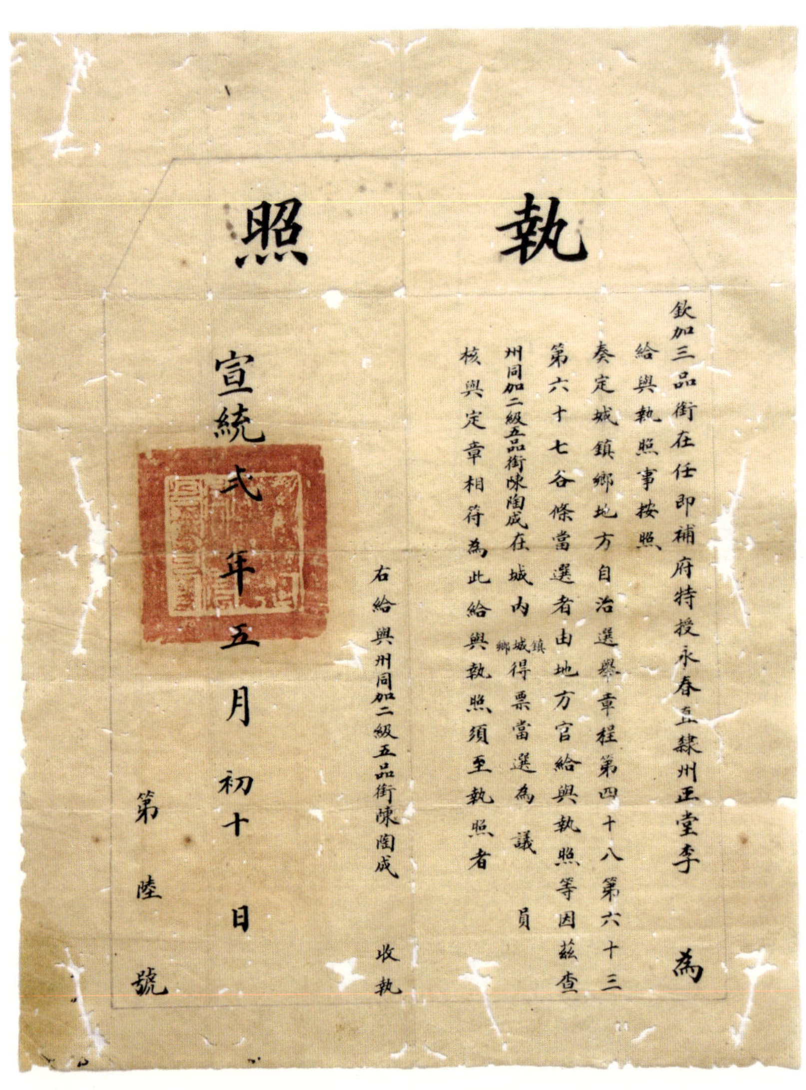

執照

欽加三品銜在任即補府特授永春直隸州正堂李　為

給與執照事按照

奏定城鎮鄉地方自治選舉章程第四十八第六十三

第六十七各條當選者由地方官給與執照等因茲查

州同加二級五品銜陳閤成在城內(鎮城鄉)得票當選為議　員

核與定章相符為此給與執照須至執照者

右給與州同加二級五品銜陳閤成　收執

宣統貳年五月初十日

第陸號

永春直隶州执照

清宣统二年(1910)给发

规格：38.8×30.1厘米

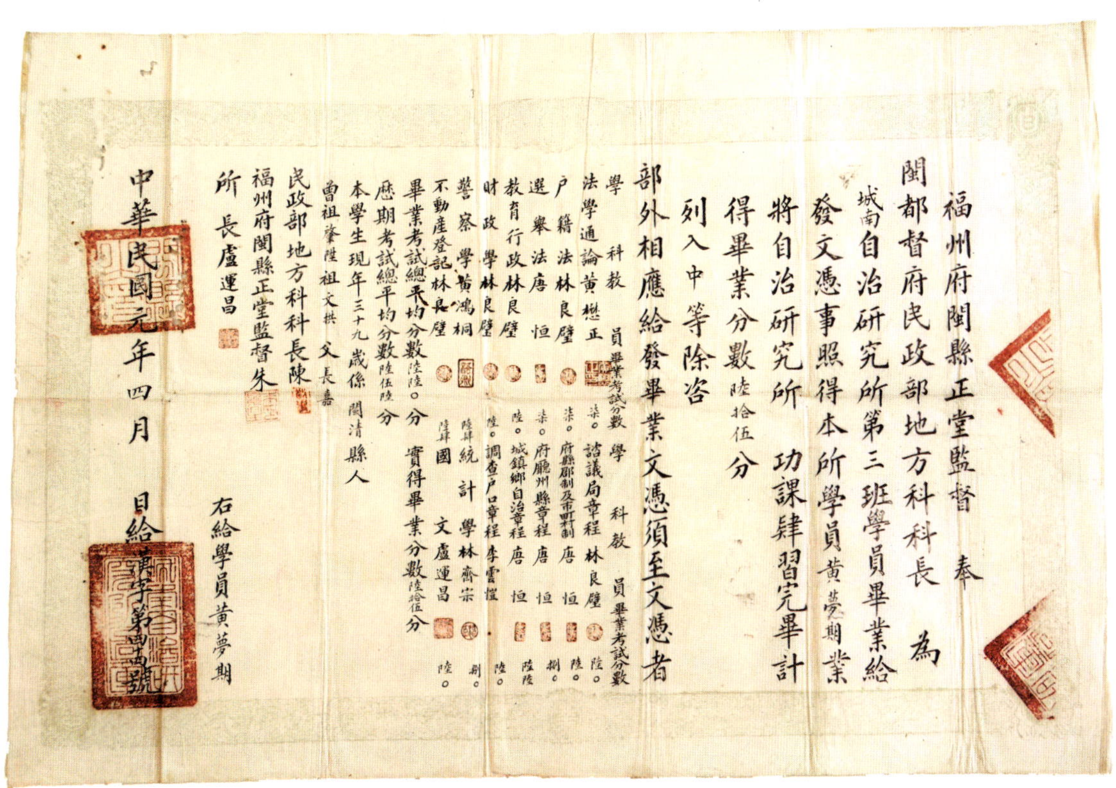

福州府閩縣正堂監督　奉
閩都督府民政部地方科科長　為
城南自治研究所第三班學員畢業給
發文憑事照得本所學員黃夢期業
將自治研究所　功課肆習完畢計
得畢業分數陸拾伍分
列入中等除咨
部外相應給發畢業文憑須至文憑者

學　科	教　員	畢業考試分數	學　科	教　員	畢業考試分數
法學通論	黃懋正	柒。	諮議局章程	林良壁	陸。
戶籍法	林良壁	柒。	府縣郡制及市町村制	唐　恒	陸。
選舉法	唐　恒	柒。	府廳州縣章程	唐　恒	捌。
教育行政	林良壁	陸。	城鎮鄉自治章程	唐　恒	陸陸
財政學	林良壁	陸。	調查戶口章程	李雲煋	陸。
警察學	黃鴻桐	陸肆	統計學	林齋宗	捌。
不動產登記	林良壁	陸肆	國文	盧運昌	陸。

畢業考試總平均分數陸陸。分　實得畢業分數陸拾伍分
歷期考試總平均分數陸伍陸分
本學生現年三十九歲係閩清縣人
曾祖鑾陞　祖文拱　父長嘉
民政部地方科科長陳
福州府閩縣正堂監督朱
所　長盧運昌

右給學員黃夢期

中華民國元年四月　日給

福州府闽县城南自治研究所毕业文凭

民国元年(1912)闽都督府民政部发

规格：45.2×67.5厘米

福建省連城縣姑田鎮紙槽業同業公會會員證書

茲據羅致[illegible]君依照本會章程第十二條規定手續入會經本會常務委員會審查合格認為本會會員除註冊外合給證書為憑

主席　華壽祺

中華民國廿七年十二月八日給

连城县姑田镇纸槽业同业公会会员证书

民国27年(1938)给发

规格：29×32.1厘米

福建全省保安司令部　為
發給登記證事茲據李祖水報稱置有
自衛　口徑　槍壹桿配彈六〇發請
予驗明發給登記證等情核與人民自
衛槍械登記辦法相符准列甲種合行
發給登記證一張以資憑證此證
右給置槍人李祖水收執
中華民國廿五年十月卅日給
兼司令陳儀
縣縣長張

持枪登记证

民国25年(1936)福建全省保安司令部发

规格：34.4×36厘米

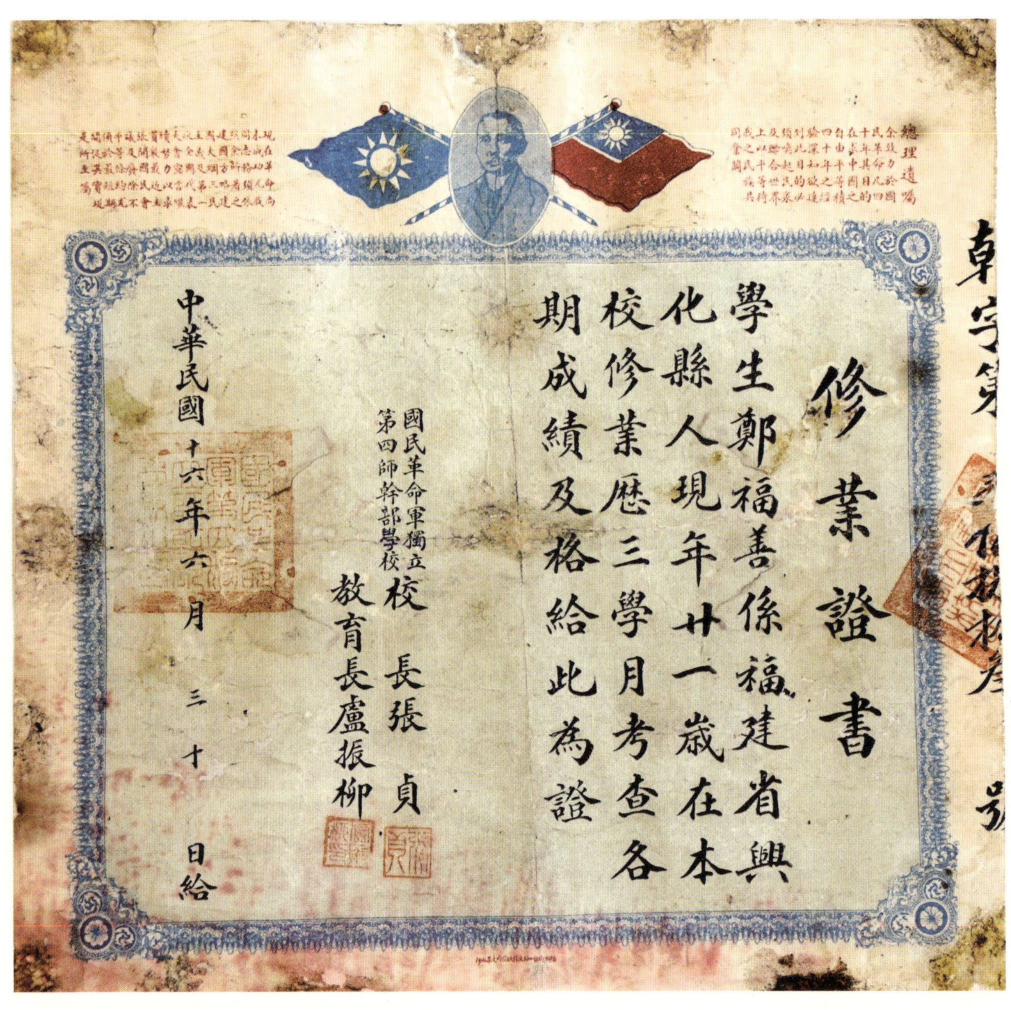

總理遺囑

修業證書

學生鄭福善係福建省興化縣人現年廿一歲在本校修業歷三學月考查各期成績及格給此為證

國民革命軍獨立第四師幹部學校校長張貞

教育長盧振柳

中華民國十六年六月三十日給

国民革命军独立第四师干部学校修业证书

民国16年(1927)给发

规格：34.3×35.9厘米

婚书（帖）

婚书也是一项独特的民间文书形制，是中国传统文化和民间婚俗等历史信息的一种特殊载体，从中可以反映出历代婚俗的演变与递嬗，民间婚书有多种形式，早期的红纸书折就包括了乾书、坤书、议亲帖、卦书、合卺书、全福帖等等，后期则是现代机制的婚书印刷品。

婚书的具体品种也比较多，可谓琳琅满目，既有一定的文史价值，也具有相当的鉴赏价值。

闽清县苗媳红帖

民国9年(1920)书具

规格：27×55厘米

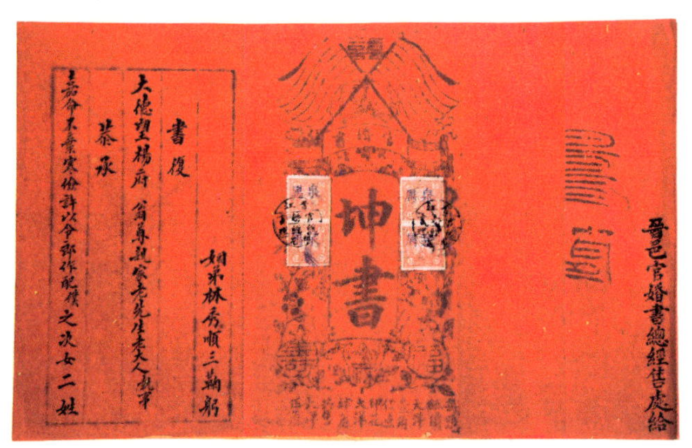

坤书(1)
民国15年(1926)
规格：26.5×(42.9×2)厘米

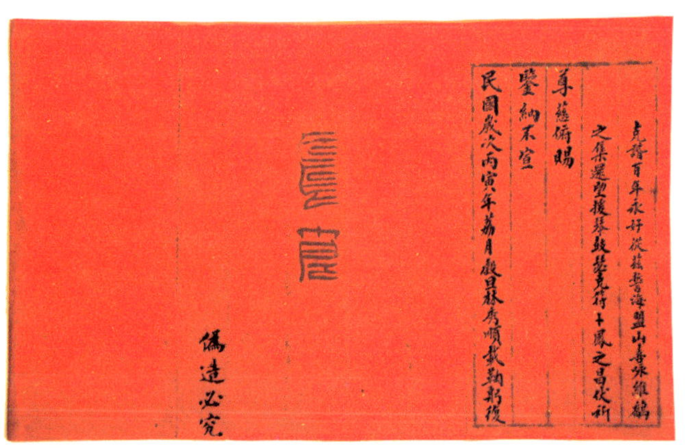

坤书(2)
这帖官婚书原为首尾相粘连制作，形成一个整体，比较奇特。

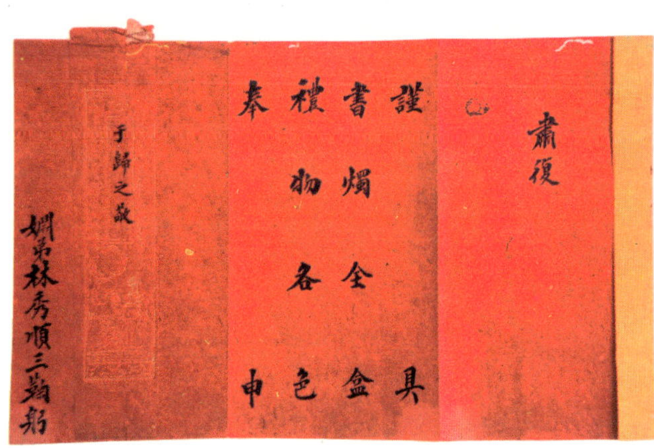

坤书(3)：礼单

晋邑官婚书

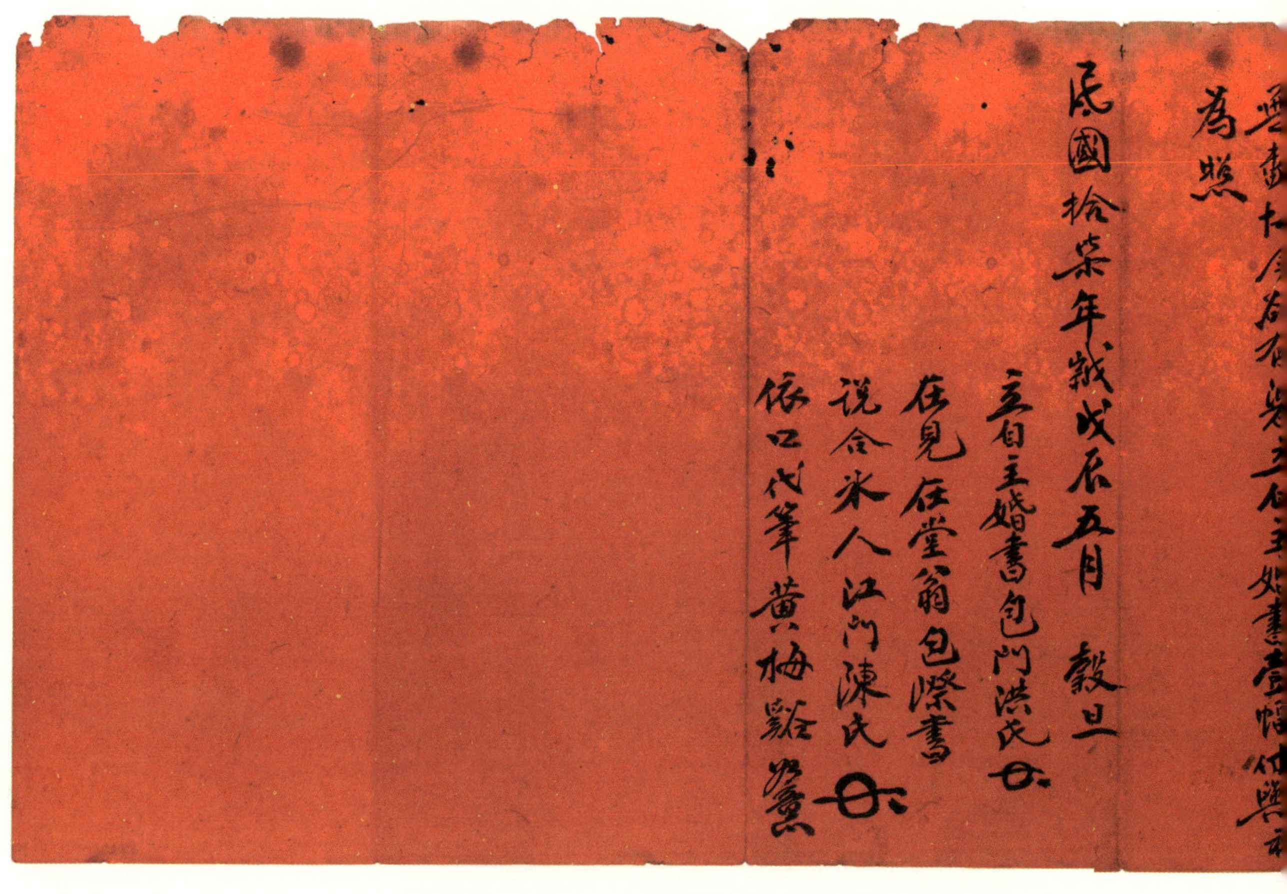

為照

民國拾柒年歲次戊辰五月 穀旦

立自主婚書包門洪氏

在見在堂翁包際書

說合冰人江門陳氏

依口代筆黃梅谿

婚書

立自主婚書包門洪氏名喚秀蘭使現庚
三十五歲原配夫君包炳子因前年不幸夭
折生有一子現庚十三歲自幼抱養媳婦九
歲近因氏而不能遵守难以孀節終不得
已與翁求懇自愿再醮别人遂托冰人
説合引在十八都平湖街江儿裕娶為繼室
今媒三面議定時得禮財足當壹百肆拾員
正其銀當立書之日係洪氏親收足訖無少
至洪氏自配過後任從儿裕前去擇吉過门
洞房花燭惟願螽斯衍慶麟趾呈祥中
間結婚清楚並無與賓轇轕别情倘有
内外互慮是氏出抵不涉儿裕之事其年洪
言约二十四年満足之外任洪氏仍婦包家祖婆
其子媳言约隨養身邊撫育十六歲復回

古田县平湖洪氏立自主婚书

民国17年(1928)书立

规格：23×88.6厘米

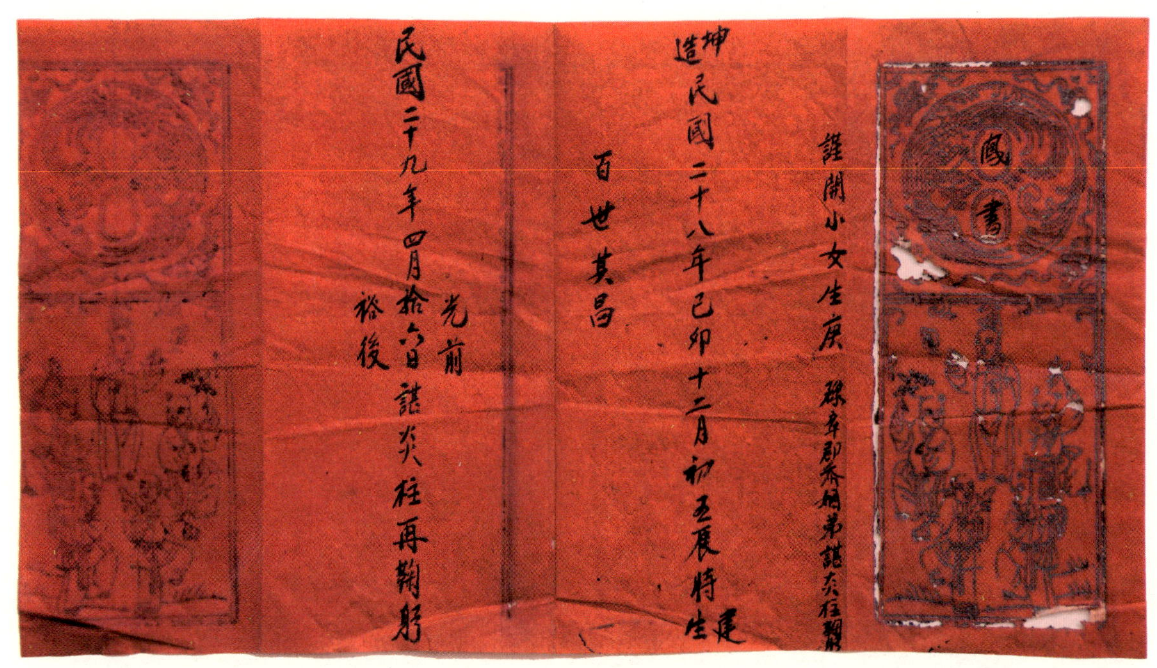

鳳書

謹開小女生庚

坤造民國二十八年己卯十二月初五辰時建生

百世其昌

光前
裕後

民國二十九年四月拾?日 諶炎程再鞠躬

凤书

民国29年(1940)上杭县谌氏书立

规格：24.4×46.2厘米

凤书是客家女儿出嫁时的一种文书。等嫁前夕，男方派来等嫁或迎亲的人要求出“红婚”。女方则请一位本房族知书达理且会写凤书的人，父亲、兄长都可以，即执笔人，同时举行一个庄重的出红婚仪式，用红纸写凤书。

凤书写成后，放鞭炮，执笔人将凤书交给等嫁方，等嫁方将红包交给执笔人。红婚仪式结束，即可按择日时辰迎亲出门。

在没有结婚登记证书之前，以凤书为凭，“美好姻缘凤书定，百年好合不反悔”。

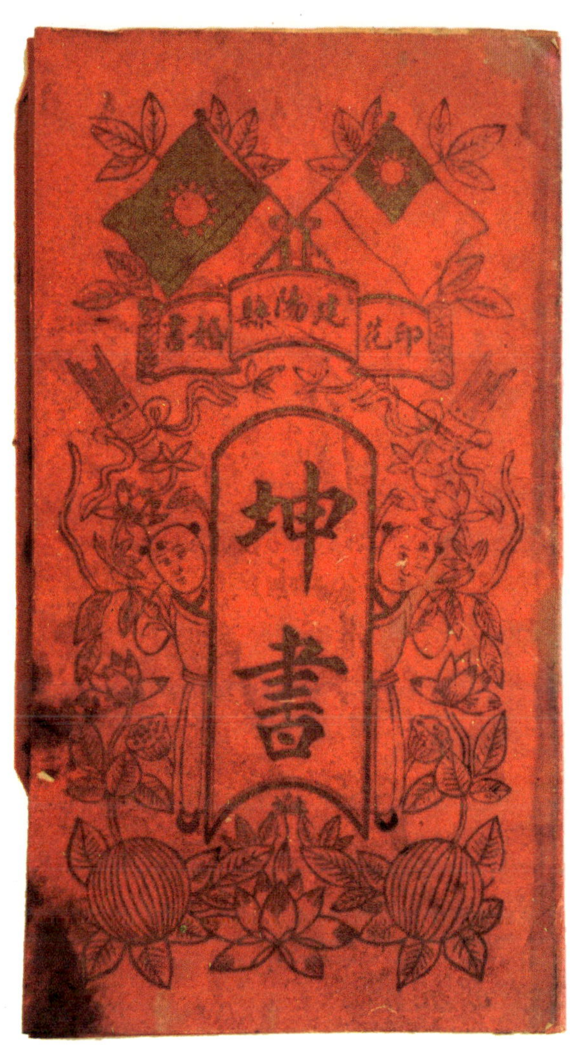

建阳县印花婚书(一对)

民国年间

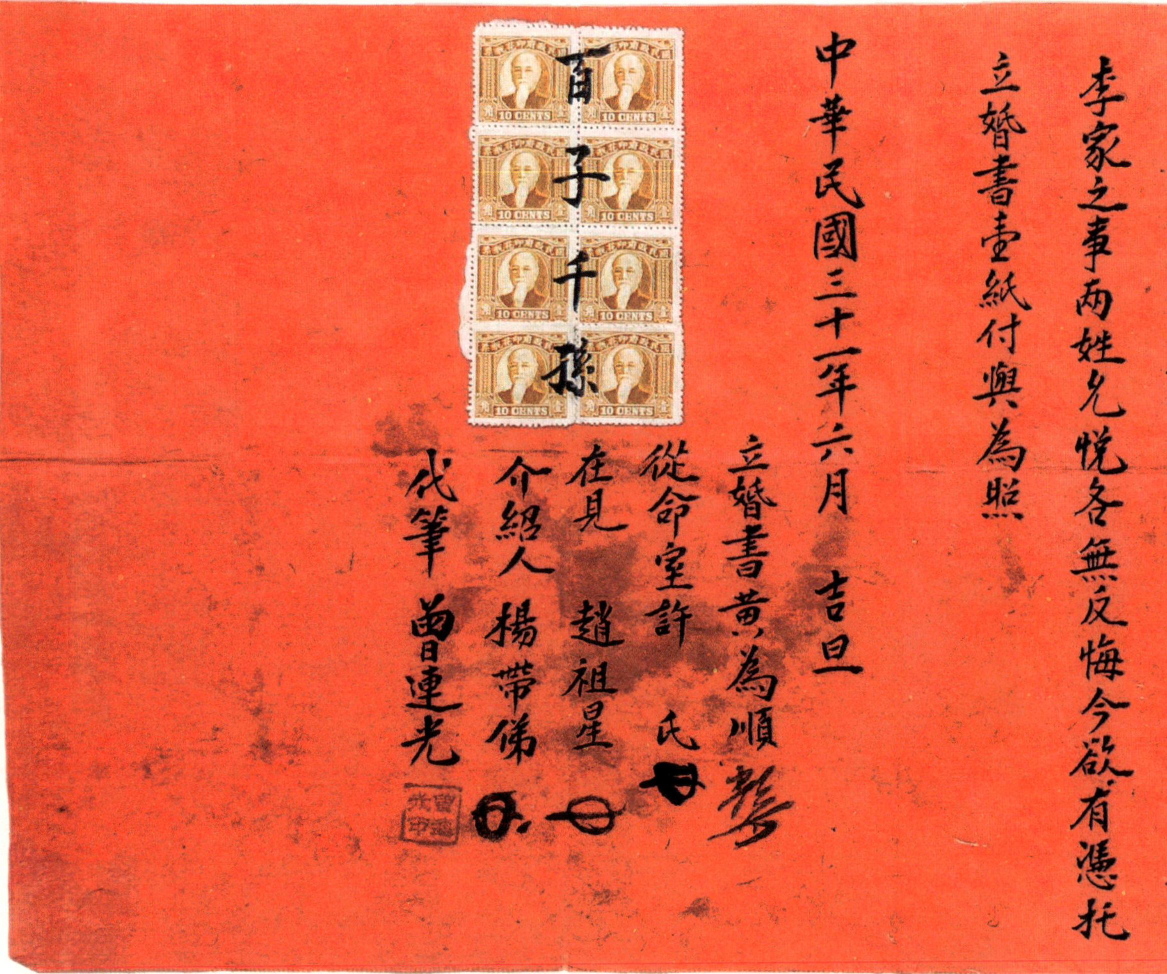

李家之事兩姓允悅各無反悔今欲有憑托

立婚書壹紙付與為照

中華民國三十一年六月　吉旦

立婚書黄為順

從命主許　氏

在見　趙祖星

介紹人　楊帶俤

代筆　曾連光

百子千孫

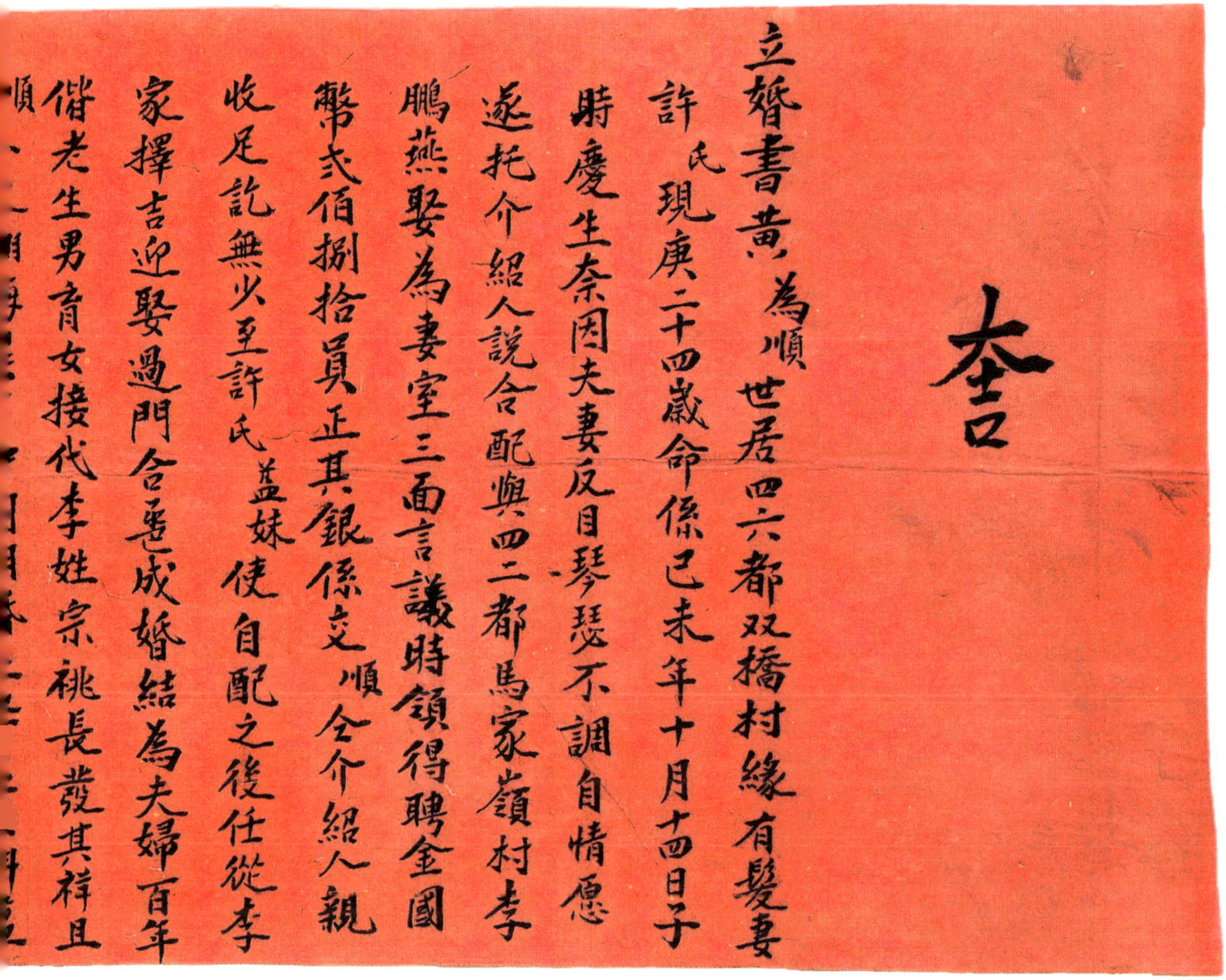

合

立婚書黃為順世居四六都双橋村緣有髮妻
許氏現庚二十四歲命係己未年十月十四日子
時慶生奈因夫妻反目琴瑟不調自情愿
遂托介紹人說合配與四二都馬家嶺村李
鵬燕娶為妻室三面言議時領得聘金國
幣弍佰捌拾員正其銀係交順仝介紹人親
收足訖無少至許氏益妹使自配之後任從李
家擇吉迎娶過門合卺成婚結為夫婦百年
偕老生男育女接代李姓宗祧長發其祥且

古田县婚书

民国31年(1942)书立

规格：21.8×56.8厘米

復課

姻教弟林廷鳳鞠躬

旹

鳳舞歲在甲申桐月穀旦

裕後

鳳再頓首

百年好合

世居四四都芹溪村林廷鳳長女　美嬌使

坤造丁卯年正月初九日午時瑞生大吉

議親

闽侯芹溪林氏议亲复课帖

民国年间书立

规格：23.9×73.1厘米

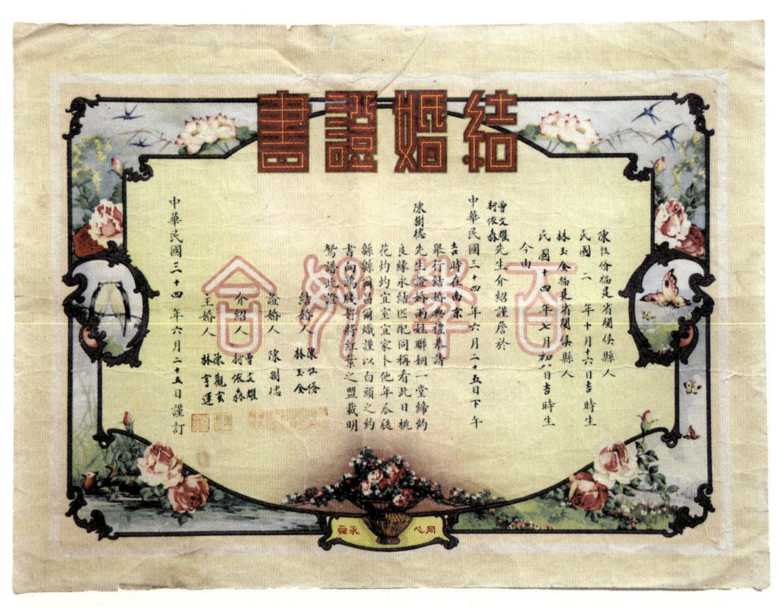

結婚證書

陳仕俗福建省閩侯縣人民國二年十月十六日吉時生
林玉金福建省閩侯縣人民國十四年七月初八日吉時生
今由
曾文耀
柯依森先生介紹謹詹於
中華民國三十四年六月二十五日下午
吉時在南京
舉行結婚典禮恭請
陳樹穗先生證婚兩姓聯姻一堂締約
良緣永結匹配同稱看此日桃
花灼灼宜室宜家卜他年瓜瓞
綿綿爾昌爾熾謹以白頭之約
書向鴻箋好將紅葉之盟載明
鴛譜此證

結婚人 陳仕俗 林玉金
證婚人 陳樹穗
介紹人 曾文耀 柯依森
主婚人 陳觀玄 林李蓮

中華民國三十四年六月二十五日謹訂

结婚证书

民国34年(1945)订立

规格：37.5×51.1厘米

結婚證書

鄭永治係福建省沙縣人三十歲民國六年九月十六日中時生
陳琬如係福建省林森縣人二十歲民國十六年正月初三日卯時生
今由
劉瑞藩
李聖棨先生介紹謹詹於
中華民國三十五年十二月十七日下午
三時在福州市上杭路一二九號
舉行結婚典禮恭請
高登艇先生證婚兩姓聯姻一堂締約
良緣永結匹配同稱看此日桃
花灼灼宜室宜家卜他年瓜瓞
綿綿爾昌爾熾謹以白頭之約
書向鴻箋好將紅葉之盟載明
鴛譜此證

結婚人 鄭永治 陳琬如
證婚人 高登艇
介紹人 劉瑞藩 李聖棨
主婚人 鄭天影 陳炯

中華民國三十五年十二月十七日謹訂

结婚证书

民国35年(1946)订立

规格：38.2×51.7厘米

訂婚證書

王九郎係福建省閩侯縣人
二十五歲一九二五年一月一日寅時生
徐玉華係福建省閩侯縣人
一十九歲一九三一年三月八日巳時生
今由
趙善才先生介紹謹詹於
公曆中華民國一九四九年十月廿八日午
時在
陳汕眉舉行訂婚儀式恭請
先生蒞場證明從茲締結良緣
訂成佳偶志同道合早經牢繫
赤繩意洽情投行看永偕白首
花好月圓欣燕爾之將詠海枯
石爛指鴛侶而先盟此約

訂婚人　王九郎　徐玉華
證明人　陳汕眉
介紹人　趙善才
主婚人　王家豫　徐春成

公曆中華民國一九四九年十月廿八日謹訂

訂婚證書

王九郎係福建省閩侯縣人
二十五歲一九二五年一月一日寅時生
徐玉華係福建省閩侯縣人
一十九歲一九三一年三月八日巳時生
今由
趙善才先生介紹謹詹於
公曆中華民國一九四九年十月廿八日午
時在
陳汕眉舉行訂婚儀式恭請
先生蒞場證明從茲締結良緣
訂成佳偶志同道合早經牢繫
赤繩意洽情投行看永偕白首
花好月圓欣燕爾之將詠海枯
石爛指鴛侶而先盟此約

訂婚人　王九郎　徐玉華
證明人　陳汕眉
介紹人　趙善才
主婚人　王家豫　徐春成

公曆中華民國一九四九年十月廿八日謹訂

订婚证书(一对)

1949年订立

规格：38×49.9厘米

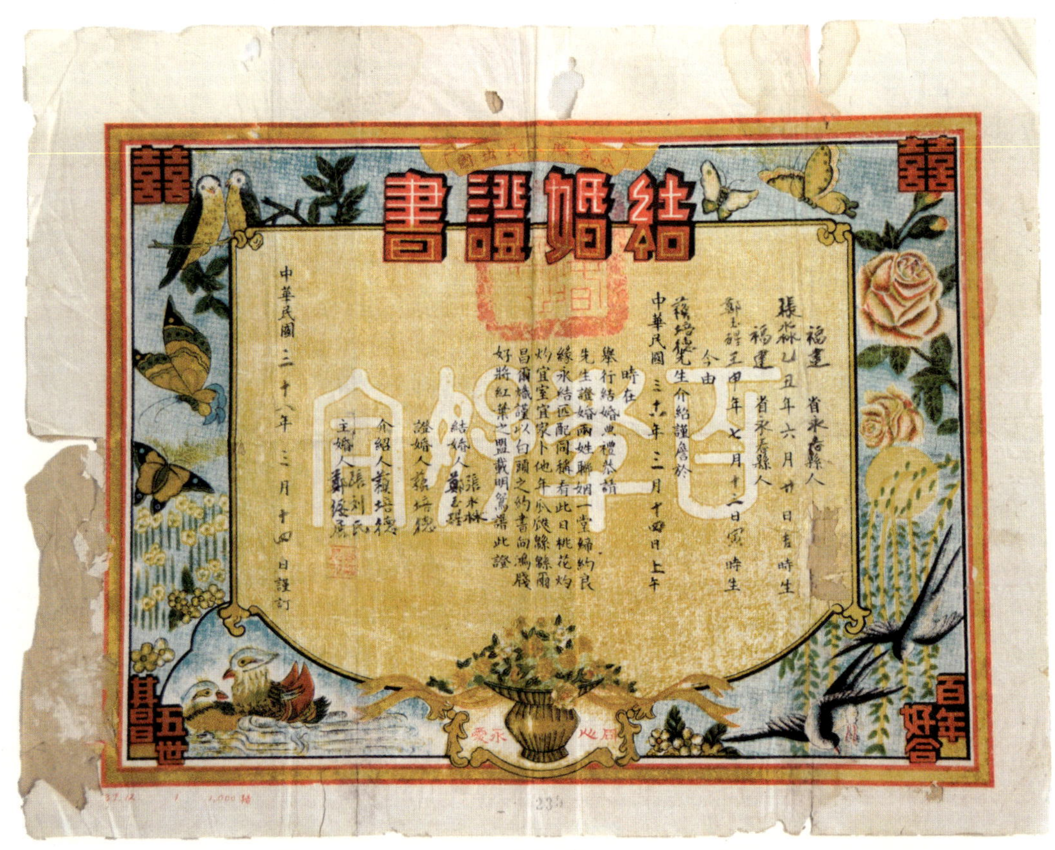

永春县人民出国结婚证书

民国38年(1949)订立

规格：31.5×40.5厘米

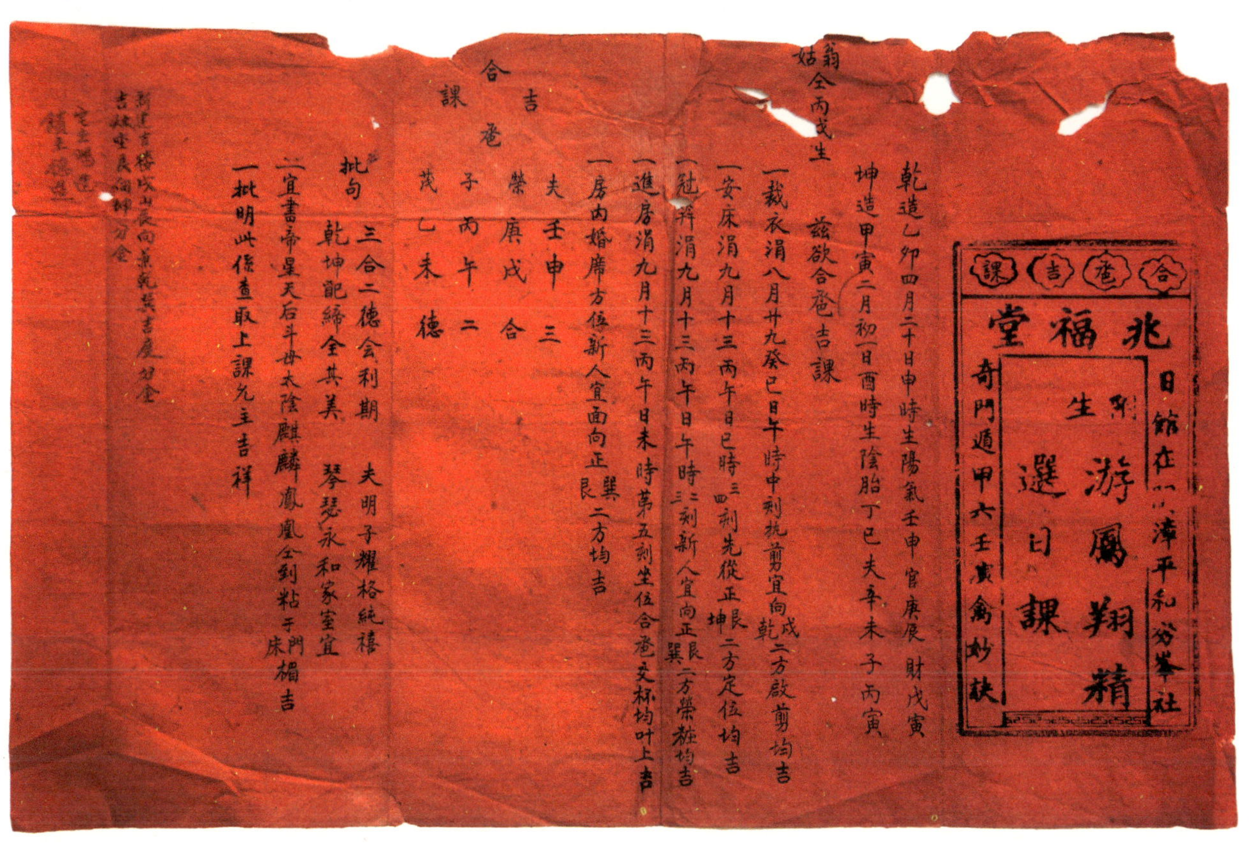

合卺吉課

兆福堂

日館在[illegible]漳平和[illegible]峯社

附生游鳳翔精選日課

奇門遁甲六壬禽妙訣

乾造乙卯四月二十日申時生陽氣壬申官庚辰財戊寅

坤造甲寅二月初一日酉時生陰胎丁巳夫辛未子丙寅

翁姑全丙戌生

謹欲合卺吉課

一裁衣涓八月廿九癸巳日午時中刻執剪宜向乾戌二方啟剪均吉

一安床涓九月十三丙午日巳時三四刻先從正艮坤二方定位均吉

一冠笄涓九月十三丙午日午時二三刻新人宜向正艮巽二方梳妝均吉

一進房涓九月十三丙午日未時第五刻坐位合卺交杯均叶上吉

一房內婚席方位新人宜面向正巽艮二方均吉

合卺吉課

夫　壬申　三

榮　庚戌　合

子　丙午　二

茂　乙未　德

批句　三合二德会利期　夫明子耀格純禧

乾坤配締全其美　琴瑟永和家室宜

一宜書帝星天后斗母太陰麒麟鳳凰全到粘于門床楣吉

一批明此係查取上課允主吉祥

新建吉樓以山辰向兼乾巽吉度分金

民国平和县兆福堂合卺吉课帖

规格：31.8×49.7厘米

人身书契

民间文书除了部分房屋、宅基和田产等产业契约以外，还有另一类涉及人身的书契，如赘书、嗣书（又称「螟蛉书」）、卖身契以及命理卜卦之文书，等等。

福建省图书馆收藏有部分省内各地的此类书契，其草撰书具的时间，大体上是在清末民国年间。今借特展专辑一角，列示此类书契于此，以为文史研究参鉴之用。

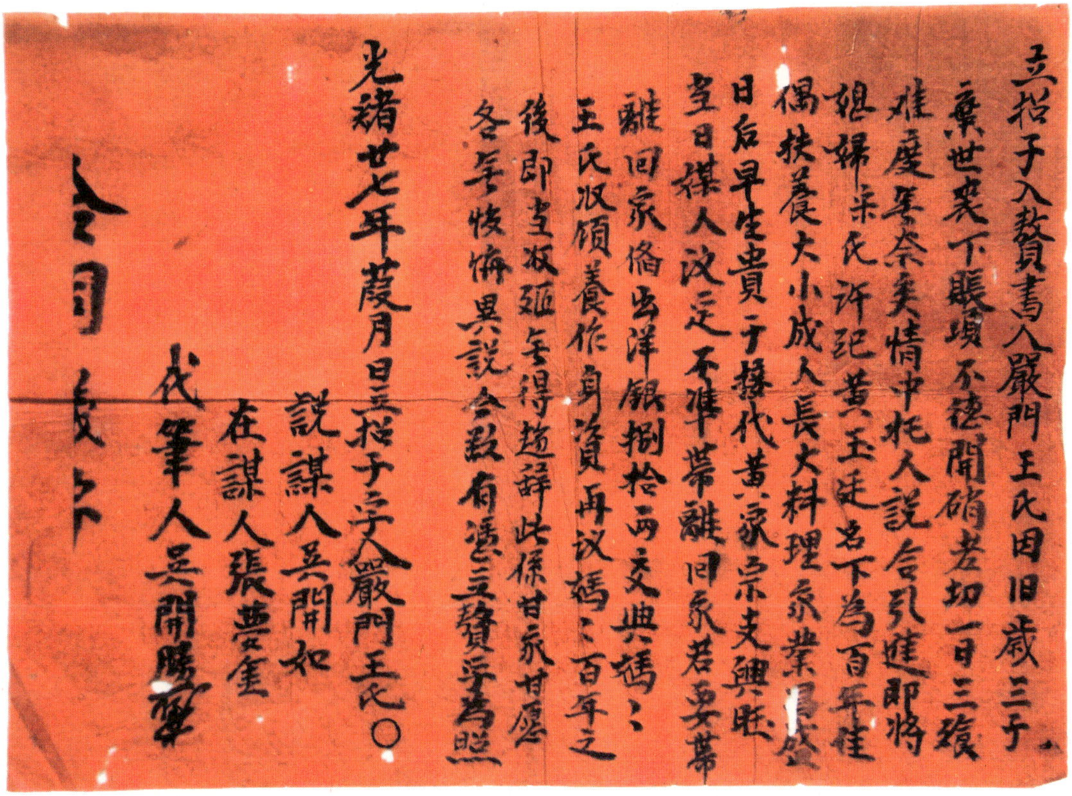

立招子入赘书

清光绪二十七年(1901)建阳严门王氏书立

规格：22.9×32厘米

菌寮屋等件交與書燿公嗣男管業另

有祖父撥出水田数欵共禾税拾肆担田跡閭

簿備明照依閭簿章程只可遞年收租養

育之需

一批筆資紅儀壹封

在塲　曾祖母氏陳

祖父泮先

祖母氏葛

母氏俞

親　母舅俞如彬福

表伯葛秀山

在塲　族　伯祖榕增

叔祖太梅興八長發其祥

執筆伯父書燀字

光緒二十九年新正二十日立嗣帖字人書熠

百世榮昌

立遵父命字人書炤緣胞二兄書耀於庚
寅年登遊仙境未曾生男育女況雙親
大人年邁時時星念欲覔嗣以承宗支
三子齊榮枝枝茂盛今遵父命書炤生
下長男名百雲年方六歲繼與二兄書
耀公為嗣效盧邁之志以承宗祧當日
親族議定貼回被鋪銀玖大員正弟韋祖
宗鑒靈默佑百雲過嗣之後麟趾呈祥
螽斯衍慶子子孫孫世代昌隆所具嗣帖

嗣帖

清光绪二十九年(1903)上杭沈氏书立

规格：23.5×59.6厘米

立送字廿四都前汾溪村鄭
家園因兄去世舍侄乳褓隨
嫂寄養羅汕洋村楊海滄之
家不幸嫂又不祿思欲將侄
抱回轉念鞠育孔艱爰托中說
合送與楊家撫養接代宗枝
滄欣謝國幣式拾元正是園
立出之日親收足訖嗣後不敢
翻異滋事各等情両允無悔今
欲有憑立送字壹紙為照

民国廿六年叁月　日

立送字鄭家園○

知見叔鄭夏然

代字說合楊興岳　押

立送子字约

民国26年(1937)福安郑氏书立

规格：21.5×35.4厘米

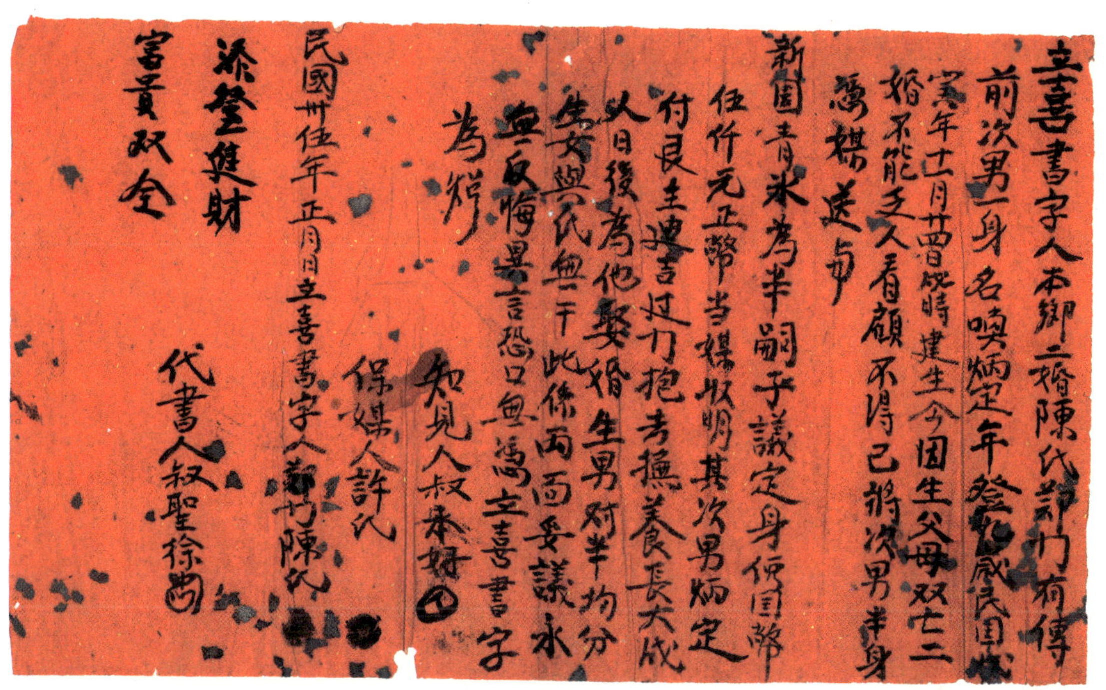
立喜書字人本鄉二婚陳氏鄭门有傳
前次男一身名喚炳定年[illegible]歲民国戊
寅年十一月廿四日戌時建生今因生父母双亡二
婚不能支人看顧不得已將次男半身
憑媒送與
新国青米為半嗣予議定身價国幣
伍仟元正幣当媒收明其次男炳定
付與主婚吉过门抱去撫養長大成
人日後為他娶婚生男对半均分
生女與氏無干此係兩面甘議永
無反悔异言恐口無憑立喜書字
為照
知見人叔本好
保媒人許氏
民國卅伍年正月日立喜書字人鄭门陳氏
代書人叔聖徐
添丁進財
富貴双全

立喜书字约

民国35年(1946)德化郑门陈氏书立

规格：19.4×32.5厘米

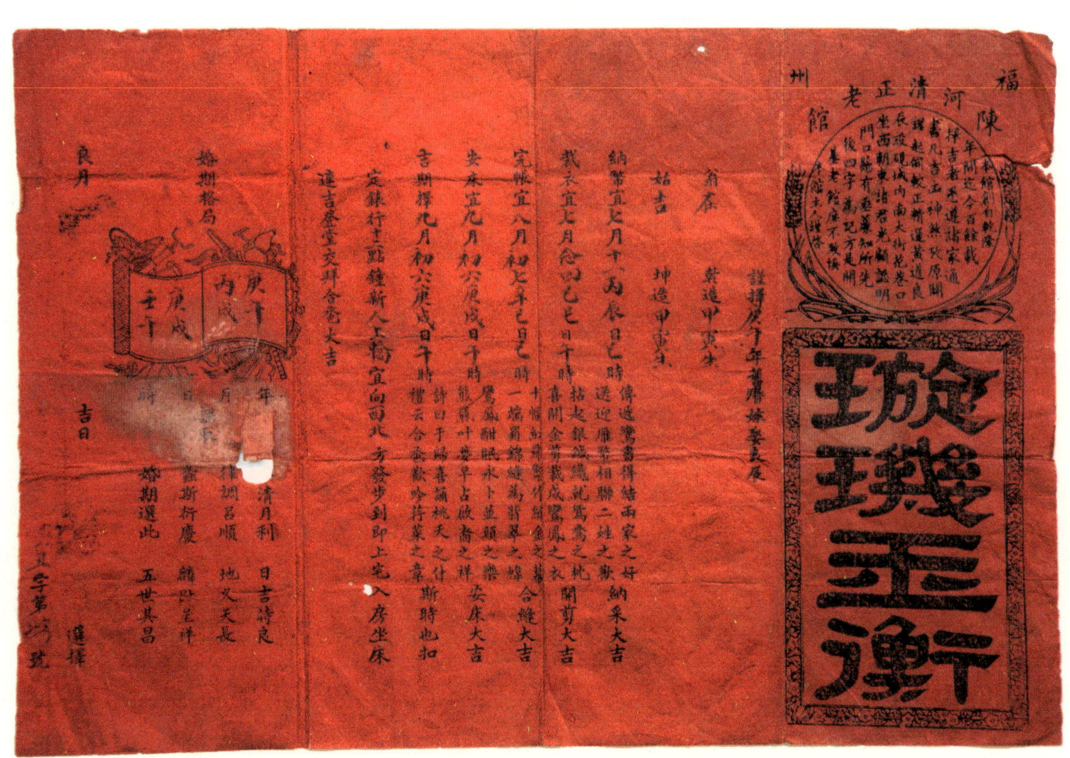

璇玑玉衡帖

民国间福州陈和清正老馆书具

规格：27.2×40.2厘米

书院课卷

书院，是唐宋至明清时期出现的一种独立教育机构，一般为私人或官府所设的课徒讲授、研究学问的场所，是藏书、教学与研究三结合的高等教育机构。但是，绝大多数书院成为以考课为中心的科举预备学校。

昔时，福建各地兴办书院虽较为繁盛，而书院的课卷却存世无多。本辑特从馆藏地方文献中精选出五种较为完整的学员课卷，展现昔日书院学生学习、考课的旧貌。

不謂有矢而弓非空挽鞬[illegible]亟何必為伐之[illegible]乎時不謂有矢而
弓無虛發縱之騰何必求盾之合乎不知矢雖與弓俱張而發諸
已者未必其能衛己傷于人者未必其能防人是非有器以佐之
不可也思之思之若干不當先備歟世于有春于之學樂師紀總
干之容干非徒武功之所尚知茲則由矢而及覺堅強難撼非
鏃矢所能挫其威則撫干盾以衛身直可於張弓挾矢之餘獨誇
郤敵牧野有比干之最貴郊有敵干之習干尤為武備之所需矣
茲則並矢而計之覺堅固自持雖垂矢不能敵其勢則衛社稷而
執干更可於直矢強弓之外獨備防身要之矢能貫靭亦威者不
獨在弓而干可省御禦敵者亦或名盾合之[illegible]與戚揚公劉之為
衛耀計者不亦周乎

賦得五月江深草閣寒 得寒字五言六韻

五月炎威候居難一[illegible]安大江矜獨枕草閣自生寒蓬户秋
疑伍茅檐暑欲殘波痕侵小楫冷意逼雕欄徑曲風吹徧池
清氣若蘭故人如再訪携手樂盤桓

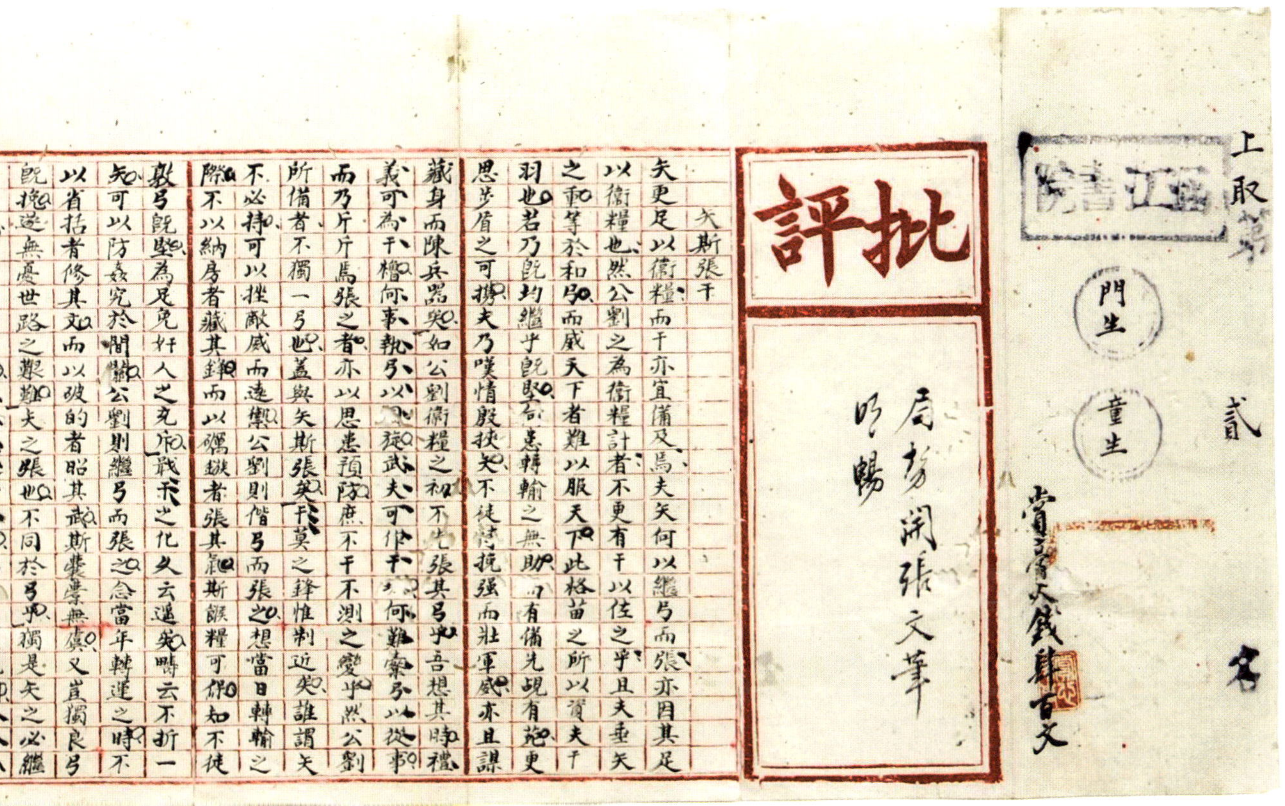

涵江书院(上取第二名)

清光绪写卷(赏膏火钱四百文)

言也當其時挾嚴氣以敵廸疇不說其辭之嚴其正色而敷陳執
不說其義之正吾知與之言者早料其必從而又不說其徒從也
何恥蓋改之為貴改之則不徒見其從也且見其說於知過也今
誠鼓舞奮興改其共見之過並改其獨見之過失之平時新之一
旦謂非法言者所深期歟改之則不徒知其從也且知其說於悔
過也今誠并心壹志改其今日之過並改其前日之過得之無心
去之必力謂非法言者所厚望歟改之如是不已心說於法言乎
不已抱慚於有過乎夫改過之人其心必說於聞過况正論可以
懾其神明危詞足以提其玩怠凡皇皇而奮者無非愧悔交集之
時原不僅以面從是殷遂無負師友之督責而說心之動良由自
改其非心况深情依然共訂婉諭亦覺多風凡娓娓而談者絕少
扞格難通之故又何嘗不雍容以待以明聽受之殷懷則有如徒
說者之於巽言也苟不說其言之獨契猶望有說之一時茲乃謂
之未說固弗能即謂之善說尤不得是彼當說之先早思以說
為藉口也則一言其說較之未說者更難寬矣苟不說其言之甚
殷何論有說之一時茲乃指為不說固弗覺即指為既說亦徒然
是彼於說之之後遂若以說為盡心也則一計其說較之不說者
猶足責矣乃知過貴能改改之而志有可徵言非徒說說之而道
猶未盡而不繹焉巽言者其如之何哉

賦得九月授衣　得衣字五言六韻

豳風歌九月處處授寒衣憶昔鳴刀尺當令換絡絺針憑鴛
繡巧砧逐雁聲飛暖想裝棉重淒嫌著袷非憑伊披與拂準
我瘦兼肥

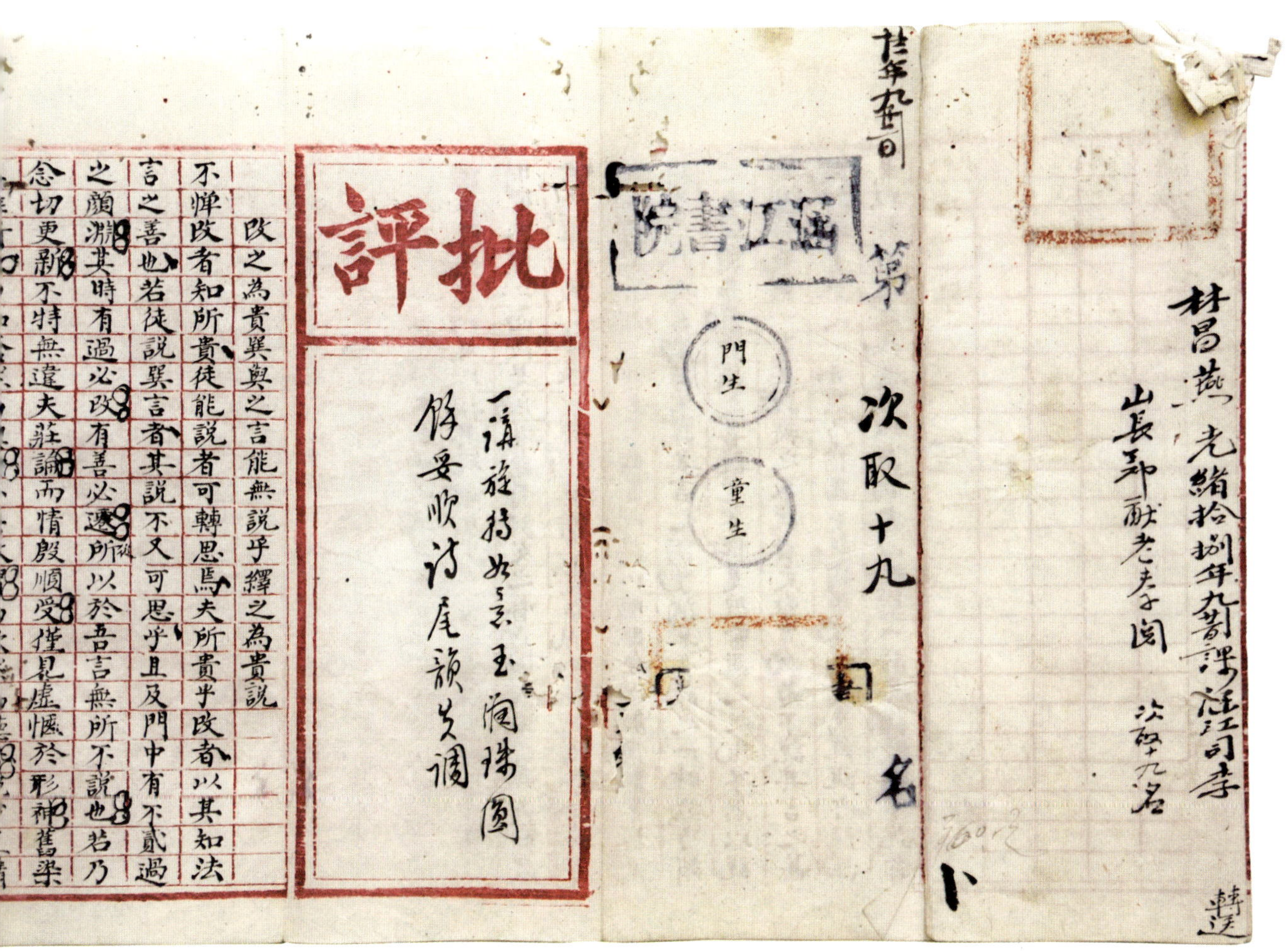

涵江书院(次取十九名)

清光绪十八年(1892)写卷

陛而曰大事之豈有欺罔心哉顧當其未事之先欲
納焉可以對屋漏及其將事之際欲外焉可以對大
廷豈得曰欺或起於微不必爲之介意耶今夫事君之
道惟心力並盡而已凡平日委質垂紳之下心有難
安非所以對君力有未盡不足以云事世之昧於事
君者出以卒意乘以僞心卒意與僞心皆欺也烏得
不先戒之以勿乎如其欺之則欺不因庸懦而因激
昂愛國如愛身者夫豈若是勿之哉勿以識之近愚
而欺也勿以氣之虛憍而欺君以學問㑹聖明誠意
正心思與君同立於無過如其欺之則欺不在阿諛
而在憪直正君如正已者[illegible]斯勿之哉勿以憪直
可而而欺當世勿以忠藎而欺吾君以樸誠達愛敬
一心一德已與君深信而無疑勿欺於疑似勿欺於
浮務勿欺於分毫之端勿欺於宊危之會汝也勉求

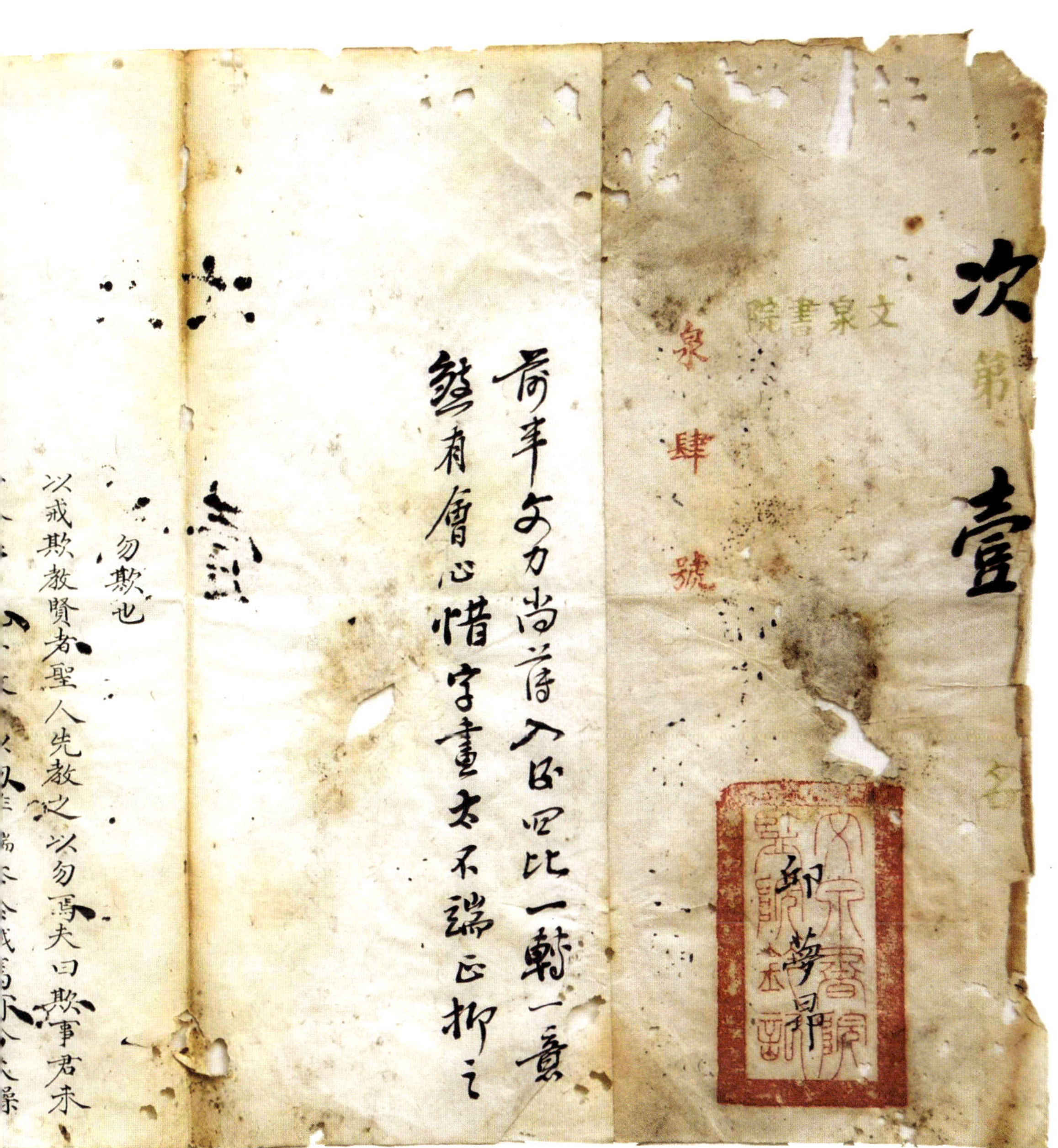
次壹　第　名

文泉書院

泉肆號

前半文力尚薄入後四比一轉一意
幾有會心惜字畫太不端正抑之

勿欺也

以戒欺教賢者聖人先教之以勿焉夫曰欺事君未

清闽清文泉书院

我之自審能對人乎則還以相證恐在人非不恕之施矣何子貢
竟方人也夫方人則自謂能而不能非所患矣方人則欲人知其
不知人而已之不能為人知非所患矣子賢夫賜而自明不暇若
曰賜直患人不知耳苟以不能為患則無暇及此也而記者已微
窺之矣大抵聖人未嘗不慮學者之好名貪切己之修而思甄別
乎人品就使賞識不遺無愧倫物真鑒而本圖既失徒博億中之
名殊非吾徒之幸事聖人未嘗不知學者之流弊為徇人之舉而
期世路有知音無論遺逢無定必至牢騷不平而學殖既荒不免
日華之弊尤相去有之隱憂則何如不矜其能之為得也然而凡
若之心存諸己而人當稍寬即有時善善惡惡之情不容或深而
權衡在方亦不必爭一世之是非但以定一身之去取雖於人無
所短長人且目為公輔之器焉夫誰測其中之深淺乎惜子貢未
之知也則何如自患其不能之為得也愛憎取舍之端存乎人者
本屬無與即有時德修謗至之境故以相難而義命樂吾天且以
深內念之罷皇不遑辨當途之優拙雖曰玉汝端由貧賤我自覺
其固應有方焉夫誰逃吾心之辨析也彼子貢宜自考也記者因
不暇之言而以患其不能之語類記之有以哉

賦得年年乞與人間巧 得年字五言八韻

銀浦秋頻渡鐵樓夜屢穿人間多乞巧天上與何年慧業星
娥證靈心月姊傳久聞兒女祝慣補拙痴偏歲序翻新樣聰
明結舊咲泛良衿慶擲盒裏綫都牽底事能傳鉢其直追聘
錢汾陽王裹知其復過神仙

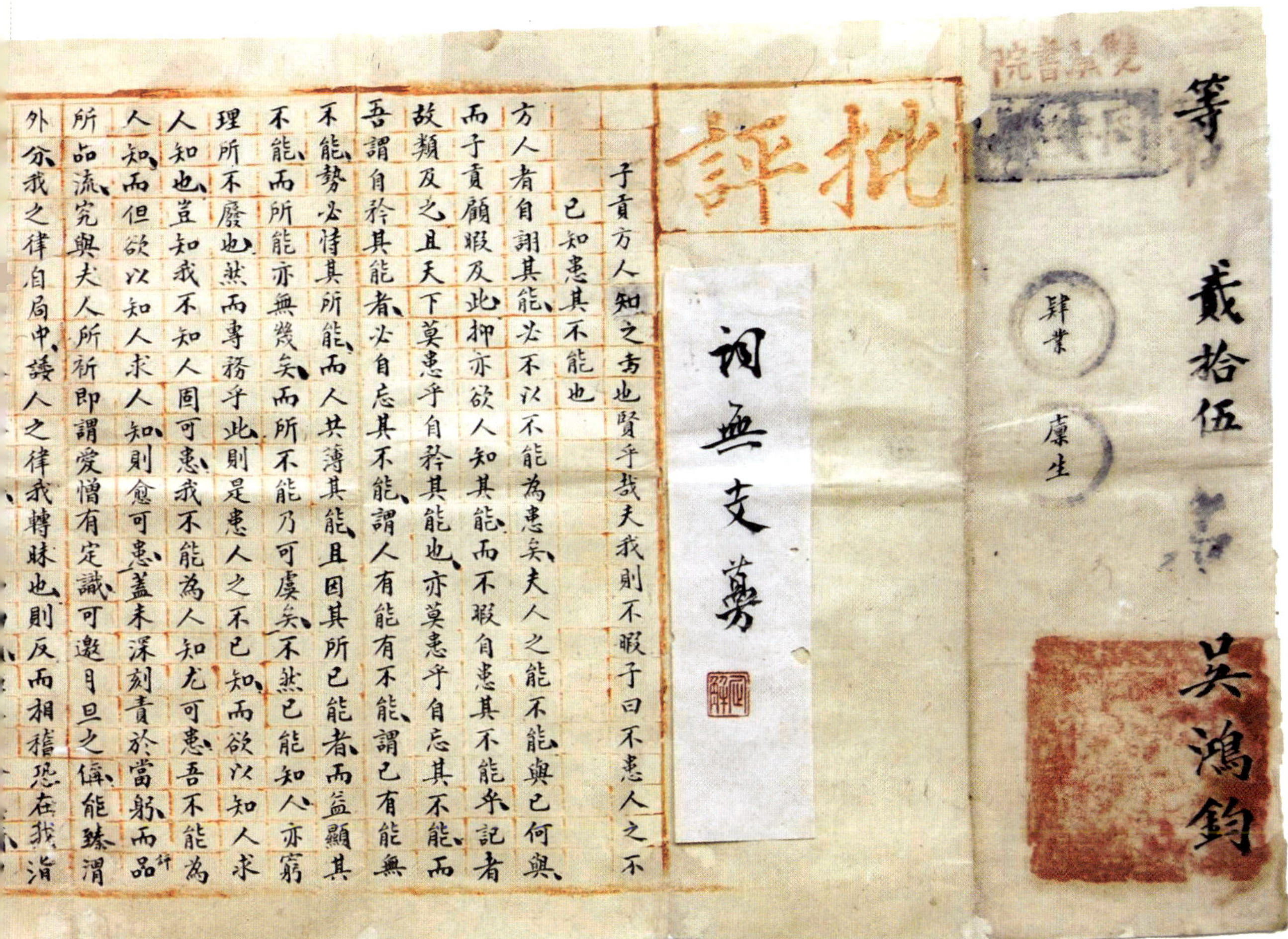
雙溪書院

等 戴拾伍 吳鴻鈞

肆業 庠生

批評

詞無支蔓

子貢方人知之害也賢乎哉夫我則不暇子曰不患人之不
己知患其不能也
方人者自詡其能必不以不能為患矣夫人之能不能與己何與
而子貢顧暇及此抑亦欲人知其能而不暇自患其不能乎記者
故類及之且天下莫患乎自矜其能也亦莫患乎自忘其不能而
吾謂自矜其能者必自忘其不能謂人有能有不能謂己有能無
不能勢必恃其所能而人共薄其能且因其所已能者而益顯其
不能而所能亦無幾矣而所不能乃可虞矣不然已能知人亦窮
理所不廢也然而專務乎此則是患人之不己知而欲以知人求
人知也豈知我不知人固可患我不能為人知尤可患吾不能為
人知而但欲以知人求人知則愈可患蓋未深刻責於當躬而品
所品流究與夫人所祈即謂愛憎有定識可邀月旦之偁能臻渭
外分我之律自局中誘人之律我轉昧也則反而相稽恐在我消

清同安双溪书院

而養到功深久之不覺其自若而訓誨之誠者切切如馬而訓誨
之道盡獎勸之殷者偲偲如馬而獎勸之情至容貌之悅者怡怡
如馬而容貌之著隆推斯旨以體節質性過中而月將日就習馬
不覺其如常是貴各求其如者馬學者束身名教志意務極忠厚
丰裁不尚驕矜果其相規有志英辭表白之勞相勸有心不悼申
重之苦相親有素無作𢡟尤之形溫良和厚自非粹急裝演者所
能幾及也試思詩編內聽雖藐藐誨亦諄諄而惟德是基恭人協
溫溫之度惟命是順吉人著藹藹之容其最合此意也夫是貴互求
其如者馬儒者矢志功修接物要歸仁厚持躬必協和平誠使教
告懇惻而不揚其過勸勉盡詳而不強其從辭氣雍和而不失之戾
敦厚溫柔藹非涵養深純者而能至此乎猶憶吾黨中英才樂育
循循是誘而達材可慕侍坐昭侃侃之型成德堪嘉侍側著誾誾
之象其亦差得此旨也夫士能如是亦可謂士矣然又不可渾於
所施也由其審諸

賦得果然奪得錦標歸（得標字五言六韻）

奮志爭先進摩肩奪錦標果然紅板幟倏爾畫歸橈去岸風
聲速來攜雲影遙才能推敏捷氣識擅高超競渡龍舟鬪榮
回羅鼓標凱歌還奏樂名譽振
天朝

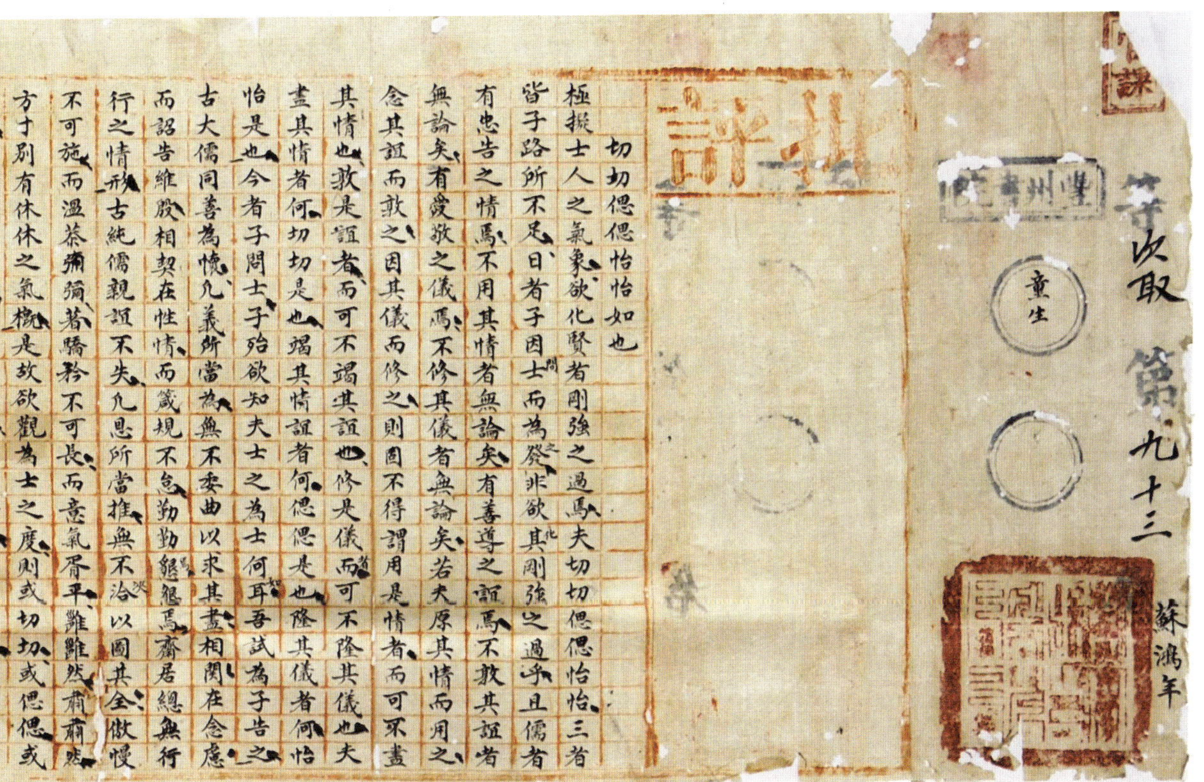

切切偲偲怡怡如也
極擬士人之氣象欲化賢者剛強之過焉夫切切偲偲怡怡三者
皆子路所不足日者子因士而為發非欲其剛強之過乎且儒者
有忠告之情焉不用其情者無論矣有善導之誼焉不敦其誼者
無論矣有愛敬之儀焉不修其儀者無論矣若夫原其情而用之
念其誼而敦之因其儀而修之則固不得謂用是情者而可不盡
其情也敦是誼者而可不竭其誼也修是儀而可不隆其儀也夫
盡其情者何切切是也竭其情誼者何偲偲是也隆其儀者何怡
怡是也今者子問士子殆欲知夫士之為士何耳吾試為子告之
古大儒同善為懷九義所當為無不委曲以求其盡相關在念慮
而詔告維殷相契在性情而箴規不怠勤勤懇懇焉齋居總無行
行之情形古純儒親誼不失凡患所當推無不洽以圖其全傲慢
不可施而溫恭彌彌著驕矜不可長而意氣胥平雝雝然藹藹然
方寸別有休休之氣概是故欲觀為士之度則或切切或偲偲或
怡怡欲求為士之方則宜切切如宜偲偲如宜怡怡如蓋切切者

清南安丰州书院

会券(簿)

福州的「小保险」久负盛名。在20世纪的二三十年代间，机构频设，业务繁盛，煊赫一时，足见当年福州「小保险」风头劲健，因而引致当时国内经济界尤其是金融与保险业界的极大关注。

合会是一种民间组织，由来已久，其主旨就是自助、互助，民众通过入会并交纳一定的会费，聚合而相互帮衬、助益。因此这类民间合会组织还起着某种程度的慈善助益、通融资金而又附带有储蓄的作用。昔日的福州是一个商埠城市，民间的合会组织比较多，其中涉及「养生防老」、「送(悼)亡恤孤(寡)」慈善性质的合会，已知的就有百子会、父母轩、百寿会、百龄团等等，其中，以父母轩比较著名。

福建省图书馆曾在民间征集了部分福州「小保险」资料，还有部分则为民间的会簿、会单等，借此窗口而展示一二，使人们有机会目睹这类罕有的民间文书。

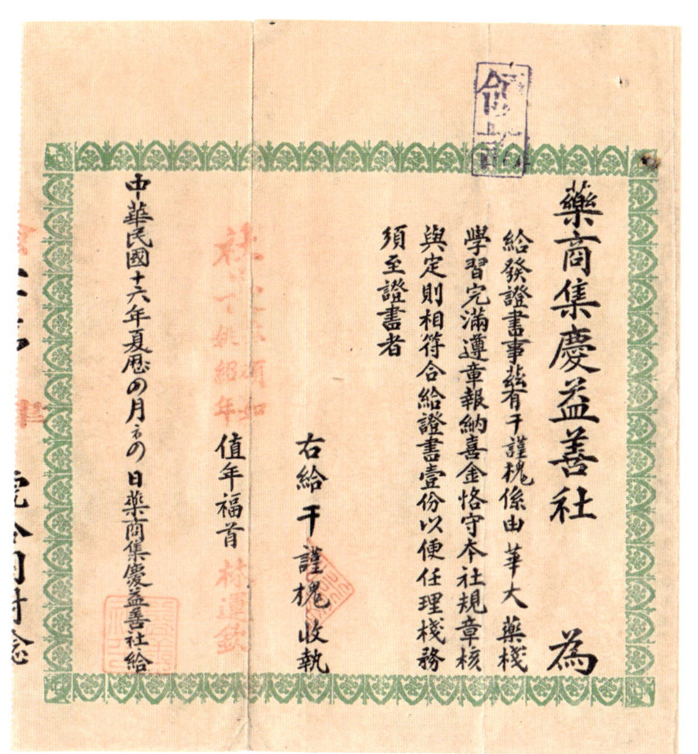

藥商集慶益善社　為

給發證書事茲有干謹槐係由華大藥棧學習完滿遵章報納喜金恪守本社規章核與定則相符合給證書壹份以便任理棧務須至證書者

右給干謹槐收執

值年福首

中華民國十六年夏歷四月廿四日藥商集慶益善社給

证书

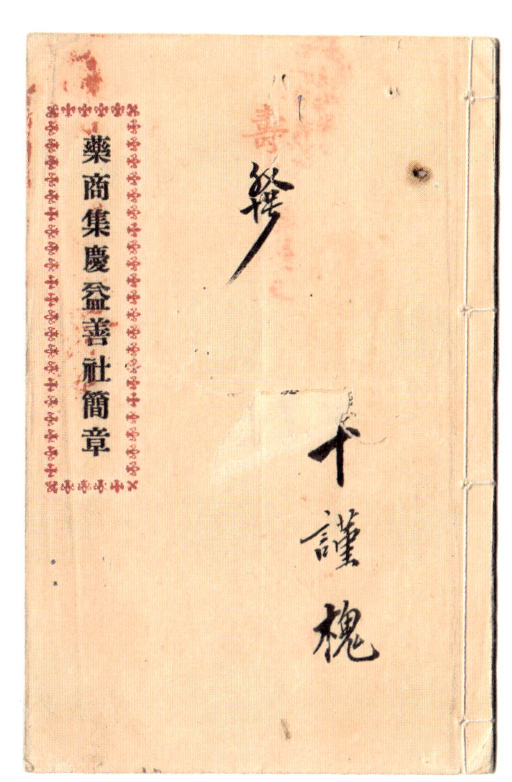

藥商集慶益善社簡章

干謹槐

封面

药商集庆益善社简章

民国16年(1927)福州集庆社给发

干谨槐收执

設立百齡團之緣起

振興堂之設原以謀公益行善舉而造同人之幸福也慨自世景不佳百物昂貴人之處優善舘位者僅得以取給其身家剏藥商中之夥友月得數金之資焉能養生無虧送死無憾哉鄙人等立身藥界爲時未久見吾同道寒素之人每逢仙逝之日或求帮諸親或求助諸友者不一而足既屬同人能不惻然心憫耶于是義不忍坐視爲籌良善之法以濟同業之人自後如遇會友不祿即給銀以爲喪具使不至於臨喪坐困而九京抱憾此的齡團之所緣起也謀公益行善舉造同人之幸福孰有善于此乎

内页

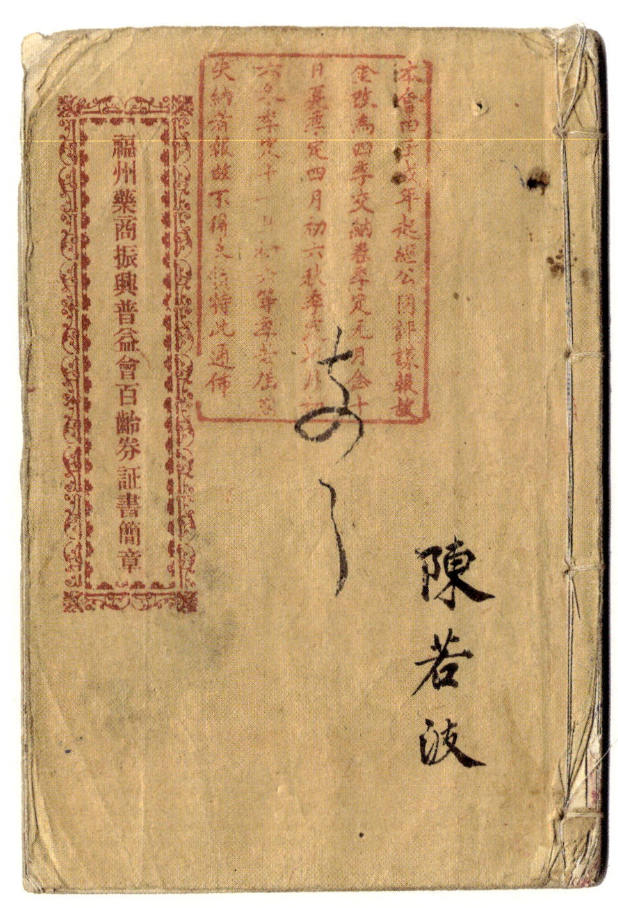

封面

福州药商振兴普益会百龄券证书简章

民国10年(1921)给发

陈若波收执

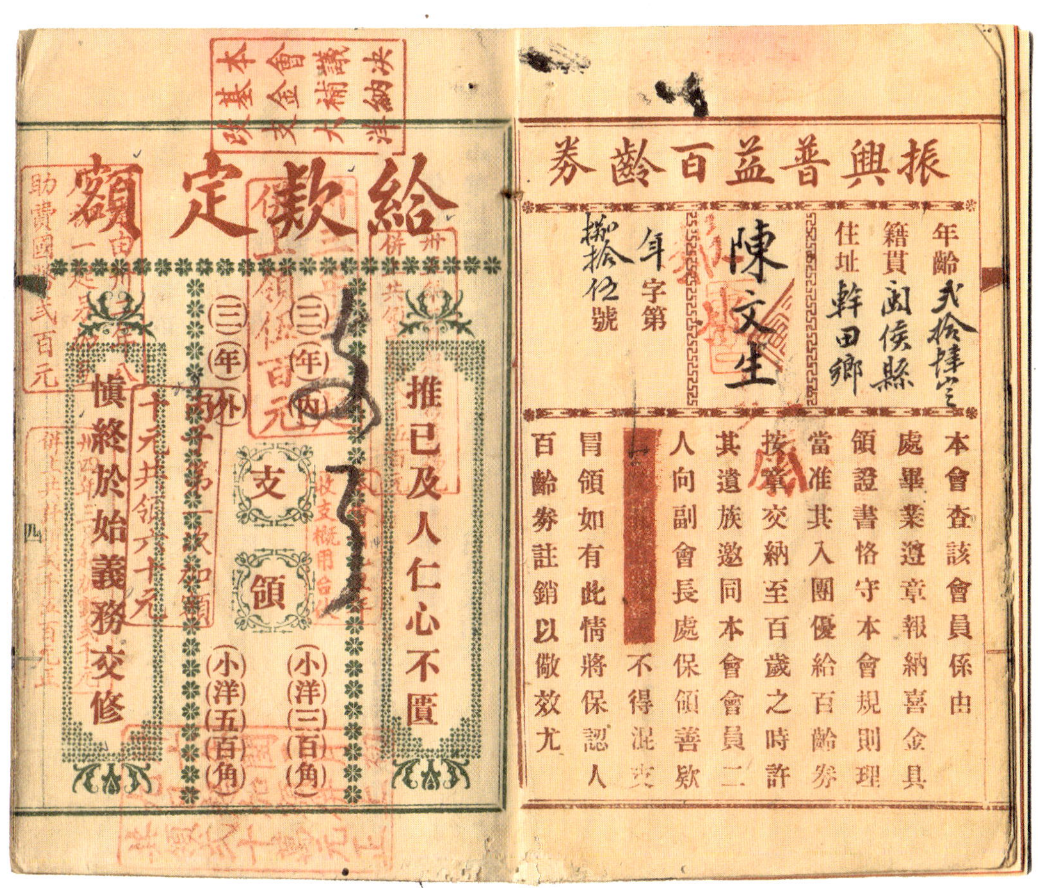

給數定額

推已及人仁心不匱

(三)(年)(內)

支

領

(小)(洋)(三)(百)(角)

(三)(年)(外)

(小)(洋)(五)(百)(角)

慎終於始義務交修

振興普益百齡券

年齡　貳拾肆歲

籍貫　閩侯縣

住址　幹田鄉

陳文生

年字第捌拾伍號

本會查該會員係由處畢業遵章報納喜金具領證書恪守本會規則理當准其入團優給百齡券按章交納至百歲之時許其遺族邀同本會會員二人向副會長處保領善款不得混支冒領如有此情將保認人百齡券註銷以儆效尤

福州药商振兴普益会百龄券证书简章

民国12年(1923)给发

陈文生收执

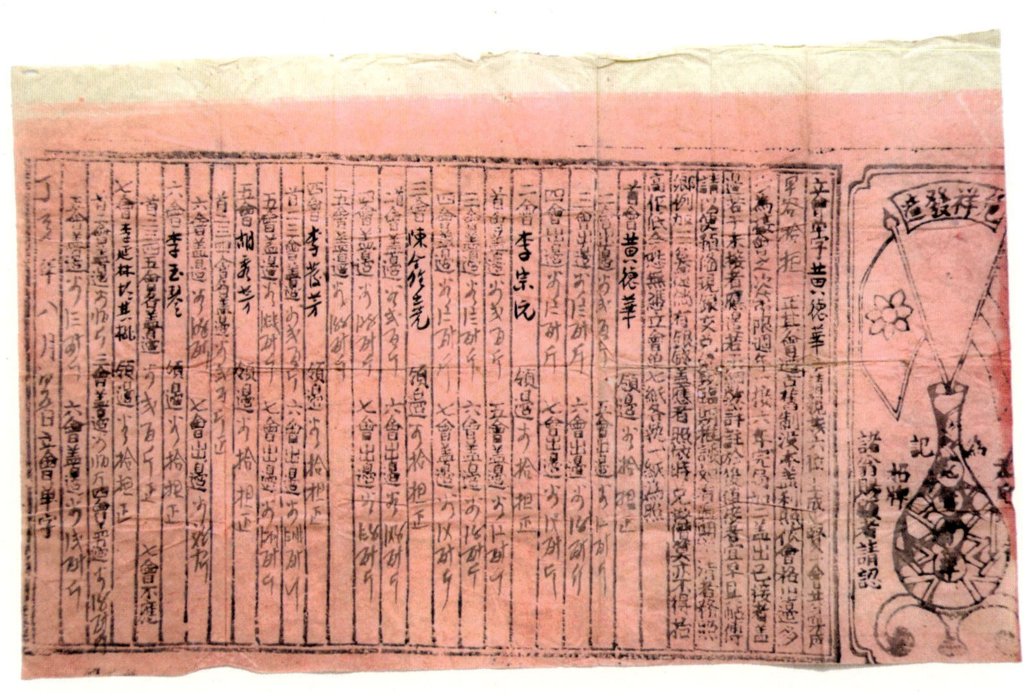

会单

民国36年(1947)上杭县黄氏等立具

规格：27.3×44厘米

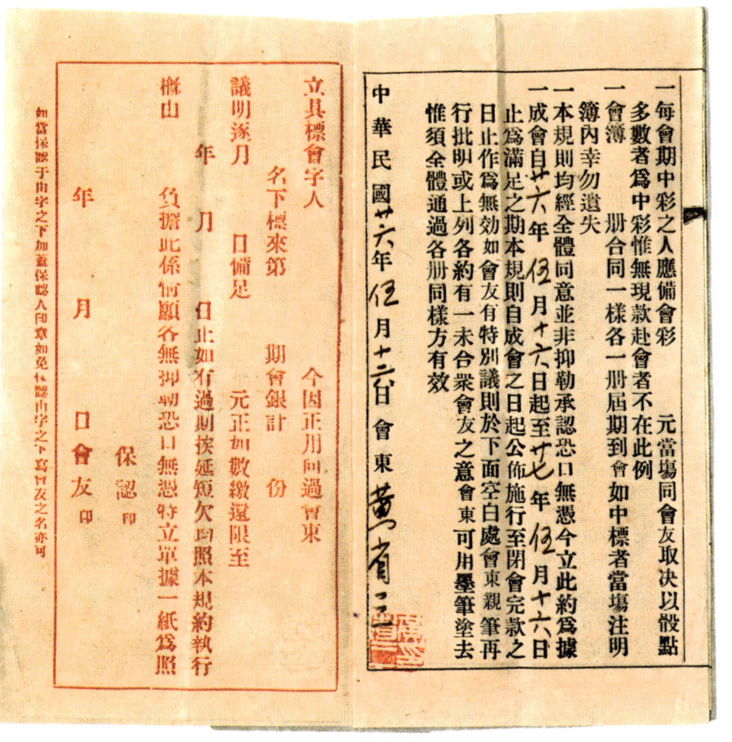

一每會期中彩之人應備會彩　元當場同會友取決以骰點多數者爲中彩惟無現款赴會者不在此例
一會簿　冊合同一樣各一冊屆期到會如中標者當場注明簿內幸勿遺失
一本規則均經全體同意並非抑勒承認恐口無憑今立此約爲據
一成會自卅六年伍月十六日起至卅七年伍月十六日止爲滿足之期本規則自成會之日起公佈施行至閉會完款之日止作爲無効如會友有特別議則於下面空白處會東親筆再行批明或上列各約有一未合衆會友之意會東可用墨筆塗去惟須全體通過各冊同樣方有效

中華民國卅六年伍月十六日　會東　黃

立具標會字人　　今因正用向過會東　　名下標來第　　期會銀計　　份議明逐月　　日備足　　元正如數繳還限至　　年　　月　　日止如有過期挨延短欠均照本規約執行概由　　負擔此係情願各無抑勒恐口無憑特立單據一紙爲照

保認　印

年　月　日會友　印

如當保認于由字之下加蓋保認人印章如免保認由字之下寫會友之名亦可

内页

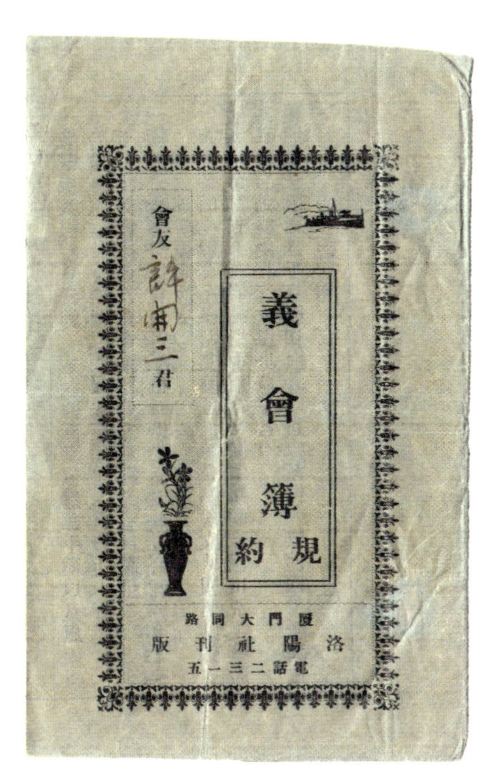

會友　許甫三　君

義會簿

規約

廈門大同路

洛陽社刊版

電話二三一五

封面

厦门义会簿规约

民国36年(1947)立具

侨批

侨批是海外华侨汇寄至国内侨眷的「银信」，它融合了平安书信与赡家汇款的双重功能，是一种特殊的邮传载体。小小侨批，见证了华侨移民史、创业史。随着时间的流逝，侨批作为华侨史的珍贵历史文献，已受到文史学者的广泛关注。

二〇一〇年二月二十二日，「中国档案文献遗产工程」国家咨询委员会召开会议，按照中国档案文献遗产入选标准，对第三批申报的档案文献进行了认真审定，「侨批档案」作为一组档案文献入选《中国档案文献遗产名录》。

福建省作为我国著名的侨乡，历史上曾为侨批暨侨批业的发生、发展作出了重大贡献，其中著名的就有郭有品「天一信局」等。今天在漳州龙海的流传乡还遗有天一总局旧址，已列为国家文物保护单位。

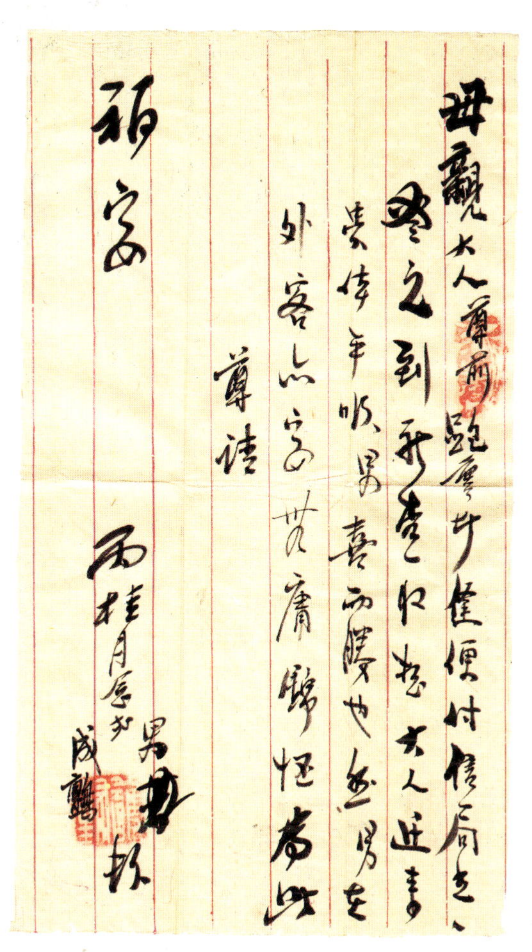

内信

陳
母親大人啓

侨批封(正面)

泰国陈成崗汇寄至诏安家母亲的侨批

这是一通民国期间泰国陈成崗汇寄至福建诏安家母亲收启的侨批。我们通常所指的侨批，就是这类银信合封的特殊邮传载体。

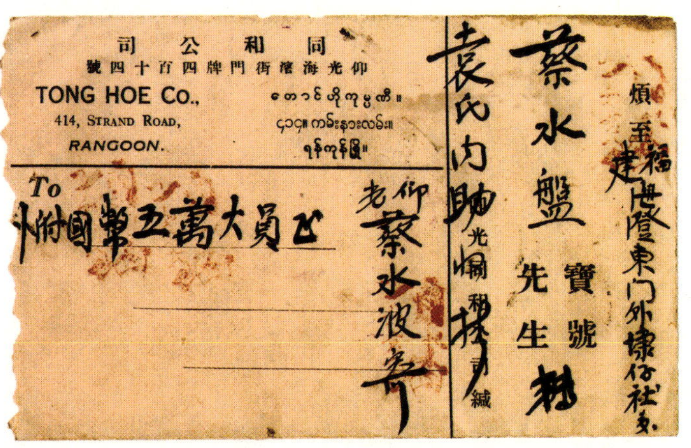

侨批封(正面)

内信

批封后加盖有华侨银行仰光分行的作业章记

缅甸仰光蔡水波汇寄福建海澄县蔡水盘收件(1946年)

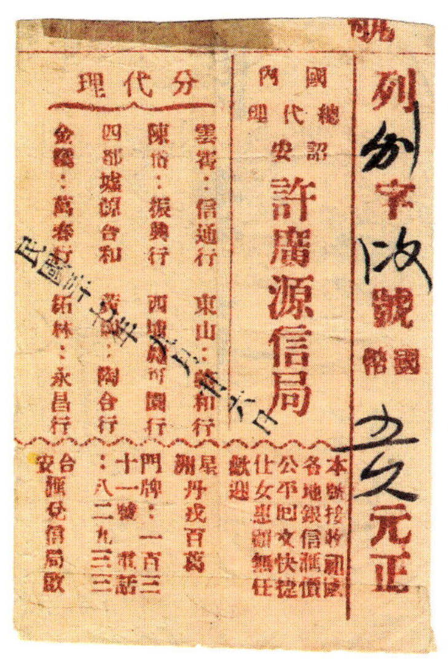

回批封(背面)

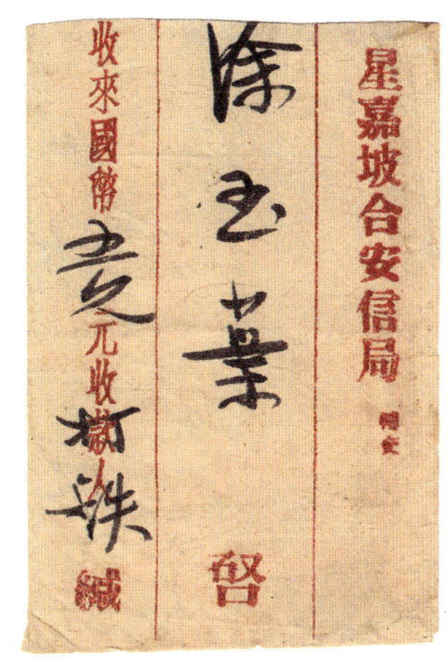

回批封(正面)

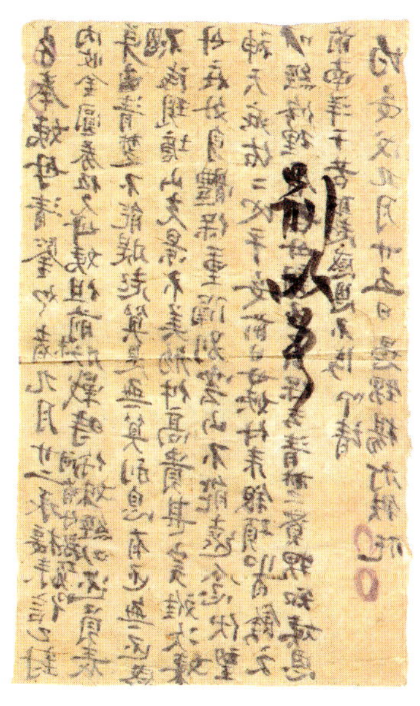

回批内信(背面)

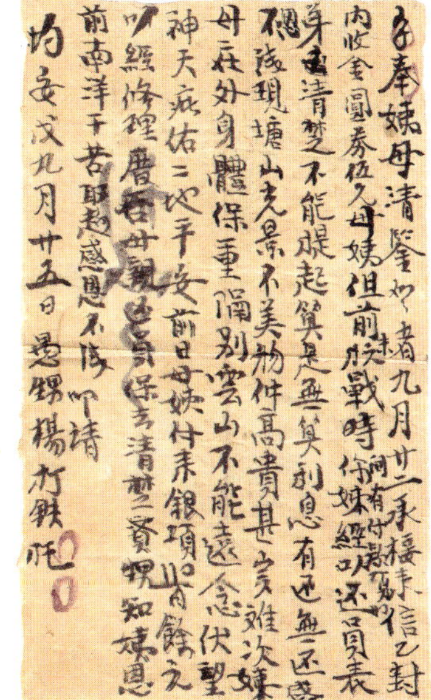

回批内信

诏安杨打铁寄新加坡涂玉叶的回批

回批即国内侨眷在收到海外侨亲寄来的批信后，书发一封回函，写明收到来批暨随批信汇至的款额。同时，这也是民营侨批信局的一种作业流程与从业规矩。由于回批相较于来批要少得多，因此，回批的价值很高。

这里展示的就是一通1948年9月诏安寄至新加坡的完整回批。

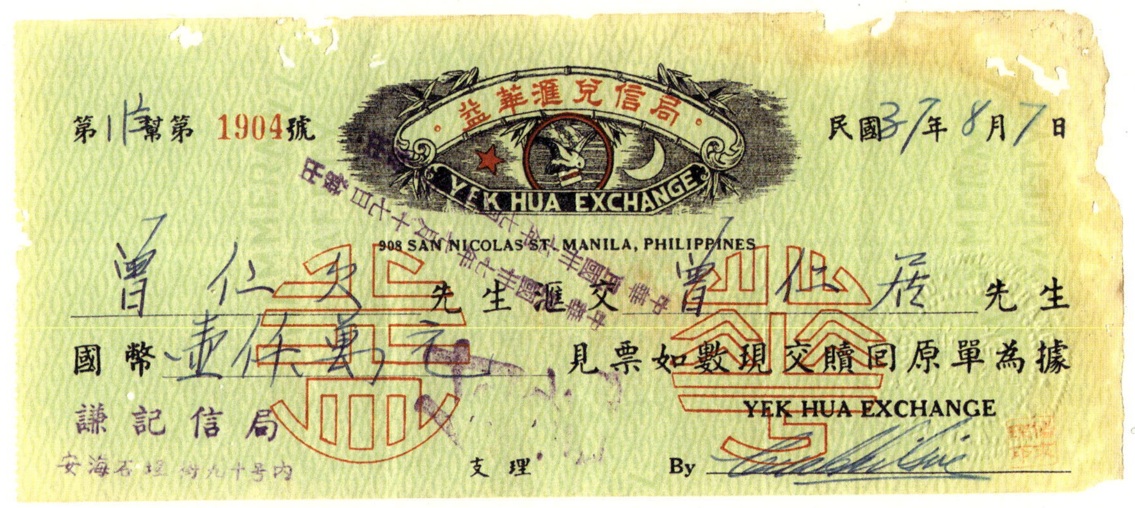
益華滙兌信局
YEK HUA EXCHANGE
908 SAN NICOLAS ST. MANILA, PHILIPPINES
第 幫第 1904號　　民國37年8月7日
曾仁文 先生滙交 曾仙居 先生
國幣壹佰萬元 見票如數現交贖回原單為據
謙記信局　　YEK HUA EXCHANGE
安海石埕街九十号内　支理　By

益华汇兑信局汇票

民国37年(1948)菲律宾汇寄福建安海谦记信局支理

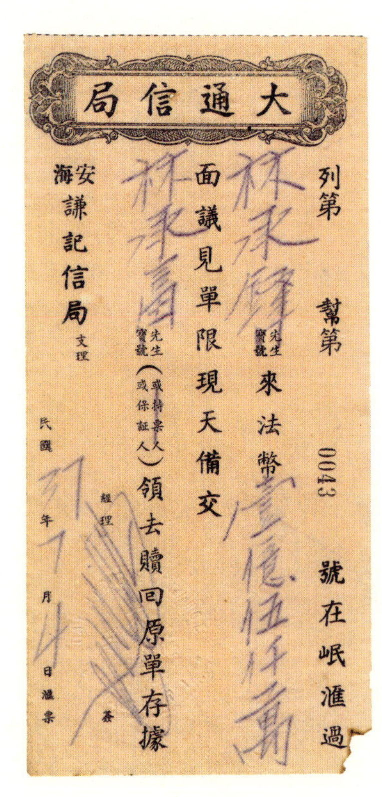
大通信局
列第 幫第 0043 號在岷滙過
林承鋒 先生寶號來法幣壹億伍仟萬
面議見單限現天備交
林承富 先生寶號（或轉票人或保證人）領去贖回原單存據
安海謙記信局 支理
民國 37 年 7 月 4 日滙票　經理 簽

大通信局汇票

民国37年(1948)菲律宾马尼拉林成锋汇寄至福建林承富收(安海谦记信局支理)

民营的侨批信局汇款主要有两种形式：其一是信汇，即所谓银信；其二即为票汇。这两枚信局的汇票，其一为益华汇兑信局汇票，其二为大通信局汇票，是菲华侨批信局所制用的，为菲律宾马尼拉汇寄至福建晋江安海，由安海谦记信局支理，由此可以管窥侨批信局汇通天下的运营方式。

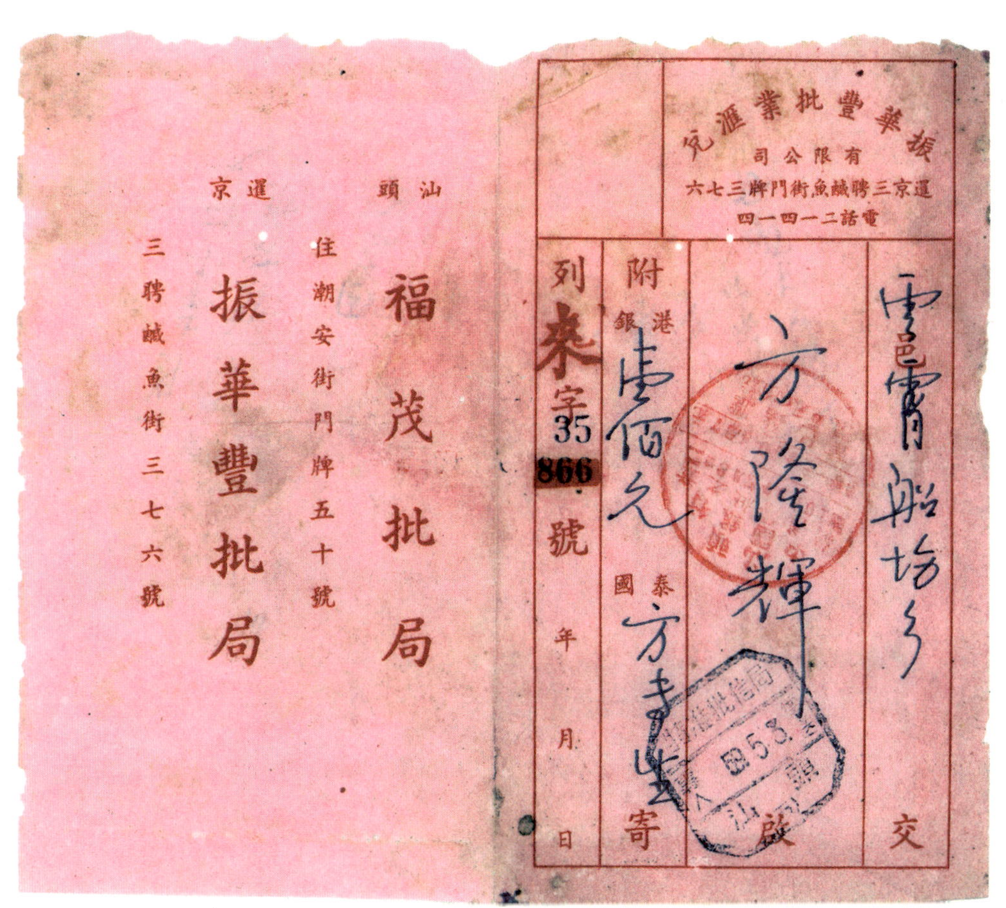

汕頭
福茂批局
住潮安街門牌五十號

暹京
振華豐批局
三聘鹹魚街三七六號

振華豐批業滙兌
有限公司
暹京三聘鹹魚街門牌三七六
電話二一四一四

列來字35 866號
年 月 日

附港銀

泰國 寄

雲霄船场乡
方隆輝 啟
交

振华丰批业汇兑汇单

图为暹京(即泰国首都曼谷)汇寄至云霄县的一款汇单，作格式化的信简式，内有空白页可供海外侨亲撰书简单的附言。

背面

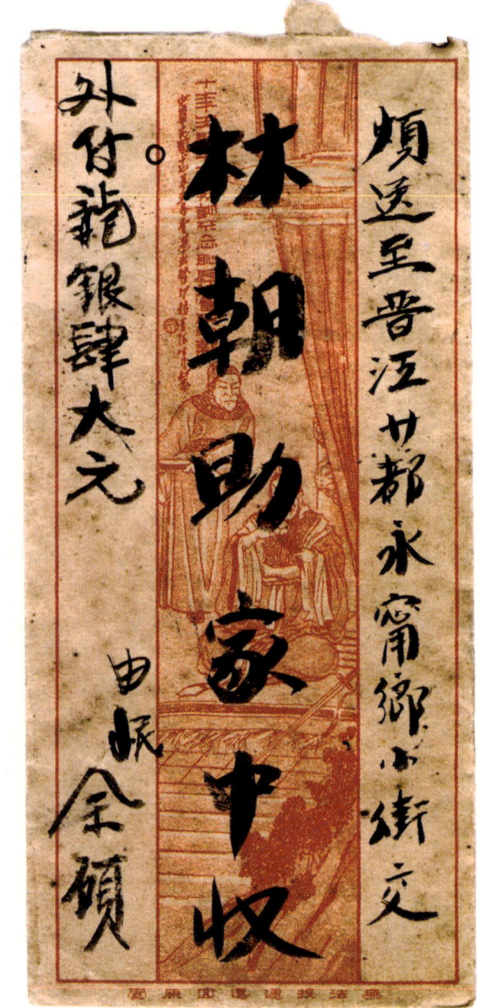

正面

菲律宾汇寄至晋江林朝助家中的侨批封

背面

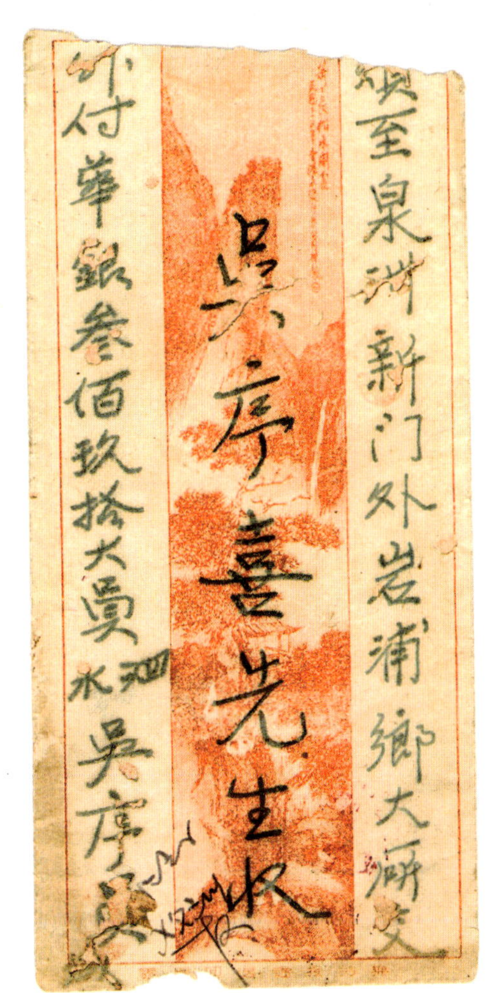

正面

印尼泗水汇寄至泉州吴序喜的侨批封

背面

正面

马来亚太平汇寄安海蔡世衢的侨批封

背面

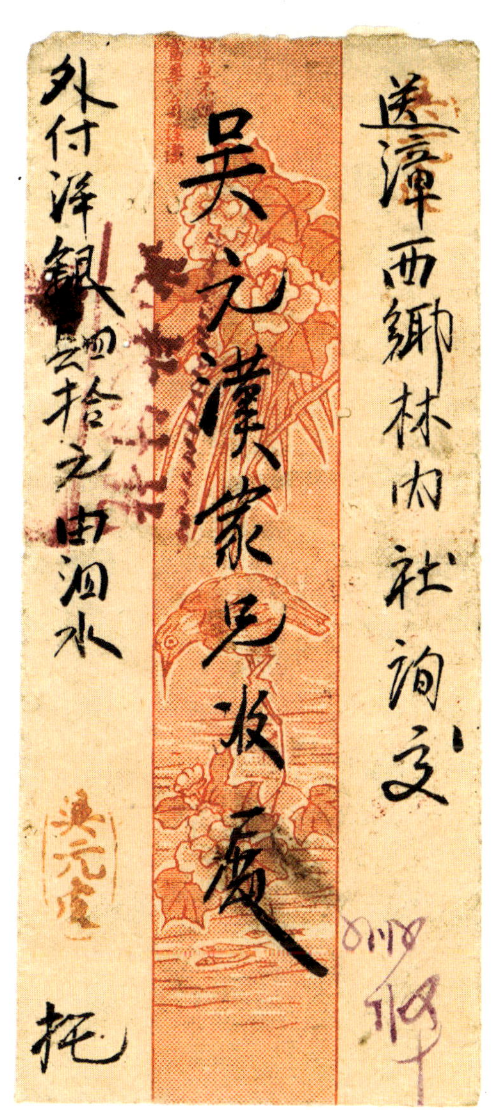

正面

印尼泗水汇寄至漳州吴元汉的侨批封

后　记

2011年适逢福建省图书馆建馆一百周年，大家都希望值此百年馆庆之际，能有几部重要图籍出版作为百年庆典的献礼，这既是图书馆人的心愿，也符合图书馆自身的定位。由此，我们想到从馆藏古籍和地方文献中“挖宝”，结集出版一部“馆藏珍品集萃”。经馆务会研究议决后，开始着手编纂是书，同时将该书正式定名为《册府掇英——福建省图书馆藏珍品集萃》。

全书由入选一至三批《国家珍贵古籍名录》的77部善本古籍、稿抄本、福建方志、闽人家族谱、稀见书刊资料和民间文书等几个部分组成。善本古籍、稿抄本和福建方志部分由方挺编辑，闽人家族谱由林永祥编选，稀见书刊资料则分别由许建平、林少茗选辑，而金融证券、福建老商标广告单和民间文书等各专题则由许建平选辑。全书总纂为许建平。

这部集子可以说是我馆有史以来第一部馆藏珍品集，因此编纂工作自始至终都得到了馆领导的高度重视，并给予了大力支持。郑智明馆长和陈晟书记参与了全书的策划，组织全书体例编排工作的讨论，同时还负责全书的审阅。在采集书影的过程中，特藏部的书库管理人员萨枝新、郭敏芳等同志也付出了劳动，他们不厌其烦地帮助取书及登记入库。经过半年多的通力合作，终于完成了全书的组织、编纂工作。

为了编好首部馆藏珍品集，全体参编人员卯足了劲，夜以继日，付出了极大的努力。然囿于识见较为有限，且编纂时间亦颇为紧促，书中难免有所疏漏，特别是“珍品”的解读与选择，多家亦各有眼光见地，但我们还是以本着推介馆藏珍贵文献，向社会贤达求取真经的良好初衷，尽了自己最大的努力。为此，我们还将书稿呈请福建省档案局林真副局长(研究馆员)和陈咏民研究馆员、福建师范大学图书馆方宝川馆长(研究馆员、博士生导师)与陈旭东博士、福建省图书馆谢水顺研究馆员等同志审阅，他们十分认真地进行了审读、校阅，并指正书稿中一些不够完善之处。此外，福建省戏曲研究所陈翘同志还针对地方戏曲内容提出了许多有益的建议。编纂小组均予以改进和完善，书此特表敬谢。

本书的编纂工作业已告竣，即将顺利付梓，乃于篇末赘述是书编纂工作诸要项，是为记。

编　者

2011.6.30

图书在版编目（CIP）数据

册府撷英：福建省图书馆藏珍品集萃/郑智明主编.－福州：福建人民出版社，2011.8

ISBN 978-7-211-06349-9

Ⅰ. ①册… Ⅱ. ①郑… Ⅲ. ①古籍－善本－图书馆目录－福建省 Ⅳ. ①Z838

中国版本图书馆CIP数据核字(2011)第164337号

册府撷英——福建省图书馆藏珍品集萃

主　　编：郑智明
责任编辑：雷　戎
装帧设计：后声文化
美术编辑：黄　勤
出版发行：海峡出版发行集团
　　　　　　福建人民出版社
地　　址：福州市东水路76号　　邮政编码：350001
网　　址：http://www.fjpph.com
电子邮箱：fjpph7211@126.com
经　　销：福建新华发行（集团）有限责任公司
印　　刷：山东临沂新华印刷物流集团有限责任公司
开　　本：889毫米×1194毫米　1/16
印　　张：25
字　　数：50千字
版　　次：2011年8月第1版
印　　次：2011年8月第1次印刷
书　　号：ISBN 978-7-211-06349-9
定　　价：500.00元